Trabalho Justo

TAMBÉM DE KIM SCOTT

*Empatia Assertiva: Como Ser Um Líder Incisivo
Sem Perder a Humanidade*

KIM SCOTT

Trabalho Justo

Fazendo Essa M*rda Rápido e do Jeito Certo

ALTA BOOKS
GRUPO EDITORIAL
Rio de Janeiro, 2023

Trabalho Justo

Copyright © 2023 da Starlin Alta Editora e Consultoria Eireli.
ISBN: 978-65-5520-748-4

Translated from original Just Work. Copyright © 2021 by Kim Scott. ISBN 9781250203489. This translation is published and sold by permission of St. Martin's Publishing Group, the owner of all rights to publish and sell the same. PORTUGUESE language edition published by Starlin Alta Editora e Consultoria Eireli, Copyright © 2023 by Starlin Alta Editora e Consultoria Eireli.

Impresso no Brasil — 1ª Edição, 2023 — Edição revisada conforme o Acordo Ortográfico da Língua Portuguesa de 2009.

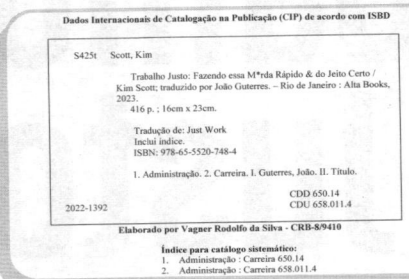

Dados Internacionais de Catalogação na Publicação (CIP) de acordo com ISBD

S425t Scott, Kim
Trabalho Justo: Fazendo essa M*rda Rápido & do Jeito Certo / Kim Scott; traduzido por João Guterres. – Rio de Janeiro : Alta Books, 2023.
416 p. ; 16cm x 23cm.

Tradução de: Just Work
Inclui índice.
ISBN: 978-65-5520-748-4

1. Administração. 2. Carreira. I. Guterres, João. II. Título.

CDD 650.14
CDU 658.011.4

2022-1392

Elaborado por Vagner Rodolfo da Silva - CRB-8/9410

Índice para catálogo sistemático:
1. Administração : Carreira 650.14
2. Administração : Carreira 658.011.4

Todos os direitos estão reservados e protegidos por Lei. Nenhuma parte deste livro, sem autorização prévia por escrito da editora, poderá ser reproduzida ou transmitida. A violação dos Direitos Autorais é crime estabelecido na Lei nº 9.610/98 e com punição de acordo com o artigo 184 do Código Penal.

A editora não se responsabiliza pelo conteúdo da obra, formulada exclusivamente pelo(s) autor(es).

Marcas Registradas: Todos os termos mencionados e reconhecidos como Marca Registrada e/ou Comercial são de responsabilidade de seus proprietários. A editora informa não estar associada a nenhum produto e/ou fornecedor apresentado no livro.

Erratas e arquivos de apoio: No site da editora relatamos, com a devida correção, qualquer erro encontrado em nossos livros, bem como disponibilizamos arquivos de apoio se aplicáveis à obra em questão.

Acesse o site www.altabooks.com.br e procure pelo título do livro desejado para ter acesso às erratas, aos arquivos de apoio e/ou a outros conteúdos aplicáveis à obra.

Suporte Técnico: A obra é comercializada na forma em que está, sem direito a suporte técnico ou orientação pessoal/exclusiva ao leitor.

A editora não se responsabiliza pela manutenção, atualização e idioma dos sites referidos pelos autores nesta obra.

Produção Editorial
Grupo Editorial Alta Books

Diretor Editorial
Anderson Vieira
anderson.vieira@altabooks.com.br

Editor
José Ruggeri
j.ruggeri@altabooks.com.br

Gerência Comercial
Claudio Lima
claudio@altabooks.com.br

Gerência Marketing
Andréa Guatiello
andrea@altabooks.com.br

Coordenação Comercial
Thiago Biaggi

Coordenação de Eventos
Viviane Paiva
comercial@altabooks.com.br

Coordenação ADM/Finc.
Solange Souza

Coordenação Logística
Waldir Rodrigues

Gestão de Pessoas
Jairo Araújo

Direitos Autorais
Raquel Porto
rights@altabooks.com.br

Produtor Editorial
Thales Silva

Produtores Editoriais
Illysabelle Trajano
Maria de Lourdes Borges
Paulo Gomes
Thiê Alves

Equipe Comercial
Adenir Gomes
Ana Carolina Marinho
Ana Claudia Lima
Daiana Costa
Everson Sete
Kaique Luiz
Luana Santos
Maira Conceição
Natasha Sales

Equipe Editorial
Ana Clara Tambasco
Andreza Moraes
Arthur Candreva
Beatriz de Assis
Beatriz Frohe

Betânia Santos
Brenda Rodrigues
Caroline David
Erick Brandão
Elton Manhães
Fernanda Teixeira
Gabriela Paiva
Henrique Waldez
Karolayne Alves
Kelry Oliveira
Lorrahn Candido
Luana Maura
Marcelli Ferreira
Mariana Portugal
Matheus Mello
Milena Soares
Patricia Silvestre
Viviane Corrêa
Yasmin Sayonara

Marketing Editorial
Amanda Mucci
Guilherme Nunes
Livia Carvalho
Pedro Guimarães
Thiago Brito

Atuaram na edição desta obra:

Revisão Gramatical
Edite Siegert
Kamila Wozniak

Diagramação | Capa
Joyce Matos

Tradução
João Guterres

Copidesque
Daniel Salgado

Editora afiliada à:

Rua Viúva Cláudio, 291 — Bairro Industrial do Jacaré
CEP: 20.970-031 — Rio de Janeiro (RJ)
Tels.: (21) 3278-8069 / 3278-8419
www.altabooks.com.br — altabooks@altabooks.com.br
Ouvidoria: ouvidoria@altabooks.com.br

Para minha alma gêmea, amor e parceiro em tudo, Andy Scott. Você assumiu todas as aulas online do ensino fundamental e a cozinha para que eu pudesse me retirar para a edícula no quintal durante a quarentena da Covid-19 e Apenas Trabalhar. Agora que este livro está finalizado, é minha vez de fazer as refeições, ajudar com a lição de casa e fazer mais das milhões de outras coisas que tornam o amor alegre e agradável.

E para nossos filhos, Battle e Margaret. Vocês estão herdando um mundo quebrado. Seu pai e eu trabalhamos para consertá-lo, mas ainda temos muito a fazer. Espero que este livro forneça algumas das ferramentas de que vocês precisarão para continuarem o nosso trabalho.

A diferença não deve ser apenas tolerada, mas vista como um fundo de polaridades necessárias, entre as quais nossa criatividade pode despertar... Só então a necessidade da interdependência se torna não ameaçadora.

— Audre Lorde

Sumário

INTRODUÇÃO
Não Podemos Consertar os Problemas Que
Nos Recusamos a Notar   1

**PARTE UM: AS CAUSAS RAIZ DA INJUSTIÇA
NO LOCAL DE TRABALHO**
Tendenciosidade, Preconceito e Bullying   21

1. Papéis e Responsabilidades
   Quem é Responsável por Resolver estes Problemas?
   Todo Mundo.   25

2. Para Pessoas Prejudicadas
   O que Dizer Quando Você Não Sabe O que Dizer   31

3. Para Observadores
   Como Ser um Defensor   77

4. Para Pessoas Que Prejudicam
   Seja Parte da Solução, Não do Problema   95

5. Para Líderes
   Interrompa a Tendenciosidade, Crie um Código de Conduta
   e Consequências para o Bullying   125

**PARTE DOIS: DISCRIMINAÇÃO, ASSÉDIO E
VIOLAÇÕES FÍSICAS**

6. O Papel do Líder na Prevenção da
   Discriminação e do Assédio
   Aplique as Verificações e o Equilíbrio;
   Quantifique a Tendenciosidade   165

7. Para Pessoas Prejudicadas e Defensores
Como Combater a Discriminação e o Assédio Sem
Prejudicar a Sua Carreira   223

8. Toque
Como Criar uma Cultura de Consentimento e o Custo
de Não Fazer Isso   247

PARTE TRÊS: JUSTIÇA SISTÊMICA E INJUSTIÇA

9. Duas Dinâmicas Ruins   307
10. Reconhecendo Diferentes Sistemas de Injustiça   321
11. Trabalho Justo
    Um Momento para o Otimismo   357

AGRADECIMENTOS   369
NOTAS   375
ÍNDICE   401

Introdução
Não Podemos Consertar os Problemas Que Nos Recusamos a Notar

Nunca quis me ver como uma vítima, uma pessoa prejudicada pela injustiça no trabalho. Muito menos queria me considerar uma perpetradora, uma pessoa que causa danos ou contribui para a injustiça. Então não pensei sobre isso. Atravessei a minha carreira ignorando as vantagens e desvantagens injustas que tive, as formas como fui automaticamente subestimada ou superestimada.

Se você me perguntasse há cinco anos se ser uma mulher branca teve algum impacto no meu trabalho, eu teria encolhido os ombros e dito: "Na verdade, não."

É difícil para a autora de *Empatia Assertiva*, mas eu estava em negação. Trabalhei em Memphis, Boston, Nova York, Vale do Silício, Paris, Moscou, Jerusalém, Pristina e em outros lugares. Gerenciei equipes que abrangem o mundo todo, do Japão à China, da Austrália à Índia, da Irlanda ao Brasil e ao México. Mas onde quer que você vá, aí está. Sempre fui mulher e sempre houve injustiças de gênero, em todos os lugares. Também tive uma série de privilégios[1] que tornavam a minha vida mais fácil, geralmente de maneiras nas quais eu não gostava de pensar. Sempre fui branca e sempre houve injustiça racial, em todo lugar. Nunca fui pobre e sempre houve injustiça econômica, em todo lugar. Sempre fui hétero e sempre houve homofobia, em todo lugar.

Para expor as profundezas de minha recusa em reconhecer a realidade, deixe-me contar sobre meu primeiro emprego após a faculdade. Foi em 1991. Eu tinha 23 anos de idade e comecei a trabalhar para uma empresa de capital privado.

Tudo começou com uma piada. Robert (não é o nome real),[2] o CEO da empresa, tinha uma história que adorava contar sobre ter ido ao Balé Bolshoi com alguns dos nossos companheiros de empresa soviéticos. A primeira vez (mas certamente não a última) que ouvi a história foi ao final de uma reunião de estratégia. Aqui está como Robert a contou:

"Então, o balé finalmente acabou e Vladimir se inclinou para mim e sussurrou, 'Robert, você gosta das bailarinas?'"

Robert imitou a maneira com a qual se sentiu surpreso com a pergunta e disse, "Claro."

"Mas, Robert," o diretor da filial russa sibilou, "*qual* bailarina?"

Robert olhou para os seus espectadores — três jovens homens e eu — com sobrancelhas levantadas. "Ele estava oferecendo levar a bailarina de minha escolha ao meu quarto no hotel!"

Os homens riram, metade em admiração e metade em descrença, mas senti meu estômago se revirar. Como eles podiam pensar que aquilo era engraçado?

"Você aceitou a oferta?" perguntou um dos jovens. "Você pensou que ele poderia mesmo levá-la?"

Aqui, Robert olhou na minha direção e depois voltou toda a força de seu olhar hipócrita para o jovem. "Não, claro que não. Eu não sou esse tipo de pessoa. Mas sim, acho que ele poderia levá-la."

Os jovens estavam impressionados. Eu, horrorizada.

Robert parecia pensar que tinha feito o suficiente ao não aproveitar a oferta. Ele não é o herói nesta história, mas sei que ele e os outros homens na minha equipe compartilhavam a minha crença de que o tráfico humano era imoral. No entanto, quando estávamos trabalhando com um sócio que alegou que era seu direito conseguir para Robert a dançarina que ele quisesse, ninguém disse uma maldita palavra — inclusive eu. Robert transformou a coisa toda em uma piada "engraçada", como se rir da situação tornasse a coisa toda pouco real. Negação.

Não muito depois, aprendi que estava recebendo bem menos do que o salário de mercado por minha função. Uma amiga minha em um emprego similar me contou que estava recebendo *quatro* vezes mais do que eu. Ela explicou que seu salário era a taxa de mercado, o que os homens recebiam. Quando contei ao meu chefe, Thomas, ele exclamou, "Ela deve estar dormindo com o chefe!" Isso era besteira e eu disse isso. Quando pedi a Thomas um aumento, ele agiu como se eu o estivesse colocando em uma posição excessivamente difícil com Robert, o CEO. Uma lenda no nosso negócio, Robert era conhecido igualmente por seu sucesso como investidor contrário e sua personalidade explosiva. Supus que Thomas não pensou que eu falaria com Robert.

Na primeira oportunidade, pedi a Robert uma reunião e, logo, me encontrei com ele em uma sala de conferências. Ele estava sentado confortavelmente em uma poltrona. Algo em sua grande barriga e cabelos brancos rebeldes dava-lhe uma aparência benevolente, como o Papai Noel. Ele apontou para uma pequena cadeira de madeira em frente a ele. No começo, ele foi cordial, embora paternalista. "Você sabe que os nossos sócios russos a chamam de minha arma secreta." Ele riu ruidosamente e eu tentei rir junto, sem ter certeza do que era tão engraçado. Quando levantei a questão do meu salário, a mudança foi imediata: o Papai Noel se foi. Agora, ele parecia uma ave de rapina. Seu olhar penetrante e sobrancelhas cinzentas franzidas deixavam claro que ele não estava acostumado a ser desafiado, especialmente por gente como eu. Ele olhou para mim sem piscar pelo que pareceram vários minutos.

"Eu não sei o que faz você pensar que é mal paga, mas posso assegurar-lhe que não seria justo com os outros pagar-lhe mais," ele disse com um tom decisivo e colocou as mãos nos braços da poltrona como se estivesse prestes a se levantar. Mas eu vim preparada com dados sobre os meus colegas e salários médios no setor e me forcei a apresentar minhas evidências. Meus dados o irritaram.

"Se eu pagasse tanto assim, você ganharia mais do que a minha filha. Eu sei que você não quer ficar entre a minha filha e eu." Este *non sequitur* foi tão notório que nem me preocupei em apontar que a filha dele era professora, ou que a solução para não pagar professores o suficiente não era reduzir o salário das mulheres e não fazer o mesmo com os homens nas finanças. Não ousei dizer isso porque Robert estava *muito* zangado, quase confuso. A conversa terminou abruptamente.

Hoje, trinta anos depois, eu sei que a resposta de Robert foi um gaslighting clássico.[3] Com 23 anos, no entanto, sua rejeição irracional ao meu argumento razoável me fez pensar se eu havia feito algo errado. O que não entendi? Infelizmente, o gaslighting funciona, a menos que você saiba como confrontá-lo — o que eu não sabia. Em vez disso, tentei não pensar mais sobre a questão do pagamento injusto.

Nossa equipe passava a maior parte do tempo em Moscou, colaborando com nossos sócios soviéticos. Em Moscou, vivíamos e trabalhávamos juntos em uma grande casa fornecida ao projeto pelo Ministério da Defesa Soviético.

Meu chefe, Thomas, e eu viajávamos juntos com frequência por toda a Rússia e Ucrânia, fazendo a maioria de nossas refeições juntos. Quando ele me confidenciou que tinha um problema médico sério e crônico e temia não viver muito depois dos 40 anos, comecei a me preocupar com ele. Uma noite, depois de termos ficado acordados até tarde trabalhando em algumas projeções financeiras, ele me beijou — e imediatamente começou a chorar. Ele me disse que era virgem e tinha muito medo de morrer assim. Eu garanti que isso não acontecesse. Mais tarde, amigos me disseram que fui enganada. Talvez eu tenha sido. De qualquer forma, estou feliz que Thomas esteja vivo e bem hoje. Não desejo mal a ele, mas gostaria que ele tivesse sido responsabilizado.

Dormir com meu chefe foi um grande erro. Eu mereci isso. Bem, metade disso. O problema foi que eu paguei por *tudo* isso. Quando Robert soube da nossa relação, disse a Thomas para me informar que eu teria que me mudar da casa do grupo em Moscou. Thomas obedeceu. Sabendo que Thomas não era um bom defensor para mim, falei com Robert. "A Rússia é uma sociedade sexista," Robert me disse. "Estou preocupado que o governo soviético possa pensar que não estamos usando a casa apropriadamente se houver uma mulher jovem vivendo nela."

Fiquei sem palavras, de raiva. Robert estava me colocando em perigo ao me fazer alugar um apartamento. Agora, eu não só tinha que encontrar uma sublocação ilegal por conta própria na Moscou Soviética, mas a Embaixada dos Estados Unidos havia emitido recentemente um alerta de que o metrô era considerado inseguro para os norte-americanos. Como Moscou não tinha serviço de táxi confiável, eu teria que pegar carros aleatórios para ir e voltar do trabalho; uma amiga tinha sido forçada recentemente a pular de um carro em movimento quando o motorista que ela chamou decidiu fazer um desvio por um parque deserto.

Encontrei uma sublocação ilegal, arrisquei-me no transporte e tentei não pensar no quão injusta e perigosa era a situação. Eu até continuei a sair com Thomas por mais alguns meses, até que ele me disse — novamente em lágrimas — que a mulher que ele realmente amava não correspondia aos seus sentimentos. Ele parecia esperar que eu o abraçasse e dissesse que aquilo não importava, porque *eu* o amava muito. Ele finalmente me fez escolher entre a solidariedade por ele[4] e a minha dignidade. Eu terminei com ele. Infelizmente, ele ainda era meu chefe.

Relações consensuais nas quais uma pessoa tem poder posicional sobre outra (por exemplo, uma pessoa é chefe da outra) frequentemente se tornam psicologicamente abusivas, especialmente após o término. A nossa não foi exceção. Uma noite, eu estava sentada no lobby do hotel onde estávamos durante uma viagem de negócios, lendo o jornal. Thomas passou e pegou o jornal de minhas mãos, anunciando, "Diretores leem antes dos analistas." Ele costumava fazer esse tipo de coisa o tempo todo.

Fred, o chefe de Thomas que estava conosco naquela viagem, observou o incidente e me seguiu até o elevador. Fred sabia sobre o relacionamento e estava trabalhando para me transferir para outro gerente. Também conversamos sobre o meu salário e ele me deu um pequeno aumento. Ele se tornou o meu mentor de confiança.

"Ele foi realmente desagradável ali," Fred disse, com simpatia apenas o suficiente para fazer brotar lágrimas de raiva em mim.

Eu assenti, enquanto o elevador subia até o andar do meu quarto. Eu estava contando números primos na cabeça para controlar minhas emoções, um truque que aprendi com um professor de matemática no ensino médio. Fred estendeu os braços para um abraço. Em parte porque confiei nele, em parte porque um abraço evitaria que ele me visse chorando, aceitei. A próxima coisa que percebi foi que ele estava esfregando o seu pênis ereto em mim. Felizmente, a porta do elevador se abriu; eu me esquivei do braço e saí correndo. Raramente me senti tão sozinha ou cerceada. Mas tirei tudo da cabeça.[5] Gostaria de pensar que uma jovem hoje, após o movimento #MeToo, se sentiria encorajada a responder de forma diferente se a mesma coisa acontecesse com ela. Eu não acho que isso seja algo que possamos considerar garantido, no entanto. Essas coisas ainda acontecem e ainda são difíceis de responder.

Algumas semanas após isso, Robert veio a Moscou com Peter, seu chefe de gabinete, e Emmett, que era sócio na empresa. Reparei que Emmett estava lendo uma cópia usada de *Orgulho e Preconceito*. Vê-lo ler um de meus romances favoritos me fez decidir me abrir e tentar falar com ele. Começamos com livros e passamos à realidade. Emmett concordou comigo que meu salário, que era metade do que deveria ser mesmo depois de um aumento recente, era injusto. Também me disse que estava horrorizado que eu havia sido despejada da casa da empresa. "Parece que era Thomas quem deveria ter ido," murmurou. Ele me disse que já havia levado isso a Robert, sem sucesso. Mesmo que sua intervenção não tenha melhorado meu salário ou alojamento, significou muito. Ele validou o meu senso de injustiça. Emmett foi uma tábua de salvação real. Eu costumava ser acordada às 3 da manhã por todos os pensamentos de raiva que reprimi o dia todo: Era *eu* quem estava sendo irracional ou eram esses homens com quem eu trabalhava? Sabendo que alguém via as coisas da forma como eu via ajudou o meu sono noturno.

Emmett sugeriu que eu conversasse com Peter, que tinha muita influência. Fui até Peter, que respondeu com simpatia e sugeriu discutirmos aquilo durante o jantar. Concordei e senti um sopro de esperança: talvez as coisas possam funcionar, afinal. Algumas horas depois, ele me disse que não conseguiu fazer uma reserva no restaurante que tinha em mente, então simplesmente trouxe a comida para o meu apartamento. Isso parecia estranho para mim, mas eu não sabia como dizer não.

Ele chegou com a comida e, assim que sentamos um de frente ao outro na mesa de jantar, ele novamente expressou simpatia pela minha posição. Aquela era uma indústria estressante, ele disse. Estresse era duro para as mulheres. Ele não queria ver a irmã na minha situação. Eu disse que não me sentia estressada, mas *com* raiva por ser mal paga. Peter assentiu, mas seu tom começou a mudar quando ele me disse que havia crescido em um país onde praticamente todo mundo era mal pago, de maneiras que eu, como norte-americana, nem podia imaginar. Eu vi o que ele estava fazendo — tentando me fazer sentir mal por pedir mais dinheiro quando tantas pessoas no mundo estavam em situação muito pior do que a minha. Também sabia que ele estava sendo hipócrita, uma vez que provavelmente ganhava vinte vezes mais do que eu. Meus companheiros homens ganhavam o dobro do meu salário, mas ele nunca faria que se sentissem culpados. Mesmo sabendo disso tudo, seu estratagema funcionou. Me encontrei sentindo-me agressiva, gananciosa.

Antes que eu percebesse o que estava acontecendo, ele veio para o meu lado da mesa e começou a massagear meus ombros por trás. Eu apenas fiquei sentada lá, tensa, paralisada e assustada.

As pessoas costumam criticar as mulheres por não saírem imediatamente de situações como esta. Mas aquele era um dos principais homens da empresa. Ele tinha o que parecia ser poder ilimitado sobre mim. Ele também estava no meu apartamento. Para onde eu iria?

Peter levou apenas cerca de trinta segundos — trinta segundos extremamente longos e desconfortáveis — para passar por cima dos meus ombros e tocar meus seios. *Aquilo* me estimulou a entrar em ação. Levantei de um salto, abri a porta do meu apartamento e corri escada abaixo até a rua. Olhei por cima do ombro para ter certeza de que ele não estava me seguindo. Enquanto caminhava no ar frio da noite de Moscou, ri de mim mesma, pensando em como ele devia se sentir idiota sozinho em meu apartamento. Me perguntei como tive a percepção repentina de ver que estava mais segura sozinha na noite de Moscou do que em minha própria casa com um executivo da empresa que eu trabalhava.

Desnecessário dizer que não houve aumento.

Eu contei esses incidentes ao RH? Não. Houve muitos motivos, mas um dos principais é que eu temia que a situação com Thomas voltasse para me assombrar. As pessoas diriam que Fred e Peter sabiam sobre Thomas e especulariam que se eu namorei Thomas, estaria aberta a namorar com outros colegas. Eu sabia que aquilo era besteira. Só porque namorei Thomas não dava a Fred o direito de se esfregar em mim[6] sem o meu consentimento ou a Peter de agarrar os meus seios. No entanto, eu também sabia que essas insinuações absurdas funcionariam de alguma forma, como Robert fazendo gaslighting com o meu salário. Era uma luta que eu dificilmente venceria.

Não apenas o meu caráter seria questionado, mas também a minha competência. Uma das primeiras coisas que as pessoas diziam às mulheres que relatam má conduta sexual é "certifique-se de que seu desempenho está acima de qualquer repreensão." Apesar de como estava sendo tratada, eu tinha feito um bom trabalho. Mas sejamos francos, *nenhum de nós* pode fazer seu melhor trabalho quando tratado daquela forma. No meu emprego seguinte, estava apta a fazer o meu melhor. Criei uma empresa que estava em uma taxa de execução de US$100 milhões ao ano em dois anos. Acredito que melhores condições de trabalho são essenciais para este sucesso. Se Robert me pagasse justamente, colocasse no lugar os tipos de freios e contrapesos que tivessem desencorajado o comportamento predatório de Peter e Fred, poderia ter sido um dos melhores investimentos que ele já teria feito. Esta é uma das formas misteriosas de o universo explicar através de um grão de areia por que equipes diversas e funcionando bem são boas para os negócios.

De volta a por que não denunciei Robert ao RH. Eu tinha 23 anos e estava começando minha carreira. Robert era o fundador da empresa, o CEO e acionista majoritário. Não havia limites para o seu poder. Decidi que minha melhor opção era sair e encontrar um novo emprego. Emmett, o mesmo sócio que interveio com Robert sobre o meu salário, me apresentou a uma empresa diferente. Eles me ofereceram um emprego — com um salário de mercado.

Para minha surpresa, Robert quis conversar quando soube que eu estava indo embora. Novamente, ele reagiu com raiva, me chamando de desleal. E, novamente, fiquei sem palavras. O que eu queria dizer era, "O que diabos você me deu para que eu lhe fosse leal? Você trata tráfico humano como uma piada, você me pagou mal, gritou comigo quando pedi um aumento e criou um ambiente no qual é seguro para seus executivos agarrarem meus seios e pressionarem seus pênis em mim no elevador, mas não é seguro para mim denunciá-los!"

Infelizmente, não disse nada disso — em parte porque eu teria sido forçada a descrever exatamente o que aconteceu. E suspeito que se usasse as palavras que descreviam com precisão o que tinha acontecido, ficaria envergonhada, mas Fred e Peter não seriam responsabilizados.

Então, simplesmente disse, "Robert, eles estão me pagando o dobro do que você me pagou."

"Então, para você tudo se resume a dinheiro, é isso?" Robert replicou. Como se a sua carreira em finanças não tivesse sido motivada pelo desejo de fazer dinheiro. Como se uma mulher fosse suspeita por esperar ganhar um salário justo.

Este foi o meu primeiro emprego fora da faculdade e eu me senti mais do que um pouco quebrada. Todas essas experiências pareciam uma só peça, mas eram separadas e diferentes umas das outras. Eu não conseguia entendê-los. Foi muito mais fácil para mim perceber o que estava errado com a União Soviética do que admitir que algo não estava certo em meu próprio ambiente. As injustiças e ineficiências do sistema soviético eram mais fáceis de reconhecer porque não tinham nada a ver comigo. Eu podia ver claramente que aquela injustiça — a prisão de dissidentes e o tráfico de bailarinas — era parte do que derrubou aquele sistema. E o fato de que o sistema simplesmente não funcionou — papel higiênico e pão eram difíceis de se obter em Moscou — também o derrubaram. O comunismo (tal qual o fascismo) era tão inefetivo quanto injusto.

Fiquei fascinada e intrigada ao ver como um regime tão corrupto e disfuncional havia se perpetuado por tanto tempo. Essa curiosidade foi parte do que me impulsionou a frequentar a escola de negócios. E ainda assim, durante anos, não consegui reconhecer que meu interesse ao longo da vida em construir os tipos de ambientes que permitissem às pessoas fazerem o melhor trabalho de suas vidas e gostarem de fazê-lo também estava enraizado em minha própria experiência pessoal naquela empresa de capital privado (que caiu junto com o regime soviético). Na verdade, aquele primeiro emprego foi tão profundamente desconcertante, que demorei 30 anos para chegar a uma teoria que unisse as minhas questões intelectuais sobre como construir ambientes profissionais justos com minhas experiências pessoais de ser maltratada no trabalho. Este livro é o resultado desse esforço.

Agora posso analisar o problema que tive naquele emprego, dividi-lo em partes e começar a identificar respostas eficazes para cada uma. A injustiça no local de trabalho que experimentei parecia monolítica, mas, com o benefício da retrospectiva de 20/20, agora posso entender que não era. Na verdade, a injustiça no trabalho são seis problemas diferentes: tendenciosidade, preconceito, bullying, discriminação, assédio verbal e violações físicas. Este livro vai se aprofundar em cada uma dessas atitudes e comportamentos para identificar como os líderes, observadores, pessoas prejudicadas e até as pessoas que causaram o prejuízo podem responder de uma forma que nos mova em direção ao Trabalho Justo — um ambiente no qual todos podem colaborar e respeitar as individualidades de cada um. Também explorará a dinâmica entre essas atitudes e comportamentos e os sistemas que os líderes criam, que reforçam ou interrompem essas dinâmicas ruins.

A injustiça de gênero não existe em um vácuo. É afetada e afeta outras formas de injustiça no local de trabalho e fora dele. Tendenciosidade, preconceito, bullying, discriminação, assédio verbal e violações físicas se combinam de maneira diferente para mim do que para outras pessoas. A única forma de combatermos a injustiça no local de trabalho é avançando juntos. A questão não seria simples para mim se considerasse apenas os problemas encontrados por mulheres brancas heterossexuais com diplomas da Ivy League e mais do que o seu quinhão de recursos econômicos; em vez disso, essa abordagem tornaria o problema impossível de resolver.[7]

Enquanto escrevia este livro, descobri que aprendi muito sobre como lidar com a injustiça no local de trabalho com o que Kimberlé Crenshaw chama de interseccionalidade,[8] onde a injustiça de gênero encontra a injustiça econômica, onde a luta pelos direitos das mulheres encontra a luta pelos direitos dos homossexuais, onde o reconhecimento de como a linguagem cria um preconceito contra as pessoas com deficiência vai de encontro do reconhecimento de como a linguagem cria um preconceito contra as mulheres.[9]

Esses cruzamentos eram lugares angustiantes para mim, porque em cada um eu era tanto a vítima quanto o perpetrador. Eu não queria ser nenhum dos dois. Mas não podemos consertar os problemas que nos recusamos a notar. Só quando reconheço a forma como o meu privilégio prejudica os outros, posso tratar dele. As interseccionalidades podem ter parecido desconfortáveis, mas também foram onde aconteceu a cura, onde mais encontrei sabedoria, onde podia respirar livremente e perceber as coisas como elas realmente são. Quando ultrapassei o desconforto, pude sentir uma tensão antiga derretendo em meus ombros. Nelas encontrei lições práticas e morais para o local de trabalho.

As desigualdades nas empresas e instituições não são apenas injustas; elas são ineficazes. De acordo com um estudo de McKinsey, "as empresas no quartil inferior quanto à diversidade étnica/cultural e de gênero tiveram 29% menos probabilidade de atingir lucratividade acima da média do que todas as outras empresas em nosso conjunto de dados. Em suma, elas não apenas não estavam liderando, como estavam ficando para trás".[10] Equipes homogêneas apresentam desempenho inferior.

Equipes homogêneas tendem a se autorreforçar porque muitas pessoas têm redes homogêneas. Os comitês de contratação darão mais chances às pessoas menos qualificadas, mas que têm conexões. Pode ser muito difícil passar pela porta se você não tiver uma conexão, não importa o quão boas sejam as suas habilidades.[11]

E as pessoas sub-representadas que são contratadas não podem atingir o seu potencial se o ambiente não for inclusivo. Eu não pude fazer o meu melhor trabalho depois de ser apalpada. Isso reforça o preconceito de que as pessoas sub-representadas não são boas no trabalho e esse preconceito se manifesta nas decisões de contratação. A empresa, então, acaba com equipes homogêneas que, em média, apresentam desempenho inferior ao de equipes diversificadas. A inovação e a produtividade sofrem.[12] É difícil perder o que você não tem, mas quando a concorrência tem, os problemas aparecem no resultado final.

Tanto por razões morais quanto práticas *todos* temos um papel a desempenhar na criação do Trabalho Justo. Oferecerei estratégias para pessoas prejudicadas pela injustiça, reconhecendo que não podemos esperar que as vítimas assumam todo o fardo. Também oferecerei estratégias para pessoas que *observam* a injustiça no local de trabalho, para que elas se tornem defensoras, não espectadoras; para pessoas que *causam* prejuízo, que aprendam a reconhecer como seu comportamento envenena a capacidade da equipe em colaborar; e para os *líderes*, para que eles possam aprender não somente a reagir de forma eficaz quando tais questões surgirem, mas também a evitar que a injustiça aconteça.

Este livro é sobre as coisas que podemos fazer, agora, para criar ambientes de trabalho justos e eficientes. Não tenho a resposta a todos os problemas do mundo. Mas o fato de que não podemos resolver tudo não é uma boa razão para não fazermos nada. Se não interviermos, reforçamos os círculos viciosos nos quais a injustiça aumenta com o tempo. Dinâmicas injustas são muito comuns, mas não inevitáveis. *Podemos* aprender a estabelecer a conexão entre atitudes não examinadas e comportamentos que causam danos reais. *Podemos* reconhecer como os sistemas que criamos perpetuam a injustiça e *podemos* mudar esses sistemas. E quando tomamos medidas proativas para criar os tipos de ambientes de trabalho onde respeitamos a individualidade uns dos outros e colaboramos de forma mais eficaz, todos nós gostamos mais de nossos empregos e colegas, tomamos melhores decisões e nos tornamos mais bem-sucedidos.[13]

Explorarei como podemos fazer um Trabalho Justo ao contar histórias de minha própria carreira sobre momentos em que acertei as coisas e outros momentos em que não respondi como gostaria. Este livro é um esforço para dar sentido às minhas experiências pessoais de uma forma que, espero, ajude os outros a darem sentido às suas — e nos ajude a construir ambientes de trabalho mais igualitários. Como escreveu a autora e designer Kat Holmes, "Resolva para um, estenda para muitos."[14]

Já que você lerá muitas de minhas histórias, contarei um pouco de mim mesma. Apesar do início profissional desfavorável descrito anteriormente, fui abençoada com uma carreira feliz e bem-sucedida.

Muito disso foi possível não apenas pelo trabalho árduo, mas também porque fui automaticamente incluída e superestimada em várias dimensões. O fato de eu ter nascido cidadã norte-americana branca, hétero e com boa saúde e circunstâncias econômicas confortáveis não me torna automaticamente culpada; mas uma recusa em reconhecer — quanto mais abordar — as injustiças sofridas por pessoas que não têm esses privilégios seria errado. Da mesma forma, ser mulher não me torna automaticamente uma vítima; mas negar o dano que foi feito a mim como mulher no local de trabalho deixa a mim e outras pessoas mais vulneráveis a serem prejudicadas, no mínimo. Este livro é o meu esforço para começar um longo processo de lidar com a minha negação e corrigir o erro.

Cresci em Memphis, Tennessee, filha de um advogado e uma dona de casa. Todos na minha família foram para a faculdade, de ambos os lados, até onde sei. Todos na minha família são brancos, originalmente vindos da Inglaterra ou Irlanda. Criada como Cientista Cristã, fui para uma escola episcopal particular para meninas do jardim de infância até a graduação no ensino médio. Desde os 5 anos de idade, fui preparada para todas as coisas necessárias para entrar na faculdade. Com muito encorajamento de professores dedicados, muitas, *muitas* aulas preparatórias para os SATs e toneladas de trabalho, uma vez que meu QI não é nada especial, fui para

Princeton, onde estudei literatura russa. Meus pais e avós pagaram por minha faculdade, assim eu me graduei sem débitos, o que me deu liberdade para assumir riscos. Esses riscos valeram a pena. Compostos de privilégios.

Vivi e trabalhei em Moscou de 1990 a 1994. Foi onde tive minha primeira experiência de gestão, abrindo uma fábrica de lapidação de diamantes, onde começou minha obsessão de vida com uma boa gestão. Alguns ambientes de trabalho criam sofrimento e resultados subótimos, enquanto outros criam alegria e fizeram essa p*rra funcionar. Por quê? Minha busca para descobrir me levou da Harvard Business School a trabalhar como CEO em duas startups de tecnologia, a ser executiva no Google e na Apple, a treinar os CEOs do Dropbox, Qualtrics e Twitter. Acabei escrevendo um livro sobre o que aprendi, *Empatia Assertiva: Como Ser Um Líder Incisivo Sem Perder a Humanidade*.

Quando publiquei *Empatia Assertiva*, brinquei que era um texto feminista de guerrilha — mesmo que todo o feminismo estivesse enterrado no subtexto. Vergonhosamente, deixei de notar a ironia aqui: eu havia codificado uma mensagem clandestina sobre ambientes de trabalho equitativos em um livro sobre franqueza [candor, em inglês]. Eu não estava vivendo de acordo com a minha filosofia pessoal.

Empatia Assertiva fez um ótimo trabalho pintando um quadro de como as coisas deveriam ser no trabalho: fazemos mais e gostamos mais uns dos outros quando nos preocupamos pessoalmente e desafiamos diretamente. Mas eu não poderia criar zonas livres de besteira no trabalho se estivesse em negação sobre a natureza das besteiras. E aqui está a coisa que eu não queria admitir, mesmo para mim. *Empatia Assertiva* funcionou. Mas não funcionou igualmente bem para todos.

Muitas mulheres me disseram que *Empatia Assertiva* parecia arriscado. Uma mulher em uma grande multinacional de petróleo levantou a mão e disse que se deparou com o *Empatia Assertiva* naturalmente, e acreditava que lhe tinha custado uma promoção. Eu reconheci que isso, provavelmente, era verdade. Quando uma mulher é radicalmente franca, muitas vezes é chamada de vil, agressiva, mandona e assim por diante. Além disso, o viés competência/simpatia é real. *Empatia Assertiva* o ajuda a ser mais competente em seu trabalho. Mas para as mulheres há um problema: quanto mais competente ela é, menos pessoas, incluindo seu chefe, gostam dela. E quando o chefe não gosta de você, é difícil ser promovido. Este é um motivo para ser menos competente? Não, claro que não. Mas isso coloca as mulheres em uma injusta armadilha catch-22*. O alívio e gratidão em seu rosto quando reconheci essa realidade de uma forma que simultaneamente educou os homens na plateia foi inesquecível.

Este tipo de preconceito impactou a capacidade de diferentes pessoas empregarem *Empatia Assertiva* de formas diferentes. James, um participante em um seminário que conduzi, mostrou como as pessoas respondem de maneira diferente a ele do que a mim, quando cada um de nós é radicalmente sincero. Ele estava certo. Eu sou uma mulher baixa e branca. Ele é um homem alto e negro. Compartilhamos um problema: as pessoas costumam ter preconceitos incorretos sobre quem somos com base em nossa altura, sexo e raça; como resultado, as pessoas tendem a nos interpretar mal ou nos subestimar. Ambos sofremos tendenciosidade, preconceito, bullying, assédio, discriminação e violência física — mas de formas muito diferentes. Teria sido ignorante de minha parte dizer que a maneira como lidei com a minha versão do problema era a maneira como ele deveria lidar com a dele. Ao mesmo tempo, aprendi algumas novas abordagens ouvindo suas experiências e espero que minhas histórias o ajudem também. Mulheres negras me contaram que sentiram que *Empatia Assertiva* era uma estratégia de muito mais risco para elas do que para mulheres brancas. Quando fiz um treinamento em uma empresa liderada por Michelle, uma CEO negra, ela me disse que precisava ser extremamente cuidadosa ao demonstrar Franqueza Radical. "Se eu pareço um pouco irritada, as pessoas me acusam de ser uma mulher negra raivosa," ela explicou.[15] "É um estereótipo antigo." Somente neste momento me dei conta de que a conhecia há quase uma década e nunca a tinha visto estressada ou zangada. O que essa repressão custou a ela? Por que nunca percebi esse imposto extra que ela teve que pagar?

Empatia Assertiva funcionou, mas era mais fácil para os homens brancos e héteros colocá-lo em prática do que para qualquer outra pessoa. Este era o problema. E mesmo esses homens relataram se sentir inseguros. Depois de palestras e workshops, os homens muitas vezes me disseram que praticar o *Empatia Assertiva* com suas colegas mulheres também parecia arriscado. Alguns homens heterossexuais temiam que "cuidar pessoalmente" fosse mal interpretado como algo romântico ou sexual. Outros homens disseram que temiam que suas tentativas de serem francos pudessem ser

---

* Um dilema ou circunstância difícil de onde não há como escapar, graças a condições mutuamente conflitantes ou dependentes. (N. da T.)

vistas como "queixa." Claro, a queixa raramente é usada como desculpa para negar uma promoção a um homem, ao passo que a "agressividade" é frequentemente dada como uma razão para não promover uma mulher. No entanto, essas preocupações são reais e devem ser abordadas se quisermos resolver o problema da injustiça no local de trabalho.

Um homem, John, me falou sobre uma reunião em que uma executiva de marketing, Susan, nomeou o lançamento do principal programa de marketing de sua equipe como Rolling Thunder. O nome pareceu cativante para uma campanha de mídia massiva e abrangente, mas John estava preocupado que Susan não tivesse percebido que também era o nome de uma desastrosa campanha de bombardeio durante a Guerra do Vietnã, que levou à morte de dezenas de milhares de civis. No entanto, ele manteve esse fato para si mesmo, por medo de ser acusado de *mansplaining*[*].

Eu conhecia Susan bem o suficiente para ter certeza de que ela seria grata pela informação. Eu também sabia que John se preocupava profundamente em criar oportunidades para todas as pessoas que trabalhavam com ele, independentemente do sexo. Ele não estava tentando punir Susan com o seu silêncio; ele estava genuinamente relutante em falar. Esse tipo de medo e desconfiança corrói a colaboração em uma equipe. É ruim para os resultados, para os relacionamentos e para o moral.

Este livro é tanto para John quanto para Susan, para James e para Michelle, para meu filho e para a minha filha. E embora muitas de minhas histórias se concentrem em gênero e raça, espero que as soluções se estendam à injustiça no local de trabalho em todas as suas manifestações. Depois que aprendemos como interromper um tipo de preconceito, é mais fácil mudar os padrões de pensamento muitas vezes inconscientes que podem levar a outros tipos de preconceito, ou pior. Quando eliminamos esses equívocos e os comportamentos que os acompanham, construímos locais de trabalho mais felizes e produtivos.

TENTANDO O TRABALHO JUSTO EM 2020

Comecei este livro no verão de 2017. Conforme escrevi, os eventos mundiais continuaram expondo as injustiças que corrompem não apenas o local

---

[*] Comentar ou explicar algo a uma mulher de uma maneira condescendente. (N. da T.)

de trabalho, mas a sociedade de forma mais ampla. O #MeToo destacou as injustiças de gênero como nunca antes. Então, a Covid-19 tornou a injustiça econômica e racial muito evidente. Os assassinatos de Breonna Taylor e George Floyd desencadearam um movimento que tornou impossível ignorar a violência contra os negros nos EUA.

Enquanto meu marido cuidava de nossos filhos, enquanto eles iam de seus quartos para a aula online, me retirei para a edícula no quintal — a trifeta dos privilégios da quarentena: um marido disposto a assumir a maior parte das responsabilidades domésticas, um quintal, uma edícula já construída no quintal — e editei este livro. O desemprego atingiu os níveis da Grande Depressão e o Congresso entrou em recesso sem fornecer seguro-desemprego para os necessitados. A seguir, a Califórnia pegou fogo e a fumaça me jogou da edícula de volta para casa, onde era muito mais difícil Apenas Trabalhar.

Neste contexto, me deparei com uma frase que escrevi apenas seis meses antes: "As organizações, devido à sua escala e capacidade de aplicar normas de conduta, têm o potencial de mudar a cultura no lugar onde a maioria de nós passa a maior parte do tempo: no trabalho." Parecia uma afirmação razoável quando a escrevi. Mas então, essa frase pareceu um excelente exemplo do que chamarei neste livro de "exclusão inconsciente." Com tantas pessoas desempregadas, e aqueles que têm empregos se perguntando como encará-los na realidade atual, o Trabalho Justo é apenas mais um privilégio, inacessível para a maioria?

Não, o Trabalho Justo é mais urgente do que nunca. Por quê? Altos padrões éticos são importantes em tempos bons e ruins, mas criar os locais de trabalho mais justos em um momento em que os empregos são escassos é especialmente importante, porque os funcionários são especialmente vulneráveis. E nós, como sociedade, temos muito a fazer: uma crise econômica, uma crise social, uma crise ambiental. Não podemos nos dar ao luxo de brincar. O Trabalho Justo é correto *e* efetivo. A injustiça é tanto imoral quanto ineficiente.

É impossível saber, ao terminar este livro, em que tipo de mundo ele será lançado. Será que a economia voltará rugindo como depois da Grande Depressão, forçando os líderes a criarem ambientes de trabalho melhores ou correr o risco de perder a guerra por talentos? Ou o desemprego em massa tornará arriscado para os empregados levantar questões de injustiça? Mais pessoas trabalharão de casa e, se fizerem, os homens irão para o front das tarefas domésticas ou voltaremos à divisão de trabalho dos anos 1950, que tornou impossível para as mulheres Apenas Trabalhar? Espero que seja o primeiro, não o último, mas os primeiros indicadores mostram que provavelmente é o último. O relatório Women in the Workplace 2020[16] indica que, devido à Covid-19, uma em cada quatro mulheres está pensando em mudar de carreira ou deixar a força de trabalho. No entanto, é muito cedo para dizer qual será o impacto.

O que eu sei é isso. Esses tempos são cheios de tristeza, mas também de otimismo. O *Black Lives Matter* ainda está forte e por muitas medidas já é o maior movimento de protesto da história americana, com de 15 milhões a 26 milhões de manifestantes,[17] lembrou às pessoas em todo o mundo que temos a oportunidade de unir e refazer nossas instituições, incluindo nossos locais de trabalho. As injustiças e desigualdades em nossa sociedade não são novas, mas parecem muito mais pronunciadas e evidentes agora. E quando notamos e nomeamos problemas, é mais provável que os resolvamos.[18] O ano de 2020 revelou a injustiça tão nua que não podemos mais nos recusar a notá-la. Agora temos a oportunidade de nos unir e aprender a viver de acordo com nossos ideais.

A injustiça no local de trabalho é um problema humano que temos que resolver juntos, não uma questão que coloca um grupo de pessoas contra outro. Na medida em que há uma guerra cultural no local de trabalho, a luta é entre as pessoas que estão comprometidas em agir para criar ambientes de trabalho justos e aqueles que não estão. Quem quer que sejamos, qualquer que seja o nosso papel, onde quer que estejamos, trata-se de escolher conscientemente entrar nesta luta. Há espaço para todos nós. Todos somos necessários.

Muitos milhões de pessoas estão mais cientes agora do que nunca de que nós — *todos* nós — tendemos a subestimar algumas pessoas e superestimar outras. Subestimamos e, portanto, subutilizamos algumas pessoas e promovemos outras além de seu nível de competência. Essa tendência é ineficiente e injusta. A meta é dar a todos a oportunidade de trabalharem com o que amam e gostarem de colaborar com seus colegas, livres de ineficiência e ressentimento que o tratamento injusto gera. Esse é um objetivo elevado; a melhor maneira que conheço de fazer progresso é definir metas elevadas, medir continuamente a lacuna entre as metas e realidades e trabalhar dia a dia para fechar essa lacuna.

A premissa fundamental deste livro é que há coisas que cada um de nós pode fazer para eliminar a injustiça no local de trabalho. Uma dúzia de catalisadores diferentes poderia ter trazido este livro até você. Talvez você tenha sido contratado para criar uma cultura de trabalho mais diversificada e inclusiva. Você pode estar preocupado com o tratamento da única pessoa trans em sua equipe. Ou talvez você tenha olhado em volta e percebido que todos em sua equipe são brancos e isso lhe pareceu pela primeira vez um problema que você precisa resolver para todos. Seja qual for o motivo pelo qual você começou este livro, meu objetivo é que o conclua com a capacidade de analisar os problemas que está enfrentando e com várias estratégias para resolvê-los de modo que você e as pessoas ao seu redor possam Trabalhar com Justiça. *Hoje*.

TRABALHO JUSTO

PARTE UM:
AS CAUSAS RAIZ DA INJUSTIÇA NO LOCAL DE TRABALHO

Tendenciosidade, Preconceito e Bullying

Como Confrontar Cada Um Efetivamente

O que atrapalha a justiça básica[1] no trabalho? Na minha experiência, existem três causas básicas para o problema: tendenciosidade, preconceito e bullying. Cada uma é diferente e deve ser considerada separadamente se quisermos encontrar maneiras mais eficazes de combatê-las. Quando um desequilíbrio de poder está presente, as coisas pioram muito rapidamente — discriminação, assédio e violações físicas ocorrem. Veremos estes problemas na Parte 2. Vamos começar examinando como erradicar as causas raízes.

PROBLEMAS

Antes de começarmos, deixe-me oferecer algumas definições supercurtas e uma estrutura simples para ajudar a nos manter orientados em um problema que pode ser muito desorientador.

A Tendenciosidade é "não ter intenção." Sendo muitas vezes chamada de tendenciosidade inconsciente, vem da parte da nossa mente que tira conclusões precipitadas, geralmente sem nos darmos conta disso.[3] Essas conclusões e suposições não estão *sempre* erradas, mas muitas vezes estão, especialmente quando refletem estereótipos. Não precisamos ser vítimas indefesas dos nossos cérebros. Podemos aprender a desacelerar e questionar as nossas tendenciosidades.

Preconceito é "ter intenção." Infelizmente, quando paramos para pensar, nem sempre encontramos a melhor resposta. Às vezes, racionalizamos nossas tendenciosidades e elas se endurecem em preconceitos.[4] Em outras palavras, *nós* justificamos nossas tendenciosidades, em vez de contestar suas suposições e estereótipos falhos.

Bullying é "ser maldoso": o uso intencional e repetido do nosso status ou poder no grupo para ofender ou humilhar os outros.[5] Às vezes, o bullying vem com a tendenciosidade, mas muitas vezes é um comportamento mais instintivo. Pode não haver um pensamento ou ideologia por trás disso. Pode ser um plano ou apenas um instinto animal de dominar, de coagir.

RESPOSTAS

As respostas mais eficazes correspondem ao problema que estamos tentando resolver. Para erradicar a tendenciosidade, o preconceito e o bullying, devemos responder a cada um diferentemente.

Na minha experiência, quando as tendenciosidades das pessoas são apontadas para elas de forma clara e compassiva, elas geralmente as corrigem e se desculpam.

O preconceito, no entanto, é uma crença consciente e arraigada. As pessoas não mudam seus preconceitos simplesmente porque alguém os aponta. Segurar um espelho a sua frente não ajuda — as pessoas gostam do que veem. O que importa é traçar uma fronteira clara entre o direito das pessoas de acreditarem no que quiserem e sua liberdade de impor seus preconceitos aos outros.

O bullying tem que causar consequências reais para ser interrompido. Se os agressores fossem influenciados por estarem cientes do dano que estão causando às pessoas que intimidam, não as estariam tratando mal em primeiro lugar. Normalmente, eles *tentam* machucar alguém. Apontar a dor que estão infligindo não os faz parar e pode até mesmo encorajá-los a duplicá-la.

Seus graus de liberdade e responsabilidade ao enfrentar tendenciosidades, preconceitos e bullying dependem de sua função. O Capítulo 1 descreve os diferentes papéis que todos desempenhamos e os Capítulos 2-5 descrevem coisas específicas que você pode fazer para confrontar essas atitudes e comportamentos, dependendo de qual papel você desempenha. No entanto, independentemente do seu papel, é importante entender a perspectiva das pessoas nas outras funções, se você quiser que suas tentativas de combater o problema sejam eficazes. Além disso, quanto melhor você entender cada função, mais habilidoso será caso, mais tarde, venha a se encontrar intencional ou acidentalmente *naquele* papel. O objetivo comum é criar um ambiente no qual todos possam fazer um trabalho melhor e ser mais felizes enquanto o fazem.

PROBLEMA	RESPOSTA
 **TENDENCIOSIDADE** SEM INTENÇÃO Alheio aos esteriótipos	 **INTERRUPTOR DE TENDENCIOSIDADE** Mostrar a situação à pessoa
 **PRECONTECEITO** COM INTENÇÃO Ciente e racionalizar os esteriótipos	**CÓDIGO DE CONDUTA** Não permitir que alguém imponha seu preconceito a outros
 **BULLYING** MÁ-FÉ Uso intencional dos esteriótipos para causar mal a alguém	 **CONSEQUÊNCIAS CLARAS** Demonstrar que o bullying não é correto

1

Papéis e Responsabilidades

Quem é Responsável por Resolver estes Problemas? Todo Mundo.

Em qualquer caso de injustiça que você encontrar no trabalho, *você desempenhará pelo menos um de quatro papéis diferentes*: pessoa prejudicada, defensor, pessoa que causou o dano ou líder. Cada um desses papéis tem suas próprias responsabilidades.

Ao considerar estes papéis, reconheça que eles não são identidades fixas. Ao contrário, você os desempenha de modo temporário. Você pode até, em momentos diferentes, desempenhar *todos* eles. E, às vezes, de forma confusa, pode até se encontrar em dois ou mais papéis ao mesmo tempo.

Nossa consciência ativa de que estamos desempenhando um ou mais papéis em certos momentos nos lembra que eles não são estáticos nem conclusivos. Quando entendemos as perspectivas das pessoas desempenhando outros papéis, podemos encontrar melhores estratégias para responder de uma forma que crie uma mudança real. Podemos ter uma visão mais ampla de nós mesmos e dos outros como pessoas que sempre podem aprender e melhorar. Essa distinção é de extrema importância, porque nos permite crescer e mudar após incidentes prejudiciais, em vez de sentir que seremos para sempre definidos por eles.

Nas histórias que contarei, algumas vezes sou a pessoa prejudicada; em outras, a pessoa que prejudicou; algumas vezes, vi o dano sendo causado; e, às vezes, sou a líder cujo trabalho é impedir que o prejuízo seja causado. Em algumas dessas histórias, eu reajo mal ou não reajo de forma alguma. Em outras, parece impossível para mim fazer o meu trabalho. Ocasionalmente, me sinto bem com a minha resposta.

Um dos objetivos principais deste livro é construir compaixão por nós mesmos em todas as funções e desenvolver estratégias para responder de forma mais eficaz à injustiça no local de trabalho, não importa em que função nos encontremos.

PAPEL: PESSOA PREJUDICADA
ESCOLHA A SUA RESPOSTA

Se você está sofrendo com a injustiça no local de trabalho, sua responsabilidade é, antes de mais nada, com você mesmo. Isso significa lembrar que terá que escolher a sua resposta, mesmo quando as suas escolhas são difíceis ou limitadas. Reconhecer essas escolhas, avaliar seus custos e benefícios e escolher uma delas pode ajudar a restaurar seu senso de controle. Mesmo quando você é vitimizado, tem a escolha de como responder. Ao fazer essa escolha, coloque-se em primeiro lugar. Você tem o direito de agir em legítima defesa.

Na minha experiência, ninguém que sofreu uma injustiça *quer* ficar quieto sobre isso. O instinto inicial de alguém é falar abertamente. No entanto, esse instinto é reprimido de mil maneiras diferentes. Na verdade, a pesquisa da psicóloga Jennifer Freyd mostrou que quando você está em um estado de dependência (por exemplo, precisa do pagamento), é mais difícil para o seu cérebro codificar a injustiça na memória, quanto mais falar sobre isso.[1] E essa repressão, essa perda da habilidade de falar abertamente, é debilitante — às vezes até mais prejudicial do que a experiência original. Como podemos aprender a reconhecer a injustiça para que possamos responder de uma forma que restaure o nosso senso de liberdade e controle?

Embora este livro ofereça uma série de sugestões, meu foco é apenas nas escolhas, não na pressão adicional. Em alguns casos de abusos no local de trabalho, pode haver uma pressão considerável sobre a vítima para se apresentar — mesmo quando os riscos são tanto óbvios quanto consideráveis. Não quero encorajar as pessoas prejudicadas a fazerem escolhas que vão prejudicá-las ainda mais.

Faço esta observação. O confronto tem custos óbvios e benefícios ocultos; o silêncio tem custos ocultos e benefícios óbvios. Quanto mais ciente você estiver dos custos óbvios e dos benefícios ocultos, melhor será a sua decisão. Se você pesar as consequências e decidir enfrentar a injustiça, este livro oferecerá sugestões específicas sobre como fazer isso de uma forma que não destrua a sua carreira; também reconheço que há sabedoria em escolher as suas batalhas. Decidir não responder é uma escolha legítima e ninguém, muito menos eu, deveria julgá-lo por isso. De qualquer maneira, fazer uma escolha consciente permite que você recupere o seu senso de controle.

Finalmente, se mais tarde você se arrepender de qualquer decisão que *tenha* tomado, relaxe. Punir-se por não responder da forma "certa" só piorará a situação; não se esqueça de que você foi a parte injustiçada em primeiro lugar! Autoperdão não significa ignorar nossos arrependimentos. Significa reconhecer como é difícil enfrentar a injustiça no local de trabalho, perdoar a nós mesmos pelas oportunidades perdidas e fazer de tudo para aprender a fazer melhor da próxima vez.

PAPEL: ~~OBSERVADOR~~ DEFENSOR
INTERVIR. NÃO APENAS ASSISTIR

A palavra "observador" sugere passividade. Se você testemunha a injustiça e quer ajudar a combatê-la, tem que ser um defensor que, proativamente, encontra formas de apoiar a pessoa prejudicada, não um espectador passivo que simplesmente observa o mal sendo feito, talvez se sentindo mal com isso, mas não fazendo nada a respeito.

Quando você nota a injustiça, seja ela pequena ou grande, tem a responsabilidade de agir. E tem a obrigação de perceber: ficar alheio a ela não o absolve. É certo que nem sempre você pode resolver o problema, mas pode mostrar solidariedade para com a pessoa que está sendo prejudicada e esse reconhecimento — esse "tem alguma coisa errada aqui" — é inestimável.

PAPEL: PESSOA QUE CAUSA O DANO

ESCUTE E ENFRENTE

Talvez você não queria causar dano, talvez não soubesse como o que disse ou fez afetou a pessoa. Ou talvez você quisesse *realmente* causar dano, mas esperava que ninguém notasse. Talvez você só estivesse irritado naquele dia em particular ou se sentindo ameaçado. Talvez você tenha se arrependido posteriormente do que fez.

O fato permanece, você prejudicou outra pessoa e agora alguém está apontando para você. Como reagirá? Explodirá em uma raiva defensiva/agressiva? Vai ser friamente desdenhoso? Ou vai levar a reclamação a sério?

Não é bom ouvir quando alguém diz que você prejudicou outrem, particularmente quando não era a sua intenção. Mas, como acontece com um feedback crítico de qualquer tipo, considere-o um presente. O feedback pode ajudá-lo a aprender a ser mais atencioso, a evitar prejudicar outras pessoas e (no mínimo) a corrigir seu comportamento antes que ele se intensifique e cause maiores danos e/ou o coloque em sérios problemas. Ouça o que está sendo dito e enfrente o fato.

PAPEL: LÍDER

PREVENIR E REPARAR

Uma das grandes alegrias da liderança é a oportunidade de criar um ambiente de trabalho colaborativo e respeitador. Uma organização saudável não se resume a uma ausência de sintomas desagradáveis. Criar um ambiente de trabalho justo é eliminar o mau comportamento *e* reforçar o comportamento colaborativo e respeitoso. Isso significa ensinar as pessoas a não permitir que o preconceito atrapalhe o julgamento, a não permitir que elas imponham seus preconceitos aos outros; significa criar consequências para o bullying e prevenir a ocorrência de discriminação, assédio e violações físicas em sua equipe. A injustiça no local de trabalho não é inevitável. Existem medidas específicas que podem ser tomadas para que você e a sua equipe amem o que fazem e trabalhar juntos, para que todos possam fazer as coisas de forma rápida e justa. E uma vez que você começa a realizar essas ações, estabelece um ciclo virtuoso.

PAPÉIS	RESPONSABILIDADES
PESSOA PREJUDICADA	Escolhe uma resposta
DEFENSOR	Intervém
PESSOA QUE CAUSA O DANO	Ouvir e abordar
LÍDER	Prevenir e reparar

Como É Quando Todos Desempenham Seus Papéis

Emelia Holden, garçonete em uma pizzaria em Savannah, Geórgia, sentiu alguém agarrar a sua bunda quando ela estava imprimindo a conta. Ela se virou, agarrou a camisa do homem e o jogou no chão dizendo, "Não me toque!"[2] Seu gerente, depois de observar o cliente apalpar Emelia, chamou a polícia. Outros garçons e cozinheiros vieram e cercaram o homem, impedindo-o de fugir. A polícia prendeu o homem sob a acusação de agressão sexual, uma contravenção.

Vejamos as circunstâncias que permitiram a Emelia se defender com segurança:

Primeiro, Emelia teve a vontade e a força física para responder como fez. Mas a sua capacidade de se defender não foi a única razão pela qual essa história terminou com a justiça sendo feita.

Não é difícil imaginar um local de trabalho onde o chefe acusasse Emelia de reagir exageradamente e a demitisse; ou em que seu gerente pudesse não ter testemunhado o incidente ou vir em sua defesa. Seus colegas, em vez de cercarem o acusado, poderiam temer por seus empregos e olharem para o outro lado. E a polícia poderia ter levado Emelia, em vez do homem que a agarrou, algemada. Felizmente, quase todos tiveram uma boa resposta neste caso. Emelia teve a ação e a força para se defender. Seu gerente estava comprometido em proteger seus empregados de cidadãos predatórios e instalou uma câmera. Seus colegas a defenderam. A polícia manteve o direito de Emelia à autodefesa. *E* eles trataram o homem que a agarrou com justiça. Eles procuraram evidências antes de prendê-lo e não usaram força indevida. Como todos sabemos agora, as coisas poderiam muito bem ter terminado tragicamente nessa história se Emelia ou o homem que a apalpou fossem negros. Todos nós devemos nos comprometer com a criação de um sistema policial e jurídico mais justo.

Um Trabalho Justo exige que cada um de nós seja claro sobre nosso papel e responsabilidade.

Barra de Navegação

Escrevi que a injustiça no local de trabalho não é um problema monolítico. Suas partes componentes são a tendenciosidade, o preconceito, o bullying, o assédio e as violações físicas. As pessoas que podem resolver esses problemas são os líderes, os defensores, as pessoas que causam danos e as que são prejudicadas. Isso é muito para se ter em mente. Este livro vai considerar o que podemos fazer sobre cada atitude ou comportamento problemático, dependendo do papel que estamos desempenhando. Mas para mantê-lo sempre orientado, apresentarei uma barra de navegação na parte inferior das páginas ímpares. Ela nomeará a função que está sendo considerada e circulará a atitude ou o comportamento específico que está sendo abordado. Por exemplo, quando uma seção explicar o que os líderes podem fazer sobre o bullying, você verá isso:

LÍDERES &
TENDENCIOSIDADE PRECONCEITO [BULLYING] ⚡ DISCRIMINAÇÃO ASSÉDIO VIOLAÇÕES FÍSICAS

Quando uma seção explica o que as pessoas prejudicadas podem fazer para distinguir entre tendenciosidade, preconceito e bullying, você verá isso:

PESSOA PREJUDICADA &
[TENDENCIOSIDADE PRECONCEITO BULLYING] ⚡ DISCRIMINAÇÃO ASSÉDIO VIOLAÇÕES FÍSICAS

2
Para Pessoas Prejudicadas

O que Dizer
Quando Você Não Sabe
O que Dizer

O seu silêncio não o protegerá.

— Audre Lorde

A poetisa Claudia Rankine expressa a desorientação e o desconforto de perceber que alguém está assumindo coisas sobre você incorretamente com base em um estereótipo:

> O que ele acabou de dizer? Ela disse aquilo mesmo? Eu ouvi o que penso que ouvi? Isso acabou de sair da minha boca, da dele, da sua? O momento é péssimo... Então, a voz em sua cabeça silenciosamente lhe diz para não se atormentar, porque apenas se dar bem não deve ser uma ambição.[1]

Parte do que torna difícil reagir em tais momentos é a incerteza sobre as intenções da pessoa. Isso é uma tendenciosidade emocional falando? Ou a pessoa quer dizer o que disse? Ou o comentário é um jogo de poder de algum tipo, com a intenção de intimidar?

No espírito do "mostre, não diga", aqui estão três histórias que ilustram o quão complexa pode ser até mesmo a mais breve das interações. Em certo sentido, esses encontros foram triviais, cada um durando menos de sessenta segundos. Em outros, eles falam por si.

Sr. Alfinete de Segurança

Eu estava prestes a dar uma palestra do *Empatia Assertiva* para os fundadores e executivos de algumas das startups mais importantes do Vale do Silício. Algumas centenas de homens estavam na conferência. Eu era uma das poucas mulheres. Quando eu estava prestes a entrar no palco, um dos participantes se aproximou de mim, seus lábios apertados de frustração.

"Preciso de um alfinete de segurança!", ele sibilou para mim. Ele estava segurando a frente da camisa — um botão tinha se despregado. Evidentemente, ele presumiu que eu fazia parte da equipe do evento. Para evitar essa situação, os organizadores da conferência deram aos funcionários do evento camisetas amarelo vivo. Mas tudo o que ele podia notar era a sua necessidade e o meu gênero.

Eu não sabia o que dizer. Ele estava sendo rude e parecia quase em pânico, com sua barriga exposta. Mais marcante do que a sua rudeza era a certeza absoluta de que o meu trabalho era resolver o seu problema. Eu estava prestes a fazer a minha apresentação, então também estava um pouco agitada. Vamos desacelerar o momento e explorar por que era difícil saber o que dizer. Eu queria acreditar que o Sr. Alfinete de Segurança estava manifestando *preconceito* de gênero inconsciente quando presumiu que eu era do staff do evento. Não foi uma ofensa federal. A maioria de nós já fez uma suposição incorreta sobre o papel de outra pessoa com base em algum atributo pessoal, e esses momentos são tão dolorosos quanto comuns. Nessas situações, muitas vezes, a melhor tática para alguém na minha posição é corrigir levemente o erro e seguir em frente: o momento clássico "desculpe, não trabalho aqui".

Mas talvez o seu comentário não tenha saído de uma tendenciosidade inconsciente, mas sim de um *preconceito* consciente. Talvez ele acreditasse que mulheres devessem desempenhar funções de suporte, e não escrever livros sobre liderança. Talvez se eu dissesse "Preciso preparar a minha palestra agora, então não posso ajudá-lo", ele responderia, "Oh. Você deve ser a moça do *Empatia Assertiva*. Eu não acredito nessa besteira de liderança feminina suave". Improvável, mas certamente não impossível: Esse tipo de coisa já aconteceu comigo, mais de uma vez. Se a minha tentativa de resposta cortês o levasse a revelar um *preconceito* consciente contra mulheres, isso me irritaria e tornaria mais difícil para me concentrar em minha palestra. Eu não queria arriscar isso.

Além disso, havia uma terceira possibilidade: *bullying*. E se eu o corrigisse e ele se irritasse, dizendo algo como "Ei, moça, não há necessidade de ficar chateada"? Eu não tinha certeza se seria capaz de resistir à tentação de responder a esse tipo de observação desagradável com algo igualmente desagradável: *"Estou aqui para ensiná-lo a ser um chefe incrível, não para procurar um alfinete de segurança!"* E então eu entraria no palco furiosa com ele e comigo mesma por perder a paciência. Eu seria tirada do meu prumo.

Havia outro fator de confusão aqui além do gênero: poder e privilégio. O homem presumiu que tinha o direito de ser rude com as pessoas que trabalhavam no evento. Talvez quando ele percebesse que eu era uma palestrante, não funcionária, que tinha os mesmos privilégios econômicos e a rede que ele tinha, se desculpasse e fosse educado. Mas falar com *qualquer um* da maneira como falou comigo era questionável.

Tudo isso parecia muito para lidar tendo apenas cinco minutos para subir ao palco. Então eu não disse nada e o homem saiu pisando duro, evidentemente se perguntando por que eu estava me recusando a fazer meu trabalho, resmungando algo sobre reclamar para os organizadores do evento sobre a equipe inútil.

Em retrospecto, fui paralisada por dois tipos de confusão. O primeiro, conforme descrito acima, foi minha incerteza sobre a atitude por trás do seu comportamento. Foi tendenciosidade, preconceito ou bullying? A segunda confusão foi sobre o meu papel na troca. Eu era a pessoa prejudicada, a líder ou uma defensora? E se eu falhei em cumprir a minha responsabilidade em um desses papéis, isso me tornava uma pessoa que causava dano?

Em certo sentido, eu era a pessoa prejudicada. Ele me tratou rudemente e eu estava preocupada com a distração antes de uma palestra importante. Corrigir seus equívocos naquele momento não deveria ter sido meu trabalho. Em outro sentido, no entanto, eu era uma potencial defensora: minha falha em corrigi-lo significava que ele poderia reclamar da equipe do evento — pessoas mais vulneráveis que eu. Mas, talvez o mais importante, como palestrante eu tinha capacidade de liderança, então tinha a obrigação de falar.

Em retrospecto, meu silêncio foi ruim para todos: para a equipe; para mim, porque eu não tinha vivido de acordo com as minhas próprias crenças; e ainda foi ruim para o Sr. Alfinete de Segurança. Por não apontar seu preconceito (se é que isso estava por trás do seu pedido), eu estava tornando mais provável que ele repetisse o erro.

Soquinho

Meu colega de muitos anos, Derek, compartilhou comigo uma história sobre a sua experiência em uma conferência focada em construir locais de trabalho mais inclusivos para mulheres, onde a participação era composta por cerca de 90% de mulheres. Eis o que aconteceu.

Derek não é um grande fã de cumprimentos físicos — abraços, apertos de mão etc. — principalmente por causa da transferência de germes inerentes a tal contato físico. Então, quando Derek vai a conferências, ele prefere soquinhos a apertos de mão.[2] Num mundo de Covid-19, sua relutância parece compreensível, mas era um pouco mais incomum até então.

Derek estava se divertindo muito na conferência, aprendendo muito e estava totalmente engajado. Ele abordou a oradora principal, uma importante pensadora/estudiosa em diversidade e inclusão, para fazer uma pergunta esclarecedora. Quando ele se apresentou, ela disse, "Ah, sim, o cara do soquinho". Quando ele a questionou, soube que os outros participantes da conferência estavam fofocando sobre a sua preferência por dar soquinhos, atribuindo isso a uma atitude "de mano". Ninguém havia comentado sobre isso diretamente com ele. Eles falavam às suas costas — em uma conferência sobre inclusão.

A reação inicial de Derek foi de que havia sido acusado injustamente; era injusto que as pessoas chegassem à conclusão de que ele era um "mano tecno". Certamente, não era assim que ele se via ou como as pessoas que o conheciam pensavam dele. No entanto, depois de superar sua dor inicial por ter sido estereotipado, a curiosidade de Derek tomou conta. Esse pressuposto era uma forma de tendenciosidade, crença ou bullying? Provavelmente, tendenciosidade. Mas talvez aquelas mulheres conscientemente acreditassem que todos os homens de tecnologia exibissem um comportamento "mano tecno" estereotipado. Ou talvez *fosse* bullying. Talvez aquelas mulheres estivessem apenas fazendo com ele o que havia sido feito com elas com muita frequência — destacando-o por ser do gênero sub-representado.

Essa exploração o levou à percepção de que *qualquer* grupo majoritário, independentemente de sua composição, é capaz de criar um ambiente exclusivo. Se *este* grupo de pessoas — líderes de pensamento em torno da diversidade e inclusão — foi capaz de criar um ambiente exclusivo, qualquer grupo poderia. Qualquer grupo majoritário, especialmente um supermajoritário, é propenso a criar as condições para que ocorram tendenciosidade, preconceito e bullying. Geralmente por acidente, algumas vezes de propósito. E isso, por sua vez, cria um ambiente que exclui ou até parece hostil a quem está sub-representado.

Por fim, Derek se sentiu grato por esse esclarecedor momento de empatia. Por anos, ele sabia intelectualmente que era injusto que, em uma equipe que era mais ou menos 90% masculina, o menor gesto de uma mulher pudesse se tornar uma fonte de fofoca cruel e conclusões irracionais sobre o seu caráter. Ele sabia disso, mas agora ele *sentiu* isso.

É importante destacar a diferença entre o momento do alfinete de segurança para mim e o momento do soquinho para Derek. Os momentos "alfinete de segurança" acontecem comigo o tempo todo e o momento "soquinho" foi, para Derek, uma experiência única. Muitas vezes, sou uma das poucas mulheres em um grupo por causa da injustiça sistêmica que fez com que as mulheres fossem sub-representadas na tecnologia. Já participei de muitas equipes por causa da injustiça sistêmica que fez com que os brancos fossem super-representados na tecnologia. Falarei mais sobre injustiça sistêmica nos Capítulos 9 e 10.

O Corte de Cabelo

Uma colega gay foi contratada para fazer uma grande apresentação a um cliente. Sem o conhecimento dela, o cliente encontrou uma foto antiga dela de cabelo longo e mandou para todos os nossos sócios. Eles estavam esperando aquele cabelo. Por acaso, ela havia cortado o cabelo curto. Ao conhecê-la, o cliente reclamou que seu cabelo curto era "antiprofissional". Uma vez que todos os homens na sala tinham cabelo curto, não havia nada inerentemente não profissional sobre cabelo curto. Se ela estivesse usando um traje de negócios mais tradicionalmente feminino, com maquiagem e saltos em vez de um terninho, é improvável que o cabelo curto incomodasse o cliente. Mas ela não estava em conformidade com as expectativas deles da forma como uma mulher "deveria" parecer. É estranho que uma pessoa pense que vai dizer à outra que corte de cabelo ou roupa usar, mas isso acontece o tempo todo.

A injustiça da denúncia era óbvia, mas a sua origem não. Foi na intersecção entre o preconceito de gênero e do preconceito heteronormativo? Ou refletiu um preconceito real? Neste caso, o preconceito foi contra mulheres nos negócios ou contra gays? Ou o cliente estava tentando intimidar minha colega? Se sim, por quê? Porque ela era mulher? Porque era gay? Porque era ambos?

Essa confusão sobre as intenções do ofensor pode ser um grande obstáculo para defender a si mesmo, portanto, focar essa confusão e pensar conscientemente sobre como obter alguma clareza é importante.

RECONHECENDO A TENDENCIOSIDADE

A grande maioria de nós é tendenciosa.[3] Isso não nos torna pessoas ruins — e também não evita a tendenciosidade. O fracasso moral surge quando nos recusamos a notá-la ou abordá-la e ao dano que ela causa e as maneiras como ela, geralmente, leva ao preconceito, discriminação, assédio, abuso e violência. Às vezes, reconhecer sua própria tendenciosidade pode ajudá-lo a confrontar a tendenciosidade preconceito dos outros com mais compaixão.

Você não precisa ter feito várias pesquisas ou criado uma definição perfeita de tendenciosidade a fim de reconhecê-la e reagir quando sentir que, de alguma forma, ela está trabalhando contra você em seu trabalho. Para ajudá-lo a começar, aqui estão alguns exemplos de como a tendenciosidade geralmente atua no local de trabalho:

- **Fazer suposições de função erradas.** Certa vez, uma funcionária entregou as chaves de seu carro a um CEO latino que conheço a caminho de uma reunião, presumindo que fosse o manobrista.

Para sorte dela, o CEO teve senso de humor sobre o engano. Um americano branco casado com uma mulher africana bem conhecida ficou conhecendo o que era tendenciosidade racial na primeira vez que viajou com a sua esposa. Quando o casal chegou no hotel, não uma nem duas, mas *três* pessoas presumiram que ela era a recepcionista do hotel. Isso apesar de ela estar na fila e não atrás do balcão.

- **Fazer suposições incorretas de "tarefas".** Uma equipe de uma grande empresa de tecnologia decidiu que queria sair para comer comida mexicana. Um homem branco que trabalhava na equipe pediu a uma colega porto-riquenha que encontrasse o melhor restaurante mexicano na cidade. Talvez ele não soubesse a diferença entre Porto Rico e México; talvez simplesmente pensasse que as mulheres deveriam ser responsáveis pelas escolhas de restaurantes; talvez tanto a nacionalidade quanto o gênero entraram em jogo. Talvez ele pensasse que sua ascendência fosse mexicana, mas mesmo que fosse, seu pedido lhe pareceu estranho. Por que ele presumira que ela deveria fazer a reserva? Dado seu sobrenome, ela presumiu que sua ascendência fosse italiana, mas nunca teria ocorrido a ela pedir a ele que escolhesse um restaurante italiano. As pessoas, muitas vezes, esperam que pessoas sub-representadas façam o que a jurista Joan Williams chama de "trabalho doméstico de escritório" — tomar notas, planejar o local externo, retirar as xícaras de café.[4]
- **Fazer suposições incorretas sobre inteligência/habilidades.** Em suas memórias, o advogado de direitos civis e conselheiro presidencial Vernon Jordan fala de um acidente marcante que ocorreu durante o seu emprego de verão dirigindo para um aposentado banqueiro em Atlanta. Enquanto seu empregador cochilava após o almoço, Jordan aproveitou o tempo para ler. "Vernon consegue ler!", ele mais tarde ouviu o homem exclamar de espanto para os parentes.[5]
- **Fazer suposições incorretas sobre expertise.** Uma piada contada por Rebecca Solnit ilustra como a tendenciosidade funciona

como "condescendência masculina". Quando um homem em uma festa perguntou sobre o que ela escrevia, ela respondeu que havia escrito uma biografia do fotógrafo do século XIX, Eadweard Muybridge. Ele queria saber se ela tinha ouvido sobre o novo livro "muito importante" sobre Muybridge que havia sido lançado naquele ano. Solnit escreveu, "Eu estava tão envolvida no papel de ingênua a mim atribuído que fiquei perfeitamente disposta a considerar a possibilidade de que outro livro sobre o mesmo assunto tivesse sido lançado simultaneamente e, de alguma forma, deixei passar... O Sr. Muito Importante continuou falando com presunção sobre o livro que eu deveria conhecer quando minha amiga Sallie o interrompeu e disse, 'é o livro dela'. Ou tentou interrompê-lo, de qualquer forma".[6] Mesmo após Sallie ter conseguido deixar claro ao Sr. Muito Importante que Solnit era, de fato, a autora da biografia, ele continuou a dar-lhe um sermão sobre isso como se soubesse mais sobre o livro do que ela, a mulher que o escreveu.

- **Usar nomes ou pronomes de gênero incorretamente.** Reconhecidamente, reaprender o nome de uma pessoa e os pronomes de gênero pode exigir um esforço concentrado, mas é justo exigir que os outros se comprometam a respeitar seus colegas. Quando os colegas insistem em usar pronomes incorretos ou usam o "nome morto" de uma pessoa trans (o nome de batismo), estamos impondo nossas suposições sobre o gênero e quem a pessoa é. Ninguém tem o direito de dizer aos outros quem é.

- **Ignorar as ideias de uma pessoa e, em seguida, celebrar exatamente a mesma ideia de uma pessoa diferente momentos depois.** Às vezes, uma mulher oferece uma boa ideia em uma reunião e todos parecem confusos. É como se um móvel acabasse de se manifestar. Há um silêncio constrangedor e, em seguida, a reunião prossegue. Cerca de noventa segundos depois, um homem diz exatamente a mesma coisa e é saudado como um gênio. Essa experiência é tão comum que até tem nome: "he-peating*". Desde a Covid-19, muitas mulheres notaram que são

---

* Trocadilho com "Repeating" [Repetir]", utilizando "He" [Ele] como prefixo. (N. da T.)

ainda mais propensas a serem ignoradas ou "he-peated" em uma videochamada do que em uma reunião pessoal.

"Esta é uma excelente sugestão, Sra. Triggs. Talvez um dos homens aqui gostaria de fazê-la."

- **Confundir pessoas da mesma raça, gênero ou outro atributo.** Claudia Rankine descreve a dor que vivenciou quando um amigo próximo acidentalmente chamou Rankine pelo nome da sua empregada negra. É doloroso ser associado a outra pessoa por causa de algum atributo físico comum — especialmente quando a pessoa que comete o engano tem com você uma relação muito diferente do que com a pessoa com quem você está sendo associado.[7]
- **Escolher palavras depreciativas/insultuosas.** Por exemplo, quando homens são "homens", mas mulheres são "garotas". Usando o

feminino como termo depreciativo: "jogou como uma garota" ou "perdeu para uma garota" ou dizer, "olá, moças", a um grupo de homens como insulto.[8]

- **Ter expectativas não examinadas com base em estereótipos.** Espera-se que uma mulher seja "carinhosa" ou "quieta" e, portanto, é punida se tiver opiniões fortes; um homem, que "aja como um homem" ou "tenha coragem". Essa disparidade explica por que os homens são admirados por serem negociadores duros enquanto as mulheres costumam ser punidas pelo mesmo comportamento. Esses estereótipos se tornam mais problemáticos em uma era na qual pessoas trans e não binárias no local de trabalho podem achar esses estereótipos relacionados ao gênero ou ao corpo particularmente insultuosos.

RESPONDENDO À TENDENCIOSIDADE

USE FRASES COM "EU" PARA CONVIDAR A PESSOA A VER AS COISAS DA SUA PERSPECTIVA

Se for uma tendenciosidade que está enfrentando, você pode optar por ajudar a pessoa a perceber o erro. Não é seu trabalho educar a pessoa que acabou de prejudicá-lo. Mas talvez você decida fazê-lo porque dizer algo pode custar menos emocionalmente do que permanecer em silêncio. Se for esse o caso, você não está confrontando a pessoa; está convidando-a para entender a sua perspectiva. Mais fácil falar do que fazer. Regra prática rápida: mesmo que não saiba o que dizer, comece com a palavra "eu". Começar com esta palavra convida a pessoa a considerar as coisas do seu ponto de vista — porque o que ela disse ou fez lhe pareceu tendencioso

A declaração com "eu" mais fácil é a simples correção factual. Por exemplo, na história do alfinete acima, eu poderia ter dito, "Estou prestes a ir para o palco dar uma palestra; acho que alguém do staff, de camisa amarela, pode ajudá-lo a conseguir um alfinete de segurança". Ou o executivo que recebeu as chaves do carro poderia ter dito, "acho que você me confundiu com o manobrista. Sou seu CEO, não manobrista, estou aqui para servir, mas em uma função diferente". Passei algum tempo, que é algo do qual você não dispõe no momento, editando essas duas sugestões. Uma declaração com "eu" não precisa ser perfeita; inteligente ou espirituosa. Pode até ser desajeitada. O ponto é dizer alguma coisa, se decidir responder. Minha bisavó bordava travesseiros para as suas quatro filhas com as palavras "Diga alguma coisa. Você sempre pode voltar atrás". Acho isso um mantra útil para os momentos em que quero responder, mas não sei o que dizer

Uma declaração com "eu" também pode permitir que um colega saiba que você foi prejudicado, sem ser antagônico ou crítico. Por exemplo, "Eu não acho que você quis insinuar o que ouvi; então gostaria de dizer como soou para mim..." Uma declaração com "eu" pode ser clara sobre o dano causado enquanto também convida seu colega a perceber as coisas da forma que você percebeu ou que uma suposição incorreta foi feita.

Uma declaração com "eu" é uma resposta generosa à tendenciosidade inconsciente de outrem. Pode ser emocionalmente mais satisfatório dizer: "Você não percebe como é nojento quando diz isso?" Mas envergonhar é uma estratégia ineficaz. Quando uma pessoa se sente atacada ou rotulada (por exemplo, "Estão me chamando de sexista/racista/homofóbico/outro rótulo"), é muito mais difícil para a pessoa se abrir para o seu feedback.

Outro benefício de uma frase com "eu" é que é uma boa forma de perceber de onde a outra pessoa vem. Se a pessoa responder de forma educada ou se desculpando, confirmará o seu diagnóstico de tendenciosidade inconsciente. Se retrucar ou partir para o ataque, você saberá que está lidando com tendenciosidade ou bullying.

E se você não tiver certeza? Tudo bem. Você não tem que estar 100% certo para falar. Esteja certo ou não, seu feedback é um presente. Quando você falar, permaneça aberto à possibilidade de estar errado sobre qual atitude está por trás do seu comportamento, mas também confiante em sua própria percepção — *foi* assim que o atingiu. Se você estiver certo e foi um comentário tendencioso, você deu à pessoa uma oportunidade para aprender; se você estiver errado, deu à pessoa uma oportunidade de explicar o que significava. De qualquer forma, se o comentário de um colega parecer "estranho" muitas vezes vale a pena explorar mais. Embora eu reconheça que há momentos em que os riscos claramente superam as recompensas. Não estou dizendo que você "deve" falar. Estou oferecendo uma forma de pensar como falar se quiser fazê-lo.

Abaixo há mais exemplos de tipos de frases com "eu" que podem ser usadas quando confrontado com experiências comuns de tendenciosidade. Observe que eles não devem ser usados literalmente, como roteiros. Eles serão mais eficazes se proferidos em uma linguagem que pareça ser você falando, não eu.

Presumir uma função de forma incorreta. Você, mulher, está negociando um acordo com Wilson e trouxe seu estagiário de verão, Jack, para tomar notas. Mas Wilson dirige seus comentários a Jack.

O que você pode pensar:

Você está supondo que Jack é o chefe porque ele tem um pênis. Típico.

Declaração com "eu":

Wilson, eu sou a pessoa com quem você está negociando. Este é Jack, meu estagiário de verão.

Presumir "função" de modo incorreto. Pedem que você tome notas em todas as reuniões.

O que você pode pensar:

Porque sou mulher, esses cuzões sempre me pedem para tomar notas.

Declaração com "eu":

Não posso contribuir substancialmente para a reunião se sempre estiver tomando notas. Alguém pode anotar nesta semana?[9]

Ignorar as ideias de uma pessoa e, então, celebrar a mesma ideia de uma pessoa diferente momentos depois. Toda vez que você oferece uma recomendação, é ignorada, mas quando um homem diz a mesma coisa cinco minutos depois, é uma "grande ideia".

O que você pode pensar:

Por que vocês estão exaltando-o como gênio quando ele simplesmente está repetindo o que eu acabei de dizer dois minutos atrás?

Declaração com "eu":

Sim, AINDA acho que é uma ótima ideia. (Veja bem: Você não precisa fazer isso sozinho; pode pedir aos defensores da sua equipe que percebem quando uma pessoa sub-representada apresenta um ponto-chave, mas alguém da maioria posteriormente o repete e recebe o crédito por isso; peça aos defensores não apenas para perceber, mas para intervir e dizer: "Ótima ideia, parece muito com a que X disse alguns minutos atrás.")[10]

Confundir pessoas da mesma raça ou gênero quando são minoria em um grupo. Você é uma das duas pessoas de sua raça e/ou gênero na equipe de trinta pessoas. Várias pessoas continuam confundindo vocês.

O que você pode pensar:

Não somos todos iguais, cuzão.

Declaração com "eu":

Eu sou Alex, não Sam.

É útil ser mais explícito sobre o que aconteceu. "Eu acho que você me confundiu com alguém que se parece comigo." Se você tiver o tipo de intimidade e senso de humor que o deixe confortável, pode até fazer uma pequena piada. "Sam é a outra mulher/pessoa de cor na equipe. Eu sou Alex." ou "Não é um mistério por que você me coloca no mesmo saco que Sam. Você está sendo tendencioso." Crescendo em Memphis, fui amiga de uma norte-americana coreana. Certa vez, a chamei pelo nome de outra coreana e ela me disse, "Quando meu pai se mudou para cá, achou que todas as pessoas brancas eram iguais, assim como você pensa que todos os coreanos são iguais". A observação dela nos deu a oportunidade de ter uma conversa real sobre esse tipo de confusão tendenciosa. Foi constrangedor falar sobre isso, mas teria sido mais ainda *não* falar.

Reagir à tendenciosidade com uma declaração "eu" tem vários benefícios. Não estou dizendo que você "deve" se posicionar. Não estou dizendo que você "deve" falar. Mas muitos de nós estamos mais conscientes das desvantagens do que das vantagens de reagir. Pode ser útil pensar nos prós, já que sentimos os contras em nosso íntimo.

Primeiro, ao falar, você está se afirmando. Cada vez que alguém diz algo que o incomoda e você ignora, um pequeno sentimento de impotência se insinua. Cada vez que responde, seu senso de controle é fortalecido.

Segundo, você está interrompendo a tendenciosidade que o prejudica e pode até persuadir o ofensor a mudar o comportamento, o que melhorará as coisas não só para você, mas também para os outros.

Terceiro, ao falar com clareza e gentileza, você estará apoiando a noção de que fazer isso é um comportamento aceitável incentivando os outros a fazerem o mesmo. Fazer isso com frequência mostra que confrontar a tendenciosidade não torna a pessoa irremediavelmente ruim, deixando os outros mais confortáveis para apontá-la quando a perceberem. É assim que as normas — padrões de comportamento social — se estabelecem. Quando ignoramos a tendenciosidade, permitimos que ela seja repetida e reforçada.

Quarto, sua relação com seu colega pode melhorar graças à sua intervenção. É mais fácil conviver com alguém que não está fazendo algo que o irrita continuamente.

Quinto, você está fazendo um favor à pessoa que está sendo tendenciosa. Se elas não estão conscientes do que fazem, ao apontá-lo lhes dá a oportunidade de parar de cometer este erro.

Frequentemente, o treinamento de feedback corporativo o aconselhará a responder dizendo, "Quando você faz X, me faz sentir Y". Mas não recomendo essa abordagem quando confrontando a tendenciosidade no trabalho. Nessas situações, você não quer dar ao outro o poder de "fazer" você sentir alguma coisa. Além disso, você não quer alimentar a tendenciosidade. "Ela é excessivamente sensível" ou "ele está sempre com raiva". Você deseja corrigi-la, colocar os fatos na mesa e mostrar o dano causado.

PENSAMENTOS SOBRE TENDENCIOSIDADE E EMOÇÃO

Em suas pregações no Instagram, o empresário e guru de marca Jason Mayden aconselha as pessoas super-representadas, "Pare de dizer que ser emocional é, de alguma forma, considerado uma coisa negativa nos Estados Unidos corporativo".[11] E ele oferece esse conselho a pessoas sub-representadas: "O que há de errado em ser emocional? Isso significa que sou humano, que me preocupo, que estou realmente presente, que estou disponível para entender com um quociente emocional, não apenas com um quociente de inteligência, como tratar as pessoas".[12]

A raiva, em particular, é uma emoção perigosa de ser mostrada por pessoas sub-representadas diante da tendenciosidade. Isso prejudica a saúde e a carreira das pessoas. Estar constantemente alerta para não dizer o que realmente pensa e mostrar como realmente se sente pode atrapalhar os padrões de sono e diminuir a capacidade de contribuir no trabalho. As pesquisas começaram a medir esse custo à saúde de pessoas negras, indígenas e de cor no local de trabalho apenas recentemente.[13]

"Ao separar efetivamente a raiva da 'boa feminilidade', optamos por separar meninas e mulheres da emoção que melhor nos protege contra o perigo e a injustiça," escreve Soraya Chemaly em *Rage Becomes Her* [*A Raiva a Transforma*, em tradução livre]. O livro de Rebecca Traister, *Good and Mad* [*Boa e Furiosa*, em tradução livre], explora como a nossa sociedade tenta reprimir a raiva das mulheres, mas como a raiva tem sido importante para motivar as mulheres para pressionar por mudanças. A raiva criou um sentimento de solidariedade entre as mulheres de todas as classes e raças desde as eleições de 2016.[14]

Certa vez, namorei um homem branco que trabalhava com banco de investimentos. Assisti fascinada certa noite, quando ele começou a gritar palavrões para os seus colegas em uma chamada de trabalho. Tive receio de que ele pudesse perder o emprego. Quando ele desligou e eu expressei preocupação, ele pareceu confuso. "Ah, não é grande coisa." E não era, eu percebi — não para ele. Mas se eu tivesse expressado um décimo da raiva dele, tenho certeza de que teria sido demitida instantaneamente.

Aqueles de nós que estão comprometidos com um local de trabalho justo devem se esforçar para encontrar um equilíbrio equitativo. Há uma diferença entre expressar raiva/aborrecimento/decepção/impaciência legítimos e ser abusivo. Por exemplo, eu acho que o banco de investimentos no qual meu namorado se sentiu livre para gritar palavrões a seus colegas tinha uma cultura abusiva. Um problema era que as pessoas sub-representadas não teriam permissão para se comportar dessa maneira enquanto os homens brancos tinham. Mas o problema cultural mais fundamental, na minha opinião, era que a *ninguém* deveria ser permitido se comportar de forma tão desrespeitosa e desagradável.

O medo incessante de revelar os sentimentos, mesmo quando não se tenta processá-los, é exaustivo e debilitante. É importante certificar-se de que os padrões de expressividade ou contenção esperados sejam reforçados igualmente em todas as áreas.

RESPONDENDO À TENDENCIOSIDADE

USE UMA DECLARAÇÃO COM "ISSO"

O que você diz quando as pessoas *acreditam* conscientemente que os estereótipos sobre os quais falam são verdadeiros — quando você está enfrentando um preconceito ativo, em vez de inconsciente?

É difícil reagir à tendenciosidade, mas muito mais difícil é reagir quando a pessoa crê que o seu gênero, raça, religião, orientação sexual, identidade de gênero, histórico socioeconômico ou qualquer outro atributo pessoal o torna incapaz ou inferior de alguma forma.

Um, se você é como eu, o preconceito o deixa mais furioso do que a tendenciosidade. Fico *muito* mais chateada quando alguém afirma que foi cientificamente comprovado que as mulheres são biologicamente programadas para ser isso ou aquilo do que quando alguém faz um comentário que revela alguma tendenciosidade inconsciente. A raiva pode fazer com que fique mais difícil responder — especialmente para pessoas que não são "autorizadas" a mostrar raiva como resultado da tendenciosidade. É a tendenciosidade somada ao preconceito.

Dois, você provavelmente fica menos otimista de que um confronto resultará em mudança quando lida com o preconceito em vez de com a tendenciosidade. As pessoas não vão se desculpar por suas crenças preconceituosas só porque você as apontou; elas *sabem* o que pensam. Então por que se preocupar em discuti-las? A razão para confrontar o preconceito é traçar uma linha clara entre o direito de essa pessoa acreditar no que quiser e o seu direito de não ter essa crença imposta a você.

Usar o verbo "ser" ou "isso" é uma forma eficaz de demarcar esse limite: "É desrespeitoso/cruel/etc. ..." Por exemplo, "É desrespeitoso chamar uma mulher adulta de menina". Outra faz referência às políticas ou código de conduta de sua empresa: Por exemplo, "É uma violação da política da nossa empresa ter uma bandeira dos Confederados acima da sua mesa. Ela evoca a escravidão e prejudicará capacidade de nossa equipe em colaborar". A terceira invoca a lei: por exemplo, "É ilegal se recusar a contratar mulheres".

ALÉM DO LIMITE:
UM CONVITE A SE CONSIDERAR

Uma vez estabelecido este limite, você pode decidir se deseja se envolver ainda mais com a pessoa. É uma situação em que "boas cercas fazem bons vizinhos" ou "vamos sentar e quebrar o gelo"? Se você decidir que é a última, a sua declaração "ser/isso" já deixou claro que não está ok a pessoa impor a crença a você. Ao mesmo tempo, perceba que as chances estão contra você para mudar a mentalidade da pessoa ou convencê-la a abandonar o preconceito. Qual, então, deve ser o seu objetivo? Por que se envolver? Aqui estão alguns motivos possíveis.

- **Para oferecer outra perspectiva:** Você quer mostrar quem é e no que acredita, não necessariamente mudar a pessoa, mas sim se expressar, e evitar ficar em silêncio. *Rising Out of Hatred* [*Deixando o Ódio de Lado*, em tradução livre], um livro sobre como Derek Black deixou o nacionalismo branco, ilustra isso. Matthew Stevenson convidou seu colega Derek para um jantar de Shabat para compartilhar com ele uma visão de mundo muito diferente. Matthew colocou bem: "O nosso trabalho é empurrar a pedra, não necessariamente movê-la".[15]

- **Para aprimorar o seu argumento:** Você não está apenas contestando o preconceito, mas também está permitindo à pessoa que conteste o seu ponto de vista. Isso pode ajudá-lo a aprofundar e melhorar suas opiniões. Se a sua meta é esclarecer e melhorar seus pensamentos e argumentos, em vez de mudar os da outra pessoa, a conversa será muito menos frustrante.

- **Para encontrar um terreno comum:** Uma crença preconceituosa, não importa o quão profundamente você discorde dela, não representa a pessoa inteira. Às vezes, se você conseguir encontrar algo com que concorde — música, caminhada, a importância da família, ou até mesmo o próprio trabalho — tornará mais fácil trabalhar com a pessoa. Veja a amizade entre os juízes Ruth Bader Ginsburg e Antonin Scalia como inspiração aqui.[16]

"PROVA" E PRECONCEITO

Às vezes, a crença de uma pessoa é tão abertamente preconceituosa que o deixa pasmo. Você mal sabe o que dizer. Toni descreveu um colega de trabalho, Don, que adorava falar sobre o teste de personalidade dos Cinco Grandes, uma taxonomia para traços de personalidade frequentemente usada para explicar o sucesso no trabalho ou o desempenho acadêmico.[17] Ele afirmou que "provou" que as mulheres são biologicamente mais neuróticas que os homens e que isso explicava por que os dados de engajamento dos funcionários de sua empresa mostravam que as mulheres eram menos felizes que os homens. Os líderes da empresa, no entanto, concluíram que a razão para tal discrepância era a forma desrespeitosa com que as mulheres eram tratadas em equipes com mais de 70% de homens e, portanto, os líderes exigiam que todos os funcionários passassem por um treinamento de tendenciosidade inconsciente. Don se recusou, argumentando que tinha "provas" de que o problema era o neuroticismo das mulheres, não a tendenciosidade dos homens e as microagressões resultantes em reuniões e macroagressões em comitês de promoção.

Se você fosse Toni e Don dissesse isso a você, como responderia? O mais fácil seria encerrar o debate: "É um requisito para a continuidade do seu emprego aqui que participe do treinamento. Se você não quer ir, fale com o seu chefe, não comigo" ou "É uma grande distração do nosso trabalho apresentar interpretações infundadas da pesquisa dos Cinco Grandes. Eu não vou discutir isso com você."

Se quiser, você também pode dizer algo que reconheça, depois conteste, a postura dele: "O teste de personalidade dos Cinco Grandes é uma ferramenta. Ele não produz fatos irrefutáveis. Portanto, é incorreto afirmar coisas como 'as mulheres são biologicamente mais neuróticas do que os homens' como se isso fosse um fato comprovado. Se você se aprofundar, descobrirá que em países onde mulheres e homens enfrentam igual insegurança econômica, eles são igualmente neuróticos. Além disso, contribui para um ambiente de trabalho hostil para as mulheres quando você diz que elas são mais neuróticas do que os homens. E se a administração não agir quando uma pessoa contribui para um ambiente de trabalho hostil, a empresa é legalmente responsável, assim como o gerente individual. Continuar a afirmar que as mulheres são infelizes porque são neuróticas e não pela forma como são tratadas, portanto, provavelmente fará com que você seja demitido."

Crenças Tendenciosas Sobre a Criação dos Filhos

Tive um colega, Alexander, que acreditava que mulheres com filhos não deveriam trabalhar fora de casa. Estávamos conversando amigavelmente sobre nossos filhos um dia quando, do nada, ele disse isso:

"Minha mulher fica em casa porque é melhor para os nossos filhos."

De início, pensei que ele quis dizer que era melhor para os filhos dele. Era inconcebível para mim que ele estivesse implicando que eu era uma mãe ruim porque escolhi ter uma carreira. Então, fiz uma pequena piada para dar a ele a chance de esclarecer: "Ah. Decidi que era melhor trabalhar hoje porque que era melhor negligenciar os meus filhos."

Ele não deixou passar. "Mas Kim, estudos comprovam que é realmente melhor para as crianças se a mãe não trabalhar."

Foi aí que apelei à minha declaração "ser/isso": "É uma violação ao RH me dizer que estou prejudicando meus filhos ao vir trabalhar. Cria um ambiente de trabalho hostil para mulheres quando você diz que elas são mães ruins. Além disso, é desrespeitoso e francamente maldoso. Eu amo meus filhos tanto quanto você ama os seus."

Como imaginei, as simples palavras "ambiente de trabalho hostil" o desligaram. Mas eu ainda tinha que trabalhar com ele. Sua ideia de que eu estava prejudicando os meus filhos poderia se manifestar de todas as maneiras sutis que me prejudicariam. Por um lado, como eu poderia esperar respeito se ele pensasse que eu estava negligenciando meus filhos por ter um emprego de tempo integral? Me preocupava que ele não quisesse trabalhar comigo em projetos que exigiam viagens, porque ele se sentiria desconfortável por eu estar longe de casa. (Era estranho que ele se preocupasse com o meu tempo longe da minha família, mas não com o tempo dele longe da dele.) Então, decidi dialogar com ele.

"Veja, Alexander, não vou levar isso ao RH. Mas você deve saber que é um soco no estômago dizer a uma mulher que ela está negligenciando os filhos. Vai prejudicar sua capacidade de colaborar com as mulheres se você sair por aí dizendo esse tipo de coisa. E, provavelmente, vai lhe causar problemas."

"Compreendo," ele disse.

"Mas já que você trouxe isso à tona, deixe-me dizer por que penso que você está errado. Tudo bem?"

"Claro. Gostaria de ouvir sua opinião sobre isso. Quero dizer, você não me *parece* uma má pessoa."

Me senti mais, não menos, irritada após esse comentário indireto, mas respirei fundo e continuei. "Poderia falar de estudos que mostram que os filhos de mães que trabalham estão em melhor situação, não pior. Mas não falarei porque não quero deixar a impressão de que não respeito as escolhas que a sua esposa e você fizeram e também porque os estudos são irrelevantes para as escolhas que vocês fizeram. Não existe só uma forma certa de se viver, uma maneira certa de se criar os filhos. O que é melhor em média pode não ter a ver com o que é melhor para a sua família ou a minha."

Agora, para a minha surpresa, *ele* estava ofendido, embora eu estivesse fazendo o máximo para ser respeitosa. "Você disse," ele perguntou indignado, "que minha mulher está perdendo o tempo dela ficando em casa com nossos filhos — ou até prejudicando-os? Quem está criando um ambiente hostil agora?"

"Não, não foi isso que eu disse". Eu estava frustrada, mas disposta a continuar. "Eu estava tentando dizer — e me desculpe se não fui clara o suficiente — que tenho certeza de que você e sua esposa estão tomando as decisões certas para a sua família. *E* tenho igual certeza de que meu marido e eu estamos tomando as decisões certas para a nossa família. Você e eu temos estudos diferentes sobre o que é melhor em média. Mas não adianta discutir sobre eles, porque o que é melhor, em média, pode não ter nada a ver com uma situação específica — sua ou minha."

"Bem, eu ainda acredito que é melhor se a mãe ficar em casa."

Voltamos ao ponto de partida.

"Você acredita que eu faria algo que prejudicasse meus filhos?" perguntei.

"Não intencionalmente" foi o que ele admitiu. "Só acho que você não tem todos os dados que eu tenho."

"E eu acho que você não tem todos os dados que eu tenho. Lerei os seus estudos se você ler os meus."

Aqui, Alexander riu, reconhecendo que ele não queria se comprometer em ler meus estudos mais do que eu queria ler os deles. Nenhum de nós queria gastar mais tempo falando sobre isso: estávamos prontos para voltar ao trabalho. Mas parecia que havíamos chegado a uma trégua e estávamos em terreno amigável novamente. Ainda assim, eu queria tornar isso explícito.

"Que tal isso?" propus, voltando para outra declaração "ser/isso". "Podemos concordar com essas duas coisas? É minha decisão, com meu marido, como criamos nossos filhos. E é sua decisão, com a sua esposa, como criar os seus. E que você e eu nos respeitamos o suficiente para não julgar as decisões um do outro com severidade?"

"É claro." Ele sorriu e esticou sua mão. Eu a apertei. Não mudei a sua crença e ele não mudou a minha, mas ele nunca mais me acusou de negligenciar meus filhos. O diálogo consumiu um pouco de tempo e energia emocional, mas não conversar teria gastado mais de nós dois no longo prazo. E provavelmente teria me prejudicado mais do que a ele.

É por isso que fazemos esse tipo de trabalho. Nós tiramos mais proveito do que investimos nele.

"F*da-se isso" Não é uma Declaração "Isso", mas Pode ser o Sinal de Abertura de que Você Precisa

Na faculdade de economia, fiz uma aula chamada Estratégias Econômicas das Nações. Certa noite, meu amigo Terrence e eu estávamos estudando juntos, lendo um artigo que o nosso professor havia atribuído ao sociólogo Charles Murray, que oferecia a seguinte, ahn... ideia: "Os jovens do sexo masculino são essencialmente bárbaros, para os quais o casamento — significado... que o ato de assumir a responsabilidade por uma esposa e filhos — é uma força civilizadora indispensável."[18] Isso não era uma tendenciosidade inconsciente; era um preconceito consciente.

Quando li aquilo, me levantei de um salto, li novamente em voz alta, joguei o artigo na mesa e explodi, "Devo me tornar econômica e fisicamente vulnerável a um bárbaro para poder civilizá-lo? F*da-se isso! Ele pode descobrir como civilizar a si mesmo. E, Terrence, por que você não está mais ofendido do que eu?"

Talvez o professor tenha designado deliberadamente uma leitura provocativa, sabendo que encontraríamos tais crenças preconceituosas em nossas carreiras e precisávamos estar prontos para confrontá-las. Ou talvez ele acreditasse naquela porcaria. De qualquer forma, eu temia a aula do dia seguinte.

Quando fui para a aula, ninguém levantou qualquer objeção à falta de lógica do que tínhamos lido. Me sentei muda. Eu não tinha certeza se poderia expressar meus sentimentos sobre o argumento de Murray sem lançar uma bomba de f*da-se. E não tinha certeza se conseguiria escapar impune disso. É claro, os homens jogavam bombas de f*da-se o tempo todo na faculdade de economia. Olha só. A tendenciosidade reprimindo minha emoção, tornando mais difícil para mim enfrentar o preconceito.

Terrence continuou me lançando olhares significativos, silenciosamente me pedindo para dizer o que eu dissera na noite anterior. Quanto mais os minutos passavam e ninguém mais ligava para aquela besteira, mais sozinha eu me sentia em minha indignação. Mais alguém achou o artigo ofensivo? Se não, por quê? Eu estava errada? Por fim, Terrence, em um momento defensor, levantou sua mão. "Eu estava conversando com Kim sobre o artigo na noite passada e ela mostrou alguns pontos muito bons."

"Pois não, Kim?", o professor perguntou.

"Bem…" Peguei o texto sobre a civilização dos bárbaros e li em voz alta. "Eis o que disse a Terrence sobre o que penso deste parágrafo. *F*oda-se isso.*" Antes que eu pudesse dizer algo a mais, toda a turma, incluindo o professor, irrompeu em gargalhadas. Acontece que eu *poderia* ficar com raiva e xingar e estava tudo bem — mais do que bem. Foi uma revelação importante.

"Com certeza posso entender o seu ponto de vista," disse o professor, e esperou que eu explicasse o que quis dizer. No entanto, estava tão ofendida sobre o que tinha lido, que não sabia por onde começar. Enquanto eu tentava organizar meus pensamentos, outra pessoa se intrometeu e mudou o rumo da conversa.

Vinte e cinco anos depois, ainda penso naquele momento. No núcleo de todo o preconceito contra as mulheres está a crença perniciosa que Murray articulou naquele ensaio: que os homens não podem ser responsabilizados por suas próprias funções executivas e, implicitamente, que é responsabilidade das mulheres mantê-los na linha. Não é só Charles Murray. É um mito antigo e persistente de que as mulheres não *devem* apenas permanecer subordinadas aos homens, mas também serem responsáveis por gerenciar seu comportamento. A Fera é uma fera até que a Bela venha para salvá-lo de si mesmo.[19] *Johnny & June* faz a mesma coisa: Johnny Cash é um alcoólatra e viciado em drogas até que June venha resgatá-lo.[20] Especialistas como Jordan Peterson afirmam que, como esses mitos são tão prevalentes na mitologia antiga e na cultura popular, eles devem ser verdadeiros.[21] Eu digo que não engulo essa besteira.

Além disso, fiquei surpresa com o fato de que os homens da turma não se opuseram à ideia de que deveriam ceder suas funções executivas às mulheres. Afinal, todos planejavam se tornar executivos! No entanto, muitas vezes eles pareciam sentir que "não podiam" se controlar. Esse não era apenas um preconceito intelectual abstrato. Alguns colegas tentaram me impor essa ideia na sala de aula.

Por exemplo, o cara que sentava acima e atrás de mim na sala de aula reclamou para mim que quando me esticava ou sentava ereta, meus seios o distraíam. Ele sugeriu que eu me sentasse curvada, para esconder meu peito, ou vestir roupas mais largas. Seu amigo o apoiou, fazendo uma imitação exagerada de mim, arqueando as costas e projetando o peito para fora. "Como ele pode se concentrar com você sentada assim?" Eu estava furiosa — mas também repentinamente autoconsciente.

Relaxei um pouco nos dias seguintes. Minha confiança começou a diminuir. Depois de uma aula, o professor, que percebeu que eu não estava participando tanto como de costume, até me perguntou se eu estava bem.

Para entender por que isso foi tão importante, preciso apresentar um pouco do contexto sobre a faculdade de economia. A participação era a maior parte da nossa formação e, em uma aula normal, era mais como uma performance. As pessoas tinham pequenas rotinas de aquecimento antes do começo das aulas. O cara perto de mim se sentava ereto, estufava o peito e fazia movimentos circulares com a cabeça, estalando os ossos do pescoço. Um cara algumas fileiras atrás sempre levava uma grande caneca vazia, para o caso de ter que fazer xixi durante a aula, porque temia que perder alguns minutos pudesse prejudicar sua nota de participação. Algumas vezes, para o terror daqueles sentados em volta, ele realmente a usou. A atmosfera era intensa e, para lidar com isso, eu tinha minha própria rotina: sentar ereta e me alongar antes das aulas. Fazia eu me sentir mais preparada para a ação. Quando parei de me alongar, parei de falar e isso prejudicou a minha nota.

Decidi confrontar o cara que não conseguia tirar os olhos dos meus seios. Apesar de não saber na época, pode ter sido a minha primeira declaração "verbo ser": "Não é meu trabalho controlar onde vão seus olhos ou sua mente. Não é razoável pedir-me para me desleixar ou usar roupas diferentes porque você não consegue controlar o próprio cérebro."

"Mas você não entende o quão difícil é ser homem!", ele exclamou.

"Tenho certeza que não", respondi. "Me esclareça!" Devo ter soado sarcástica, mas apesar de me sentir cética, estava genuinamente curiosa. Queria saber se ele poderia acreditar no que estava dizendo.

"Para todo lugar que eu olho, toda propaganda está me dizendo para olhar para os seios das mulheres. É como se houvesse uma música constante em todo lugar e é realmente difícil desligá-la!"

Jamais havia ouvido sobre a objetificação sexual da perspectiva masculina antes.[22] Ele parecia sincero, então resolvi dar-lhe o benefício da dúvida e escutar.

"Ok, posso entender como a sociedade o condicionou", eu disse. "Mas, novamente, só você pode controlar isso. Pedir-me para me tornar invisível não é razoável para mim e não vai funcionar para você. Mesmo que nenhuma mulher esteja na sala, sua mente vai vagar, a menos que você aprenda a administrá-la."

Ele admitiu o ponto. Mais importante ainda, ele parou de me criticar sobre a maneira como eu me sentava na sala de aula. Se eu o via olhando para os meus seios, levantava minhas sobrancelhas e ele desviava o olhar. Logo ele parou de olhar para o meu peito. Minha declaração "ser/isso" — "Isso não é razoável" — explicou minha posição de uma maneira muito melhor do que o "F*da-se", mesmo que tenha sido tão satisfatório e importante dizê-lo.

O velho preconceito de que é culpa da mulher se o homem olhar para ela — ou estuprá-la — está arraigado e ainda causa muitos danos. Anos depois, treinei uma mulher que estava tendo problemas em ser levada a sério em reuniões em uma empresa dominada por homens. Enquanto observava, percebi sua postura desleixada e sabia exatamente o que ela estava fazendo e por quê. Eu lhe mostrei o famoso Ted Talk da psicóloga Amy Cuddy, em que ela fala de "feedback postural", a ideia de que sentar e ficar em pé ereto pode fazer você se sentir mais confiante. Eu a fiz praticar a pose de Mulher-Maravilha de Cuddy, que eu entendi que era o que eu fazia na faculdade de economia antes das aulas. A mulher que eu treinava ainda se curvava durante as reuniões.[23]

Finalmente, eu disse sem rodeios. "Olha, posso estar errada, mas acho que sei por que se curva assim. Você está tentando esconder o fato de ter seios. Eu fiz isso em minha faculdade de economia e foi ruim para a minha performance. Você parecerá mais confiante ao se endireitar e colocar os ombros para trás."

Eu sabia que estava dando um bom conselho, mas até eu fiquei surpresa por notar como funcionou bem. Na reunião seguinte, a diferença na performance dela foi marcante. A chefe dela, uma mulher, me chamou para agradecer e perguntar o que eu tinha recomendado que tinha causado uma melhora tão drástica em tão pouco tempo. Eu contei e demos uma boa risada; nós duas já havíamos passado por isso.

Teria sido mais fácil simplesmente ignorar o cara da faculdade de economia que me criticou por sentar ereta. Mas fiquei feliz por dedicar um tempo para identificar o preconceito central que ele estava expressando e discutir com ele sobre aquilo. Não sei se o convenci a pensar diferente, mas a conversa foi útil para *mim* — e, mais tarde, para a mulher que treinei.

RESPONDENDO AO BULLYING
USE UMA DECLARAÇÃO "VOCÊ" PARA CRIAR CONSEQUÊNCIAS

Qual a diferença entre bullying e conflito? Esta é uma forma simples de pensar sobre isso, adaptada do trabalho da PACER, uma organização sem fins lucrativos que dirige um centro de prevenção de bullying.[24]

CONFLITO	BULLYING
Discordância em que ambos os lados expressam suas opiniões	Uma pessoa visa machucar, prejudicar ou humilhar outra
Sem diferença de status entre os envolvidos	O bullying pessoal tem mais status dentro do grupo
A pessoa que causa dano geralmente para e muda seu comportamento quando percebe que está machucando alguém	A pessoa que causa dano continua seu comportamento quando percebe que está machucando alguém

Um agressor costuma ser encorajado por algum tipo de status ilegítimo. Eu uso as palavras "status dentro do grupo" (por exemplo, ser branco quando a maioria dos líderes é branco, ou ter formação de uma universidade que é particularmente respeitada na empresa), não "poder," deliberadamente aqui. Quando falo sobre bullying, refiro-me ao comportamento entre pessoas que não têm poder posicional umas sobre as outras. Quando o poder posicional entra na equação, o bullying se torna assédio. (Ver Parte Dois.)

Quando você é vítima de bullying, o *objetivo* é atingi-lo. Avisar à pessoa que você está sendo prejudicado só resultará em mais comportamento ruim. Ignorar não funciona, tampouco. A única forma de parar é criar consequências negativas para a pessoa que está fazendo bullying. Somente quando ele deixa de ser prático ou agradável é que os agressores alteram seu comportamento. Quando você é a vítima, porém, muitas vezes se sente impotente para impedi-lo.

Uma forma de reagir é confrontar a pessoa com uma declaração "você", como "o que está acontecendo com você?" ou "você tem que parar de falar comigo desse jeito". Uma declaração "você" é uma ação decisiva e pode ser surpreendentemente efetiva em mudar a dinâmica. Isso porque o agressor está tentando colocá-lo em um papel submisso, exigir que você responda às perguntas para iluminá-lo com um holofote escrutinador. Ao responder com uma declaração "você", está assumindo um papel mais ativo, pedindo que ele responda às perguntas, virando o holofote para ele.

Uma declaração "eu" convida a pessoa a considerar a sua perspectiva; uma declaração "ser/isso" estabelece um limite claro além do qual a outra pessoa não deve ir. Com a declaração "você", está-se falando sobre o agressor. A pessoa pode ignorar a sua declaração ou se defender dela, mas está jogando na defesa, ao invés do ataque, em ambos os casos.

Não gosto de conflito, então declarações "você" não vêm naturalmente. Meu impulso, quando alguém me prejudica, é deixar a pessoa saber como o comportamento me fez sentir. Foi minha filha quem primeiro me disse que mostrar esse tipo de vulnerabilidade quando você está sendo intimidado é contraproducente.

Um dia, ela veio da escola chateada porque um garoto, que chamarei de Austin, a fez passar maus bocados no playground. Eu a aconselhei a dar a Austin o benefício da dúvida, para dizer algo entre "quando você tira o meu almoço da mesa, fico com fome e isso me magoa". Ela revirou os olhos. Sua professora tinha dado um conselho nos mesmos moldes. "O que há de errado com os adultos?" minha filha queria saber. "Por que você não entende? Austin está *tentando* me magoar! Se eu disser, 'o que você está fazendo me magoa', será como dizer, 'bom trabalho, missão cumprida, você conseguiu o que queria'. É como dar um *cookie* a Austin por ser mau comigo!"

Minha filha estava absolutamente correta.

SE POSSÍVEL, SIGA À DECLARAÇÃO "VOCÊ" COM CONSEQUÊNCIAS IMEDIATAS

Em uma manhã chuvosa em Nova York, eu estava atrasada para o trabalho em Manhattan e decidi pegar um táxi. Após o que pareceu uma espera interminável, finalmente consegui um. Encharcada, eu tinha acabado de abrir a porta e estava prestes a entrar quando um homem saiu correndo de seu prédio, colocou a mão em cima do meu táxi como se fosse dono dele, e disse, "*Meu* táxi, mocinha". Ele estava usando seu tamanho e gênero para me intimidar e assustar.

Eu disse, "Você não pode roubar o meu táxi!" Segui minha declaração "você" com alguma ação. Chamei a atenção do motorista, para estabelecer solidariedade, deslizei sob o braço do homem para dentro do carro, empurrei-o para fora do caminho com meus pés, bati a porta e tranquei-a. O motorista, um excelente defensor, trancou o resto das portas e, então, bateu nas pernas, rindo enquanto se afastava do meio-fio. Nós rimos o caminho todo até o centro.

Você nem sempre será capaz de oferecer consequências imediatas. E não corra riscos desnecessários. Mas quanto mais próxima a consequência estiver do comportamento, mais rápido a pessoa aprenderá que o bullying não funciona.

"Se Você Pensa Que Essa Coisinha Vai Me Intimidar, Está Errado"

Aqui está outro raro momento da minha carreira quando eu estava pronta para uma declaração "você". Na maioria das vezes, estraguei esses momentos; estou contando essas histórias porque são tão gratificantes quanto raras. Em 1999, trabalhei para uma organização sem fins lucrativos em Pristina, a capital do Kosovo. Eu gerenciava uma clínica pediátrica para refugiados albaneses. Pouco depois de chegar, dois dos membros do staff albanês vieram a mim chorando. William, o homem que chefiava a logística da organização, dissera palavras racistas e ameaçadoras para eles. Essa não tinha sido a primeira vez que ele se comportava dessa maneira.

Liguei para a matriz em Munique, e eles concordaram que ele deveria retornar para casa, na Alemanha, após isso pensariam nos próximos passos. Como William se recusou a ir ao escritório conversar comigo, eu disse que iria ao seu apartamento e levei um colega para me apoiar. Quando chegamos, ele não atendeu a porta da frente, então nos dirigimos aos fundos, onde o vimos através de uma porta de vidro deslizante, de costas para nós, em um roupão vermelho, bebendo cerveja. Bati. William se virou e, quando me viu, deu um passo à frente, me olhou nos olhos desafiadoramente, abriu o roupão e se expôs.

"Se você pensa que essa coisinha vai me intimidar, está errado", eu disse.

Ao me ouvir, ele fechou o roupão. Meu colega e eu o persuadimos a pegar o próximo avião para Munique.

É difícil pensar na coisa certa a se dizer quando confrontado com esse tipo de bullying e, na maioria das vezes, fico boquiaberta,[3] e não de um jeito bom. Uma coisa que ajuda é simplesmente começar dizendo "você", mesmo que você não saiba o que dizer a seguir. Então reparar o que sai da sua boca. Talvez será "você está se comportando como um agressor", ou "você não é engraçado", ou "você está sendo antiprofissional", ou "você... Por que você disse isso?", ou "você... o que está acontecendo com você?" Algumas vezes, você apenas dirá "você... está vestindo uma camisa branca". No entanto, o que quer que diga transferirá a atenção para a outra pessoa, que terá que responder e você não ficará mais em posição desconfortável — mesmo se você determinar que é muito arriscado apontar o mau comportamento explicitamente.

Não Afiliado ou Não Vinculado?

Não muito após eu retornar de Kosovo, entrei para uma instituição muito formal dedicada a aumentar o conhecimento sobre política externa. Os membros se reuniam regularmente na imponente sede do grupo, em Manhattan, para um almoço e um discurso de um especialista acadêmico ou de um funcionário do governo. Uma dessas reuniões dizia respeito à política dos EUA em relação ao Kosovo. Depois que o palestrante terminou, se ofereceu para responder às perguntas do público. Mesmo sabendo mais sobre a situação lá do que a maioria das outras pessoas na sala, estava relutante em fazer uma pergunta. O protocolo exigia se levantar, se apresentar e dizer onde você estava trabalhando. A sala estava lotada de pessoas de poder, a maioria homens idosos, e eu era uma jovem mulher, desempregada na época.

Enquanto eu reunia coragem, um conhecido investidor e filantropo levantou-se para fazer uma pergunta. Quando ele disse seu nome e afiliação, todos sorriram, porque já sabiam quem ele era. A ideia de levantar e dizer

"Eu sou Kim e estou desempregada" pareceu ainda mais difícil. A próxima pergunta veio de um conhecido banqueiro de investimentos recém-aposentado. Ele levantou, disse seu nome e declarou que era "não afiliado". Ah! Então era essa a palavra que os membros do clube usavam para "desempregado". Voltei a levantar a mão. Quando o orador me chamou, levantei-me, disse meu nome e que era "não afiliada". Um homem no fundo da sala gritou: "Não afiliada ou não vinculada?" A sala irrompeu em gargalhadas. Eu gostaria de poder dizer que tirei isso de letra. Mas a ameaça de lágrimas quentes e humilhadas queimou meus olhos.

Respirei fundo, fingi não notar o comentário e fiz minha pergunta.

Antes de escrever o que gostaria de ter dito, é importante ressaltar que, se pelo menos uma pessoa tivesse se levantado, virado para o Sr. Não Afiliado-ou-Não Vinculado e dissesse, "por que você está sendo tão rude?" ou "você não pode falar com os outros membros com tanto desrespeito", teria mudado totalmente o tom da sala. Ele se sentiria envergonhado, em vez de mim. Se ao menos uma pessoa tivesse me procurado depois, e dito que esse comportamento era intimidador e cruel, isso *também* teria feito uma grande diferença para mim. Mas ninguém o fez.

Nunca mais me senti confortável lá e acabei me retirando, mesmo que isso significasse desistir de uma rede extraordinária. Pior, minha incapacidade de reagir foi terrível para a minha autoestima. Falar teria restaurado meu senso de dignidade — e, muito provavelmente, teria ajudado minha reputação e prejudicado a dele.

Se eu estivesse aconselhando a minha "eu" mais jovem, diria para ela acreditar na declaração "você", abrir a boca, dizer a palavra "você" e confiar no que viesse a seguir:

- "Por que está me fazendo uma pergunta tão inapropriada?"
- "Você está desconfortável por ter mais mulheres se juntando à organização?"
- "Você tem o hábito de intimidar mulheres mais jovens?"
- "Você está tentando me confundir? Isso não é uma fraternidade."

Muitas vezes, as pessoas querem que eu lhes dê um roteiro, mas é muito melhor se escolher uma linguagem que funcione para você; minhas palavras não vão, necessariamente, soar bem na sua boca. Mesmo um roteiro que escrevo para mim com antecedência pode não parecer certo no momento. Escolha declarações ou perguntas "você" que realmente se imagine dizendo quando se sentir intimidado. Então, pratique-as. Pratique no espelho e com outras pessoas. Amacie-as, como um novo par de botas de caminhada, para que fiquem perfeitas quando precisar usá-las.

NÃO FIQUE PARALISADO OU REPITA O BULLYING

A atriz e comediante Lindy West descreve a melhor resposta ao bullying: "Faça um bom trabalho. Seja vulnerável. Faça coisas. Escolha ser gentil."[25]

Como minha filha ressaltou, você não quer expor sua vulnerabilidade ao agressor, em quem não confia. Mas isso não significa que não possa mostrar sua vulnerabilidade a ninguém. Ela é necessária para formar relações. Como escreveu Brené Brown, "Precisamos confiar para sermos vulneráveis. E precisamos ser vulneráveis à confiança".[26] Você não quer que uma experiência ruim com o bullying o impeça de compartilhar com os colegas o que aconteceu e como se sentiu. Contar a sua história, mostrar vulnerabilidade, em vez de esconder do mundo os danos que o bullying causou, pode ser um desafio muito mais poderoso para esse comportamento do que a resposta comum de ignorá-lo. Ao ignorar o bullying, é provável que ele aumente. Mas isso não significa que você tem que combater bullying com bullying. Não permita que ele o transforme em um agressor.

COMO VOCÊ SABE SE ESTÁ ENFRENTANDO TENDENCIOSIDADE, PRECONCEITO OU BULLYING?

CONFIE EM SEUS INSTINTOS

Como vimos, quando não tenho certeza se estou enfrentando tendenciosidade, preconceito ou bullying, normalmente começo reagindo como se fosse o primeiro. Se estiver certa, isso me coloca na melhor posição para apontá-la sem provocar uma resposta defensiva. Sempre posso passar de

PESSOA PREJUDICADA &
TENDENCIOSIDADE   PRECONCEITO   [BULLYING]   ⚡ DISCRIMINAÇÃO   ASSÉDIO   VIOLAÇÕES FÍSICAS

uma declaração "eu" para uma "ser/isso" ou "você", se a resposta inicial da pessoa indicar que estou lidando com preconceito ou bullying.

Minha liberdade de deixar de lado a tendenciosidade pode ser um exemplo de privilégio. Os protestos do Vidas Negras Importam destacaram o que a corrente majoritária da América branca há muito se recusava a notar: com que frequência o que chamamos de tendenciosidade não é inconsciente, mas preconceito consciente; e como tanto a tendenciosidade quanto o preconceito se tornam violentos em um piscar de olhos. Tratar o racismo como uma simples tendenciosidade inconsciente coloca as pessoas em perigo. Uma ilustração dolorosa disso: durante os protestos do Vidas Negras Importam no verão de 2020, um policial de San Jose atirou balas de borracha e feriu gravemente um homem negro que havia fornecido treinamento de tendenciosidade inconsciente ao mesmo departamento de polícia.[27]

Não quero prejudicar ninguém dando conselhos que não sejam relevantes para a situação em que a pessoa se encontra.

Meu conselho é: *confie nos seus instintos*. Se você responder a um comentário como se fosse uma evidência de preconceito ou bullying, quando na verdade se tratava de tendenciosidade, tudo bem. Ainda é um feedback útil que comunica que o que disseram sugeriu a você que eles têm crenças preconceituosas ou que o seu objetivo era ser intencionalmente prejudicial. É bom que as pessoas saibam, para que estejam em uma posição melhor para entender os danos e se corrigir no futuro. Não é seu trabalho enfrentar a posição defensiva ou de negação de outras pessoas.

Lembre-se, ainda não falamos sobre discriminação, assédio ou violações físicas. A discriminação é o que acontece quando as pessoas têm poder suficiente para colocar sua tendenciosidade ou preconceito em ação — por exemplo, se recusar a lhe dar um emprego ou promoção. Assédio é o que acontece quando têm poder suficiente para colocar o bullying em prática. As violações físicas ocorrem quando a pessoa tem poder suficiente para tocá-lo de uma maneira que você não quer. Com frequência, apesar de não ser sempre, a discriminação, o assédio e as violações físicas cruzam a linha entre o inapropriado e o ilegal. Você lidará com esses comportamentos de forma diferente da que lida com a tendenciosidade, o preconceito e o bullying. Vamos ver como lidar com eles na Parte Dois.

DECIDINDO SE RESPONDE:
NÃO PADRONIZE O SILÊNCIO

Você está em meio a uma reunião e, do nada, acontece. Alguém faz um comentário que o faz engasgar. Talvez seja o que a Dra. A. Breeze Harper, cofundadora da Critical Diversity Solutions, chama de "síndrome do elogio racista", em que ela é elogiada por alguém branco por fazer algo básico. Por exemplo, "Você se veste tão profissionalmente!" ou "Você é tão articulada" ou, em um caso extremo discutido anteriormente, "Vernon sabe ler!" Mas também pode ser algo como "É melhor enviarmos Bill no seu lugar, já que estamos enfrentando um negociador muito difícil". Ou "Lembre-se, não fique emocionado/zangado/choroso". Ou talvez um comentário como "Você planeja a festa; não sou bom com esse tipo de coisas". Ou "Você pode fazer a reserva no restaurante?"

Nesses momentos, sei que se eu falar abertamente as chances são altas de ouvir que estou exagerando — e então ficarei *realmente* chateada. Tão chateada que é capaz de eu reagir de uma forma de que me arrependerei depois. Como me livrar desse dilema?

A resposta padrão para mim e muitos outros é permanecer em silêncio. Gostaria de mudar esse padrão, o que não quer dizer que o silêncio nunca é a resposta correta. Só não precisa ser a resposta *padrão*.

Tive um mentor que sempre presumi ser cético a respeito do preconceito de gênero, então não falava muito com ele sobre as minhas experiências com isso. Certo dia, postei no LinkedIn sobre algo tendencioso que alguém me disse e perguntei às pessoas como elas teriam respondido. Para minha surpresa, meu mentor leu e me disse no privado: "Obrigado por postar aquilo. Eu já disse coisas desse tipo às mulheres. Odeio pensar que fiz isso, mas tenho certeza de que fiz. Agora que entendo, farei o meu melhor." Gostaria de ter dito mais antes. Se eu tivesse me dado permissão para falar, talvez tivesse protegido mais alguém de ser alvo da tendenciosidade inconsciente dele. E ele ficou verdadeiramente grato a mim por ter contado a minha história.

ALGUMAS RACIONALIZAÇÕES COMUNS PARA O SILÊNCIO

A pressão para ficar em silêncio vem em uma variedade estonteante de disfarces, internos e externos.[28] Aqui estão algumas desculpas ou racionalizações comuns que usei para permanecer em silêncio, quando o melhor para mim seria falar.

RACIONALIZAÇÃO: "SOU UMA BOA PESSOA. NÃO FICO CONFRONTANDO OS OUTROS."[29]

Uma das minhas razões para escrever *Empatia Assertiva* foi confrontar minha tendência profundamente enraizada de permanecer em silêncio, quando o melhor para todos seria que eu falasse. Esse instinto está entranhado no meu cérebro, provavelmente como resultado de todas as vezes que ouvi em minha infância, "se você não tiver nada bom a dizer, não diga nada".

Mas aprendi que não estou fazendo um favor a *ninguém* ignorando comportamentos problemáticos. É ruim para a outra pessoa, a quem estou ostensivamente tentando proteger, porque a pessoa é "legal". Se alguém disser algo tendencioso e eu não me manifestar, essa pessoa continuará a dizê-lo até um dia ficar em sérios apuros. Também é ruim para as outras pessoas na minha equipe. É provável que a tendenciosidade que está me chateando também esteja chateando os outros. E é ruim para mim. Se eu a ouvir o suficiente, é possível que eu a internalize e meu fracasso em confrontá-la se tornará uma forma de autoagressão.

Com *Empatia Assertiva* também pretendi mudar a forma como definimos "legal". Na verdade, não é bom reter feedback crítico simplesmente para evitar que alguém se sinta mal. Quando fornecemos feedback crítico de maneira gentil e clara, ajudamos os colegas a melhorar — e, em alguns casos, evitar uma demissão. *Isso* é legal. Na verdade, o silêncio em tais situações, longe de ser legal, é pouco mais do que uma tentativa egoísta e, em última análise, cruel, de evitar conflitos.

Quando expliquei essa ideia em *Empatia Assertiva*, usei exemplos como avisar a pessoa que ela está com espinafre nos dentes ou que sua braguilha está aberta. A maioria das pessoas concordaria que é cruel não apontar essas coisas. Mas se alguém faz uma observação casualmente sexista, racialmente tendenciosa, usa "gay" como termo pejorativo ou se refere a alguém usando pronomes errados, nosso instinto frequente é deixá-la passar, em vez de confrontá-la. E, no entanto, esses são momentos que realmente clamam por uma empatia assertiva. Se você se importa com um colega que disse algo problemático, não quer que ele continue a dizê-lo. E se você se importa com as outras pessoas da sua equipe, não quer que elas sejam expostas a comentários e atitudes prejudiciais.

Isso não é tão difícil quando o problema é a tendenciosidade. O preconceito e o bullying podem ser bem menos confortáveis de se confrontar. Mas se o que uma pessoa está dizendo ou fazendo viola uma norma, regra ou lei, estou lhe fazendo uma gentileza quando digo "É degradante para..." ou "É uma violação da política..." ou "É ilegal..." e, na maioria dos casos estou protegendo a mim e aos outros membros da equipe ao falar. O mesmo ocorre com o bullying. O bullying que ocorre sem oposição aumenta até que o agressor cause um dano real a mim e aos outros e, por fim, lhe crie problemas reais, mas não antes de causar enormes problemas para todos os outros. O mundo seria realmente um lugar melhor se todos enfrentassem o bullying cedo e com frequência.

Se eu me calar nesses momentos por preocupação com os sentimentos do meu amigo ou colega, na verdade coloco a pessoa em risco de um dano maior. As pessoas confiam nos outros para apontar seus erros. Meu fracasso em confrontá-los os impede de abordar um problema solucionável. Afinal, não é tão legal.

RACIONALIZAÇÃO: "ELES SÃO BOAS PESSOAS" OU "ELES NÃO QUERIAM PREJUDICAR."[30]

Digamos que alguém de quem gosto faz um comentário estranho. Por ser um de meus colegas favoritos, começo a pensar por que a pessoa falou aquilo. Ela é mais velha ou nova, vem de uma parte diferente do país ou talvez a observação reflita crenças religiosas. Não quero pegar pesado, ferir sentimentos ou expor a pessoa a críticas ou, pior, a colegas ou à diretoria. Então, não digo nada.

Em *Empatia Assertiva*, chamo isso de Empatia Ruinosa — a falha em dar o feedback por medo de ferir os sentimentos de alguém. Quando o gênero é adicionado à equação, há outra dinâmica também: a tendência de muitos de nós de sentir a dor dos homens e rejeitar a das mulheres. Em outras palavras, posso sentir que tenho que contornar o "frágil ego masculino", mesmo que tal coisa seja apenas uma invenção da minha imaginação. A filósofa moral Kate Manne chama isso de himpatia [elepatia].[31] Então, talvez, o argumento "eu não quero ferir os sentimentos dele" seja mais bem caracterizado como Himpatia Ruinosa.

A Himpatia Ruinosa é ruim para mim, para os meus colegas e até para o "ele" em questão. É por isso que tentei eliminar a frase "ele é um bom rapaz" do meu vocabulário. Todos fazemos coisas boas e ruins. As pessoas comprometidas em serem boas querem saber sobre as coisas ruins que fazem para que possam consertá-las e evitar fazê-las novamente.

RACIONALIZAÇÃO: "NÃO É GRANDE COISA."[32]

Minimizar é uma racionalização muito comum para manter o silêncio. Mas se não é grande coisa, por que ainda estou pensando nisso? E se não é grande coisa, então também não é grande coisa para mim corrigi-lo. Além disso, se tendenciosidade, preconceito e bullying fossem raros, *não seriam* um grande problema. E ainda assim, vivencio os três o tempo todo — sendo a tendenciosidade a mais frequente.

Para combater a racionalização de que tais momentos não são grande coisa, penso sobre o impacto *cumulativo* que viver essas atitudes e comportamentos e, em seguida, ignorá-los, terá sobre mim. A coisa em si pode não ser nada demais, mas quando acontece várias vezes, ignorá-la se torna um estresse danoso ao meu senso de controle. Então, eu a comparo com o impacto cumulativo de vivenciá-la e então, reagir. Às vezes, as pessoas se zangam, mas muitas vezes ficam gratas. Responder aprofundou mais relacionamentos do que desgastou. Esse cálculo me deixa mais propensa a responder.

RACIONALIZAÇÃO: "NÃO QUERO PREJUDICAR MEU RELACIONAMENTO DE TRABALHO."[33]

Trabalhei com um homem que se referia às mulheres usando palavras depreciativas. Não o conhecia bem, então me mantive em silêncio e disse a mim mesma que falaria com ele quando o conhecesse melhor. Aquelas coisas eram irritantes, mas ele era uma pessoa criativa e interessante e eu queria aprender com ele. Mas minha irritação crescia. Enquanto isso, ele ultrapassava os limites. Quando ele parou com "garotas", passou de "docinhos" a "fofinhas". Eu apenas revirava os olhos, mas ficava cada vez mais furiosa, e ele, cada vez pior. Então, um dia, ele passou por mim e falou "ei, boneca". Fiquei completamente louca. O dano não foi irreparável, mas demorou algum tempo para nos sentirmos confortáveis perto um do outro novamente e rir do incidente. Teria sido muito melhor para a nossa relação se eu tivesse respondido da primeira vez. Quando expresso a raiva de imediato, geralmente é uma reação leve. Quando a reprimo, ela costuma se transformar em algo grande.

RACIONALIZAÇÃO: "SÓ TORNARÁ AS COISAS PIORES."[34]

Uma técnica comum dos agressores é punir qualquer um que os critique por seu comportamento. Portanto, o medo de retaliação não é irracional.

Ao mesmo tempo, tenho uma forte tendência negativa quando se trata de confrontar uma injustiça. Sempre superestimei os riscos e subestimei os benefícios. Como resultado, temo desafiar a injustiça mais do que o necessário.

Com o tempo, descobri que o custo de *não* falar também é real — para mim e para os meus colegas. Quando paro para me perguntar qual é a probabilidade real de retaliação, a resposta muitas vezes é "não tão provável". Sua resposta pode ser diferente. Mas pergunte a si mesmo.

RACIONALIZAÇÃO: "NÃO VALE A PENA COLOCAR A MINHA REPUTAÇÃO EM RISCO."[35]

O tempo todo, recebo perguntas como estas, de mulheres jovens:

- "A literatura mostra que as mulheres são divertidas, não as levam a sério. O humor é perigoso para mim no escritório? Ser divertida afetará a minha reputação?"
- "Este estudo mostra que quando as mulheres negociam com determinação, são punidas. Ser uma boa negociadora afetará a minha reputação? Devo desistir de negociar com determinação?"

- "Quando sou agressiva o suficiente para fazer o trabalho, recebo a reputação de ser 'rude' e 'desagradável', prejudicando minha avaliação de desempenho. Devo apenas desistir? Não posso ter sucesso neste dilema."

Todas essas perguntas me fazem gritar: "*Nãoooo!* Faça o que for preciso para combater a tendenciosidade; não se conforme com isso. Não permita que isso o diminua."

A pior coisa que você pode fazer pela sua carreira *e* reputação a longo prazo é esconder os seus talentos, suprimir a sua voz ou não fazer o seu melhor no trabalho. Mas é exatamente isso que a tendenciosidade, especialmente a "da simpatia", nos pressiona a fazer.

Meu conselho? Se você é divertida, seja a mais divertida que puder, mesmo que leia um artigo que diz que quando uma mulher é divertida, não deve ser levada tão a sério; se você é boa negociadora, negocie e, se for punida por isso, use suas habilidades de negociação para conseguir um novo emprego; se você precisar ser agressiva para fazer o trabalho, seja agressiva e confronte as acusações tomando alguns momentos para mostrar que você se importa; se você sabe do que está falando, não finja que não sabe só porque as pessoas na sala preferem que os experts sejam homens.

Como a diretora de diversidade da Target, Caroline Wanga, explica eloquentemente, você não pode ser ótima no seu trabalho se não puder ser quem é, *e* se sairá bem se concentrar-se primeiro em ganhar credibilidade no básico de seu trabalho a fim de realizar tudo o que deseja.[36] Concentre-se em ser excelente no seu trabalho, permanecer fiel a si mesma e construir relacionamentos reais; se você fizer isso, uma boa reputação a seguirá. Uma boa reputação é o resultado de ser você mesma, não algo que você pode alcançar tentando ser o que acha que os outros querem que você seja.

Uma coisa que a ajudará a melhorar no trabalho, construir relações melhores lá e ser você mesma é o feedback. Peça críticas, não as ignore. Mas se o que eu tenho é *feedback tendencioso*, quero desafiá-lo, em vez de ignorá-lo. A censura que mais me deprimia, especialmente no início de minha carreira, quando me sentia mais vulnerável, era ser chamada de "desagradável" ou "rude". Em meu primeiro emprego após a faculdade, sussurrava-se que o CEO da empresa me chamava de "arrogante e com fome de poder". Isso foi xingamento, não feedback. Ouvir que eu não era "simpática" tornou tentador recuar. Mas quando o fiz, não me saí tão bem no trabalho e, surpresa, as pessoas não gostaram mais de mim. Eu gostava mais de mim quando estava fazendo o meu melhor. E acontece que quando eu gostava de mim, outras pessoas gostavam mais de mim também. Descobri que quando enfrento a tendenciosidade e mantenho minha posição, faço um trabalho melhor, construo relações melhores e acabo com uma reputação melhor. Paradoxalmente, foi aprender a não me importar com a minha "simpatia" que me fez sentir mais "simpática".

Nunca esquecerei uma gestão externa com um de meus colegas. Tínhamos que circular e descrever um ao outro com uma palavra que começasse com o primeiro som do nosso nome. Me preparei para o que ele poderia dizer, porque tínhamos acabado de trabalhar em um projeto juntos e eu fui, bem, intensa, sobre isso. "Kim se preocupa", ele disse. "Alguns dias você pode querer que ela se importe um pouco menos. Mas ela realmente se importa. Com as pessoas e com o trabalho." Em outra empresa, trabalhei com um homem que fez os usuais comentários "Kim é rude" ou "Kim é um saco". Mas após um ano trabalhando próximos, ele explicou meu estilo para um novo membro da equipe: "Kim realmente ama debater. De início, você pode pensar que ela quer irritá-lo. Mas ela está só tentando ajudá-lo a fazer um ótimo trabalho."

Não seja pressionado por tendenciosidades; pressione-as de volta!

SILÊNCIO E RAIVA

Eu me referi à relação entre o silêncio e a raiva acima, e vale a pena enfatizar o quão debilitante a síndrome do silêncio e da raiva pode ser. Quanto mais quieta fico, maior é minha raiva, e quanto mais raiva sinto, maior a probabilidade de eu ficar quieta. Nas palavras de Simon e Garfunkel, "o silêncio cresce como um câncer". E dói mais em mim do que nos outros.

Funciona assim.

O silêncio face à tendenciosidade, ao preconceito ou ao bullying raramente é um silêncio pacífico. Passo e repasso o evento, geralmente às 3 da manhã, quando deveria estar dormindo e finalmente surge a resposta rápida que gostaria de ter dado. E então acontece novamente, mas outra vez não estou pronta com a minha resposta. Quanto mais esses problemas se repetem, mais eles me incomodam. Quanto mais eu os ignorar, mais provável será que aconteçam novamente. Como não confrontei a pessoa, ela não está ciente da ofensa ou pensa que o comportamento é aceitável para mim. Sinto ainda mais raiva da próxima vez que acontece, até que fico realmente furiosa. E quando estou furiosa, é ainda mais provável que permaneça em silêncio, sem confiar em mim para falar, temendo que, se o fizer, ficarei com raiva e então ouvirei que as mulheres não podem expressar raiva, o que me deixará ainda mais brava.

Cria-se um círculo vicioso de silêncio e raiva. É provável que eu esteja com tanta raiva que me preocupo que *qualquer* resposta neste momento parecerá desproporcional para qualquer gota d'água que finalmente transbordou. Mais silêncio, mais raiva. A seguir, algumas estratégias para se libertar do círculo de silêncio e raiva.

XINGAMENTO NÃO É UM FEEDBACK ÚTIL

As pessoas quase nunca mudam suas atitudes e comportamentos porque alguém as xingou de babaca. Um ataque frontal provavelmente só as fará piorar o mau comportamento.

No momento, pode parecer que recuar é um jogo justo. Talvez pareça justo, mas não é eficaz. É doloroso e destrutivo em um emprego que depende do trabalho em equipe e da colaboração. E não é ruim só para a equipe, mas também para você, que fecha a sua mente para as próprias falhas e inibe o crescimento e a melhoria. "Você é mau, eu sou bom, então tenho o direito de tratá-lo terrivelmente." Enfim, a hipocrisia nasce.

A melhor forma de combater a tendenciosidade, o preconceito e o bullying é confrontá-los, mas *não* imitá-los. Ouça o que as outras pessoas estão dizendo, aponte os problemas que estão causando com suas atitudes ou comportamentos. Use declarações "eu", "ser/isso" ou "você".

BUSQUE ALIADOS, NÃO INIMIGOS

Descobri que, se procuro pessoas que podem me apoiar, com certeza vou encontrá-las. Sempre tenho mais sucesso quando gasto minha energia cultivando apoiadores, mesmos os imperfeitos, do que quando vou à procura de inimigos. Também descobri que as pessoas que dizem coisas que parecem desanimadoras à primeira vista geralmente não são minhas inimigas.

Se eu me envolver com elas, posso aprender que alguém que fui tentada a rejeitar como uma idiota pode se tornar um aliado.

Por exemplo, uma vez trabalhei em uma empresa onde eu era a única mãe. Um dos jovens engenheiros estava curioso sobre como era conciliar trabalho e família e me perguntou como eu conseguia. Falei sobre bloquear o horário com a família durante o café da manhã e o jantar, e a rotina da hora de dormir. "Ah!", ele exclamou. "É tipo a temporada de beisebol." De início, fiquei um pouco ofendida. A minha família era sagrada para mim. O beisebol, para dizer o mínimo, não. Mas decidi que seria melhor ser curiosa, então perguntei o que ele quis dizer. "Bem, joguei beisebol na faculdade. Antes de a temporada começar, sempre pensava como conseguiria fazer todas as minhas tarefas escolares quando os treinos começassem. Mas sempre achei que era mais ou menos como você acabou de descrever — havia longos períodos de tempo para o beisebol, mas de alguma forma eu ainda conseguia fazer meus trabalhos." Assim que entendi o que ele quis dizer, percebi que a "temporada de beisebol" era uma boa metáfora para a maternidade — embora fosse uma temporada extremamente longa.

PERMITA A CURIOSIDADE DESAJEITADA

Conversei com alguém de uma empresa localizada em uma parte dos Estados Unidos predominantemente branca. Muitos de seus funcionários nunca viajaram para o exterior. Então, quando uma mulher da Índia chegou à equipe, foi a primeira vez que muitos de seus novos colegas conheceram uma pessoa de outro país. Pouco após sua chegada, um dos colegas lhe perguntou, "Então, lá na Índia, você vai de elefante para o trabalho?"

Compreensivelmente, ela ficou ofendida e respondeu secamente. Mais tarde, porém, ela compreendeu que ele era um aliado, embora lamentavelmente não instruído. Ela desenvolveu uma abordagem que batizou de "permita a curiosidade desajeitada". A pergunta de seu colega resultou do tipo de tendenciosidade que forma uma impressão incorreta de um país inteiro a partir de uma única cena de um filme. Mas ele não era preconceituoso; ele realmente queria saber mais. Por isso fez a pergunta. Ela aprendeu a permitir esse tipo de curiosidade desajeitada e a satisfazê-la de uma forma que deixasse espaço para a pessoa se tornar um apoiador. Ela sabia que não poderia educar todas as pessoas da empresa sobre a sua cultura. Aquilo seria muito cansativo. Mas também era cansativo confundir curiosidade desajeitada com hostilidade. Ela não precisava educá-lo, muito menos "cancelá-lo". Em vez disso, ela respondeu à pergunta dele de forma factual e recomendou alguns livros e filmes que poderiam lhe dar uma imagem mais precisa da Índia.

ESCOLHA AS SUAS BATALHAS

É cansativo para gente sub-representada instruir gente super-representada. Tento escolher cuidadosamente em quem invisto minha energia para instruí-los. É razoável esperar que as pessoas que são a maioria aprendam por conta própria também.

Toni Morrison explica como a tendenciosidade racial, o preconceito e o bullying podem atrapalhar o Trabalho Justo: "A verdadeira função do racismo... é a distração. *Ele o impede de fazer o seu trabalho*. Ele o mantém explicando, repetidamente, a sua razão de ser... Nada disso é necessário."[37]

Toni Morrison está certo. Nada disso é necessário. Faça o trabalho que você quer, não o que os outros o impõem com suas atitudes e crenças problemáticas.

Mudar o padrão para o silêncio não é a mesma coisa que *sempre* confrontar pessoas ou ficar totalmente consumido pela luta. Meu "algoritmo" para escolher minhas batalhas pode não ser o certo para você. Mas eu o compartilho na esperança de que seja útil. Minha abordagem tem sido desenvolver um processo ativo para avaliar o que aconteceu e então tomar uma decisão consciente sobre como responderei. Se eu decidir ficar em silêncio ou não fazer nada sobre escolher minhas batalhas, tento fazer do meu silêncio uma paciência proativa e consciente, não uma evitação passiva. Quando decido não responder, tento fazê-lo porque tenho algo mais importante em que trabalhar, não porque estou com medo. Eu tento, mas nem sempre consigo. Às vezes, como todos nós, eu tenho medo.

USE O HUMOR

Você não precisa ser engraçado para responder. Na verdade, o humor pode ter o efeito contrário, porque um mau uso comum do humor é minimizar o que acabou de acontecer com você.[38] No entanto, se você estiver confortável, o humor pode ser um grande trunfo. (Observação para os que causam danos: fazer piada sobre ter causado danos quase certamente terá um efeito negativo.)

Em seu próximo livro *Funnier* [*Mais Engraçado*, em tradução livre], a professora de comédia da Columbia College em Chicago, Anne Libera, oferece evidências de que o propósito evolutivo do humor é o insight. Uma pessoa pode usar o humor para ajudar outra pessoa a perceber seu erro, sem irritá-la ou colocá-la na defensiva. Isso é o que Libera chama de "Ha-ha Ah-ha!"[39] [Algo como 'a descoberta com o riso'] Ou, como diz Lindy West, "O mundo está cheio de coisas terríveis... e está tudo bem fazer piadas sobre elas. Mas os melhores cômicos usam a sua arte para criticar essas partes terríveis da vida e torná-las melhores, não piores".[40] Esse tipo de humor pode ser uma forma efetiva de se comunicar com pessoas bem-intencionadas, mas sem noção de que estão alheias aos erros, morais e práticos, que estão cometendo.

Por exemplo, Amy Cuddy, cujo trabalho na pose de poder que mencionei acima desenvolveu uma excelente resposta a uma experiência frequente. Se estivesse em um voo e a pessoa sentada ao lado dela puxasse conversa, perguntando, "O que você faz?" ela respondia, "Sou professora na Harvard Business School", a resposta, muitas vezes, seria algo na linha do "Sério?! Você não parece com alguém que lecionaria lá. Que matéria você ministra?" Amy responderia, "Datilografia".

A autora e executiva Nataly Kogan foi, certa vez, a uma reunião de diretoria levando uma bolsa, uma maleta de notebook e uma mochila preta. Outro membro da diretoria, um importante vice-presidente, riu e disse, "Por que vocês mulheres são tão obsessivas em carregar tantas bolsas?" Enquanto todos olhavam para ela, Nataly abriu o zíper da mochila lentamente, revelando... uma bomba de tirar leite.

O Custo dos "Momentos de Chá de Bebê"

Um gerente, Todd, foi para a reunião matinal de sua equipe reclamando porque teve que comparecer ao treinamento de tendenciosidade inconsciente naquela tarde, declarando, "Não acredito que a tendenciosidade inconsciente seja uma coisa real". Adriana, a única mulher de sua equipe, ficou chateada, mas manteve a boca fechada. Ela nem tinha certeza do que estava enfrentando. Ele negava a própria noção de tendenciosidade. Ele realmente acreditava no que estava dizendo? Se sim, aqui estava uma crença preconceituosa. Mas talvez ele estivesse apenas tentando intimidá-la um pouco, para ver como ela reagiria. O que quer que ele estivesse fazendo, parecia hostil.

Mais tarde na reunião, um homem chamado Ty se ofereceu para comprar um presente para o bebê de outro colega, que estava saindo em licença paternidade. "Não, Adriana o fará", Todd replicou. "Mulheres são melhores com esse tipo de coisa."

Adriana estava no meio de um projeto crítico, com prazo apertado. Ela não tinha tempo de pegar dinheiro de 30 pessoas, escolher um presente, comprar, embrulhar. Mas fez assim mesmo porque parecia menos oneroso do que lidar com Todd. Como resultado, seu prazo caiu um pouco, o que também atrasou o trabalho de outras 4 pessoas. Enquanto isso, seu colega Ty tinha acabado de concluir um grande projeto e estava com um pouco de folga no cronograma — por isso tinha se oferecido para comprar o presente em primeiro lugar. Esses momentos podem causar danos reais à carreira de uma mulher e sabotar uma organização que está funcionando perfeitamente. Quando as tarefas de "trabalho doméstico no escritório" ficam para as mulheres, sua produtividade, sua carreira e a justiça sofrem um golpe. E quando a produtividade das mulheres é afetada, equipes inteiras sofrem.

Cada mulher que conheço já teve centenas desses momentos. Se não está ajudando com um chá de bebê, está tomando notas, pegando um café, fazendo uma reserva, comprando um bolo de aniversário ou planejando a área externa.

Pode ser tentador simplesmente deixar esses momentos acontecerem. Por que gastar energia para confrontá-los? Em uma TED Talk, a Reverendo Paula Stone Williams, mulher transsexual, descreve o que ela aprendeu sobre tendenciosidade e as suposições desdenhosas que os homens fazem sobre as mulheres: "Quanto mais você é tratado como se não soubesse do que está falando, mais começa a se questionar se sabe ou não, de fato, do que está falando."[41] Em poucas palavras, isso é injustiça no local de trabalho. É corrosivo. Isso faz você começar a duvidar de si mesmo. Desafiar a injustiça é muito importante — se não a desafiarmos, muitas vezes começamos a internalizá-la.

FOLHA DE COLA

PROBLEMA	RESPOSTA
TENDENCIOSIDADE SEM INTENÇÃO	**INTERRUPTOR DE TENDENCIOSIDADE** Declaração "eu"
PRECONCEITO COM INTENÇÃO	**CÓDIGO DE CONDUTA** Declaração "ser/isso"
BULLYING MÁ-FÉ	**CONSEQUÊNCIAS CLARAS** Declaração "você"

PESSOA PREJUDICADA & TENDENCIOSIDADE PRECONCEITO BULLYING ⚡ DISCRIMINAÇÃO ASSÉDIO VIOLAÇÕES FÍSICAS

3

Para Observadores
Como Ser um Defensor

O que mais machuca a vítima não é a crueldade do opressor, mas o silêncio do espectador.

— Elie Wiesel

Quando você vir algo que não é certo, razoável nem justo, você tem que falar. Você tem que dizer algo; você tem que fazer algo.

— John Lewis

Em grande parte, escrevi este livro para reconhecer e expressar gratidão pelo papel essencial das pessoas que defendem seus colegas de trabalho. Para cada experiência ruim que tive como mulher em um local de trabalho, tive várias outras boas experiências com pessoas que estavam lá para me ajudar a atravessar esses momentos e me apoiar depois. Sou muito grata a esses amigos, colegas, funcionários, chefes e até estranhos. Eles são defensores e superam em muito o número de pessoas que causam danos. Defensores alimentam meu otimismo de que podemos resolver o problema da injustiça no local de trabalho.

Defensores são essenciais para a cultura do Trabalho Justo. Eles não apenas ajudam os alvos da injustiça no local de trabalho a se sentirem

DEFENSORES &
TENDENCIOSIDADE PRECONCEITO BULLYING ⚡ DISCRIMINAÇÃO ASSÉDIO VIOLAÇÕES FÍSICAS

menos sozinhos e manipulados; eles também fornecem um feedback claro para a pessoa que causou o dano de forma a minimizar a atitude defensiva e maximizar as chances de o ofensor se corrigir: como resultado, todos se sentem melhor no local de trabalho. Defensores também mostram a outros potenciais defensores como tornar as coisas um pouco mais justas e que é possível defender a justiça sem todo o risco que muitos temem.

Em ambientes homogêneos, ser um defensor é especialmente importante, porque as pessoas sub-representadas são tão poucas que confrontar a tendenciosidade, o preconceito e o bullying é especialmente intimidante e tão frequente que chega a ser exaustivo.

USE UMA DECLARAÇÃO "EU" PARA REVELAR A TENDENCIOSIDADE A TODOS

O trabalho de um defensor é revelar e convidar os outros a perceberem o que ele nota. Algo simples e direto, como "eu acho que o que você disse parece tendencioso", pode ser surpreendentemente efetivo. Defensores podem usar uma versão da declaração "eu" descrita no Capítulo 2.

Quando você está oferecendo feedback crítico sobre qualquer tópico, mas especialmente um tão sensível quanto a tendenciosidade, não é eficaz atacar a personalidade, a moral ou o caráter de alguém, ou insinuar repulsa. Dizer ou mesmo sugerir algo como "Você é uma bola de merda sexista/racista/homofóbica", pode parecer justificado e catártico, mas não é provável que motive a pessoa a reavaliar seus conceitos. Você pode imaginar alguém que responda com sinceridade, "Ah, muito obrigado por avisar. Agora que entendi o problema, mudarei meus métodos?"

Embora muitos temam que confrontar a tendenciosidade prejudique seu relacionamento com a pessoa que estão enfrentando, existem abordagens simples e produtivas que você pode adotar para *melhorar* as suas relações de trabalho — e a cultura da sua equipe. Não se trata de ceder à ideia de ortodoxia do politicamente correto de alguém. Resistir eficazmente à tendenciosidade ao percebê-la, como a história abaixo ilustra, ajudará você e sua equipe a trabalharem melhor juntos para atingirem seus objetivos.

Um Assento à Mesa

Quando Aileen Lee foi sócia na empresa de capital de risco Kleiner Perkins, ela e dois outros sócios, Steve Anderson e Matt Murphy, participaram de uma reunião com três executivos seniores em uma empresa Fortune 500. Steve, Matt e Aileen chegaram antes dos outros e sentaram ao meio da mesa.

Os executivos que os encontrariam, todos idosos e brancos, sentaram do lado oposto ao da equipe Kleiner. Mas escolheram assentos no final da mesa mais próximo a Steve, deixando Aileen sem ninguém à sua frente, sutilmente, mas inequivocamente, excluindo-a da conversa.

A reunião continuou. Os três homens fizeram contato visual com os colegas de Aileen e dirigiram seus comentários aos homens, marginalizando-a ainda mais. Ela suspeitou de que eles nem mesmo sabiam que a estavam excluindo.

Se Aileen falasse aos homens de seu comportamento, se arriscaria a ser rotulada de "rude" ou "muito sensível". Ou, se eles se sentissem muito envergonhados, em vez de se desculparem, poderiam decidir não prosseguir com o relacionamento nascente. Esse é o tipo de dilema que pessoas sub-representadas sendo "invisibilizadas" encaram o tempo todo. Mas não confrontar a tendenciosidade na sala era uma opção ainda pior.

Felizmente, um dos parceiros de Aileen percebeu o que estava acontecendo na sala e chegou a uma solução simples e eficaz: "Aileen," ele pediu, "você se importaria de trocar de lugar comigo?"

Ao colocá-la no assento diretamente à frente das pessoas com quem estavam se reunindo e sentando ele mesmo na cadeira sem ninguém à frente, o colega de Aileen redefiniu a dinâmica. Pelo resto da reunião, todos os presentes incluíram Aileen naturalmente na conversa. Essa intervenção levou trinta segundos e aumentou consideravelmente as chances de que aquela reunião importante fosse um sucesso. Essa é a maneira e o motivo de ser um antirracista e um antissexista. Não é tão difícil.

USE UMA DECLARAÇÃO "SER/ISSO" PARA DESAFIAR O PRECONCEITO

Vamos voltar àquele momento do chá de bebê e imaginar um final diferente, em que um defensor intervém. Quando Todd disse que não acreditava que a tendenciosidade de gênero era uma coisa real, seis outros homens e Adriana estavam presentes, todos sabendo — e incomodados com — o comportamento de Todd, mas ninguém disse uma palavra.

E se, quando Ty se prontificou a comprar um presente para o bebê e Todd disse a ele para deixar Adriana fazê-lo, um daqueles seis outros caras na sala retrucasse? Não seria preciso muita coisa. Apenas uma pessoa brincando: "Ah, então a tendenciosidade de gênero não existe? Claramente soa como tendenciosidade de gênero quando você diz que Adriana deveria comprar o presente, porque ela é mulher. Ou você realmente acredita que ela deveria fazê-lo porque é mulher? Se for esse o caso, então você está certo. Não é tendenciosidade. É preconceito." Isso soa muito agressivo. Mas os homens daquela equipe trocavam besteiras assim o tempo todo, de uma forma meio jocosa. Ou um deles poderia ter adotado uma abordagem mais séria e apontado para Todd que ele não estava apenas prejudicando Adriana, mas atrasando também toda a equipe, dando-lhe uma tarefa demorada quando ela já estava com o prazo apertado e Ty tinha algum tempo livre. Eles poderiam não ter persuadido Todd de que a tendenciosidade de gênero era uma coisa real, mas poderiam tê-lo impedido de fazer Adriana encontrar tempo para comprar o presente, quando era mais lógico para Ty fazê-lo.

É Degradante Pedir Para Fazer Xixi em um Balde

Certa vez, um colega, David, e eu voamos meio mundo para negociar uma parceria com uma empresa que nunca empregara mulheres; a religião deles proibia às mulheres de trabalharem fora de casa. Acho que eles me viram como uma norte-americana, não como uma mulher realmente — o que funcionou bem até que, após algumas xícaras de chá, precisei ir ao banheiro. Eles não tinham um banheiro feminino. Eu sugeri que, se ninguém estivesse no masculino, talvez eu pudesse usá-lo. Eles explicaram que aquilo violaria suas crenças religiosas. Um dos homens sinalizou para eu acompanhá-lo, levou-me para um armário de vassouras e apontou para um balde. Comecei a rir, mas um olhar me disse que ele não estava brincando.

"É degradante pedir para eu fazer xixi em um balde!", eu disse e me dirigi ao banheiro dos homens: eu realmente precisava fazer xixi. Mas outro homem entrou na minha frente e bloqueou a porta. De repente, o que parecia um conflito benigno ficou bastante tenso.

Olhei para David, em busca de ajuda. Uma nota importante: não há nada errado em buscar ajuda com seus colegas. Pedir ajuda é um símbolo de força, não de fraqueza.

Felizmente, David foi um defensor. Ele reiterou o que eu disse: "É degradante pedir a Kim para fazer xixi quando há um banheiro aqui." Então, ele propôs, "Se Kim concordar, sugiro que ela use as instalações aqui, ou Kim e eu iremos de carro de volta para o hotel e usamos o banheiro de lá". Sou fanática por eficiência: a ideia de perder uma hora inteira para ir ao banheiro era algo que nunca teria me ocorrido. Mas, para minha surpresa, os homens optaram por esperar enquanto íamos ao hotel e voltávamos.

David disse aos nossos anfitriões que era inaceitável que eles impusessem sua crença a mim. Ele veio com uma solução que convenceu não só a nós, como a eles também. Pareceu-me importante que eles arcassem com parte do custo de seu preconceito. Não foi a solução perfeita, mas eu podia lidar com aquilo. Certamente não teria nenhuma ideia melhor, então estava grata a David por isso.

QUANDO VOCÊ QUER TER UMA CONVERSA REAL

Haverá momentos em que você, como um defensor, desejará ir além de impedir que as pessoas imponham seus preconceitos aos outros e convidá-los a considerar como suas crenças estereotipadas estão prejudicando os esforços da equipe. Normalmente, isso acontece quando o preconceito de um colega está dificultando o trabalho produtivo da equipe e, por qualquer motivo, você está preso trabalhando com ele. Ou talvez quando você se preocupa o suficiente com o colega para tentar oferecer outro ponto de vista.

Em minha experiência, esta abordagem provavelmente funcionará apenas se você tiver um respeito subjacente pela pessoa. Você não tem que respeitar a crença preconceituosa para respeitar a pessoa; uma crença preconceituosa não define a pessoa como um todo. Se você observar a pessoa como um todo, que é maior do que essa crença, terá o que Martin Buber chamou de relação "Eu-Você", não uma relação "Eu-Isso" com a pessoa.[1] Se você está olhando para uma árvore, poderá ver a árvore inteira e aquele galho quebrado.

Se você puder abordar a pessoa como um todo, em vez de a parte preconceituosa do seu pensamento, será mais capaz de ver a conversa como um ato de compaixão e construção de uma ponte, em vez de julgamento e punição. E quando você puder fazer isso, maximizará as chances de a conversa ser produtiva.

USE UMA DECLARAÇÃO "VOCÊ" PARA DESAFIAR O BULLYING

Em um nível prático, os defensores estão na melhor posição para intervir porque a natureza do bullying é isolar o alvo e separar o indivíduo da matilha. No minuto em que um defensor se levanta contra os agressores, eles sabem que estão enfrentando duas pessoas, não uma.

Às vezes, ter medo da pessoa que está fazendo o bullying atrapalha; outras, você se pergunta se é apropriado se inserir nessa situação. Agir em nome dos intimidados pode ser visto como paternalista? Hollaback!, uma organização sem fins lucrativos que desenvolve treinamento para defensores, oferece uma abordagem "5D" eficaz para estar ciente das diferentes coisas que você pode fazer para evidenciar o bullying.[2]

DIRECIONE

Desafie a pessoa que está fazendo o bullying no momento. Frequentemente, uma declaração "você" funcionará tanto para o defensor quanto para a pessoa atingida. Aqui estão outras coisas que os defensores podem dizer diretamente à pessoa que está fazendo bullying.

"O que você está fazendo?"

"Você percebe como soa?"

"Você está sendo inapropriado, desrespeitoso etc."

"Ei, não é legal/OK."

"Você precisa deixá-los em paz agora."

"O que você está dizendo é tendencioso, preconceituoso, ofensivo etc."

Lembre-se: Bullying nem sempre se parece com uma criança maior no playground empurrando uma menor. Às vezes, um agressor pode ser apenas uma pessoa que faz parte de uma esmagadora maioria, fazendo suposições sobre alguém que está sub-representado. Em uma empresa que trabalhei, os liberais superavam os conservadores em quase a mesma margem que os homens superavam as mulheres (80–20). Um dia, quando a conversa se voltou para as eleições, Ted brincou que os republicanos eram todos cuzões imorais. Me senti mal por Calvin, o único na sala que — eu sabia — era republicano. Tendo sido minoria em uma sala cheia de homens fazendo suposições ofensivas sobre as mulheres, eu tinha uma ideia de como era difícil para Calvin falar naquele momento.

"Ei, você está fazendo um monte de suposições aqui, Ted", eu disse. "Temos republicanos em nossa equipe e eles não são nem imorais, nem cuzões."

"Isso, quem é o cuzão agora, Ted?" outra pessoa brincou. "Desculpem, vocês estão certos." Ted levantou as mãos em um gesto de rendição e voltamos ao trabalho. Se eu não tivesse dito nada, provavelmente teria sido difícil para Calvin se concentrar pelo resto do dia. É difícil voltar ao trabalho de forma produtiva após ter sido agredido.

DISTRAIA

Embora possa ser mais satisfatório confrontar o bullying diretamente — *Ei, por que você está falando de forma tão rude?* — às vezes, a abordagem direta torna as coisas piores para a pessoa que está sendo agredida. Em outras situações, simplesmente não será tão efetiva. Todos já estivemos em reuniões em que alguém está se comportando de maneira horrível e parece mais eficaz tentar mudar a dinâmica e lidar com o bullying mais tarde.

Quando estagiei em um banco na época do colégio, pediram-me para atender os telefones. Eu estava sentada na frente de um andar grande e silencioso e, sem querer, desliguei uma chamada que estava tentando transferir para uma das pessoas que executava as negociações silenciosamente nos terminais.

"Jesus *Cristo*, garota! Você nem sabe usar um maldito telefone?", gritou o trader.

Vendo isso, um dos outros traders se levantou e jogou uma bola que tinha em sua mão. O homem não conseguiu pegá-la e a bola acertou a cabeça dele. "Jesus Cristo, garoto, você não consegue pegar uma maldita bola?" disse o defensor, e ainda sou grata a ele trinta anos depois.

DELEGUE

Ao delegar, não quero dizer para pedir a alguém abaixo de você na hierarquia para fazer o trabalho; quero dizer pedir ajuda a outro colega que está em melhor posição para intervir. Você pode delegar para cima, para baixo ou para os lados.

Janet observou sua colega Rachel sofrer bullying de um administrador de TI, Bert. Este insistiu para que Rachel desse a ele suas credenciais de logon para um programa de software que ela estava usando. Rachel estava com prazos apertados; se ela não os cumprisse, o projeto podia fracassar. Bert parecia se divertir ao vê-la em uma posição vulnerável. Quando ela perguntou por que ele precisava usar o nome e a senha dela para a ferramenta, tudo o que ele disse foi "Isso me faria feliz". Ele não parou de incomodá-la e, cansada de discutir, ela cedeu. Então, ao obter o que queria, Bert bloqueou Rachel, tirando-a do programa, e colocando o projeto em risco.

Para defender Rachel, Janet tentou uma abordagem direta primeiro: ela pediu a Bert para reintegrar Rachel. Ele respondeu, em primeiro lugar, que não entendia por que Rachel precisava do software e não lhe daria o acesso até que Janet desse uma resposta que o "satisfizesse". Mas não era trabalho de Bert decidir quem precisava de quais ferramentas para seus trabalhos; o trabalho dele era garantir que as ferramentas que usavam permanecessem funcionando.

Após ficar claro que a abordagem direta não funcionava, Janet decidiu delegar. Ela foi ao chefe de Bert e conseguiu para Rachel o acesso de que ela precisava. E também pediu para o chefe lidar com o bullying de Bert. Depois que os ânimos esfriaram, o chefe de Bert o chamou em sua sala e explicou que haveria consequências se ele se comportasse dessa forma no futuro. O comportamento de Bert não melhorou e ele acabou sendo demitido.

ADIE

Às vezes, a incerteza sobre o risco da retaliação pode torná-lo relutante em intervir de imediato. Mas você ainda pode retomar isso mais tarde.

Certa vez, em uma conferência de vendas, uma mulher com quem trabalhei comentou na frente de milhares de pessoas sobre as "coxas de astro do rock" de um homem da equipe. Provavelmente, ela pensou que esse tipo de linguagem era aceitável porque seu chefe, um homem, fazia comentários inapropriados regularmente sobre o look das mulheres da equipe. No entanto, sua observação me incomodou. Assédio ainda é assédio, seja dirigido a um homem ou a uma mulher.

O problema aqui é que a mulher trabalhava no RH! Normalmente, ela seria a pessoa a quem eu deveria reportar o incidente. Não senti que seria seguro ou produtivo confrontá-la diretamente. Ela apoiou um líder da empresa que era conhecido por fazer bullying e por não gostar de mim, especificamente. Eu decidi que essa não era uma batalha que eu queria lutar. (Hoje eu escolheria lutar. Mas sou muito menos vulnerável hoje do que naquela época.)

Mesmo assim, o medo da retaliação também não significa que tinha que ignorar o ocorrido. Após a conferência, fiz questão de encontrar o homem que havia sido atingido e lhe disse que a observação dela havia sido desmedida. Ele expressou gratidão, dizendo que o comentário de fato, o irritou.

DOCUMENTE

A sua capacidade de agir como um observador de situações e documentá-las pode ser um serviço inestimável para as vítimas de bullying — seja porque elas querem relatar um episódio (e provas de terceiros ajudam) ou simplesmente porque é reconfortante verificar a realidade de que o que aconteceu com eles foi errado. Um defensor pode tomar notas sobre o que está acontecendo durante um incidente de uma forma que a pessoa prejudicada não pode. Quando você vê algo que parece errado, tem várias opções para responder. Se você não tiver certeza do que fazer, consulte os 5 Ds e escolha fazer *algo*. Direcionar. Distrair. Delegar. Adiar. Documentar.

CUIDADO COM O COMPLEXO DE HERÓI

Pode ser tentador se colocar no centro do drama — para voltar a situação para você e sua virtude e destemor ao enfrentar o mau comportamento. Isso fará com que você perca o foco na pessoa prejudicada e pode até piorar as coisas para a pessoa que está tentando ajudar. Um defensor eficaz permanece em sintonia com o que a vítima da injustiça deseja ou precisa.

Vários comportamentos "heroicos" podem ser particularmente perigosos para os seus esforços de ser um defensor efetivo: arrogância moral, o Incrível Hulk, o cavaleiro em armadura brilhante e o hipócrita oportunista.

ARROGÂNCIA MORAL

Poucas coisas acabam com a comunicação de uma equipe mais rápido do que a arrogância moral: quando as pessoas falam sobre tópicos delicados de uma forma que envergonha os outros e se colocam em um pedestal de virtude.[3] A arrogância moral, geralmente, resulta em mal-entendidos mais profundos e raramente corrige o problema. Três minutos em qualquer plataforma de mídia social o inundará com exemplos desse tipo de comportamento.

Comunicações online, em particular mídias sociais, aceleram o processo de exagerar a nossa virtude e a falsidade dos outros. No mundo real, nossos amigos tendem a se irritar com a hipocrisia, então há um mecanismo natural de desaceleração. Além disso, somos confrontados com a humanidade dos outros quando estamos cara a cara — podemos ficar com raiva, mas não somos tão rápidos em descartá-los como seres humanos inúteis.

Claro, grupos também atacam pessoas reais na vida real. Acontece que sentimentos extremos parecem se espalhar mais rapidamente online. Se você expressar com vigor suas opiniões em um jantar, olhares sutis o avisarão para mudar. Mas os likes online estimulam. Não há olhares sutis online. A arrogância moral é recompensada com curtidas e compartilhamentos, multiplicando-a e criando um ambiente mais extremista e tóxico.[4] O que explica muito sobre o estado de nosso discurso político atual. Esse efeito de bola de neve também explica por que é ainda *mais* importante para os líderes confrontar tendenciosidades, preconceito e bullying ao gerenciarem equipes que trabalham remotamente do que quando todos estão trabalhando juntos pessoalmente. A arrogância moral tende a ser mais usada por pessoas nos extremos de *ambos* os lados de qualquer questão. Os moderados que a usam fazem menos do que os extremistas. Mas em um ambiente com muitas acusações hipócritas, as pessoas tendem a ir aos extremos.[5]

Existem muitos aspectos pouco atraentes na arrogância moral, mas talvez o mais importante seja que ela torna as coisas piores, não melhores. A pesquisa mostra que a maioria de nós tende a acreditar que somos melhores do que os outros em várias dimensões, especialmente em nosso julgamento moral. O que, por outro lado, nos torna inconscientes de nossas próprias falhas morais.[6] Negação. Envergonhar outras pessoas raramente faz com que elas olhem cuidadosamente para o seu comportamento. Em vez disso, faz com que se retraiam mais profundamente em seu senso de superioridade moral.[7]

Isso porque é *muito* difícil ouvir críticas de alguém que claramente se sente moralmente superior a você. Quase todos nessa situação reagem com raiva e na defensiva, e isso produz mais raiva e atitudes defensivas e por aí vai. O triste é que, mais tarde, repassando esses momentos em nossas cabeças, às vezes reconhecemos que a crítica original do colega teve algum mérito. Mas a essa altura, parece impossível voltar e desdizer tudo o que foi dito, especialmente quando assuntos como gênero, raça, orientação sexual ou religião estão envolvidos.

O INCRÍVEL HULK

Minha e equipe e eu estávamos trabalhando duro em um projeto atrasado em uma sexta à noite quando Amy, uma mulher que havia se unido à empresa recentemente saída da faculdade, veio ao meu escritório aos prantos. Charles, um rapaz de outra equipe, deu uma olhada em algumas análises que ela fez e disse, "Lá vai você fazer matemática de vendas outra vez. Eu sou um engenheiro, a palavra final nisso é minha". Ela tentou ignorar o comentário idiota e desenvolver sua análise: na verdade, Charles estava prestes a cometer um grande erro que atrasaria nosso projeto em, pelo menos, uma semana. Mas ele não queria ouvir e calou-a completamente.

Eu estava cansada, faminta e morrendo de vontade de ir para casa. Em vez disso, graças a Charles, eu estava encarando uma noite de sexta que poderia se tornar em uma manhã de sábado antes de eu sair do escritório. Eu queria estrangulá-lo. "Aquele pequeno cabeça de m*rda!", exclamei. "Veja isso."

Peguei o telefone e, quando Charles atendeu, comecei a gritar. E não parei pelos dez minutos seguintes. Estava me comportando como uma idiota e me divertindo muito mais do que deveria.

Anos depois, enquanto assistia a *Os Vingadores* com minha irmã e nossos filhos, uma cena me lembrou do episódio do pequeno cabeça de m*rda. Loki, o vilão, fala para o Hulk, "Chega! Você, todos vocês, estão abaixo de mim. Eu sou um deus, criatura ridícula. Eu não serei intimidado por vocês".

Hulk olha para ele por um momento, então levanta Loki pelo pé e esmaga a sua cabeça no chão. *Bam bam*. Pausa. *Bam bam bam*. Pausa. *Bam bam* para a esquerda, para a direita, para o meio algumas vezes, de volta à esquerda. Loki é largado humilhado e incapaz de se levantar.

"Deus fraco", diz Hulk, pisando duro, repugnado. Minha irmã e eu irrompemos em gargalhadas. Quem não tem essa fantasia a la Incrível Hulk?

A forma como tratei Charles foi um momento Hulk para mim. Mas fez a situação melhorar para Amy? Não! Eu a privei da capacidade de confrontar Charles diretamente. E ao fazer isso, me engajei no bullying. Cerca de cinco anos depois, meu marido trabalhou em um projeto com Charles. Quando Andy mencionou que eu era sua esposa, os olhos de Charles se arregalaram. "Você é casado com *Kim Scott*? Ela ficou muito furiosa comigo certa vez."

"O que diabos você fez com aquele cara?", meu marido perguntou com uma risada preocupada durante o jantar. Eu cedi à minha fantasia do Incrível Hulk e agi como uma babaca.

O CAVALEIRO EM ARMADURA BRILHANTE/O COMPLEXO DO SALVADOR BRANCO

O desejo de ajudar os outros é bom. Mas quando se trata de você, não deles, a sua ajuda pode não ser tão bem-vinda. Se você colocar a pessoa prejudicada no papel de donzela em perigo, por exemplo, reforçará o problema que deveria interromper. Isso pode parecer improvável, mas acontece o tempo todo. Um dos meus colegas de trabalho falava repetidamente que queria me "salvar" de um homem com quem eu namorava. Ele estava certo em um aspecto: eu estava em um relacionamento ruim e precisava sair dele. Mas eu não queria nem precisava ser "salva".

Um complexo relacionado, mas diferente, acontece quando os brancos decidem arrogantemente que vão falar pelos negros contra o racismo, em vez de ouvir seus colegas negros sobre suas experiências. Essa abordagem pode parecer autoengrandecedora e muitas vezes demonstra que os colegas brancos não têm consciência de seu próprio racismo.[8] Teju Cole escreveu sobre o "Complexo Industrial do Salvador Branco". Ele explica que "não é sobre justiça. É sobre ter uma grande experiência emocional que valida o privilégio".[9]

O HIPÓCRITA OPORTUNISTA

Não muito tempo atrás, um proeminente acadêmico do Vale do Silício decidiu abraçar a causa das mulheres na tecnologia. Alicia, que liderava uma iniciativa de diversidade, equidade e inclusão para sua empresa, entrou em contato com ele para descobrir quais ideias ele tinha sobre a criação de locais de trabalho mais esclarecidos. Ele respondeu que só se encontraria com ela se o CEO de sua empresa comparecesse. Quando ela disse que seria difícil achar uma brecha na agenda do CEO, este presunçoso acadêmico ameaçou tuitar sobre o quão pouco o CEO se importava com as questões de gênero no local de trabalho.

Por fim, Alicia marcou a reunião. Mas o que poderia ter sido uma sessão produtiva se transformou em uma oportunidade para o acadêmico falar. Alicia passou muito tempo se preparando, pensando que seria solicitada a oferecer sua perspectiva. Ela não conseguiu falar nada. Ela ligou o modo escuta, na esperança de obter algumas ideias interessantes para melhorar as coisas. Mas sua única ideia foi oferecer uma recompensa para qualquer pessoa que indicasse uma mulher que fosse contratada, o que é ilegal. Alguém de seu departamento estava lá e o corrigiu. Alicia concluiu que ele era apenas um cínico picareta. No entanto, a reunião continuou. Ele passou trinta minutos dando uma palestra para o CEO sobre a falta de mulheres no conselho de administração da sua empresa. O acadêmico disse que escreveria um artigo sobre isso. Ele, então, sugeriu que o CEO fizesse uma doação para a organização sem fins lucrativos do acadêmico, dizendo que não escreveu sobre doadores importantes. Isso ficou mais irritante, porque a exposição do acadêmico sobre o respeito às mulheres nunca olhou ou falou com Alicia, a única mulher na sala. Várias outras mulheres que ela conhece também relataram terem sido ignoradas ou desrespeitadas por ele.

COMUNICAÇÃO DE MÁ-FÉ

Às vezes, uma pessoa que não se preocupa com um problema o usará como arma para ferir outra pessoa. Quando dúzias de casos de má conduta sexual no Uber vieram à tona, a empresa contratou o ex-procurador geral Eric Holder para investigar e recomendar soluções. Em uma discussão na empresa sobre o relatório de Holder, o membro do conselho David Bonderman fez um comentário sexista sobre ter mais mulheres no conselho: "Na verdade, isso mostra que é muito mais provável que falem mais."[10]

O CEO, Travis Kalanick, começou imediatamente a tratar o incidente como uma desculpa para pressionar ainda mais a remoção de Bonderman do conselho.[11] Foi notável que Kalanick tenha adotado essa abordagem, porque ele já perdera grande parte de sua autoridade formal como resultado de seus maus tratos às mulheres da empresa. Sob a liderança de Kalanick, a empresa consistentemente ignorou ou ativamente enterrou relatórios de assédio sexual flagrante conforme descrito no famoso post de Susan Fowler em seu blog; em entrevista à *GQ*, Kalanick brincou sobre um serviço que forneceria mulheres sob demanda, que ele apelidou de "Boober*". O próprio Travis compareceu a eventos da empresa em clubes de strip.

Você pensaria que a diretoria do conselho puxaria Travis de lado e dito algo sobre não atirar a primeira pedra, ou tirar a trave do seu olho. (A Bíblia não é citada com frequência em salas de reuniões de empresas de tecnologia, mas essa foi uma oportunidade tão boa quanto qualquer outra.) Se a renúncia de Bonderman fosse justificada, a de Kalanick certamente também era. Infelizmente, muita coisa estava acontecendo e ofuscou esse fato fundamental. Para surpresa de muitos observadores externos, a manobra hipócrita de Kalanick teve sucesso e Bonderman foi afastado.

AS VANTAGENS DO DEFENSOR

A voz dos defensores é crucial, porque eles podem ter vantagens que nenhum outro funcionário possui:

Há força nos números. Em uma reunião com 10 pessoas, pode ter uma pessoa causando prejuízo, uma prejudicada e um ou nenhum líder. Se somente 1 ou 2 dos outros 7 ou 8 se tornar defensor(es), todo o tom da reunião muda — imagine como seria se 4 ou 5 o fizessem. Muitas vezes, porém, todo mundo espera que outra pessoa dê um passo à frente, então ninguém o faz: o número de pessoas presentes acaba por dispersar responsabilidades. Muito tem sido escrito sobre isso — o propalado efeito espectador — e se o número de testemunhas aumenta ou diminui a probabilidade de alguém intervir. Há uma lição clara aqui: não espere que alguém fale!

A opinião de um terceiro neutro é difícil de rejeitar. Normalmente, é muito mais fácil para uma pessoa saber que cometeu um erro quando é apontado por um terceiro neutro — porque a pessoa desafiada geralmente se sente menos ameaçada e porque quem desafiou é geralmente visto como mais objetivo. Por exemplo, o designer americano John Maeda se refere a si mesmo como "minoria tipo O", como no tipo sanguíneo O, que é o doador universal. Como ele pode se conectar com muitos tipos diferentes de pessoas, pode ajudar equipes heterogêneas a trabalharem juntas com

---
* Trocadilho de "Boobs" (seios) com "Uber". Em português, "Peituda". (N. da T.)

sucesso. Ele dedicou grande parte de sua carreira para elevar a voz das pessoas sub-representadas. Como terceiro neutro na maioria das situações, ele se dedicou a melhorar a diversidade, equidade e inclusão em tecnologia.[12]

Todos nós aprendemos com as experiências diversas de outras pessoas. Muitas vezes, os defensores têm uma experiência diferente, mas relacionada, que podem trazer para lidar com uma situação. Aprendi muito sobre como confrontar minhas próprias experiências da maneira como as pessoas trans defendem as mulheres. Defensores que viveram parte de suas vidas como homens e outra parte como mulheres terão uma visão única para enfrentar as injustiças de gênero, tendo vivenciado o gênero em primeira mão de ambos os pontos de vista.

Uma conexão pessoal torna a comunicação mais fácil. Se a pessoa cujas tendenciosidades inconsequentes estão causando problemas para alguém com quem você se dá bem, use esse acesso/confiança para mencionar um problema desagradável. Se você estiver super-representado nas mesmas dimensões da pessoa que está causando o dano, pode ser muito mais fácil de ser ouvido por essa pessoa.

Muitas mãos tornam o trabalho mais leve. Pessoas que tiveram que confrontar tendenciosidade, preconceito ou bullying semana após semana, mês após mês, estão cansadas disso. Elas gostam de saber que os outros notam o mesmo que elas e estão dispostos a falar. Defender também lembra a todos no local de trabalho que torná-lo compassivo e justo é tarefa de *todos*.

FOLHA DE COLA

Se os funcionários levassem seus papéis de defensores a sério, poderiam transformar o local de trabalho em qualquer lugar do planeta. Mas pode ser difícil no momento saber o que dizer. Você pode pegar emprestada esta folha de cola para pessoas prejudicadas:

Como Ser um Defensor 93

PROBLEMA	RESPOSTA
TENDENCIOSIDADE SEM INTENÇÃO	**INTERRUPTOR DE TENDENCIOSIDADE** Declaração "eu" Segurar um espelho
PRECONCEITO COM INTENÇÃO	**CÓDIGO DE CONDUTA** Declaração "ser/isso" Segurar um escudo
BULLYING MÁ-FÉ	**CONSEQUÊNCIAS CLARAS** Declaração "você" 5 Ds: Dirigr, Distrair, Delegar, Adiar (Delay), Documentar

DEFENSORES &
TENDENCIOSIDADE PRECONCEITO BULLYING ⚡ DISCRIMINAÇÃO ASSÉDIO VIOLAÇÕES FÍSICAS

4

Para Pessoas Que Prejudicam

Seja Parte da Solução, Não do Problema

Todos prejudicamos os outros de vez em quando, muitas vezes sem intenção. Exibir tendenciosidade, preconceito ou bullying não nos torna pessoas ruins incapazes de redenção. Essas são atitudes e comportamentos que todos exibimos — e que podemos melhorar se fizermos um esforço consciente. Mesmo assim, gostemos ou não, todos precisamos de alguém para revelar quando não estamos nos comportando de uma forma que reflita quem realmente queremos ser. É claro, algumas pessoas querem ser más. Este capítulo não vai solucionar esse problema. Ele é escrito para você e eu presumo que se você comprou este livro e já leu até aqui, quer ser parte da solução, não do problema.

Você deve estar pensando quais ofensas podem ser resolvidas com pedidos de desculpas e mudanças de comportamento e quais têm consequências legais ou farão com que seja demitido. Eu gostaria de poder responder com algo mais reconfortante do que "depende". Eis o que direi: em geral, se você está trabalhando para se tornar mais consciente de quando suas tendenciosidades, preconceito e bullying prejudicam os outros e está fazendo esforços reais e visíveis para mudar, está fazendo a coisa mais importante para ficar longe de problemas. Se você negar uma transgressão, pode se sentir mais seguro, mas na verdade estará maximizando as chances de repeti-la e colocar a si mesmo e aos outros em perigo.

Este capítulo oferecerá técnicas que podem nos ajudar a nos tornarmos mais conscientes de nossos comportamentos prejudiciais para que possamos ser os colegas que queremos ser — e alcançar os tipos de resultado que queremos alcançar.

INTERROMPENDO NOSSA PRÓPRIA TENDENCIOSIDADE

> Espero enriquecer o vocabulário que as pessoas usam quando falam sobre os julgamentos e escolhas dos outros, as novas políticas da empresa ou as decisões de investimento de um colega. Por que se preocupar com fofocas? Porque é muito mais fácil, bem como mais agradável, identificar e rotular os erros dos outros do que reconhecer os nossos próprios. Questionar o que acreditamos e queremos é difícil, na melhor das hipóteses, e especialmente difícil quando mais precisamos fazê-lo, mas podemos nos beneficiar das opiniões informadas de outras pessoas.
>
> — Daniel Kahneman

Há vários caminhos para se tornar mais consciente de seus padrões de pensamento e tendenciosidades inconscientes: meditação, religião, terapia, romances, artes, viajar. Mas conheci poucos colegas que conseguiram interromper suas tendenciosidades sozinhos. A maioria de nós precisa que alguém as mostre.

Toda geração cresce usando certas palavras e expressões descuidadamente, jamais parando para pensar sobre o que estão realmente dizendo e como tal tipo de linguagem pode ferir os outros e refletir negativamente sobre quem fala. Por exemplo, quando criança, eu usava "retardado" como um insulto comum. Jamais usaria essa palavra desta forma agora, mas infelizmente, cresci usando. Se você nasceu antes de 1970, provavelmente fez o mesmo. Se você nasceu após 1990, provavelmente achará horrível.

Eu poderia nunca ter percebido que estava refletindo e reforçando um preconceito contra pessoas com quem me importava, para não mencionar uma crença incorreta sobre inteligência, se alguém não tivesse me mostrado isso de uma forma tão clara quanto gentil. É tentador escrever que deveria ter sido óbvio para mim. Mas as palavras "deveria" e "óbvio" são perigosas, especialmente quando juntas: a questão era que, como muitos em minha geração, eu não entendia. Depois que alguém me explicou, eu quis parar de usar a palavra com R, mas foi necessário um pouco de tempo e esforço consciente — velhos hábitos são difíceis de abandonar.

ENCONTRE SEU DESTRUIDOR DE TENDENCIOSIDADES

Se você não quer prejudicar ou irritar intencionalmente os seus colegas, não quer contribuir para tornar seu local de trabalho um ambiente injusto ou irracional, a primeira e talvez mais difícil parte de seu trabalho é tomar consciência de suas tendenciosidades. Como o psicólogo vencedor do Prêmio Nobel Daniel Kahneman aponta: "A aquisição de habilidades requer um... feedback rápido e inequívoco sobre a correção dos pensamentos e ações."[1]

Como você consegue esse feedback? Já pensamos nas várias razões por que as pessoas que são prejudicadas por tendenciosidades relutam em mencioná-las. E se é você quem causa o prejuízo, não parece razoável pedir às pessoas prejudicadas que superem sua relutância natural em lhe apontar seus erros. Em *Empatia Assertiva* escrevi sobre uma ordem de operações para obter feedback. E começa com *pedir* feedback.

Recomendo pedir explicitamente para as pessoas serem as suas "destruidoras de tendenciosidades", pessoas atentas às coisas que você diz ou faz, que refletem suas tendenciosidades inconscientes. Vou detonar sua primeira tendenciosidade: não saia e peça às pessoas sub-representadas para serem suas destruidoras de tendenciosidades, sem compreender o cansaço que elas já sentem por ter que enfrentar diariamente as tendenciosidades daqueles ao seu redor. Pessoas super-representadas muitas vezes esperam que pessoas sub-representadas em suas vidas as eduquem e não reconhecem ou as compensam de alguma forma por esse trabalho nem mesmo mostram qualquer apreciação pelo peso que ele representa. Se você tem uma equipe de dez pessoas com apenas uma latina, não quer colocar sobre ela o fardo de corrigir todas as coisas tendenciosas que as outras nove pessoas dizem.

Há muitas formas de compensar as pessoas por fazerem seu trabalho. Dizer "obrigado" e reconhecê-las publicamente por seus serviços é um bom começo, mas provavelmente é insuficiente. Eu sou coach de CEOs, mas adoro treinar vários tipos de pessoas diferentes. Assim, posso oferecer orientação grátis. Um editor pode se oferecer para editar o trabalho das pessoas em troca de serviços antitendenciosidade.

Se você está em uma posição de pagar, pague. Existem vários estrategistas de DEI (diversidade, equidade e inclusão) que você pode contratar. Algumas pessoas que conheço e fazem esse trabalho foram criticadas por cobrar. Essa crítica é besteira total. Você não esperaria que um advogado, um encanador, um contador ou um médico compartilhasse seus conhecimentos sem remuneração. Por que você esperaria que uma pessoa que passou anos desenvolvendo sua experiência em DEI o ensinasse de graça?

Quando estava editando este livro, contratei destruidores de tendenciosidades e várias outras pessoas se voluntariaram a compartilhar suas opiniões. Graças ao trabalho de todas essas pessoas, aprendi e cresci muito. Chris Bartlett, diretor do William Way LGBT Community Center; Laura Eldridge, PhD, uma estudiosa feminista; Jennifer Gomez, PhD, professora de psicologia na Wayne State University; A. Breeze Harper, PhD, fundadora da Critical Diversity Solutions; Annie Jean-Baptiste, chefe de inclusão de produtos no Google; Zach Shore, historiador na Naval Postgraduate School; e Danae Sterental, palestrante na Stanford University, todos forneceram visões inestimáveis. Sou muito grata a cada um deles por apontarem minhas tendenciosidades.

O ideal é que você também identifique alguém no seu cotidiano que possa desempenhar esse papel. Não há ninguém como as pessoas que o observam regularmente para dizer como suas tendenciosidades inconscientes se revelam em sua vida cotidiana. Enquanto trabalhávamos neste livro juntos, meu editor e eu frequentemente dizíamos um ao outro: "Ei! Tendenciosidade!"

O mais importante é escolher uma pessoa que seja atenciosa, alguém em cujo julgamento você confia e com quem pode contar para agir de boa-fé. Se você é um homem preocupado com seu preconceito de gênero, imagina que terá que pedir a uma mulher, mas o que faria se houvesse somente uma mulher na equipe e todos os homens a quisessem como destruidora de tendenciosidades? Ela tem outras coisas a fazer além de orientar vocês. O mesmo ocorre com relação a tendenciosidades liberais, heteronormativas, raciais etc.[2] Busque outros defensores na sua equipe. Procure por pessoas como John Maeda, defensor tipo O, que entende uma ampla gama de perspectivas. Não escolha uma pessoa, mas várias. Você quer um conjunto diversificado de pessoas o ajudando a identificar suas tendenciosidades.

E se alguém for generoso o suficiente para acompanhá-lo nesse processo, envolva-se nele com sinceridade. Se quiser "provar" que não fez nada de errado, está desperdiçando o tempo da outra pessoa.

Finalmente, não faça isso apenas uma vez, supondo que alcançou o autoconhecimento: esse é um processo contínuo.

MENTALIDADE DE CRESCIMENTO

Não importa o seu papel, enfrentar a injustiça no local de trabalho é difícil. O sucesso requer que adotemos e promovamos o que a psicóloga Carol Dweck chama de mentalidade de crescimento. Pessoas com uma mentalidade de crescimento veem o fracasso e a crítica em qualquer contexto como uma oportunidade para aprender e melhorar. O oposto de uma mentalidade de crescimento é uma mentalidade fixa, que vê o fracasso e a crítica como sinais de uma característica fixa/negativa.[3]

Imaginemos que alguém conta uma piada racista. A resposta da pessoa com uma mentalidade de crescimento seria "queria entender o motivo, para não repetir este engano". Uma pessoa com mentalidade fixa, por outro lado, rejeitaria o feedback afirmando seus tributos fixos: "Não sou racista, portanto, o que eu disse não pode ser racista". E a pessoa continuaria contando aquela piada.

Também temos que evitar a mentalidade fixa na avaliação das ações dos outros. Quando notamos evidências de tendenciosidade, preconceito ou bullying nos outros, muitas vezes os julgamos reflexa e severamente, condenando-os como pessoas más. Essa mentalidade fixa — se alguém *faz* algo ruim, significa que a pessoa *é* ruim e não há esperança de crescimento ou redenção — torna arriscado dar ou reconhecer feedback sobre atitudes e comportamentos que poderiam ser melhorados. Uma mentalidade fixa incentiva a negação e desencoraja a autoconsciência.

Criar uma mentalidade construtiva na abordagem para mudar nossas atitudes e comportamentos e confrontar as dos outros é essencial para o Trabalho Justo e um objetivo central deste livro.

Por exemplo, um colega, Bart, começou a trabalhar com uma nova funcionária, Avery. Avery usava ela/dela para se referir a si própria, mas Bart frequentemente se referia a Avery como ele/dele, por causa da suposição incorreta sobre o gênero de Avery. Na primeira vez, Avery corrigiu Bart. Ele se desculpou, mas repetiu o erro. Então, Avery ficou furiosa. Bart respeitava a individualidade de Avery, mas sabia que superar anos de suposições levaria tempo. Ele pediu ajuda a toda a equipe para mudar esse comportamento. Isso significava que todos estariam dispostos a intervir e interromper os erros de Bart quando ele os cometesse, para que todo o fardo da correção não caísse sobre Avery.

Isso era tendenciosidade, não preconceito. Em um nível consciente, Bart realmente acreditava que Avery era a única pessoa que conseguia dizer quem ela era; ele sabia que não era certo dizer a Avery quem ela era ou a qual gênero pertencia. Ao mesmo tempo, era difícil para Bart mudar suas suposições atuais e tendenciosas sobre gênero. Então, ele pediu aos colegas que o corrigissem. Mas Bart foi além: ele também trabalhou com a equipe de gerenciamento para desenvolver um treinamento para ajudar todos a respeito da individualidade dos colegas.

Eles criaram um lema: "À medida que nossos colegas trans fazem a transição, fazemos a transição com eles", significando que bons gerentes farão seu próprio trabalho para apoiar os colegas de forma mais firme em seu verdadeiro eu. Esse ditado foi ampliado de pessoas trans da equipe para todos. Como uma mulher na equipe aprendendo a adotar uma postura mais confiante, seus colegas trabalharam para eliminar as tendenciosidades que mantinham (por exemplo, chamá-la de rude quando ela falava) que estavam dificultando a Avery mudar seu comportamento.

Os esforços de Bart para reconhecer seus erros e levar as reclamações de Avery a sério, tratando-as com ações melhoraram seu relacionamento com ela. Isso foi importante para a capacidade de eles curtirem trabalhar juntos e também para o sucesso da equipe. Avery provou ser uma grande aquisição para o departamento. E o trabalho que Bart fez para apoiar a transição de

Avery ajudou *todos* na equipe a terem liberdade de levar o seu eu melhor e mais completo para o trabalho.

Não posso impor esse tipo de mentalidade de crescimento a você ou qualquer outra pessoa. Nem seu chefe pode. Depende de você.

ESTEJA CIENTE DE COMO COISAS "PEQUENAS" SE TRANSFORMAM EM COISAS GRANDES

Às vezes, as coisas que você deve fazer para corrigir seus erros parecem desproporcionais ao que fez de errado. Saiba que sua frase ou ação tendenciosa pode ser a gota d'água. Mesmo que não seja sua culpa que essa pessoa tenha ouvido a mesma observação tendenciosa 5 mil vezes antes de você fazê-la, ainda é preciso cuidar do dano causado pelo que equivale a uma lesão por estresse repetitivo. Pode ser o simples reconhecimento do motivo pelo qual o que você disse foi problemático. Um dos grandes problemas da tendenciosidade é que as pessoas começam a internalizá-la. Portanto, reconhecer o problema pode ser importante. E, se puder, ofereça-se para orientar os outros da equipe sobre a coisa tendenciosa que você acabou de dizer ou fazer, para que essa pessoa não enfrente a mesma m*rda dia após dia.

Não se concentre em quem é o responsável pela tendenciosidade que você acabou de expressar ser tão comum. E, faça o que fizer, não diga às pessoas que elas estão "exagerando". Faça o que puder para lidar com os danos que a tendenciosidade causa.

ADMINISTRE A SUA DEFENSIVIDADE

Quando você faz algo errado, como todos fazemos, é natural ficar na defensiva. Não há como negar que é difícil aceitar que as coisas que você faz ou diz são tendenciosas. Talvez você se sinta como se sua alma tivesse sido exposta, revelando uma falha vergonhosa ou, caso esteja muito envergonhado, tema que as consequências sejam imprevisíveis e desproporcionais.

Essa defensividade é natural e pode não ser infundada. Mas permanecer inconsciente de seus preconceitos é ainda mais arriscado. Não se esconda de seus erros. E não se engane com eles ao, por exemplo, gritar com

PESSOA QUE CAUSA O DANO &
TENDENCIOSIDADE   PRECONCEITO   BULLYING   ⚡ DISCRIMINAÇÃO   ASSÉDIO   VIOLAÇÕES FÍSICAS

uma mulher que diz que você continua interrompendo-a. Reconheça-os. Desculpe-se. Corrija-se.

RDC: RECONHEÇA SEU ERRO. DESCULPE-SE. CORRIJA-SE

Recentemente, em um jogo da Liga Juvenil de meu filho, um dos dois indo-americanos na equipe se machucou. Após alguns turnos, perguntei ao homem indo-americano sentado ao meu lado se o filho dele estava se sentindo melhor. Ele olhou para mim com curiosidade e, então, respondeu, "Ah, ele não é meu filho". Foi tentador não reconhecer o erro e sair para conversar com outra pessoa. Mas se eu não o reconhecesse, estaria agravando-o. Não só eu teria dito algo racista sem intenção, mas estaria evitando uma pessoa de outra raça — *fazendo* uma coisa racista.

Então, reconheci meu erro. "Meu Deus, me sinto uma idiota. Me desculpe", disse, cedendo à tentação de manter o meu erro vago, em vez de nomear precisamente o que eu tinha feito. Eu queria ter dito, "odeio quando minha mente salta para conclusões tendenciosas. Desculpe-me por ter feito essa suposição". Quando se trata de discutir o momento da tendenciosidade, é crucial ser claro. Ao apontar a tendenciosidade de alguém, é tentador usar eufemismos ou linguagem vaga ("Meu Deus, me sinto uma idiota"), em vez de uma linguagem clara que mostra que você realmente sabe que fez algo errado ("Eu odeio quando minha mente salta para conclusões tendenciosas. Desculpe-me por ter feito essa suposição").

Mesmo que eu não tenha dito exatamente a coisa certa, estava tudo bem. Era melhor que não dizer nada. Meu colega pai de atleta de Liga Juvenil riu e respondeu, "tudo bem, acontece o tempo todo". Foi uma lição importante. Dizer algo, mesmo que não seja exatamente certo, é melhor do que não dizer nada.

Eu não tive essa ideia no momento, mas desde então aprendi a acompanhar meu pedido de desculpas com uma pergunta para me educar melhor, como "Lamento que isso aconteça o tempo todo. Isso o chateia?" ou "Quando algo assim aconteceu?"

As pessoas têm muitas histórias sobre tendenciosidades que vivenciaram. Você presta um serviço ao lhes dar a oportunidade de compartilhá-las, pois é um alívio fazê-lo. E é um serviço para você, porque pode aprender sobre a tendenciosidade exibida por outra pessoa que você também exibia, mas desconhecia.

Quando notar nossas tendenciosidades se torna uma rotina, elas parecem menos ameaçadoras. Antes de começar a escrever este livro, eu teria achado quase impossível dizer algo como: "Me desculpe por eu ter presumido que o indiano era seu filho. Isso foi tendencioso da minha parte." Eu temia que, para mim, reconhecer a tendenciosidade seria equivalente a me rotular de racista. E mesmo agora, após muita prática, ainda não gosto de falar sobre minhas próprias tendenciosidades. E, no entanto, não é tão difícil quanto costumava ser, porque eu sei que é precisamente ao reconhecê-los que me torno mais a pessoa que quero ser, agindo de maneira antirracista.

CORRIJA A TENDENCIOSIDADE

A melhor forma de se reparar é corrigindo a tendenciosidade. Mudar o comportamento tendencioso pode ser difícil se ele tiver sido o seu padrão. Talvez você tenha concordado que se referir às mulheres como "caras" não é inclusivo ou preciso, mas se tem feito isso a vida inteira, pode escorregar ou ficar paralisado na tentativa inicial de tentar alterar esse padrão.

VOCÊ PODE SE SENTIR PIOR ANTES DE MELHORAR

Recentemente, recebi um feedback de que tendo a usar uma linguagem que supõe que todos se identifiquem como homem ou mulher, o que é obviamente incorreto e prejudicial. Pouco depois, participei de um podcast ao vivo e me peguei dizendo, "Independentemente de ser homem ou mulher", e, de repente, percebi que o estava fazendo de novo, então acrescentei, "Ou que você seja…" e, de alguma forma, não consegui encontrar o termo "não binário". Por sorte, o apresentador entendeu o que eu quis dizer, falou a palavra que esqueci e continuamos a conversa. Foi constrangedor me ver sem palavras em público, mas isso ainda era melhor do que não tentar fazer uma mudança. A mudança costuma ser confusa e embaraçosa, mesmo quando é para melhor. Mas essa não é uma boa razão para resistir a ela.

Há duas lições importantes aqui: você terá que se tornar vulnerável se quiser enfrentar suas tendenciosidades. E também terá que se perdoar pelos erros que certamente cometerá.

O importante é não desistir.

COMO ADMINISTRAR UM POTENCIAL ESGOTAMENTO

É fácil sentir-se totalmente paralisado pela descoberta do grande volume de tendenciosidades recém-descobertas em você. Nesses momentos, é útil fazer três coisas.

FAÇA OS CÁLCULOS

A Dra. A. Breeze Harper, uma de minhas destruidoras de tendenciosidades, sugeriu que eu me beneficiaria se pensasse mais profundamente sobre as seguintes palavras: aleijado, daltônico, cego, ver, idiota, psicopata, homem, mulher. Qual foi a minha resposta? "Ah, meu Deus, cada palavra do dicionário vai ofender alguém. Não há palavras que eu possa usar!" Quando parei para contar, percebi que há mais de 170 mil palavras no vocabulário inglês. Breeze sugeriu que eu repensasse meu uso desleixado de 8 palavras. Essa matemática me ajudou a ser mais objetiva.

PENSE EM UMA PESSOA COM A QUAL VOCÊ SE PREOCUPA

Os "deveria" abstratos podem se tornar exaustivos. Em vez disso, pensar em pessoas específicas com as quais você se preocupa e que se beneficiarão de seus esforços — pessoas que você quer ajudar, não prejudicar — pode reenergizá-lo.

Zach Shore, um historiador que me ajudou a editar este livro, é cego. Meu primeiro motivador para parar de usar metáforas desleixadas sobre a visão foi o desejo de homenagear Zach, a quem admiro. Ele nunca mencionou meu uso de uma linguagem ofensiva. E como pessoa prejudicada, ele não deveria. Ele escolheu focar sua energia em diminuir a teimosa taxa de desemprego elevada das pessoas cegas, de 70%, e fazer com que mais dessas pessoas interajam com as que podem ver. Se mudar minha linguagem pudesse ajudá-lo a atingir esses objetivos importantes, era o mínimo que eu poderia fazer. Eu não tinha conhecimento dos problemas com minha linguagem e fiquei feliz que Breeze, minha destruidora de tendenciosidades, tenha me orientado. Achei que estava ciente e abordando o problema com minhas metáforas desleixadas sobre visão. Mas quando terminei este livro, fiz uma pesquisa sobre a palavra "ver". Sabe quantas vezes usei essa palavra sem pensar? Noventa e nove vezes! Quando outro destruidor de tendenciosidades leu isso, apontou outra metáfora desleixada que é muito comum e da qual eu não estava consciente: cegos. Todos nós temos muito o que aprender.

PENSE SOBRE COMO UM DESTRUIDOR DE TENDENCIOSIDADES PODE AJUDÁ-LO A FAZER UM TRABALHO MELHOR

Assim que comecei a fazer alterações, percebi como as metáforas visuais desleixadas eram enganosas ou imprecisas. Por exemplo, quando escrevi a palavra "ver", muitas vezes quis dizer "notar" ou "entender," e as frases fluíram melhor quando a substituí pela palavra mais precisa.

Você pode não ser um escritor, mas pode descobrir que toma melhores decisões de promoção, por exemplo, quando está ciente de que não está

PESSOA QUE CAUSA O DANO &
TENDENCIOSIDADE | PRECONCEITO BULLYING ⚡ DISCRIMINAÇÃO ASSÉDIO VIOLAÇÕES FÍSICAS

usando uma linguagem que seja ofensiva ou que reflita tendenciosidade de gênero ou raça. Você pode descobrir que vende mais dos seus produtos quando elimina tendenciosidades sobre seus clientes, quando contrata uma equipe cujos dados demográficos refletem os de seus clientes. Tornar-se mais consciente da linguagem que usamos nos leva a pensar com mais clareza. É trabalhoso, mas tiramos mais proveito do que investimos nele. A recusa em continuar aprendendo é como uma criança que diz: "Eu sei a tabuada, posso largar a matemática agora."

ABANDONANDO SEUS PRECONCEITOS

> Certifique-se de escolher em que acreditar e porquê, pois se não escolher suas crenças, esteja certo de que alguma crença, provavelmente não muito confiável, escolherá você.
>
> — Robertson Davies

> Nunca é tarde para abandonar nossos preconceitos. Nenhuma maneira de pensar ou agir, por mais antiga que seja, pode ser confiável sem provas.
>
> — Henry David Thoreau

Uma Crença Preconceituosa

Até os 18 anos, eu acreditava que as mulheres eram superiores aos homens e ainda não entendia que existiam designações alternativas de gênero. Não era uma crença profunda tampouco falei muito sobre isso. Eu apenas presumi que era um fato da vida que todos entendiam.

Minha família pertencia à Igreja da Ciência Cristã, uma religião fundada por uma mulher, Mary Baker Eddy. Ela escreveu: "A Mente ou a inteligência da produção nomeia o gênero feminino por último na ordem ascendente da criação. A ideia individual inteligente, seja ela masculina ou feminina, elevando-se do menor ao maior, revela a infinitude do Amor."[4]

Pelo que entendi, as mulheres eram mais divinas que os homens. Essa interpretação foi reforçada para mim pelo fato de minha avó e suas irmãs dominarem a igreja que minha família frequentava. Tanto em casa quanto na igreja, essas mulheres fortes estavam no controle. Eu pensei que as coisas simplesmente eram assim.

Essa mensagem sobre a superioridade das mulheres também foi reforçada na escola só para meninas em que estudei, em Memphis, Tennessee. As alunas na St. Mary's se deram melhor em testes padronizados e entraram em faculdades melhores do que os alunos nas escolas de elite só para meninos da cidade. Éramos lembradas desse fato constantemente: não éramos iguais aos meninos; éramos *superiores* a eles — mais inteligentes, mais agradáveis e mais propensas a sermos guiadas por nossos ideais. Hoje acho que essas não eram convicções firmes por parte dos professores, mas sim um esforço para compensar as mensagens sobre as mulheres na cultura mais ampla.

Quando meu pai leu essa história, ficou perplexo. Primeiro, ele discorda da minha interpretação das palavras de Mary Baker Eddy. Segundo, como eu poderia acreditar que meu avô era inferior à minha avó apenas por causa de algumas frases que Mary Baker Eddy havia escrito? Você pensaria que meu amor e admiração por meu avô — e por meu pai — teriam me feito questionar essas crenças preconceituosas, mas de alguma forma, não o fizeram. Assim como há milhões de homens que amam e admiram suas mulheres, esposas e filhas, mas que ainda inconscientemente assumem ou acreditam ativamente que as mulheres são inferiores.

Eu estava no primeiro ano do ensino médio antes de questionar meu preconceito sobre a inferioridade intelectual e emocional dos homens. Por alguma razão, foi a leitura de William Wordsworth que fez isso. Suas palavras me comoveram e então me dei conta: um ho*mem* havia escrito esse poema.

Fiquei muito aliviada depois de questionar o meu preconceito. Minha felicidade e capacidade de viver a vida que imaginei dependiam de os homens *não* serem estúpidos e sem coração. Eu sabia que pelo menos a metade e, provavelmente, três quartos das pessoas com quem trabalharia seriam homens. Eu sabia o suficiente sobre a minha sexualidade para estar certa de que o meu parceiro seria um homem. Eu queria ter dois filhos. As probabilidades eram de que um seria menino. Que a vida desafiaria minha crença preconceituosa era praticamente inevitável. Infelizmente, é muito menos inevitável que a vida desafie a suposição de um jovem de que os homens são superiores às mulheres. O número de escritoras que ele lerá será diminuído pelo número de escritores que ele lerá, o número esmagador de figuras históricas mundiais que ele estudará serão homens e assim por diante.

De qualquer maneira, porém, se você crenças essencializantes sobre homens ou mulheres à espreita em sua mente, ficará aliviado ao abandoná-las, como fiquei. Como escreveu Simone de Beauvoir: "O que as pessoas sempre tentaram provar é que a mulher é superior, inferior ou igual ao homem... Para ver com clareza, é preciso mudar esse padrão de pensamento; essas vagas noções de superioridade, inferioridade e igualdade que distorceram todas as discussões devem ser descartadas para começar de novo."[5] Vamos todos tentar ser o nosso melhor e mais verdadeiro eu, e nos libertar desses preconceitos! Como fazer isso? Como ter certeza de que nossas tendenciosidades não se transformem em preconceitos prejudiciais? Aqui estão algumas coisas que me ajudaram.

QUESTIONE A FALSA COERÊNCIA

Nossos cérebros amam classificar o caos da vida em várias caixas, bolsas e padrões. Isso é o que o cérebro faz — de maneira automática, porém não necessariamente com sabedoria. Daniel Kahneman nos ensina a desafiar esse tipo de falsa coerência que o cérebro oferece, lembrando a nós mesmos e uns aos outros: "O mundo faz muito menos sentido do que você pensa. A coerência vem da maneira como a sua mente funciona." O livro de Kahneman, *Rápido e Devagar: Duas Formas de Pensar*, descreve como o nosso cérebro processa informações ao longo de duas trilhas, que ele define como Sistema 1, pensamento rápido e Sistema 2, pensamento lento. "O Sistema 1 opera automática e rapidamente, com pouco ou nenhum esforço e nenhum senso voluntário de controle. O Sistema 2 atribui atenção às atividades mentais que exigem esforço, incluindo cálculos complexos. Com frequência, as operações do Sistema 2 são associadas com a experiência subjetiva de controle, escolha e concentração."[6] O Sistema 1 tende a buscar "coerência" onde não há nenhuma.

A luz verde significa "siga"; essa informação é processada pelo Sistema 1. Você põe o pé no acelerador sem "pensar". Alguém apresenta a você um jogo de palavras cruzadas. O Sistema 2 assume. Você começa a testar as respostas possíveis, fazendo escolhas, rememorando fatos parcialmente lembrados. No entanto, o Sistema 2 é muito menos objetivo do que gostaríamos de acreditar. Kahneman explica: "O que define o Sistema 2... é que suas operações exigem esforço, e uma de suas principais características é a preguiça, a relutância em investir mais esforço do que o estritamente necessário. Como consequência, os pensamentos e ações que o Sistema 2 acredita ter escolhido são muitas vezes guiados pelo... Sistema 1."[7]

Em suma, nossos preconceitos são frequentemente resultado da preguiça de o Sistema 2 justificar os preconceitos nos quais o Sistema 1 energicamente atua. É preciso disciplina, esforço e autoconsciência para questionar essas suposições e entender que as categorias que construímos são muitas vezes arbitrárias. Em outras palavras, se não queremos ser enganados por nossos próprios cérebros, devemos nos tornar conscientes de nossas tendenciosidades, observar a maneira como elas tendem a se transformar em crenças e questioná-las energicamente.

CUIDADO COM ESTEREÓTIPOS/ESSENCIALISMOS

Pessoas que têm crenças preconceituosas muitas vezes começam uma conversa dizendo "Homens/brancos/heterossexuais são assim" e "Mulheres/negras/gays são assim" e, em seguida, degradando o que eles consideram ser feminino/negro/gay. Trata-se de um preconceito que "dicotomiza e degrada".[8] Por exemplo, Pitágoras escreveu: "Existe um bom princípio que criou a ordem, a luz e o homem, e um mau princípio que criou o caos, a escuridão e a mulher."[9] Sim, essa única frase, que pretende explicar todo o universo, tem certo equilíbrio e simetria; infelizmente, é extremamente ilógica e até maldosa. Não estou dizendo que temos que rejeitar o teorema de Pitágoras. As ideias de Pitágoras sobre triângulos resistiram ao teste do tempo. Suas ideias sobre mulheres, não.

Sempre que você escuta a si ou a qualquer outra pessoa fazendo generalizações abrangentes como "homens são X", "millennials são Y" ou "sino-americanos têm mais probabilidade de Z", independentemente do quão inteligente ou aparentemente bem informada a declaração possa ser pare e pergunte: isso é um estereótipo? É uma crença essencialista? Uma crença essencialista atribui características particulares a todos em uma categoria particular, como em "todas as mulheres são", ou "todos os millennials são".

Primeiro, pergunte se essa generalização se baseia em uma estrutura factual sólida. Então, questione esses fatos. Questione se a justificativa para tal generalização é uma ciência ou pseudociência. No século XIX, a "ciência" da frenologia foi usada para racionalizar os maus-tratos a pessoas não europeias. Embora essa prática preconceituosa pareça uma relíquia infeliz de uma era passada, o esforço para justificar generalizações grosseiras com a ciência continua até hoje. Na internet, a linha entre a ciência legítima e as teorias malucas se confundem com uma frequência exaustiva. Esteja alerta para os momentos em que você conscientemente faz mau uso de dados ou estudos para justificar seus preconceitos. Frequentemente, a "tendenciosidade de confirmação" reforça a de gênero, raça ou outras.

O essencialismo é especialmente perigoso, porque pode fazer com que você ignore novas informações ou negligencie as capacidades de uma pessoa. Pode ser reconfortante viver em um mundo circunscrito por crenças limitantes, mas, no fim das contas, você está prestando um péssimo serviço a si mesmo e ao seu local de trabalho.

Desafie suas crenças rigorosamente.

ERRO DE ATRIBUIÇÃO FUNDAMENTAL

O erro de atribuição fundamental, um padrão de pensamento imperfeito descrito pelo psicólogo de Stanford Lee Ross, alimenta o preconceito. Isso acontece quando usamos atributos de personalidade percebidos — "Você é um idiota" — para explicar o comportamento de outra pessoa em vez de considerar nosso próprio comportamento e/ou os fatores situacionais que podem, ao menos em parte, ter causado o comportamento dela. É um problema pois (1) geralmente, é impreciso e (2) transforma um problema resolvível difícil de resolver porque se vale de uma mentalidade fixa.

NÃO ESPERE QUE TUDO SE ENQUADRE NA MÉDIA

Pergunte-se: mesmo que seja verdade em média, isso se aplica à situação específica em questão? Por exemplo, é verdade que os homens são em média mais altos do que as mulheres, mas o que isso tem a ver com o casal heterossexual que você acabou de conhecer em que a mulher é mais alta?

Afinal, embora os homens sejam em média mais altos que as mulheres, em *alguns* casais o homem é mais baixo. No entanto, isso acontece com menos frequência do que as estatísticas preveem.[10] Ou seja, a expectativa tendenciosa de que nós e outros nos enquadraremos na média (em casais heterossexuais, o homem é mais alto que a mulher) cria um mundo com uma série de homens baixos e mulheres altas desnecessariamente solitários.

Como descreve Todd Rose em seu livro *The End of Average* [*O Fim da Média*, em tradução livre], quando a Força Aérea norte-americana desenvolveu um cockpit para o piloto "médio", projetou-o para ninguém.[11] É por isso que, se queremos o Trabalho Justo, devemos sempre derrotar a tirania da média e, em vez disso, respeitar a individualidade de cada pessoa e nos ajustar a ela.

Se você se pegar questionando ou zombando de pessoas que não se enquadram em alguma média arbitrária, pare e pense. Por que está fazendo isso? Suas tendenciosidades estão se transformando em preconceitos? Você está usando mal os dados para insistir que as pessoas se adaptem ao que é verdadeiro, na média, mas nem sempre é real?

COMO PERCEBER QUANDO VOCÊ ESTÁ FAZENDO BULLYING COM OS OUTROS — E PARAR

Aqui está a minha história de bullying com um colega. Não digo isso para me envergonhar ou justificar, mas porque acredito que a única maneira de melhorar é reconhecendo os erros. Não posso melhorar se negar deliberadamente o que estou fazendo de errado.

PESSOA QUE CAUSA O DANO &
TENDENCIOSIDADE | PRECONCEITO | BULLYING ⚡ DISCRIMINAÇÃO ASSÉDIO VIOLAÇÕES FÍSICAS

Não Sou Uma Babaca. Mas, Como Todos Nós, Às Vezes Me Comporto Como Uma

Eu trabalhava em um podcast com Russ Laraway, colega de muitos anos com quem cofundei uma empresa recentemente. Um dos produtores sugeriu que discutíssemos Amy Cuddy, psicóloga social de Harvard famosa por uma TED Talk sobre o efeito do feedback postural. Como mencionado no Capítulo 2, a pesquisa de Cuddy mostrou como e por que adotar uma postura física que projeta confiança — ereta, com os ombros para trás — pode fazer você se *sentir* mais confiante, e me ajudou muito. Quando o podcast começou, mencionei uma descoberta muito citada da pesquisa de Amy. "É notável", eu disse, "como uma Pose da Mulher-Maravilha de dois minutos, ereta com as pernas afastadas e o peito estufado, pode aumentar a testosterona e diminuir o cortisol!" Eu não sabia na época, mas a evidência de que a boa postura afeta os níveis de testosterona e cortisol é controversa — algo que a própria Cuddy reconheceu. Eu também não sabia que Russ aprendera isso depois de fazer algumas pesquisas quando o produtor sugeriu que a discutíssemos. Então ele sabia que Cuddy havia questionado a ligação entre a Pose da Mulher-Maravilha e os níveis de testosterona/cortisol.[12] A pesquisa dela sobre como uma boa postura faz a pessoa se sentir, no entanto, foi confirmada.

Russ observou isso durante o podcast e me deu a chance de me corrigir. Em vez de ouvir o que ele estava tentando me dizer, eu o calei bruscamente:

"Com todo o respeito", comecei (dica útil: sempre que você começar uma sentença com a frase "Com todo o respeito", provavelmente você não está sendo respeitoso), "saiba que você, Sr. Homem Branco, *nasceu* fazendo a pose de poder". Todas as mulheres na sala soltaram gargalhadas e Russ se calou. Ele era o único homem na sala.

É importante notar que, na grande maioria de situações semelhantes em minha carreira, a situação era oposta — eu era a única mulher na sala, sendo excluída e ridicularizada de alguma forma. Mas a reviravolta *não* é um jogo justo. É, simplesmente, a repetição da injustiça. Minha atitude também foi altamente problemática. *Por ser homem, você não tem direito de falar deste tema.* Eu estava ativamente excluindo Russ do debate. E zombando dele devido ao seu gênero.

Quando percebi o que tinha feito, me desculpei. Russ admitiu que sentiu que eu o rejeitei duramente e que ficou impotente para revidar. Mas ele me perdoou — provavelmente mais fácil e rapidamente do que eu merecia.

Ao fazer bullying com Russ, traí minhas próprias crenças sobre como tratar as pessoas. Um ouvinte escreveu para apontar que eu era culpada pelo mesmo estereótipo de gênero que, teoricamente, denunciei — o que estava absolutamente correto. Russ ficou compreensivelmente furioso com meu comportamento, então demorou um pouco para garantir a ele que me arrependi do que tinha feito e concordei com as suas críticas. Fazer bullying com Russ foi tão ineficiente quanto injusto. Isso prejudicou o nosso relacionamento e a mensagem que estávamos tentando transmitir ao mundo. Desperdiçou muito tempo.

RAIVA + ESTAR NO GRUPO DOMINANTE = ALTO POTENCIAL PARA BULLYING

Uma boa forma de evitar fazer bullying com os outros no futuro é examinar momentos em que você intimidou outras pessoas no passado. Seja o mais honesto possível consigo mesmo sobre por que fez aquilo e o impacto sobre a outra pessoa, sobre você e sobre as testemunhas. Quais eram as circunstâncias? Como você se sentiu antes de fazer o bullying? Você estava com raiva? Como seu corpo reage quando você está com raiva? Se você não tem certeza, pergunte às pessoas mais próximas a você. Recentemente, minha filha me apontou um gesto com a mão que eu faço quando estou prestes a ter um momento ruim como mãe (ou seja, bullying com ela). Muitas vezes, seu corpo vai avisá-lo quando você estiver prestes a agir como um valentão.

Quando estou prestes a me comportar de forma horrível, geralmente há dois sinais de alerta. Um, estou no grupo dominante. Dois, estou furiosa. Neste caso, eu não estava furiosa com Russ, mas sim com o mundo pela forma como tratava Amy Cuddy. Quando zombei de Russ durante o podcast, ele era meu colega e parceiro de negócios. Eu não tinha "poder" sobre ele. Mas a dinâmica do grupo veio simplesmente por ele ser o único homem na sala. Como mulher, eu era maioria. Fazer parte da maioria foi tudo de que precisei para intimidar alguém de quem gosto e respeito.

ALGUMAS DICAS ÚTEIS PARA RESPONDER AO FEEDBACK

Se você está recebendo feedback de que foi tendencioso, de que uma de suas crenças é preconceituosa, ou que você intimidou alguém, respire fundo. É difícil ouvir isso. Algumas coisas são sempre úteis para ter em mente:

- Foque o impacto, não a intenção
- Dizer a outras pessoas que elas são muito sensíveis é uma recusa em ouvir
- Respeite a individualidade dos outros
- Aprenda a se desculpar

FOQUE O IMPACTO, NÃO A INTENÇÃO

Quando alguém mostra que você foi tendencioso, que uma de suas crenças é preconceituosa ou que você se comportou como agressor, negar é a resposta humana normal a esse feedback. Pode ser tentador falar à pessoa: "Não seja tão sensível" ou "Eu estava só brincando." Afinal, você não quis fazer nenhum mal.

Em vez de focar a sua intenção, tire um momento para ver o real prejuízo que a sua atitude ou comportamento pode ter causado. Se alguém se frustrou, qual é a razão? Tente entender por que, em vez de rejeitar as emoções da pessoa.

Isso, às vezes, acaba sendo um exercício conscientizador de interesse próprio. Talvez você descubra que se prejudicou mais do que a outra pessoa. Quando você faz uma suposição tendenciosa de que o homem em uma reunião é o tomador de decisões — e não a mulher sentada ao lado dele — o problema não é ter ferido os sentimentos da mulher, mas que você não sabe quem é o tomador de decisões — o que prejudica suas chances de cumprir a missão da equipe.

SUPONHA A BOA INTENÇÃO DOS OUTROS, MAS NÃO EXIJA QUE ELES ACEITEM A SUA

Tenha cuidado ao insistir que os outros "aceitam suas boas intenções" quando você diz algo tendencioso. Isso faz parecer que você pensa que a pessoa prejudicada não deveria estar com raiva.

A consultora de códigos de conduta Annalee Flower Horne sugere pensar sobre momentos de tendenciosidade de uma forma mais neutra.[13] Se você estivesse pisando no pé de alguém e a pessoa dissesse: "Sai de cima do meu pé" ou "Saia do meu maldito pé", ou mesmo "Sai da p*rra do meu pé!", você não continuaria pisando no pé da pessoa enquanto apresenta uma palestra sobre pressupor boas intenções. Primeiro, você sairia de cima do pé e se desculparia pela dor que causou. Suas intenções são irrelevantes: você ainda causou dor. Resultados importam mais do que as intenções. As pessoas respondem com um pouco de cólera quando a machucamos. Isso é esperado, não rejeitado.

Além disso, pedir que "aceitem boas intenções" costuma ignorar a dor e a raiva que se acumulam nas pessoas quando experimentam tendenciosidades muitas vezes ao dia, todos os dias de sua vida, e quando se sentem ou são impotentes para responder a isso. Esse é o momento de recuar e perceber que ao estar envolvido no problema, ele vai muito além de você, que é um pequeno pedaço da raiva justificada dessa pessoa. Talvez, por outro lado, ao mudar seu comportamento você tenha a oportunidade de ser uma pequena parte da melhoria.

Quando *você* supõe boa intenção, em vez de ordenar às pessoas que o façam, várias coisas boas acontecem. Você se sente mais otimista a respeito da natureza humana. Provavelmente, você está certo — muitas pessoas são bem-intencionadas na maior parte do tempo.

Quando você confia nas pessoas, muitas vezes sua boa-fé é recompensada. Do ponto de vista econômico, a confiança é a chave para que os mercados livres funcionem de forma eficiente e com os menores custos de transação possíveis.

Mas, geralmente, não é eficaz insistir que outros suponham boas intenções sobre você. Se sentir que alguém está supondo más intenções de uma forma injusta, não há problema em afirmar suas boas intenções. Mas lembre-se da analogia de pisar no pé. Se você está pisando no pé de alguém, a primeira coisa a se fazer é sair de cima dele. Mostre primeiro que você ouviu o que a pessoa lhe disse e que entendeu — ou, se *não* entendeu, que quer entender e está disposto e ansioso para fazer um esforço para tal. Mostre preocupação com o sentimento das pessoas. Demonstre que percebeu o impacto que causou e está empenhado em mudar. Expressar seu compromisso de não repetir o erro no futuro é muito mais importante do que falar sobre suas intenções passadas que, embora boas, não o ajudaram a evitar ferir aquela pessoa. "Posso entender por que você está com raiva e peço desculpas. Nunca tive a intenção de deixá-lo zangado, mas isso não ajudou. Quero fazer o certo. Não voltarei a fazer a coisa X novamente."

DIZER "VOCÊ É MUITO SENSÍVEL" É SE RECUSAR A OUVIR

A comunicação é medida no ouvido do ouvinte, não na boca do falante. Talvez algo que disse tenha chateado alguém, mas você não entende bem o porquê. Você não quis fazer nenhum mal. Apenas utilizou uma palavra que usou durante toda a vida e que sempre foi usada por todos.

Ao se recusar a entender por que o que disse causa danos, você está exigindo que a outra pessoa se ajuste às suas expectativas do que é "normal". Além disso, dizer a outras pessoas como elas "deveriam" se sentir é um exercício de futilidade. Elas não podem mudar o sentimento e o melhor que você pode fazer é tentar entender por quê. Pedir a alguém, "não fique triste", não fará ela ficar menos triste. Você não pode administrar ou controlar os sentimentos de outra pessoa e os esforços para fazê-lo são fúteis, arrogantes, manipulativos e raramente sinceros. Se preocupar com os sentimentos de outra pessoa é produtivo.

Uma vez, trabalhei com algumas pessoas que se opunham ao que chamavam de "polícia da palavra", pois não pretendiam ofender e os outros deveriam, simplesmente, parar de serem tão sensíveis. Meu chefe explicou a eles que não se considerava uma polícia da palavra, mas que era responsável por garantir que sua equipe trabalhasse bem em conjunto. Ele ressaltou que há palavras que nos deixam vermelhos de raiva quando as ouvimos. Se quisermos nos comunicar bem uns com os outros, devemos saber evitar as palavras "vermelhas" com os outros. Fazemos isso porque precisamos ser compreendidos para colaborar de forma mais eficaz e porque nos preocupamos e respeitamos uns aos outros. Se você está tentando se comunicar com alguém, por que usar uma palavra que tornará quase impossível à pessoa se concentrar nas próximas cinquenta que dirá? Por que insistir em usar aquela palavra quando seria muito mais eficiente escolher outra?

De fato, hábitos de fala são difíceis de quebrar. Mesmo quando sua equipe sabe as palavras vermelhas uns dos outros, as pessoas ainda dirão a coisa errada de vez em quando. É razoável pedir perdão para mudar um hábito; insistir usar qualquer palavra que quiser de qualquer forma, não é.

Certa vez, trabalhei com um homem que se referia às mulheres como "caras". Ele pensava que "cara" era um termo de gênero neutro. Não penso em mim como um cara. Expliquei que ser chamada de cara era, senão uma palavra vermelha, algo chocante. Dali em diante, sempre que ele me chamava de "cara", eu simplesmente dizia "Ei," ou, se tivesse um segundo extra, "Ei, não sou um cara". Ele se desculpava e seguíamos em frente. Já disse o suficiente. Sem problemas. Logo, o hábito de "cara" foi quebrado. Eu não era a polícia da palavra. E tampouco era um cara.

Recentemente, em um post de mídia social, sem pensar, usei a palavra "louco". Algumas pessoas apontaram (com gentileza muito apreciada) como o uso impreciso da linguagem prejudicava pessoas com doenças mentais. Postei um pedido de desculpas e o vinculei a um artigo explicando com mais detalhes por que o que eu disse era impreciso e prejudicial.[14] Várias pessoas responderam ao post me agradecendo por salvá-las de cometer o mesmo erro. Mas muitos outros só queriam "reafirmar" que o que eu disse em primeiro lugar estava Ok; que nós, como sociedade, ficamos "supersensíveis". Pode ser complicado para uma mulher responder a uma acusação de hipersensibilidade, por isso fiquei feliz em ter meu ex-colega Russ Laraway opinando sobre este ponto:

> Para a turma do "nos tornamos muito sensíveis"... Por favor, tentem avaliar isso como um cálculo simples de Retorno de Investimento.
>
> O que me custa mudar/não mudar e o que ganhamos se eu mudar/não mudar?

O Investimento: O que custa adaptar meu linguajar? Algumas dificuldades cognitivas por umas duas semanas?

Minha busca por uma resposta sobre esse assunto e muitos outros me diz que efetivamente não custa nada.

Então, me pergunto o que ganharei em retorno. Se eu continuar usando aforismos insensíveis — especialmente como homem branco — vou criar vários problemas de inclusão — grandes para uns, pequenos para outros e não existentes para outros mais. Se eu mudar meu linguajar, no entanto, darei um pequeno passo na direção de um ambiente mais inclusivo universalmente. Acho que a opinião de que "nos tornamos sensíveis" invalida implicitamente a perspectiva dos ofendidos ou magoados e não tenho certeza de que devemos fazer isso.

Bem dito.

RESPEITE A INDIVIDUALIDADE

Não é preciso dizer que posso decidir quem eu sou e você pode decidir quem é. No entanto, muitas vezes tentamos dizer às outras pessoas quem elas são, o que "deveriam" vestir, como "deveriam" se sentir, se seu cabelo "deveria" ser longo ou curto, se "deveriam" ter filhos, quantos filhos, se "deveriam" estar em um relacionamento e assim por diante. E, muitas vezes, deixamos que outras pessoas nos definam, mesmo sem perceber o que está acontecendo.

Funcionários falham com frequência em respeitar a individualidade de colegas não binários ao se recusarem a honrar seus pronomes de preferência. É cansativo corrigir colegas sobre isso, dia após dia, semana após semana.

Eu era uma moleca quando jovem; uma vez, alguém gritou comigo por estar no banheiro feminino. Foi uma experiência tão chocante, essa estranha gritando comigo, insistindo que conhecia meu gênero melhor do que eu. Deu-me apenas um pequeno vislumbre de como deve ser a sensação de ouvir outras pessoas lhe dizendo que banheiro usar.[15]

Cada um de nós decide quem é. Ninguém mais pode nos dizer quem somos ou quem "deveríamos" ser. Eu posso decidir quem sou. Você não pode dizer quem eu sou. Isso é bem básico.

COMO SE DESCULPAR

Em *Art of the Apology* [*A Arte de se Desculpar*, em tradução livre], Lauren M. Bloom explica que um pedido de desculpas efetivo tem as seguintes etapas importantes:

- Diga que você lamenta... sinceramente
- Explique o que deu errado
- Assuma a responsabilidade
- Faça as pazes
- Expresse apreciação
- Escute a dor da pessoa com paciência
- Ofereça reparação
- Peça perdão
- Prometa que não se acontecerá novamente

Esses princípios são apresentados em um pedido de desculpas a Lindy West, que virou alvo de um troll após a morte de seu pai. O troll abriu uma conta no Twitter e no Gmail em nome do falecido pai de Lindy e começou a lhe enviar mensagens cruéis. Em vez de ignorá-lo, West escreveu sobre a experiência no site Jezebel e teve esta resposta:

> Olá Lindy,
>
> Não sei por que nem quando comecei a trollar você. Não foi por causa da sua postura em relação às piadas de estupro.
> Eu também não as acho engraçadas.
>
> Acho que minha raiva por você vem da sua felicidade interior. Ela me ofendeu porque serviu para destacar minha infelicidade comigo mesmo.
>
> Mandei um e-mail para você por meio de 2 outras contas do Gmail apenas para lhe enviar insultos idiotas.
>
> Peço perdão por isso.

Criei a conta PawWestDonezo@gmail.com e no Twitter. (Já deletei ambas.)

Não consigo expressar o quanto sinto.

Foi a coisa mais baixa que já fiz. Quando você incluiu isso no seu último artigo no Jezebel, finalmente me atingiu. Há um ser humano vivo e respirando que está lendo esta merda.

Estou atacando alguém que nunca me prejudicou de forma alguma. E sem motivo.

Cansei de ser um troll. Novamente, peço desculpas.

Fiz uma doação em memória de seu pai. Desejo o melhor a você.[16]

COMO NÃO SE DESCULPAR

A melhor forma de pedir desculpas é esta. Vá até a pessoa em particular e diga: "Sinto muito." *Então, cale a boca e escute*. Quando você se desculpar com pessoas, concentre-se nelas e em compreender o dano causado a elas, não apenas aos seus sentimentos. Não se torne o centro das atenções.

Aqui estão algumas "desculpas" comuns que não são realmente desculpas:

- *"Eu sou um idiota."*

    Falar isso foca você, não a pessoa prejudicada. E mais, implica que não haverá mudança futura.

- *"Eu estava só brincando."*

    Se a sua piada prejudicou alguém, então foi uma brincadeira de mau gosto e é melhor você se desculpar por ela do que tentar usar o humor para encobrir o que fez de errado. O bom humor revela atitudes e comportamentos ocultos de uma forma que cria mudanças. O humor ruim reforça atitudes e comportamentos prejudiciais.

- *"Isso tem sido muito difícil para mim."*

    De novo, o foco é você. Neste caso, você não está se desculpando; está buscando simpatia ou empatia. Um investidor de risco que foi acusado de má conduta sexual começou suas desculpas com: "As últimas 24 horas têm sido as piores da minha vida." Um defensor, outro profissional de tecnologia, respondeu: "Você está de brincadeira? É assim que você começa? *Ninguém se importa com você.* A única forma aceitável de começar uma declaração é com as palavras 'me desculpe.'"[17] Outra manifestação comum são as "lágrimas das mulheres brancas", um fenômeno no qual as mulheres brancas, quando chamadas por terem dito algo racista ou racialmente descuidado, explodem em lágrimas como estratégia para evitarem a reprovação.[18] Como uma mulher branca propensa a chorar, meu conselho aqui é que, se você não consegue evitar o choro, mantenha o foco na pessoa prejudicada e que todos os demais também o façam. Não se deixe ser o centro do problema.

- *"Lamento se fiz você ficar desconfortável"* ou *"Lamento se você se sente assim."*

A questão não é essa. Mostra que você ainda não entendeu que causou qualquer mal além de ferir os sentimentos de alguém.

Às vezes, isso é uma comunicação de má-fé, não uma desculpa em si, como em "lamento que você sinta que eu a estava assediando". O que a pessoa neste caso está realmente dizendo é "eu não estava causando mal a você e se você sentiu que eu estava, não há nada que eu possa fazer a respeito".

- *"Eu tive um dia ruim."*

Ninguém está interessado em por que você fez o que fez. As pessoas estão interessadas no que você vai fazer para consertar as coisas e querem ter certeza de que você não repetirá o erro.

- *"Deixe-me explicar."*

Agora você está se justificando, não desculpando.

- *"Você pode me perdoar?"*

Muitas vezes, as pessoas pedem ou exigem perdão antes de darem um único passo para fazer as pazes ou para garantir que não vão repetir o erro. Não diga "você pode me perdoar?" enquanto bloqueia, literalmente, qualquer saída para a pessoa.

PESSOA QUE CAUSA O DANO & TENDENCIOSIDADE PRECONCEITO BULLYING ⚡ DISCRIMINAÇÃO ASSÉDIO VIOLAÇÕES FÍSICAS

NÃO USE DESCULPAS PARA SE DISTANCIAR DE UMA SITUAÇÃO DIFÍCIL

Às vezes, oferecemos um rápido pedido de desculpas em um esforço para evitar sentimentos de desconforto ou vergonha. Quando fazemos isso, deixamos de nos responsabilizar por nossos erros e perdemos a oportunidade de aprender e crescer. Uma vez, eu dei uma palestra e contei o caso sobre ser convidada a fazer xixi em um balde (ver Capítulo 3). Na palestra, mencionei onde isso aconteceu. Uma das participantes levantou a mão e disse que eu acabara de apagá-la. Eu sabia que tinha feito algo errado, mas no momento não entendi o *que* exatamente tinha sido.

Me senti profundamente envergonhada. A sensação física de vergonha é igual à do medo. Eu me senti da mesma maneira que me sinto quando um dos meus filhos caminha muito perto na beira de um penhasco: meu estômago despenca e a parte de trás das minhas pernas, a área atrás dos joelhos, queima e formiga. Eu tinha vergonha de duas coisas ao mesmo tempo. Um, eu tinha magoado alguém. Dois, não sabia por quê. Eu tinha sido culturalmente insensível? Eu estava expressando intolerância religiosa?

Em vez de tentar entender, simplesmente me desculpei e passei para a minha próxima questão. Eu estava relutante em expor minha própria ignorância e perguntar por que o que eu disse era ofensivo. Isso foi um erro. A plateia inteira teve a impressão de que não entendi e, muito pior, não me importei. E perdi a oportunidade para me educar.

Em retrospecto, a coisa certa a fazer teria sido me abrir para uma conversa, em vez de me fechar com um pedido de desculpas superficial. Em vez de simplesmente dizer "me desculpe", eu gostaria de ter dito "percebo que disse algo que causou danos. Pior ainda, não sei por que o que eu disse causou o dano. Mas eu gostaria de saber. Se alguém estiver disposto a me dizer agora, ficarei grata. Se for mais confortável depois, tudo bem também".

Após a palestra, depois que consegui sair do modo vergonha, conversei com a mulher que foi corajosa o suficiente para me dar esse feedback durante as perguntas e respostas. O que fiz de errado foi dizer que "nenhuma mulher trabalhava lá". Soou como se eu tivesse dito que nenhuma mulher trabalhava em todo aquele país, o que era incorreto, em vez de nenhuma mulher ter trabalhado na empresa onde eu estava negociando. Ela era uma mulher e trabalhava naquele país!

Eu gostaria de ter dado a ela a chance de explicar mais durante as perguntas e respostas, porque foi uma oportunidade perdida de educar todo o público. Vários outros participantes que encontrei depois me perguntaram do que se tratava. Foi uma conferência de mulheres e as participantes eram, predominantemente, mulheres americanas brancas. Percebendo a minha vergonha e mostrando empatia, muitos participantes foram mais rápidos em descartar a questão e ficar "do meu lado", seguindo a tendência muitas vezes chamada de lágrimas de mulheres brancas. Eu não chorei, mas a dinâmica funcionou. Eu queria ser uma aliada, mas alienei aquela mulher. Muitas das outras mulheres americanas brancas na plateia provavelmente cometeriam o mesmo erro que eu cometi. Porque eu não estava disposta a aprender publicamente, elas não aprenderam. Essa foi uma oportunidade perdida para todas nós.

FOLHA DE COLA

Há coisas que você pode fazer hoje, para deixar de ser a pessoa que causa prejuízo para ser um verdadeiro aliado na batalha pelo Trabalho Justo.

Gostaria que tomar consciência de nossos próprios comportamentos negativos ou prejudiciais fosse tão fácil quanto olhar no espelho. Mas frequentemente permanecemos inconscientes de nossos erros, a menos que queiramos saber. E a única maneira de saber é se você pode se perdoar por seus erros e se você tem alguma confiança de que as pessoas ao seu redor o perdoarão também. Mas tudo começa com o que está acontecendo dentro da sua própria cabeça: se você não pode se perdoar pelos erros, então se recusará a percebê-los e não estará apto a consertá-los.

PESSOA QUE CAUSA O DANO &
TENDENCIOSIDADE PRECONCEITO BULLYING ⚡ DISCRIMINAÇÃO ASSÉDIO VIOLAÇÕES FÍSICAS

PROBLEMA	RESPOSTA
TENDENCIOSIDADE SEM INTENÇÃO	**INTERRUPTOR DE TENDENCIOSIDADE** Encontre Seu Destruidor de Tendenciosidade
PRECONCEITO COM INTENÇÃO	**CÓDIGO DE CONDUTA** Não Essencialize
BULLYING MÁ-FÉ	**CONSEQUÊNCIAS CLARAS** Cuidado com o Poder e a Raiva

5

Para Líderes

Interrompa a Tendenciosidade, Crie um Código de Conduta e Consequências para o Bullying

Para mim, a principal alegria em ser líder é criar um ambiente onde as pessoas na equipe amam seus empregos e trabalhar em conjunto. Líderes podem criar as condições para cada pessoa fazer o melhor trabalho de suas vidas e construir as melhores relações de suas carreiras. O Trabalho Justo enriquece as nossas vidas pessoais também, porque tudo fica melhor quando levamos alegria para casa, em vez de angústia, e quando estamos energizados em vez de esgotados por nosso trabalho. Começamos a dar um passo em direção aos nossos sonhos. O Trabalho Justo permite que uma equipe alcance resultados notáveis coletivamente para ser feliz individualmente.

Muitos líderes agem como se a criação de um ambiente de trabalho justo e equitativo nada tivesse a ver com seu trabalho principal como líder, como se sua "real" função fosse atingir uma determinada métrica. Mas cada vez mais líderes começam a entender que terão problemas em conseguir resultados, a não ser que criem, primeiro, um ambiente de trabalho justo.

Como Bill Walsh, ex-treinador do San Francisco 49ers, colocou no título de seu livro *The Score Takes Care of Itself*[1] [*O Placar Cuida de si Mesmo*, em tradução livre]. Sim, seu trabalho era ganhar jogos de futebol. Mas ele não poderia ganhá-los concentrando-se só no placar. O placar era um indicador defasado de sua boa ou má atuação como treinador. Ele tinha que manter e entender os indicadores de liderança: comportar de forma ética, exigir padrões elevados, responsabilizar as pessoas e ensinar aos jogadores a maneira certa de jogar.

A boa notícia é que há coisas específicas que você pode fazer para erradicar a tendenciosidade, preconceitos e bullying em sua equipe e, assim, pode criar um círculo virtuoso, tornando menos provável que ocorram no futuro. A má notícia é que é apenas um círculo virtuoso, não uma máquina de movimento perpétuo: você tem que cuidar dela diariamente.

Se você acha que tendenciosidades, preconceito e bullying não existem em sua equipe, está se enganando. Não, não é sua culpa que essas atitudes e comportamentos sejam tão comuns em qualquer sociedade no planeta. Mas você é o chefe e por isso *é* seu problema se os ignorar. Para tornar as coisas mais desafiadoras, você não pode enfrentá-los sozinho. Você precisará da ajuda de sua equipe. E para isso eles precisam se sentir seguros para ajudá-lo, porque estão ainda mais relutantes em resolver esses problemas do que você.

Comece! Não espere que os relatos de incidentes e problemas cheguem até você.

LÍDERES E TENDENCIOSIDADES

TENDENCIOSIDADES PREJUDICAM INDIVÍDUOS & RESULTADOS COLETIVOS

> O alcance do que pensamos e fazemos é limitado pelo que deixamos de notar. E por isso só poderemos fazer algo para mudar quando percebermos como deixar de notar molda nossos pensamentos e ações.
>
> — R. D. Laing

É Grande Coisa

Certa vez, tive um funcionário novo, Mitch, que chamava as mulheres da sua equipe de "garotas". Eu esperava que um dos homens da minha equipe com quem já tinha tido essa conversa desse ao meu novo funcionário um aviso. Eu estava farta dessa conversa. Mas não responsabilizei ninguém da minha equipe explicitamente por isso.

Cerca de um mês após sua permanência na equipe, Mitch foi a uma reunião com minha chefe, uma mulher. Eu estava em reunião em meu escritório com alguns outros companheiros de equipe ao mesmo tempo. Quando Mitch bateu à porta, estava pálido. Diferente de mim, minha chefe disse a ele exatamente o que ela achava do uso da palavra "garotas". Eu imediatamente me senti culpada por tê-lo colocado naquela situação.

Em vez de me desculpar com Mitch por não ter dado a ele o feedback que era meu trabalho como chefe dar, porém, tentei fazer piada com a coisa toda. Me virei para as outras pessoas da equipe e disse: "Vocês podem me agradecer agora. Todos vocês pensaram que eu era um pé no saco, mas não estão contentes por saberem nos chamar de 'mulheres'?"

Mitch ficou zangado. "Por que você não *me* avisou?"

Eu não tinha uma boa resposta. "Ah, não é grande coisa."

"Quando você se reúne com a chefe da sua chefe pela primeira vez e só se fala sobre como você é um idiota por usar a palavra 'garota', eu diria que *é* grande coisa."

Ele estava certo. Era meu trabalho como líder ter dito alguma coisa. Parte da razão por ter falhado foi que eu tratei o uso da palavra "garota" como se eu fosse a pessoa prejudicada. E, para ser justa, por anos eu fui. Como pessoa prejudicada, eu tinha todo o direito de escolher as minhas batalhas. Mas aprendi algo importante naquele dia. Você pode se sentir uma vítima, mas se for o líder, é melhor agir como tal. Eu deveria ter dado esse feedback a Mitch, tanto para o bem dele quanto para o das mulheres de sua equipe, mas falhei em fazer meu trabalho.

AMEAÇA DE ESTEREÓTIPO E FEEDBACK

A consciência de um estereótipo negativo sobre um grupo ao qual pertence pode realmente prejudicar o desempenho: o medo de confirmar o estereótipo aumenta o nível de ansiedade da pessoa e dificulta um ótimo desempenho. Isso pode ocorrer com pessoas em todos os níveis da organização, inclusive no topo, de modo que os líderes devem gerenciá-lo nos outros e estarem cientes dele em si mesmos.

Em *Whistling Vivaldi* [*Assobiando Vivaldi*, em tradução livre], o psicólogo de Stanford, Claude Steele, descreve como os estereótipos negativos inibem a capacidade das pessoas de fazerem o trabalho que são mais capazes de fazer.[2] Ele descreve um estudo de Princeton no qual é pedido aos alunos para jogarem golfe. Um grupo de alunos brancos é dividido em dois grupos; ao primeiro foi informado de que a tarefa fazia parte de um teste de aptidão atlética, enquanto ao segundo não foi informado nada. Os alunos brancos que foram informados de que a tarefa mediria a habilidade natural se esforçaram tanto quanto os outros. Mas eles levaram, em média, três jogadas a mais para concluírem o percurso. Seu desempenho foi pior. A hipótese era que a ameaça do estereótipo (pessoas brancas têm habilidade atlética inferior) prejudicou o desempenho. O experimento foi então repetido com alunos negros e ambos os grupos tiveram desempenho igual. A diferença, explicou Steele, foi que os estudantes negros não sofreram a ameaça do estereótipo quando se tratou de capacidade atlética.

Steele dirigiu um experimento similar em Stanford só que, desta vez, analisando a ameaça do estereótipo relacionada à capacidade intelectual. Ele reuniu um grupo de graduandos negros e brancos e pediu-lhes que completassem uma seção do teste GRE Avançado. Este teste foi além do que eles aprenderam e Steele presumiu que a frustração por não saber algumas das respostas desencadearia uma ameaça de estereótipo relacionada à capacidade intelectual nos alunos negros e faria com que eles apresentassem um desempenho inferior. Realmente, os alunos negros se saíram pior do que os brancos no teste. Para testar sua hipótese de que isso era resultado de uma ameaça de estereótipo e não de habilidade intelectual ou desempenho educacional, Steele repetiu o teste com um grupo diferente de alunos negros e brancos. Desta vez, ele eliminou a ameaça do estereótipo, dizendo aos alunos que o teste era apenas uma "tarefa" para estudar a resolução de problemas gerais. Ele enfatizou que não media a capacidade intelectual. Desta vez, os alunos negros tiveram o mesmo nível de desempenho dos participantes brancos e foram significativamente melhores do que os participantes negros que acreditavam que o teste estava medindo a sua capacidade intelectual.

Steele e outros pesquisadores testaram o impacto dos estereótipos em uma ampla gama de tendenciosidades diferentes. Em outro experimento, os pesquisadores deram a meninas de 5 a 7 anos um teste de matemática apropriado para a idade. Pouco antes do teste, foi pedido a algumas meninas que colorissem uma foto de uma menina de sua idade segurando uma boneca, enquanto a outras foi solicitado colorir uma paisagem. A teoria era que lembrá-las de que são garotas seria o suficiente para desencadear uma ameaça de estereótipo: garotas não são boas em matemática. E, de fato, as garotas que coloriram a paisagem foram melhor no teste do que as que coloriram a garota com a boneca.

Outro grupo de pesquisadores pediu a homens brancos com bom histórico acadêmico que fizessem um teste de matemática complicado. Na condição de controle, o teste foi realizado normalmente. Na condição experimental, os pesquisadores falaram aos homens que uma das razões da pesquisa era entender por que asiáticos pareciam ir melhor naqueles testes do que homens brancos. A teoria era que a ameaça de estereótipo de que os homens brancos não eram tão bons em matemática quanto os asiáticos prejudicaria o desempenho dos homens brancos no teste e isso aconteceu.

Parte do seu trabalho como líder é reconhecer e eliminar os efeitos perniciosos da ameaça de estereótipos nas pessoas da sua equipe. Independentemente do estereótipo em questão, um feedback de desempenho bom e sincero é útil para eliminar a ameaça de estereótipos enfrentada pelas pessoas. A chave é explicar claramente quais são os padrões e assegurar à pessoa a quem está dando feedback que confia em suas habilidades.

Steele descreve o papel de um bom feedback para ajudar as pessoas sub-representadas a superar suas ameaças de estereótipo. O feedback crítico direto de Tom Ostrom, conselheiro do corpo docente de PhD de Steele, ajudou-o a superar as dificuldades que enfrentou como um dos poucos estudantes negros de seu programa. Ele também faz referência a pesquisas que demonstram que isso ocorre com estudantes negros em outras universidades do país. (Observe que o feedback foi sobre *trabalho* — não sobre suas roupas, atitude ou qualquer outro aspecto que pudesse revelar tendenciosidade e desencadear uma ameaça de estereótipo.) Similarmente, a pesquisa da socióloga de Stanford, Shelley Correll, mostrou que o sucesso na carreira exige uma crítica sincera — e que muitas mulheres não recebem esse tipo de franqueza dos chefes homens.[3]

Há evidências consideráveis — tanto relatos quanto baseadas em pesquisas — de que um bom feedback, uma exposição clara das expectativas, garantias de que um funcionário pode atendê-las e orientação quando um candidato falha são *cruciais* para ajudar as pessoas que não têm representação a ter sucesso no local de trabalho. Nota importante: Feedback sobre como outras pessoas percebem uma pessoa por causa das tendenciosidades *não* é um feedback útil. O feedback deve se basear na performance ou comportamentos que podem ser mudados, não em atributos pessoais. Você lerá mais tarde sobre um chefe que me disse que eu estava sofrendo de tendenciosidade de competência e simpatia (ou talvez eu fosse objetivamente desagradável) e que eu deveria tentar ser mais agradável. Este não foi um feedback útil, para dizer o mínimo.

No entanto, as pessoas que mais se beneficiariam com um bom feedback o obtêm menos. Gerentes super-representados se sentem mais à vontade para darem feedback aos funcionários que são "como" eles. Gerentes brancos, com frequência, relutam mais em dar um feedback direto aos empregados negros do que aos brancos; os homens relutam mais em dar esse tipo de feedback às mulheres e assim por diante.

Por quê? Às vezes, isso acontece porque o gerente é um agressor ou é ativamente preconceituoso. Mas isso acontece com mais frequência porque *outra* ameaça de estereótipo está em jogo: medo de ser visto como tendencioso, sexista ou racista. O desejo de não ser visto como tendencioso, paradoxalmente, leva a um comportamento discriminatório, uma falha em dar feedback sincero e útil para mulheres ou funcionários BIPOC (sigla para Negros, Indígenas e Pessoas de Cor). Portanto, a ameaça do estereótipo do "medo de ser visto como tendencioso" pode inibir os chefes de dar o devido feedback.

A ameaça do estereótipo pode evitar um chefe super-representado de dar feedback crítico a uma pessoa da equipe que é sub-representada. Isso é *realmente* lamentável, porque é precisamente esse tipo de feedback que mais ajudará essas pessoas a superar suas *próprias* ameaças de estereótipo e fazer um ótimo trabalho.

Se você é um líder, seja proativo. Conscientize-se e gerencie sua própria ameaça de estereótipo e dê feedback a *todos* em sua equipe.

LEMBRE-SE DE QUE O TREINAMENTO DA TENDENCIOSIDADE INCONSCIENTE É APENAS UM COMEÇO

O treinamento de consciência de tendenciosidade pode ser útil para erradicar a tendenciosidade inconsciente quando bem-feito por pessoas que entendem os problemas profundamente e que são excelentes comunicadores. Mas na prática, muitas vezes parece uma espécie de exercício do tipo "cheque a caixa, cubra a retaguarda, proteja a empresa de obrigações legais, mas não tente resolver o problema subjacente. O melhor treinamento para tendenciosidade inconsciente inclui tanto um educador/facilitador quanto a participação de líderes que mostram real compromisso com a mudança. No entanto, simplesmente exigir que todos façam um treinamento de tendenciosidade inconsciente, mesmo que ótimo, não será suficiente.[4] Nenhum treinamento pode mudar padrões de pensamento profundamente arraigados. O essencial é a prática. Educação sem acompanhamento gera ceticismo e até reforça estereótipos.[5] Portanto, como líder, é seu trabalho descobrir como você e sua equipe podem *interromper* a tendenciosidade quando a perceberem.

A interrupção do preconceito não é algo que os líderes podem simplesmente terceirizar. Os líderes devem estar pessoalmente envolvidos tanto para ajudar a educar a equipe durante o treinamento quanto, crucialmente, descobrindo como eles e suas equipes interromperão a tendenciosidade quando ela aparecer depois na conversa, nas reuniões, em processos de negócios. Se você não agir para interromper a tendenciosidade quando a reconhecer, seus funcionários perceberão e pensarão: "Se o chefe ainda se recusa a fazer alguma coisa, eu não tenho poder para fazer nada e acho que vou apenas aceitar as coisas como são."

Um primeiro passo importante é obter um compromisso compartilhado. Quando se trata de interromper a tendenciosidade, estes são os seus objetivos:

1. Certifique-se de que a interrupção seja clara o suficiente — não use eufemismos que minimizem o problema.
2. Certifique-se de que a interrupção não prejudique novamente a pessoa a quem a tendenciosidade foi dirigida.
3. Certifique-se de que a interrupção não humilhe ou ataque a pessoa que disse a coisa tendenciosa.
4. Faça com que seja seguro que a interrupção seja pública quando apropriado, para que todos possam aprender. Normalmente, aconselho as pessoas a "criticar em privado". Portanto, é importante que uma interrupção tendenciosa pareça mais a correção de um erro de digitação do que uma crítica pessoal. Interromper a tendenciosidade em público é importante para obter mais influência educacional. Frequentemente, várias pessoas na sala compartilharão da tendenciosidade dita e, portanto, se beneficiarão com a intervenção. A tendenciosidade que não é interrompida é reforçada.
5. Certifique-se de que a interrupção seja rápida o suficiente para não perturbar a reunião. Às vezes, algo dito pode ser tão prejudicial que a reunião *deve* ser perturbada. Mas se você quiser que a interrupção de tendenciosidade se torne uma norma, ela precisa acontecer rapidamente juntamente com os demais temas.
6. Torne seguro pedir esclarecimentos. Frequentemente, uma pessoa não vê problema no que disse. Tem que ser seguro dizer: "Não entendo por que isso foi tendencioso. Podemos conversar após a reunião?" Certifique-se de que haja o compromisso de chegar a uma solução se houver desacordo sobre a tendenciosidade do que foi dito. O ideal é conversar após a reunião. E se a pessoa prejudicada foi quem interrompeu a tendenciosidade, um defensor deve estar presente, bem como a pessoa que causou o dano.

CRIE UM VOCABULÁRIO COMPARTILHADO PARA INTERROMPER A TENDENCIOSIDADE

Interrupções simples na tendenciosidade — palavras ou frases que todo mundo usa para apontá-la — podem ajudar muito. Se todos falarem a mesma linguagem para interromper tendenciosidades no trabalho, as pessoas entenderão mais rápido o que aquilo significa e também acharão muito mais fácil se manifestar. O trabalho de um líder não é escolher as palavras, mas colocar toda a equipe na mesma página sobre quais palavras usarão para sinalizar o problema durante conversas e reuniões.

Interrupções na tendenciosidade não funcionarão se parecerem iniciativas impostas pelo chefe ou pelo RH.

Se sua equipe criar suas próprias palavras ou frases, em vez de você ditá-las, é mais provável que as usem. No entanto, você precisa oferecer alguma orientação. A interrupção da polarização terá um efeito contrário se as frases escolhidas forem, elas mesmas, inconscientemente tendenciosas. Palavras são importantes. Analise-as por algum tempo. Você pode encorajar declarações "eu" que convidam todos a pensarem na situação do ponto de vista do interlocutor. Mas a interrupção não precisa ser uma declaração "eu". Aqui estão ideias que foram propostas em palestras e workshops que conduzi:

- "Não acho que você quis dizer isso da maneira que soou para mim."
- "Interrupção de tendenciosidade."
- "Cartão amarelo."
- "Ei, tendenciosidade!"
- "Alerta de tendenciosidade."

Algumas equipes gostam de sentenças, não de uma frase. Muitos acham útil adotar as expressões de Daniel Kahneman no livro *Rápido e Devagar: Duas Formas de Pensar*. Se você já leu esse livro e sua equipe está interessada em lê-lo, eles podem adotar a sugestão e dizer coisas como "gostaria de convidar o seu Sistema 2 a interromper o seu Sistema 1. Desacelere e deixe que o seu Sistema 2 assuma o controle."[6]

A coisa boa sobre a linguagem em torno dos Sistemas 1 e 2 é que ela oferece uma explicação para a tendenciosidade e como alterá-la, em vez de um julgamento da pessoa que a empregou. Também demonstra uma compreensão da energia e do esforço necessários para interromper a tendenciosidade. Eu amo essa linguagem. Mas, para alguns, pode parecer irritantemente instável. Deixe a sua equipe escolher palavras que funcionam para ela.

Nem sempre é fácil falar sobre interrupção de tendenciosidade com a sua equipe e a conversa pode ser delicada. Alguns podem sentir que frases como "alerta de tendenciosidade" ou "ei" trivializem os danos que a tendenciosidade causa. Outros podem ficar irritados por você "desperdiçar tanto tempo nisso". E você pode se sentir preso no meio. Lembre a todos que você tem um objetivo: criar uma frase curta que permita uma intervenção rápida. Quanto mais rápida a intervenção, maior será a probabilidade de ela ser usada; e quanto mais frequentemente as tendenciosidades são interrompidas, mais a equipe aprende. É um pouco como lembrar seus filhos de escovar os dentes todas as noites. Se você fizesse uma longa palestra sobre higiene dental e como a placa bacteriana se acumula e causa cáries se não os escovar, logo odiaria dizer isso tanto quanto eles odiariam ouvir. Falar apenas "Dentes!" é mais efetivo.

Se a sua equipe odeia a ideia de interrupções de tendenciosidades, peça a ela outras sugestões para alcançar esse objetivo. Fique aberto às ideias deles. Mas se eles vierem com uma alternativa, responsabilize-os por segui-la. E fique aberto à possibilidade de que pode, simplesmente, não haver confiança suficiente em sua equipe para fazer esse trabalho. Então você terá que fazer mais pesquisas para descobrir o porquê e como consertá-lo. Não só você não pode interromper a tendenciosidade se não houver confiança — você também não pode colaborar de forma eficaz.

O empresário Jason Mayden explica por que é importante que os colegas de equipe estejam seguros para cometer erros e apontá-los. Ele encoraja as pessoas a "irem além do medo de dizerem a coisa errada, porque você não pode chegar à coisa certa sem primeiro cometer alguns erros no processo". Ao mesmo tempo, Mayden aponta: "Eu não deveria esconder minha verdade para que você fique confortável com sua tendenciosidade."[7]

FAZENDO AS INTERRUPÇÕES DE TENDENCIOSIDADE FUNCIONAREM

As pessoas só falarão caso se sintam seguras ao fazê-lo. E eu prometo a você, há pessoas em sua equipe que não se sentem seguras. Como líder, é seu trabalho criar um ambiente seguro e não ficar impaciente porque as pessoas se sentem inseguras. Dizer às pessoas para se sentirem seguras ou, pior, que elas "deveriam" se sentir seguras simplesmente não vai adiantar. Deixe claro que mudar a tendenciosidade é uma prioridade organizacional e que todos vocês devem estar totalmente investidos nisso. Aqui estão algumas coisas que você pode fazer.

Proteger as pessoas prejudicadas: se as pessoas atacarem ou ridicularizarem, verbalmente ou através da linguagem corporal, a primeira pessoa que sinalizar uma tendenciosidade, seus esforços falharão. Se alguém sinalizar a tendenciosidade e algumas pessoas na sala revirarem os olhos, peça a elas falarem com você logo após a reunião e avise-as de que haverá consequências se esse tipo de comportamento continuar. E dê a elas a oportunidade de dizerem por que reviraram os olhos. Neste caso, você terá que ser o amortecedor emocional para a sua equipe. Se você permitir que eles expressem suas emoções negativas sobre interruptores de tendenciosidades, duas coisas boas acontecem: você tem a oportunidade de tentar persuadi-los de que vale a pena interromper a tendenciosidade; e eles serão menos propensos a descarregarem a raiva em pessoas sub-representadas. Esteja alerta e se manifeste caso isso aconteça.

Divida o trabalho: O peso inteiro não pode cair nos seus ombros ou no de pessoas que foram prejudicadas pela tendenciosidade. Se elas forem as únicas a falar, se cansarão e será mais difícil para a equipe ouvir. Mantenha todos responsáveis pela integridade. Se você é sempre a única pessoa que interrompe a tendenciosidade, indique isso. Deixe todos na sala saberem que você espera que eles façam o mesmo.

Facilite: Uma vez que a frase de efeito seja acordada, certifique-se de que todos a pratiquem até que toda a equipe saiba como implementá-la rapidamente e sem esforço.

Tire a vergonha de cena: A tendenciosidade de todos será corrigida de vez em quando, as pessoas se tornarão mais abertas a isso quando souberem que não é o fim do mundo.

Minimize a interrupção/maximize o aprendizado: Elabore uma norma para responder. Se a pessoa entender e concordar, ela pode dizer "você está certo, me desculpe, obrigado por apontar isso". Como sugerido acima, se a pessoa não entende ou discorda, poderá dizer algo como "obrigado por apontar isso, mas não entendo por que o que eu disse foi tendencioso. Podemos conversar após a reunião?". A pessoa prejudicada pela declaração pode ser convidada, mas não obrigada a aceitar. Ela, provavelmente, já teve mais dessas conversas do que o defensor e a pessoa tendenciosa. Deixe os defensores fazerem parte do trabalho pesado. É claro, há momentos em que a reunião *deve* ser interrompida. Se alguém no comitê de promoção, por exemplo, está se opondo à promoção de uma mulher por razões que parecem de gênero, a decisão não deve ser tomada sem resolver a base da objeção. Se você não fizer isso, a tendenciosidade dará lugar à discriminação.

Recompense o defensor: Quando você testemunha exemplos de boa postura, elogie os defensores publicamente. Anote isso nas avaliações de desempenho.

Mantenha-se responsável: Desde o início, incentive outras pessoas a corrigirem sua tendenciosidade publicamente e reaja com gratidão e confiança. Quando outros corrigem suas tendenciosidades e você reage bem, eles se sentirão mais seguros para corrigir e serem corrigidos.

Mantenha os defensores responsáveis: Se você repara que o que alguém disse é obviamente tendencioso e ninguém fala, interrompa a tendenciosidade você mesmo. Mas chame as pessoas que não assumiram uma posição de defesa imediatamente após a reunião e pergunte se elas perceberam a tendenciosidade e, em caso afirmativo, por que não se manifestaram. Se *você* perceber que disse algo que refletiu sua própria tendenciosidade inconsciente, responsabilize os outros que estavam presentes por não interromper.

Lembre-se, não há problema em ser engraçado, contanto que você seja o alvo de todas as piadas: Se você é o líder ou a pessoa de posição mais elevada na sala, a única pessoa de quem se deve rir é você. O humor que fala a verdade ao poder tem um lugar importante e útil na história. Parte do trabalho do líder é solicitar feedback, e uma forma de fazê-lo é sendo forte o suficiente para rir de si mesmo e encorajar os outros a zombar de você como forma de dar feedback.

Assim que você estabelecer uma norma, descobrirá que as pessoas aprendem rapidamente e cada vez mais se detêm *antes* de fazerem um comentário tendencioso. Mas isso só acontece se você definir linguagens e normas que reconheçam e corrijam a tendenciosidade e garantam que todos estão fazendo a sua parte. Nada disso acontecerá sem liderança consciente e intervenção proativa de sua parte.

CONSTRUA NORMAS DE INTERRUPÇÃO DE TENDENCIOSIDADE

Como ensinar sua equipe a interromper suas próprias tendenciosidades para que possa tratar uns aos outros com respeito; tomar decisões mais racionais e imparciais; e colaborar de uma forma que torne o todo maior do que a soma de suas partes?

NARRATIVA

Uma empresa que conheço criou uma iniciativa chamada "Sim, isso realmente aconteceu aqui". As pessoas que vivenciaram tendenciosidades e, às vezes, tendenciosidades que deram lugar à discriminação ou assédio, escreveram suas histórias e as enviaram a um grupo de funcionários empenhados em reprimir essas atitudes e comportamentos. Esses funcionários selecionaram várias histórias todas as semanas e as compartilharam via e-mail para uma lista de pessoas cadastradas para recebê-las — milhares todas as semanas. Contar e ler essas histórias conscientizou a empresa de como a tendenciosidade atuava lá. Após lê-las, era impossível negar que a tendenciosidade abre caminho para a discriminação, bullying e coisas piores — e não em "outro lugar", mas ali mesmo, em uma empresa onde a maioria dos funcionários não esperava que esse tipo de coisa acontecesse. Muitos daqueles que as leram relataram perceber que foram tendenciosos de modo inconsciente e se comprometeram a mudar. Muitos que as contaram relataram se sentir reconhecidos e respeitados de maneiras que não sentiam antes.

Ler essas histórias para distinguir quais refletiam tendenciosidades e quais exigiam ação levou tempo por parte do grupo das pessoas dedicadas. Teria sido injusto considerar esse trabalho puramente "extracurricular".

Seus gerentes o viam como parte do trabalho das pessoas e fizeram adaptações no tempo para realizá-lo.

No passado, as advertências do departamento jurídico sobre os riscos de solicitar tais histórias teriam sido acatadas. Mas a liderança dessa empresa percebeu que não poderia resolver problemas que não conhecia e estava empenhada em resolvê-los assim que o fizesse. Em vez de evitar notar a injustiça no local de trabalho, eles a procuraram. Eles resistiram ativamente ao padrão de exclusão.

IMPROVISE

O teatro da improvisação tem as suas raízes no programa que Viola Spolin desenvolveu sob a Works Progress Administration (WPA) durante a Depressão. A meta dos Jogos de Improviso de Spolin era transcender as barreiras culturais e étnicas das crianças imigrantes com quem trabalhava e liberar a autoexpressão do indivíduo. Seus Jogos do Improviso ajudaram as pessoas a superarem o que ela chama de Síndrome de Aprovação/Desaprovação e soltar sua criatividade, deixando de lado o instinto de agradar professores, colegas ou qualquer outra pessoa. Suas técnicas se tornaram a base de muitas técnicas modernas de improvisação.

Você pode usar essas técnicas de improviso para ajudar a sua equipe a cruzar as barreiras culturais e técnicas para desafiar as tendenciosidades. Por exemplo, para ajudar a construir empatia por quão desorientador é o *he-peating* (ver Capítulo 2), A Second City Works desenvolveu um exercício chamado "sim e exclua".[8] As pessoas se dividem em grupos de seis e são solicitadas a planejar uma festa. Ao redor do círculo, todo mundo oferece ideias e se baseia nas ideias das outras pessoas, mas o grupo deve excluir alguém. Se as pessoas gostarem de uma ideia oferecida por essa pessoa excluída, podem repeti-la, mas não podem, em hipótese alguma, reconhecer que veio da pessoa excluída. Embora todos saibam que estão simplesmente desempenhando um papel, esse exercício é muito angustiante. Participantes e líderes relataram que se sentiram surpresos com a sensação de como é bom abordar essas questões importantes com riscos e como é útil praticar.

Para manter o risco produtivo, ter regras de engajamento e facilitadores treinados é fundamental. O objetivo é estruturar o exercício de forma a mantê-lo seguro para todos. O risco deve vir do reconhecimento de uma verdade que muitas vezes tentamos ignorar em vez de ridicularizar qualquer pessoa na sala.

CINQUENTA FORMAS DE LUTAR

A Lean In Foundation criou um curso efetivo online para ajudar a eliminar a tendenciosidade no mercado de trabalho. A genialidade desse curso é que ele conta casos reais sobre coisas que revelam tendenciosidades que as pessoas dizem e fazem todos os dias no trabalho. No entanto, ele não apenas deixa as pessoas desanimadas, porque também oferece sugestões específicas para enfrentar essas situações e ajudar as pessoas a mudar seu comportamento.

BINGO DE TENDENCIOSIDADE DE GÊNERO

Inventado pela acadêmica da área de Direito Joan Williams, este jogo categoriza os tipos de tendenciosidades com que as mulheres lidam o tempo todo no local de trabalho e força os participantes a confrontarem seus comportamentos semelhantes. A grande vantagem é que ele leva as pessoas a contarem histórias de uma forma que explica exatamente o que aconteceu com elas. O jogo não oferece estratégias específicas de como reagir a esses incidentes, então é preciso levar as pessoas a pensarem sobre as melhores maneiras de combater os problemas que estão apresentando. É catártico para as pessoas prejudicadas e educacional para os defensores.

LÍDERES E PRECONCEITO

Lembre-se, tendenciosidade é o seu cérebro apresentando estereótipos dos quais você não está ciente e com os quais não concordaria se parasse para pensar ou eles se tornassem conscientes. O preconceito é, em algum nível, seu cérebro consciente racionalizando estereótipos e tendenciosidades.

Em situações de tendenciosidade e de preconceito, você tem que intervir. No caso de tendenciosidade, você revela o problema e, normalmente, a pessoa se autocorrige. Mas no caso de preconceito, se você o revelar, a pessoa provavelmente dirá: "Sim, eu sou assim qual é o problema?" Apontar o preconceito, provavelmente, não vai mudá-lo e seu trabalho é evitar que a pessoa o imponha aos outros.

Como líder, você ultrapassa limites ao tentar controlar em que as pessoas acreditam. Elas são livres para *acreditar* no que quiserem, mas não para FAZER o que querem. Ao mesmo tempo, é seu trabalho evitar que as pessoas imponham suas crenças às outras. Todos são livres *para* acreditar no que quiserem e todos devem ser livres *dos* preconceitos dos outros. Isso é real e seriamente complicado. Se você não quer lidar com isso, não se torne um líder.

CÓDIGO DE CONDUTA: UM LIVRO DE REGRAS PARA O RESPEITO

Líderes são responsáveis por estabelecer e comunicar expectativas claras sobre os limites do comportamento aceitável. Um código de conduta é uma das melhores ferramentas para garantir que as expectativas sejam claras e justas. Um código de conduta não dirá às pessoas em que *acreditar*, mas em vez disso, o que elas podem e não podem *fazer*. A maioria das pessoas respeitará os limites — se souberem onde estão.

No geral, para problemas de desempenho de qualquer tipo, os funcionários devem (1) entender claramente o que é esperado e (2) receber algum aviso quando falharem nisso. É claro que há motivos para rescisão imediata: violência ou roubo, por exemplo. Mas onde está a linha para a sua organização? Como líder, seu trabalho é articulá-la. E então você terá que interpretá-la caso a caso.

Escrever um código de conduta leva tempo, mas vai forçá-lo como líder a pensar tão claramente sobre o comportamento quanto faz sobre o desempenho. Ele o força a articular o que é e não é OK dizer e fazer em seu local de trabalho, e a decidir quais devem ser as consequências por violar os padrões que está estabelecendo. Quando as pessoas recebem um aviso e quais são os motivos para demissão imediata?

Uma de minhas mais memoráveis turmas na Harvard Business School foi sobre o mandato de James Burke como CEO da Johnson & Johnson. Quando ele se tornou CEO, em 1976, a primeira coisa que fez foi visitar cada escritório da Johnson & Johnson ao redor do mundo em três anos e trabalhar com a liderança em cada escritório para reescrever o credo — o código de conduta da empresa. Ao final, houve uma reunião de cúpula na cidade de Nova York com a alta liderança da empresa. O próprio Burke, então, passou 40 horas trabalhando nas edições de todos no documento.

Fiquei pasma. Era realmente assim que os CEOs gastavam seu tempo? Burke visitou nossa aula e explicou que esse esforço coletivo para unificar a identidade da corporação mais tarde a puxaria através de uma crise que ameaçava a própria existência da Johnson & Johnson, porque todos compartilhavam um conjunto de valores que orientavam suas ações. É claro, Burke foi excepcional: muitos CEOs não têm ideia do que está escrito no código de conduta que eles herdaram; pior ainda, muitas vezes eles são os únicos em suas empresas com maior probabilidade de violá-lo.

SE VOCÊ NÃO TEM UM CÓDIGO DE CONDUTA, PRODUZA UM

Se você ainda não tem um código de conduta, como escrever um? Recomendo que ofereça seus serviços como escritor e peça à sua equipe para serem os editores. Os editores, neste caso, não vão apenas garantir que a escrita esteja clara ou que as palavras são pronunciadas corretamente; eles vão avaliar se o documento reflete a realidade que eles observam no escritório.

Assim que você e a sua equipe tiverem um rascunho que o satisfaça, peça que cada pessoa da sua equipe repita o processo com a equipe *delas*. Então, vocês se reúnem com os comentários e fazem alterações. Cada um de seus subordinados diretos deve relatar aos subordinados diretos deles por que as edições foram aceitas ou não. Isso é crucial — você precisa compartilhar a sua lógica e garantir que as pessoas entendam as decisões que foram tomadas, mesmo que não concordem totalmente com elas.

Então, compartilhe o que ainda é um projeto com toda a organização. Se ela for grande, precisarás encarregar alguém de ser o czar dos comentários. Este deve ser responsável por categorizar os comentários/sugestões para que você possa entender mais rapidamente a resposta da organização em geral quanto ao projeto. O czar dos comentários também deve retornar a cada pessoa que escreveu um comentário ou sugestão e explicar por que foi ou não aceito.

Abaixo, está o meu *primeiro projeto* para a equipe da Empatia Assertiva, a empresa de educação executiva que cofundei.

1. **Aja com integridade.** Honestidade e comportamento ético são os alicerces da produtividade. Se não pudermos confiar uns nos outros, não poderemos colaborar ou inovar. Mentir, trapacear, roubar, atos de violência e outras violações éticas são motivos para demissão.
2. **Mostre decência humana comum.** Lembre-se, mesmo que seus relacionamentos no trabalho não sejam de amizade, eles ainda são relacionamentos humanos reais. *Todos* com quem você interage merecem ser tratados com respeito. Isso é especialmente importante quando você tem uma discordância. Quando você trata as pessoas com desrespeito, você fere tanto o seu trabalho de longo prazo quanto os nossos esforços coletivos. A colaboração é mais eficaz do que a dominação para você como indivíduo e para a nossa empresa como um todo. O comportamento intimidativo é motivo para demissão.

    Procure entender quando há diferenças. Não tolere meramente as diferenças; procure entender a lógica *e* as emoções. Não se apresse em condenar as pessoas indiscriminadamente.

    Não imponha suas crenças aos demais. Você tem o direito de acreditar no que quer, mas não de fazer o que quer. Quando as suas palavras ferem a capacidade da equipe de produzir, você não tem o direito de dizer o que quiser.

    Cuidado. É mais provável que você faça um ótimo trabalho e ajude a sua equipe a fazer o mesmo quando se preocupa com as pessoas com quem trabalha, não apenas a nível profissional, mas também a nível humano.

    Saiba do impacto que exerce sobre os outros. Se você ferir alguém dizendo "eu não estava ciente" ou "não era minha intenção", isso não é o suficiente. É sua responsabilidade estar ciente do impacto que tem sobre os outros e se corrigir quando você os magoa.
3. **Desafie diretamente.** Se você discorda das pessoas, diga algo diretamente a elas, em vez de falar pelas costas. Fofoca, traição e comportamento político terão impacto negativo em sua avaliação de desempenho e em sua carreira.

Corrija a tendenciosidade. Se as pessoas dizem ou fazem algo que lhe pareça tendencioso, corrija-as sem atacá-las, com o intuito de ajudá-las a aprender, não punir. Todos temos nossos próprios comportamentos tendenciosos e vamos nos mover na direção certa apenas quando corrigirmos as tendenciosidades uns dos outros.

4. **Respeite o consentimento.** É responsabilidade de quem toca estar ciente de como a outra pessoa se sente ao ser tocada. Se a outra pessoa não quiser ser tocada, não toque. Se você não tem certeza, não toque. Toque indesejado é motivo para demissão. Namorar em sua cadeia de comando, mesmo quando consensual, também é motivo para demissão. A dinâmica do poder pode dificultar a expressão de consentimento.

5. **Honre as verificações e o equilíbrio.** O poder não controlado corrompe e criamos uma estrutura que garante que nenhum de nós seja corrompido por ele. Ninguém aqui tem autoridade unilateral e ninguém está acima das regras. Se você notar um problema, terá várias opções de escalonamento. Comportar-se como se as regras não se aplicassem a você ou tentar evitar os controles que foram impostos à sua autoridade é motivo para demissão.

Observe o comprimento aqui. Eu estava orgulhosa de mim mesma por manter menos de 600 palavras. Como regra geral, sugiro não ir além de 600 — se quiser que as pessoas leiam e internalizem isso. Quando passam por vários níveis de aprovação, muitos códigos de conduta — mesmo os bons — são muito longos. Aposto que poucos funcionários leram esses documentos inteiramente. Por exemplo, o do Google é excelente e vale a pena ler, mas tem 6.322 palavras — 22 páginas. Pense em todos os documentos nos quais você clicou sem absorver muita coisa.

É importante notar que a equipe não gostou do meu primeiro projeto. Sua equipe provavelmente não vai adorar o seu também e está tudo bem. No momento da redação deste artigo, eles ainda o estão editando. O feedback mais importante veio da coach da Candor, Melissa Andrada. Ela ressaltou que este código não era ambicioso. Não articulou valores e tampouco estabeleceu uma base de comportamento. A equipe da Radical Candor criou algo mais curto, mas eu suspeito que é curto demais:

> O poder é ruim.
>
> A inclusão é boa.
>
> Esteja aberto a novas perspectivas.
>
> Cuide pessoalmente.
>
> Desafie diretamente.

Não recomendo que você adote nenhuma das versões, por várias razões. Primeiro, elas ainda são rascunhos. Mas mesmo que fosse a versão final e aprimorada dos documentos, você não quer ter códigos de conduta de outro líder como seu ponto de partida. É melhor começar do zero com o seu próprio. É muito provável que você obtenha adesão da sua equipe se (1) ele refletir coisas em que acredita realmente, em vez de coisas copiadas e coladas de outrem, (2) ele refletir em que a *sua equipe* realmente acredita (por isso eles devem estar envolvidos no projeto), e (3) sua linguagem e princípios refletirem claramente a cultura da sua equipe.

PROCESSOS JUSTOS E CONSEQUÊNCIAS POR VIOLAR O CÓDIGO DE CONDUTA

Um código de conduta faz as regras de engajamento serem claras. Ele pode ajudá-lo a criar uma cultura em que os problemas são menos propensos a aparecerem em primeiro lugar. Candidatos que discordam do código podem decidir não trabalhar na sua empresa. Funcionários que discordam do código podem se demitir. E, se esses funcionários se recusarem a cumprir o código e não se demitirem, você tem o direito de fazê-lo, se tiver deixado claras as regras. No entanto, não importa o quão claro e razoável seja o seu código, uma coisa é certa: ele será violado — muitas vezes de forma que você não poderia prever. O comportamento humano é infinitamente surpreendente, às vezes de maneiras que inspiram, outras vezes de maneira que horrorizam, confundem e enojam. Deve haver consequências por violar o código de conduta. E chegar a consequências justas e razoáveis em resposta aos tipos de situações difíceis que surgem é *muito* mais fácil se você tiver pensado sobre os princípios e os comunicado aos funcionários *antes* de tentar descobrir o que fazer a respeito do comportamento horrível inesperado de alguém.

As pessoas podem ser demitidas por violarem o código de conduta. Mas não caso tenham sido apenas *acusadas* de violá-lo. Como chefe, é seu trabalho garantir que todas as reclamações sejam tratadas de maneira justa.

Além do código de conduta, portanto, você também precisa projetar um sistema justo para decidir o que o viola ou não. Como líder, terá que criar um sistema para fazer julgamentos caso a caso e é importante que todos entendam o processo para fazê-los. Dica útil: Não decida unilateralmente ou renuncie inteiramente. O seu processo não pode ser "confie em mim, eu sou um bom líder" ou "eu não sei, o RH vai descobrir".

É vital para as pessoas que trabalham com você terem confiança no processo. Uma causa comum de desconfiança é a crença de que o RH se reporta ao CEO — que muitas vezes é um dos maiores violadores do código, assim como os executivos seniores que o CEO protege. Embora o RH leve a culpa, os verdadeiros culpados aqui são os conselhos de administração, que não conseguem responsabilizar os CEOs e suas equipes. Quando o RH se reporta ao CEO, estamos pedindo ao funcionário que responsabilize o seu chefe. Isso não é razoável. Mais informações sobre como o design organizacional pode resolver esse problema são discutidas no Capítulo 6.

O Que Você Faria?

Você gerencia o departamento de TI de uma grande empresa. Um de seus funcionários, Paul, vai a uma reunião na qual os recrutadores pedem aos funcionários que indiquem mais mulheres. Paul odeia ir a reuniões em geral e está particularmente mal-humorado com esta.

"Direi por que não há mais mulheres em nosso departamento!", Paul explode. "É porque, salvo raras exceções, mulheres não são boas com computadores! Começa cedo, quando as crianças têm cerca de 10 anos, e aumenta com o tempo. Estou farto de todos tentarem negar os fatos básicos da biologia aqui."

Paul poderia muito bem ter jogado uma granada na sala. Tudo explode e a reunião termina.

Você conversa com Paul. Explica que ele violou o código de conduta. Você aponta para a parte que diz: "Os funcionários devem tratar os outros com respeito. Não permitimos intimidação, discriminação ou assédio no local de trabalho."

"Eu não estava sendo desrespeitoso, apenas disse a verdade!", Paul diz. "Não posso fazer nada se o pessoal do politicamente correto não gosta de ouvir os fatos."

"Não é um fato que mulheres não são boas com computadores. Esta é a sua opinião, que muitos dirão ser preconceituosa, e você não tem o direito de impô-la aos outros."

"Ah, ótimo, agora você está retirando meus direitos da Primeira Emenda?"

"Seus direitos da Primeira Emenda são políticos, não direitos no local de trabalho. Se você disser coisas que criem um ambiente de trabalho hostil, pode ser demitido pelas razões a seguir. Um, criar um ambiente de trabalho hostil que viola o código de conduta, o qual você leu e assinou antes de aceitar o emprego. Dois, isso cria uma responsabilidade legal para a empresa. Três, torna impossível fazer nosso trabalho. Fere a capacidade da equipe em colaborar quando você não respeita cada um de seus membros individualmente. Quatro, posso ser responsabilizado *pessoalmente* se não agir e este não é um risco que estou preparado para assumir."

"Então você está me demitindo?"

"Não. *Estou*, no entanto, avisando-o de que se você continuar impondo seus preconceitos sobre mulheres e suas habilidades sobre computadores aos seus colegas, você será demitido."

Paul deixa seu escritório bufando. A próxima coisa que você sabe é que ele postou artigos sobre mulheres e QI na intranet da empresa. Um motim virtual estourou, envolvendo não só o departamento de TI de Paul, mas também a equipe de vendas e o departamento de marketing. Logo, o RH entra em ação, tentando acalmar as coisas. Agora, Paul não apenas está desperdiçando o tempo da sua equipe, como também o de dezenas de outras.

Você sabe que se demitir Paul, o que parece altamente provável, ele vai alegar que foi vítima da cultura do politicamente correto. Não é bem assim. Se você decidir demitir Paul, não será por causa das crenças dele.

Você o estaria despedindo por tentar impô-las a outros por meio da intranet da empresa de uma forma que seria disruptiva e prejudicial para a produtividade da equipe. Se os funcionários fossem nudistas, eles não seriam demitidos por suas crenças. Mas seriam demitidos se insistissem em ir trabalhar nus ou por postarem nudes na intranet.

Munido com essa analogia, você vai falar com Paul.

LÍDERES E BULLYING: APLICANDO CONSEQUÊNCIAS

Seria ótimo se você evitasse contratar valentões. Infelizmente, bullying é um comportamento, não um tipo de personalidade; embora algumas pessoas sejam mais propensas a isso, todos o adotamos de vez em quando pela simples razão que pode ser uma forma eficaz de estabelecer ou manter o status, ou coagir outras pessoas. E o bullying continuará até que você, como líder, deixar claro que ele não funcionará na sua empresa.

O bullying cria uma atmosfera de medo que mina o sucesso da equipe. Se você não criar consequências para o comportamento coercitivo, dominador, retaliatório e intimidador, *você*, como responsável pelos resultados da sua equipe, encarará as consequências. Muitas vezes, o bullying confere status, mas raramente melhora a performance. Muitas vezes, o bullying encobre a ignorância, incompetência, insegurança ou, simplesmente, a preguiça. Você deve colocar um fim nisso pela sua equipe.

Uma pesquisa do Workplace Bullying Institute, de 2017, relata que uma média de 19% dos norte-americanos sofrem bullying no trabalho e outros 19% já o testemunharam. No total, o bullying no local de trabalho afeta 60 milhões de pessoas. Setenta por cento dos valentões são homens (sendo 61% de chefes), e 60% de quem sofre são mulheres. E 45% das pessoas relataram um aumento do bullying no local de trabalho nos últimos anos.[9]

Uma das coisas que torna difícil lidar com o bullying é que quase ninguém pensa que já intimidou alguém no trabalho — 1 a cada 200 pessoas, de acordo com a pesquisa do Workplace Bullying Institute.[10]

Mas, de acordo com a mesma pesquisa, quase metade desses entrevistados respondeu que já foi intimidada ou testemunhou bullying. Como isso é possível? Talvez as pessoas que intimidam sejam incrivelmente enérgicas e intimidem o tempo todo. Ou, o que é mais provável, talvez todos façamos isso de vez em quando e sem ter consciência de como nosso comportamento afeta os outros. É fácil reconhecer quando outras pessoas o fazem e difícil estar ciente do nosso próprio bullying. E *ambos* podem ser reais. Pode ser que grande parte do bullying seja cometido por "infratores reincidentes", pessoas que intimidam conscientemente. Mas ao menos *algum* bullying acontece quando as pessoas que não se veem como agressores se comportam de maneira agressiva — como eu fiz com Russ na história anterior.

Se você é um líder e o comportamento de alguém lhe parece indevidamente coercitivo, é seu trabalho confrontar a situação. Você pode acabar aprendendo que entendeu mal a dinâmica — há uma linha tênue entre o conflito e o bullying. Mas a única forma de saber é conversando com ambas as partes. Se você estiver errado, ao menos enviou um sinal de que (1) está buscando conter o bullying ativamente e (2) é seguro para as pessoas o abordarem se sentirem que foram intimidadas.

Se você não mantiver um olhar atento ao comportamento intimidador, provavelmente não vai notá-lo; pessoas que costumam intimidar "mordem e assopram". É por isso que é ainda mais importante que a sua intolerância ao bullying seja amplamente entendida por toda a equipe. Se você se calar quando estiver presente, isso não refletirá bem em sua liderança — ou em sua compreensão da equipe e sua dinâmica. Se você quer que as vítimas e/ou os defensores o informem de que está acontecendo bullying pelas suas costas, precisa mostrar que se importa com isso. Se ignorá-lo quando acontecer, é menos provável que o procurem quando precisarem de ajuda.

CRIANDO CONSEQUÊNCIAS PARA O BULLYING: CONVERSAÇÃO, REMUNERAÇÃO, CARREIRA

É trabalho do líder criar um ambiente onde os comportamentos coercitivos e intimidadores causem resultados negativos. Isso ocorre apenas quando os líderes criam consequências reais para o bullying. No mínimo, quando as pessoas cometem bullying, ele deve ter um impacto negativo sobre elas, não sobre as pessoas que estão intimidando. Como líder, você tem três níveis à sua disposição: conversação, remuneração e avanço na carreira.

Conversação: criando consequências
sem se tornar um intimidador

Como líder, sua primeira resposta ao bullying deve ser falar com o agressor e dar um feedback claro. As pessoas que intimidam ficarão na defensiva. Eles podem dizer que não perceberam que ultrapassaram os limites ou, simplesmente, negar. Ou podem argumentar com alguma versão de "estou fazendo o necessário para ter resultados. Se os outros não conseguem aguentar, devem procurar um outro lugar para trabalhar".

Não os deixe sem punição. Reitere o que você reparou e como isso afeta negativamente a equipe. Então explique que se o comportamento continuar, será anotado na sua avaliação de desempenho, afetará sua remuneração e até o seu futuro na empresa.

É igualmente importante acompanhar as pessoas que foram importunadas para entender como vivenciaram a situação e para que saibam que você as protege. Se a pessoa que praticou o bullying o fizer novamente, aplique as consequências estabelecidas.

Remuneração: Não dê aumentos, bônus ou classificações
de alto desempenho para pessoas que intimidam

A remuneração mostra o que o líder valoriza. O comportamento não corrigido é um comportamento aceito. O comportamento recompensado é o comportamento solicitado. Nunca dê um aumento ou bônus a quem intimida seus colegas ou funcionários. Em muitas empresas, as pessoas que intimidam e rebaixam colegas e funcionários podem continuar a fazê-lo, desde que obtenham resultados. Eles podem receber feedback do dano que estão causando, mas se a sua avaliação de desempenho e bônus forem baseados em seus números, e não no comportamento, este não mudará. Por fim, ninguém quer trabalhar com esses valentões; funcionários de valor se demitirão. Com o tempo, conforme as melhores pessoas se recusarem a trabalhar com eles, a performance do valentão sofrerá. Mas o processo é tão gradual que nem o valentão, ou seus chefes, fazem a conexão entre o bullying e a performance. Após anos sendo recompensados pelo seu comportamento, eles serão punidos por isso e não conseguirão o ótimo bônus em um ano. Mas eles se comportaram exatamente da mesma forma que no ano anterior: a punição parece arbitrária para a pessoa que fez o bullying. De qualquer forma, as vítimas do bullying foram embora, a pessoa que o pratica não aprende a tempo de mudar e os resultados são prejudicados.

É fácil dizer que as pessoas que maltratam seus colegas e empregados não deveriam receber aumentos ou bônus. Mas é ainda melhor criar um sistema que desencoraje o bullying explicitamente. Certa vez, passei um tempo trabalhando no sistema de avaliação de desempenho em uma empresa que admiro. Todo o processo de avaliação de desempenho dos funcionários era impressionante, mas o que realmente chamou minha atenção foi o compromisso em colocar o trabalho em equipe no mesmo nível dos resultados. Mesmo que atingisse todas as suas metas de desempenho, ainda obteria uma classificação ruim se não fosse um bom colega de equipe, conforme medido pela avaliação de seus pares em um processo de revisão 360°. Uma pontuação baixa no trabalho em equipe tem um custo alto — sem bônus, sem aumento. Se o funcionário não melhorasse esse número nas revisões subsequentes, seria demitido. E o chefe não conseguiria determinar unilateralmente quem estava fazendo o bullying e quem não estava; a avaliação dos colegas era fundamental.

Isso foi importante para a empresa inteira. Foi bom para os líderes, porque deu força para o seu feedback sobre bullying. Foi bom para as pessoas que seriam intimidadas se esse tipo de comportamento não fosse desencorajado. Em muitos casos, foi bom até para as pessoas que o praticavam. Forçá-los a desenvolver conhecimento e competência, em vez de tentar dominar ou coagir seus colegas, aumentou sua autoconfiança. E foi bom para a empresa, porque ajudou a eliminar o bullying e a melhorar seus resultados.

Atlassian, uma empresa australiana de software empresarial, fornece outro grande exemplo de um sistema de gestão de desempenho que pune ativamente o bullying. A empresa projetou explicitamente seu sistema de avaliação de desempenho para eliminar o "babaca brilhante", a desgraça de tantas empresas de tecnologia. O chefe global de talentos da Atlassian, Bek Chee, explicou que os gerentes avaliam os funcionários em três dimensões diferentes: como demonstram os valores da empresa, como atendem às expectativas de sua função e a contribuição que fazem para a equipe. Os funcionários recebem uma classificação separada para cada uma dessas áreas, não apenas uma classificação média.[11]

Dar três classificações, em vez de somente uma, pode ser uma boa forma de evitar a tendenciosidade dos sistemas de recrutamento e avaliação de desempenho. Seja específico sobre o que você está procurando, mesmo que as qualidades sejam subjetivas, e dê classificações numéricas para cada uma, em vez de uma classificação geral.¹²

Avanço na carreira: Não promova pessoas que intimidam

Não promova valentões. Simples assim. Dê a eles feedback, encorajamento, metas. Se o comportamento não mudar, demita-os. O dano a longo prazo que essas pessoas causam não vale qualquer resultado trimestral que possam vir a ter. Como muitos líderes já observaram, é melhor ter uma vaga do que um idiota em sua equipe*.

Quando entrei para uma grande empresa de tecnologia, trabalhei com Roy, um valentão particularmente prodigioso, especialmente com mulheres. Um homem com quem trabalhei comentou, "bem, nunca tive problemas com Roy, mas nunca conheci um executivo que seja mais odiado pelas mulheres". Aqui estão algumas das coisas que vi. Cada interação era uma oportunidade para ele incomodar as mulheres. Seu trabalho exigia viagens frequentes ao Japão. Dirigindo do aeroporto para Tóquio, ele apontou todos os motéis ao longo do caminho. Ele adorava começar o que chamava maliciosamente de "catfights" [briga de gatos] entre as mulheres no escritório. Certa vez, ele me disse que sabia que eu odiava secretamente outra mulher de nossa equipe. Quando eu garanti que, de fato, gostava e respeitava aquela mulher, ele começou a falar mal dela para mim, perguntando como eu poderia apoiar alguém que foi promovida em vez de mim, sem merecer. Quando discordei novamente, ele ficou visivelmente irritado. Em outra ocasião, Roy ficou em um palco na frente de alguns milhares de pessoas rodeado por subordinados. Ele olhou para a direita e para a esquerda, e sorriu de um modo sinistro e disse: "Ooooh, as mulheres se vestiram especialmente para mim hoje", como se ele fosse um cafetão em vez de um executivo de tecnologia.

Mesmo que a empresa se orgulhasse de ser um lugar onde ninguém teria que suportar idiotas, Roy continuou sendo promovido.¹³ A mensagem que eles queriam passar era "não seja um babaca", mas as promoções de Roy contavam uma história diferente: babacas progridem. As pessoas pararam de

---

* "Have a hole than a asshole", no original, em inglês. (N. da T.)

tentar confrontar o seu bullying porque não apenas estava funcionando para ele, como ele também estava sendo *recompensado*. O que fez mais pessoas pensarem que precisavam ser como Roy para progredir: abusivo e dominador.

À medida que era promovido, o comportamento de Roy foi de mal a pior; ele começou a fazer bullying com homens tanto quanto fazia com as mulheres. Foi aí que a ficha caiu para Roy. Eu deixei a empresa para me livrar de Roy e me juntei a um concorrente. O CEO dessa empresa tentou contratar um dos assistentes de Roy, um homem muito respeitado. Quando Roy descobriu, ele ligou para o CEO e disse que deveriam contratá-lo, não seu assistente. O CEO ficou horrorizado e disse não. Mas as notícias sobre o que Roy tinha feito correram e aquilo foi o início do fim para ele.

Quando ele abusava de mulheres, aquilo era visto apenas como Roy sendo Roy. Mas quando começou a afetar os homens, a direção lhe mostrou a porta de saída. Quando Roy finalmente foi demitido, a empresa havia perdido vários de seus melhores profissionais, não "apenas" mulheres. Espero que, neste ponto do livro, eu não tenha que sublinhar as lições óbvias aqui, mas — apenas para garantir — vou. Valentões não escolhem pessoas do seu tamanho. Naquela empresa, as mulheres eram alvos seguros. Se a direção tivesse prestado atenção, teriam melhorado as coisas tanto para as mulheres quanto para os resultados financeiros. Eles finalmente se livraram de Roy, mas somente após ele ter custado muito à empresa. Roy também foi demitido do emprego seguinte, por bullying e comportamento antiético. Correlação não é causalidade, mas o bullying e os baixos padrões morais muitas vezes andam de mãos dadas.

LENGA-LENGAS SÃO UMA FORMA NÃO RECONHECIDA DE BULLYING

Todos podemos pensar no típico comportamento de bullying: apontar o dedo, xingar, gritar, ridicularizar, ameaçar e intimidar os outros. Uma forma particularmente insidiosa de bullying que é tolerada com muita frequência é o que eu chamo de lenga-lenga idiota.

A comediante Sarah Cooper esclareceu o que seria esse tipo de lenga-lenga idiota e o desastre que é para uma boa tomada de decisões e para a justiça. Você já deve ter visto os vídeos dela no TikTok. Ela também explicou como esse tipo de conversa funciona no local de trabalho: "Quando trabalhei no Google, normalmente um gerente de produtos ia às reuniões, era redundante, usava um ou vários chavões, e saía parecendo um jogador--chave da equipe, apesar de ninguém ter certeza do que ele disse."[14]

Todos nós vimos alguma forma disso no local de trabalho. Frank Yeary foi um executivo sênior de finanças no Citigroup que liderou os esforços iniciais de diversidade e inclusão de sua empresa. Ele notou que, embora as mulheres tendessem a vir para as reuniões mais preparadas que os homens, eles falavam mais, inclusive interrompendo-as caso elas tentassem se manifestar. Isso não era apenas ruim para a carreira delas, explicou ele, mas também para o banco.

Em estudos sobre a efetividade da equipe, a professora da Carnegie Mellon University, Anita Woolley, descobriu que "contanto que todos tivessem a chance de conversar, a equipe se saía bem".[15] Mas se uma pessoa ou um pequeno grupo falasse o tempo todo, a inteligência coletiva declinava. O tempo de discurso não tinha que ser perfeitamente igual em todas as reuniões, mas no total tinha que se equilibrar.[16]

Os que empregam uma lenga-lenga idiota são, normalmente, de grupos super-representados. Em um estudo conduzido por John Jerrim e Nikki Shure, da University College London, e Phil Parker da Australian Catholic University, os pesquisadores perguntaram a homens e mulheres se eles eram especialistas em dezesseis tópicos distintos de matemática, três dos quais foram inventados. Os homens foram muito mais propensos a reivindicar experiência nesses tópicos inventados do que as mulheres, assim como os ricos em relação à classe média.[17] Além do mais, os pesquisadores descobriram que as pessoas eram mais propensas a apontar as besteiras naqueles que consideravam seus iguais do que naqueles que pensavam ter mais poder do que eles. Então, se você é um líder, precisa se certificar de que está criando as condições para que as pessoas alertem sobre as besteiras que diz.

Não ser alertado sobre essa lenga-lenga gera um excesso de confiança problemático. Isso pode funcionar a favor de quem fez a besteira em situações como entrevistas de emprego e pedidos de subvenção.[18] Mas é ruim para o sucesso dos esforços colaborativos, e para você como líder, se estiver contratando, escutando e promovendo as pessoas erradas.

Na escola secundária, participei das Simulações da ONU, nas quais aprendi uma lição que me ajudou muito durante toda a minha carreira.

Como a minha escola era exclusivamente de garotas, as Simulações da ONU eram uma das poucas oportunidades que tinha de competir com meninos. Nos primeiros três anos fui delegada e estava extremamente bem preparada, mas nunca consegui me diferenciar. Por outro lado, no meu último ano, estava muito ocupada me inscrevendo na faculdade e terminando com meu primeiro namorado para me preparar adequadamente, então tive que improvisar.

No passado, eu passava a primeira hora da sessão reunindo fatos e argumentos. Dessa vez, sem verdadeiros conhecimentos, fui obrigada a olhar ao redor em vez de procurar em minha mente e notei algo surpreendente. Os delegados mais falantes não tinham ideia do que estavam falando. Eles apenas inventavam coisas e trocavam insultos uns aos outros. Diabos, eu podia fazer aquilo! Não importava que eu não estivesse preparada; na verdade, foi útil não ser restringida pela realidade.

Tentei ser pedante. Lancei alguns insultos gratuitos misturados com "fatos" inventados e palavrões. Consegui muitas risadas. Encorajada, continuei. Quando o dia acabou, porém, senti-me um pouco envergonhada de mim mesma. Não fui à cerimônia de premiação e, com certeza, alguém me denunciaria pelo mau comportamento. Em vez disso, recebi um telefonema. Onde eu estava? Ganhei o prêmio de melhor delegada!

Para mim, esse caso me serviu de lição em diversos aspectos. A preparação não é suficiente; a capacidade de se afirmar também é crítica. Mas eu não queria ter que escolher entre ser um ratinho estudioso e uma artista da lenga-lenga idiota: eu queria ter algo inteligente para oferecer e, em seguida, ter essa contribuição reconhecida.

Em vários pontos da minha carreira, tenho visto pessoas inventarem coisas e se safarem porque projetam confiança e dispensam ou insultam qualquer um que as desafie. Líderes, tomem nota: Esta abordagem é muito mais efetiva do que deveria ser. É seu trabalho criar consequências para isso, para que a lenga-lenga idiota não tome conta da sua empresa.

Ela impede que uma equipe tome as melhores decisões. Portanto, é ineficaz. E também é injusta porque só funciona para os babacas que estão no grupo dominante. Pessoas sub-representadas raramente conseguem se safar desse tipo de discurso idiota. A resposta não é deixá-las se safar assim. A resposta é eliminar a lenga-lenga idiota.

Como líder, é seu trabalho garantir que todos se sintam confortáveis em participar de reuniões online ou offline e também nas idas e vindas diárias de conversas de trabalho. Aqui estão algumas coisas que você pode fazer.

Compartilhe a pesquisa

Ajude as pessoas a entenderem por que elas precisam contribuir mais, menos ou de forma diferente, e a criarem estratégias que alterem o padrão da lenga-lenga idiota. Compartilhe pesquisas que mostrem por que é importante que todos em uma equipe tenham oportunidades de contribuir para a conversa.[19]

Dê voz aos quietos

Pergunte o que você pode fazer para tornar o ambiente mais confortável para os mais calados. Jony Ive, ex-diretor de design da Apple, disse que um dos trabalhos dos líderes é "dar voz aos mais calados". Como você pode fazer isso? Annie Jean-Baptiste, chefe de inclusão de produtos no Google, e introvertida, teve um gerente, Seth van der Swaagh, que reparou que ela ficava quieta durante as reuniões. Ele perguntou a ela: "Quantas vezes você teve uma ideia e outra pessoa a apresentou, mas você estava com medo de falar?" Então, ele perguntou a ela: "Está tudo bem se, de vez em quando, eu lhe perguntar diretamente nas reuniões se tem algum pensamento que gostaria de compartilhar?" Ao criar um espaço que permitiu a Annie falar, ele criou um círculo virtuoso. Quanto mais ele pedia a opinião dela, mais ela falava; quanto mais ela falava, mais confortável se sentia falando. Era como ganhar musculatura: sua voz ficou mais forte com o tempo. Também é útil enviar a agenda com antecedência, para que introvertidos e outras pessoas que muitas vezes precisam processar informações antes de chegarem ao local tenham tempo para prepararem o que querem dizer.

Bloqueie a lenga-lenga

Se uma pessoa está dominando a conversa, interrompa-a gentilmente e diga que você gostaria de ouvir todos. Coisas simples podem ajudar, como fazer uma pergunta e, em seguida, percorrer a sala e dar a todos um período de tempo para responder. Quando lecionei na Apple University, um professor experiente me ensinou a bloquear o corpo de pessoas que não queriam calar a boca — literalmente, você anda e para em frente a elas. Se elas ainda não entenderem a dica, o professor acrescentou, levante a mão em um gesto de "pausa" e diga que gostaria de ouvir os outros na sala.

Incentive as pessoas a controlarem o tempo de seu discurso

Existem várias formas de controlar o tempo que as pessoas podem usar para descobrir quanto estão falando. Isso é especialmente importante em reuniões virtuais que são ainda mais prováveis de serem dominadas por uma pessoa do que nas reuniões presenciais. Se o Zoom, Google Hangouts, Microsoft Teams e outros serviços de videoconferência oferecessem um relatório de horário de exibição privado para pessoas que usaram mais de três vezes o seu "tempo de transmissão" em uma reunião, seria um grande serviço para a eficácia e inclusão da equipe. É claro que você não quer ficar obcecado com medidas. Pode haver um bom motivo pelo qual uma pessoa está falando muito, e outra não, em uma reunião específica. Mas seria útil pedir às pessoas de sua equipe para se monitorarem.[20]

Preste atenção à linguagem corporal

Às vezes, você pode não saber o suficiente sobre um tópico para identificar um pedante habilidoso. Mas é provável que outros o façam, e sua linguagem corporal vai denunciá-lo. Repare como os colegas respondem à pessoa que controla os holofotes. Eles estão revirando os olhos ou cruzando os braços e não dizendo nada? Convide-os a falar.

Garanta que todos façam o dever de casa

Uma das coisas mais frustrantes que acontece nas reuniões que são convocadas para discutir um determinado documento é que apenas metade dos participantes o leu, mas muitas vezes aqueles que não leram ainda "contribuem" mais do que aqueles que o fizeram. Aqui há duas soluções. Diga às pessoas para não irem à reunião se não tiverem lido o documento. Ou reserve às pessoas uma "sala de estudos" no começo da reunião para lerem o documento.[21] Eu gosto da última solução, porque o tempo de preparação para as reuniões é embutido no horário da reunião, em vez de tarde da noite, quando as pessoas deveriam estar dormindo.

QUANDO DEMITIR ALGUÉM?

Não castigue a tendenciosidade excessivamente. Se as consequências de dizer algo tendencioso forem terríveis demais, interromper a tendenciosidade não funciona: os colegas não querem jogar pesado e torna-se muito perigoso para as pessoas admitirem que erraram. A menos que a tendenciosidade seja crônica e a pessoa que causou o dano se recuse a resolver o problema, a tendenciosidade inconsciente não precisa ser punida formalmente. Quando você está lidando com tendenciosidade, e não com preconceito ou bullying, é relativamente improvável que você tenha que demitir alguém.

Haverá algumas pessoas em sua equipe cuja tendenciosidade é inabalável. Alguns podem continuar a impor suas tendenciosidades aos outros. Alguns podem não parar de usar táticas de bullying. Talvez eles não queiram aprender. Talvez não possam. Aqui chegamos a uma das decisões mais difíceis que temos que tomar como líderes: quando despedir uma pessoa porque suas atitudes e comportamento não mudam e estão arrastando a equipe para baixo e criando um ambiente de trabalho hostil. Se você deu feedback às pessoas de que a maneira como estão falando com os colegas é inaceitável, tomou medidas para ajudá-las a aprender e falou com elas sobre como elas parecem não estar aprendendo, então você tem um problema de desempenho e é seu trabalho agir.

Em *Empatia Assertiva* fiz três sugestões para demitir pessoas que podem se aplicar aqui:

1. Seja honesto.

    Dê feedback suficiente à pessoa para que ela tenha uma chance justa de resolver o problema.

    Não tome a decisão unilateralmente — certifique-se de convidar outras pessoas para questionarem a sua decisão. No caso de tendenciosidade, isso é especialmente importante.

2. Não espere muito tempo.

    Dê à pessoa uma chance de resolver o problema, mas não um número infinito de chances.

Dar muitas chances não é justo para o resto da equipe. E tampouco é bom para a pessoa que está fazendo um trabalho ruim e não consegue melhorar.

3. Seja amável.

Lembre-se de que você ainda pode se preocupar com a pessoa que está demitindo. Pense nas coisas que você aprecia na pessoa e dê voz a elas; não ceda à narrativa tentadora de que você está despedindo a pessoa por ser um humano horrível.

Acompanhe. Isso é difícil, mas se você puder enviar um e-mail às pessoas um mês depois de demiti-las e verificar como elas estão e se oferecer para fazer as apresentações que desejarem (contanto que não tenham se comportado de maneira que faria você se sentir desconfortável com isso), pode ser extremamente útil tanto para aquela pessoa quanto para aliviar a angústia que uma demissão pode causar à maioria dos gerentes.[22]

FOLHA DE COLA

Ao agir conscientemente e com intenção, os líderes podem minimizar as formas pelas quais as tendenciosidades distorcem a tomada de decisões e nos levam a agir de maneira irracional. Os líderes podem desenvolver um código de conduta que evite que algumas pessoas exijam que os outros se conformem com suas tendenciosidades. Quando os líderes criam uma cultura em que o respeito pela individualidade de cada pessoa é uma norma, todos podem se sentir à vontade para trabalhar e, portanto, fazer o seu melhor. Por fim, os líderes podem criar consequências para o bullying para que tal comportamento não destrua a capacidade de colaboração.

Como líderes, devemos encorajar e apoiar constantemente a individualidade de todas as formas que alimentam a possibilidade de colaboração e criatividade, ao mesmo tempo em que interrompemos comportamentos que são impensadamente coercitivos ou conformistas. Veja o gráfico na próxima página.

PROBLEMA

TENDENCIOSIDADE
SEM INTENÇÃO

PRECONCEITO
COM INTENÇÃO

BULLYING
MÁ-FÉ

RESPOSTA

INTERRUPTOR DE TENDENCIOSIDADE
Normas Destruidoras de Tendenciosidade

CÓDIGO DE CONDUTA
As Pessoas Não Devem Impor seus Preconceitos aos Outros

CONSEQUÊNCIAS CLARAS
Conversas, Compensação e Carreira

[TENDENCIOSIDADE PRECONCEITO BULLYING] ⚡ DISCRIMINAÇÃO ASSÉDIO VIOLAÇÕES FÍSICAS

PARTE DOIS:
Discriminação, Assédio e Violações Físicas

Como Administrar o Poder de Forma para ele Não Administrar Você

CUIDADO

PODER NÃO VERIFICADO

O poder é ruim. Isso é uma declaração discutível, mas vou dizê-la porque acredito no que Lord Acton disse: "O poder tende a corromper e o poder absoluto corrompe absolutamente."[1] A impotência também é terrível. Mas a solução para ela não é o poder. É o controle, a responsabilidade e a justiça. Quando os gerentes têm muito poder, rapidamente as coisas ficam ainda mais injustas e ineficientes. Tendenciosidades e preconceitos dão lugar à discriminação. O bullying dá lugar ao assédio verbal ou psicológico. O poder ilimitado, seja posicional ou físico, abre o caminho para toda a gama de violações físicas que vão desde o abraço assustador ao ataque violento.

Na falta de mecanismos que responsabilizem os gerentes e forneçam a todos os funcionários uma maneira confiável de denunciar comportamentos abusivos, a discriminação e o assédio são previsíveis. Se as pessoas puderem governar por decreto, a injustiça e a ineficiência prosperarão. A inovação vai sofrer. O moral vai despencar e seus funcionários mais talentosos e difíceis de substituir correrão para a saída. Seus funcionários mais vulneráveis, que não têm saída fácil, ficarão e sofrerão e, talvez, acabem processando você.

Gostamos de pensar que somos boas pessoas e, não importa as tentações que enfrentamos ou em que tipo de sistema nos encontremos, nos comportaremos como as pessoas boas que aspiramos ser. Porém, tanto a história quanto os experimentos psicológicos demonstram que nem sempre é esse o caso.

Um grupo crescente de pesquisas sugere que quanto mais poder a pessoa tiver, maior a probabilidade de a sua tomada de decisões ser prejudicada por tendenciosidades e preconceitos. A pesquisa também mostra que a tendenciosidade e o preconceito, em vez de uma tomada de decisão racional, muitas vezes influenciam como os recursos são alocados.[2]

O aumento de poder também significa o aumento de bullying quando a pessoa que tem o poder se sente insegura, incapaz de controlar as coisas e desrespeitada. E quem não se sente inseguro, ao menos algumas vezes? Uma pesquisa com 775 trabalhadores corporativos relatou que comportamentos rudes e incivis são 3 vezes mais prováveis de vir de pessoas que estão *acima* deles nas empresas.[3] Ter poder enquanto se concentra na proteção da posição elevada promove o mau comportamento.

As formas diferentes pelas quais o poder acaba levando à queda dos poderosos são bem explicadas em *The Power Paradox* [*O Paradoxo do Poder*, em tradução livre] do psicólogo de Berkeley Dacher Keltner. Os que têm o poder tendem a despersonalizar os que não têm. Conforme as pessoas ganham poder, muitas vezes começam a adotar comportamentos que provavelmente farão com que o percam.[4]

O poder não só corrompe, como também não funciona tão bem a longo prazo. Como escreve o autor Moisés Naím em seu livro *O fim do poder*: "O poder não compra mais tanto quanto antes... De salas de reuniões e zonas de combate ao ciberespaço, as batalhas pelo poder estão mais intensas do que nunca, mas estão produzindo retornos cada vez menores... Entender como o poder está perdendo seu valor — e enfrentar os difíceis desafios que isso representa — é a chave para dar sentido a uma das tendências mais importantes que remodelam o mundo no século XXI."[5]

Em uma economia saudável, com funcionários que se sentem confiantes em suas habilidades e seu futuro, Naím argumenta, o trabalho em equipe supera as hierarquias de comando e controle do passado. Em sistemas onde uma pessoa domina, a dissidência é esmagada, a conformidade se instala e as habilidades e o conhecimento de todas as outras pessoas não são utilizadas de forma adequada. O resultado é a estagnação.

A força da sua equipe depende de cada indivíduo, e a força de cada um depende da equipe. E diferente de lobos, lagostas ou outros animais, não temos que nos organizar em hierarquias de dominação grosseiras para fazer as coisas. Somos humanos com a língua falada, livros e supercomputadores em nossos bolsos. Podemos criar ambientes de trabalho nos quais todos possam estar em sua plenitude e, assim, fazer o seu melhor — tornando o todo maior do que a soma de suas partes.

Mas para que isso aconteça, os líderes esclarecidos devem adotar o controle e o equilíbrio em seu próprio poder ou se arriscarão a esmagar os indivíduos e o potencial da sua equipe para dar uma colaboração eficaz.

6

O Papel do Líder na Prevenção da Discriminação e do Assédio

Aplique as Verificações e o Equilíbrio; Quantifique a Tendenciosidade

Definirei *discriminação* como excluir os outros das oportunidades.[1] A discriminação acontece quando você adiciona poder à tendenciosidade ou ao preconceito. O *assédio* é a intimidação a outros de uma forma que crie um ambiente de trabalho hostil.[2] O assédio acontece quando você adiciona poder à tendenciosidade ou ao bullying. Este capítulo vai cobrir o assédio verbal e psicológico. O assédio físico e a violência serão cobertos no Capítulo 8.

É Difícil Ser o Chefe

Cofundar minha primeira empresa me deu a chance de estabelecer um sistema de remuneração justo e transparente. Isso foi importante para mim. Aquele primeiro emprego que eu tive após a faculdade não foi a primeira vez em que fui mal paga. Achei que trabalhar para uma mulher resolveria o problema, e entrei para uma startup com uma CEO que era mulher. Após alguns meses naquele trabalho, descobri que estava ganhando 30% a menos que meu colega, um homem. Quando perguntei por quê, ela respondeu, "você não tem uma mulher e um filho para sustentar". Não quero considerar as mulheres como mais elevadas do que os homens. Ela me pagou menos do que meu colega, que era homem, pelo mesmo motivo que meus outros chefes pagavam: porque ela podia. Ainda assim, foi um momento particularmente desanimador.

Nesse novo empreendimento, disse a mim mesma, *nenhuma mulher será mal paga sob o meu comando*. Foi aí que minha Coragem Institucional começou.[3] Infelizmente, também foi ali que terminou. Líderes que praticam a Coragem Institucional alavancam sua autoridade para serem proativos na abordagem e na prevenção de injustiças no local de trabalho, incluindo sexismo e racismo.[4] A Coragem Institucional é do interesse da instituição a longo prazo; seu oposto, a Deslealdade Institucional, visa encobrir transgressões, traumatizando as vítimas novamente e, muitas vezes, destruindo a instituição no longo prazo.

Aqui estão apenas algumas das muitas maneiras pelas quais não consegui evitar a discriminação e o assédio em minha própria empresa, apesar de minha determinação em criar um ambiente de trabalho justo.

Alex, um de meus vice-presidentes, estava fazendo um trabalho terrível. Deixei bem claro que se ele não mudasse as coisas, haveriam consequências. Quando ele continuou insuficiente, eu o avisei de que ele corria o risco de ser demitido. Quando conversamos sobre como ele precisava melhorar, perguntei a Alex o que eu poderia fazer ou deixar de fazer para ajudá-lo. Parte da minha filosofia da Radical Candor é encorajar os funcionários a oferecerem uma crítica clara a seus chefes.

"Você sabe qual é o problema?", ele perguntou.

"Não. Me diga."

"O problema", ele exclamou, pontuando a palavra ao apontar o indicador em direção ao meu peito, "é que você é *a — mulher — mais — agressiva* que já conheci!"

Esse cara foi um líder sênior em uma empresa de tecnologia onde executivos jogavam cadeiras nas pessoas. Nossa indústria era agressiva. Ele tinha que ser agressivo para fazer o seu trabalho. Então, o problema dele não poderia ser a minha agressão. O problema é que eu era uma *mulher* agressiva. E esse era o *seu* problema porque o meu gênero não mudaria. Mas também era problema meu, porque se ele me intimidou assim, como trataria as mulheres que não eram suas chefes? E como esse tipo de comportamento afetaria a capacidade da equipe de atingir seus objetivos?

Era meu trabalho resolver o problema, mas eu não tinha ideia de como.

A resposta eficaz teria sido sentar com ele e explicar por que o jeito que ele falou comigo era tão problemático, e que se ele tratasse outras mulheres da maneira que ele acabou de me tratar, estaria fora do emprego. Para usar uma declaração "ser/isso" apoiada por um código de conduta. Mas eu não sabia sobre declarações na época e não tinha escrito um código de conduta. Eu deveria ter sido direta — "agressiva", Alex teria dito — mas também claro que acreditava que ele poderia melhorar e que estava disposta a ajudá-lo a fazer isso.

Em vez disso, ignorei a forma como ele falou comigo e mantive o foco no motivo pelo qual o chamei para discutir: seu péssimo desempenho. Naquele momento, minha escolha pareceu apropriada: mantive a calma e não me permiti ser distraída do propósito original da reunião. Em retrospecto, no entanto, eu estava simplesmente ignorando o seu comportamento agressivo — fingindo que nada tinha acontecido. Como pessoa prejudicada, ignorar a forma como ele falou era meu direito. Mas agora eu era a líder e não estava fazendo o meu trabalho.

Alguns dias depois, após uma reunião geral, Alex estava sentado em uma mesa que estava sobre a lata de lixo. Madeline, uma jovem da equipe, foi até ele com um par de crostas de pizza, claramente querendo jogá-las fora.

"Com licença" — ela gesticulou para a lata de lixo —, "eu preciso..."

"Colocar entre as minhas pernas?"

Como líder, era meu trabalho avisar a Alex ali que aquela não era uma forma aceitável de se falar com Madeline e informá-lo que o acompanharia em uma conversa particular e mais longa. Se os interruptores de tendenciosidade são importantes, os de assédio são ainda mais. Em vez disso, eu não disse nada. Por quê?

Recebi esse tipo de comentário durante toda a minha vida e me acostumei tanto a ignorá-los que mal os notei. Essa foi a casca que desenvolvi como uma pessoa prejudicada. Mas, mais uma vez, precisava responder como líder, de uma forma que evitasse esse tipo de besteira em minha empresa novamente.

Madeline estava no início de sua carreira e, em meio à pressão e ao caos da nossa startup, eu não fui muito acessível. Também não havia equipe de RH; éramos uma empresa pequena. Se ela quisesse reclamar da observação de Alex e/ou da minha falta de resposta, devia abordar a mim ou ao cofundador, um homem. Não surpreendentemente, ela não disse nada.

Muito mais tarde, porém, fizemos uma série de demissões, nas quais ela foi incluída. Depois que a despedi, ela me disse que sentia que eu havia contribuído para um ambiente de trabalho hostil para as mulheres. Minha primeira resposta foi negar que tal coisa pudesse ser verdade. Veja o que eu fiz para garantir que as mulheres fossem pagas de maneira justa!

"Bem, isso não significa que o assédio não aconteça aqui ou que você esteja prestando atenção a ele", Madeline replicou.

Agora minha negativa se tornou raiva. Embora contradissesse diretamente minha filosofia, pedi defensivamente (OK, gritei) exemplos. Por que respondi tão agressivamente a ela, mas tão mansa a Alex? Misoginia internalizada, receio. Eu não conseguia ver na época, mas em retrospecto, é muito claro.

Madeline não se intimidou. Ela trouxe um bilhete que Donny, um funcionário que eu havia demitido recentemente por má performance, mandou para uma colega, Alice. Concordei que o bilhete — que detalhava suas fantasias sexuais com Alice e deixava claro que ele sabia onde ela vivia — era seriamente perturbador. Mas Donny mandou o bilhete *após* ter sido demitido, eu a lembrei. Ele não tinha feito nada antes porque sabia que eu não o deixaria escapar impune, eu disse com grande hipocrisia.

Hoje, lamento a forma como respondi a Madeline. Ela estava me dizendo algo importante e eu estava me recusando a ouvir. Em vez disso, eu estava replicando o tipo de comportamento de chefe mau que estava determinada a evitar — como levantar a voz de forma agressiva quando criticada por uma mulher. Se eu tivesse ouvido Madeline em vez de calá-la, poderia ter tido a oportunidade de refletir em outras falhas de liderança de minha parte. Isso é óbvio para mim agora, mas eu estava em negação na época.

Por exemplo, em uma festa do escritório no ano anterior, reparei que Donny estava olhando descaradamente para a saia de Alice quando ela se curvou para um jogo da festa. Peguei o seu olhar e comecei a acenar para falar com ele, mas então ele olhou para mim também, como se para me fazer saber que ele estava olhando para a minha bunda também.

Então percebi que alguns homens da equipe também viram o que estava acontecendo. Um deles olhou para mim como se dissesse, *faça alguma coisa!*

Imediatamente, terminei o jogo, mas não confrontei Donny.

Nem abordei o assunto com Alice ou com o resto da equipe. Depois que ele me olhou maliciosamente, mudei para o modo "não ouça o mal, não veja o mal, não diga o mal" que costumava usar ao longo de toda a minha carreira.

Agora, no entanto, eu tinha autoridade para criar um tipo diferente de local de trabalho. Em vez de usar o poder para o bem, eu estava dizendo, "Em frente, galera, não há nada para se ver aqui" — mesmo que todos *tivessem* notado e, provavelmente, comentado sobre no café do dia seguinte.

Se meus funcionários estivessem seguindo minhas dicas sobre o tipo de empresa que nos tornaríamos, eu estava dando um exemplo desanimador.

Não surpreendentemente, Madeline não ficou satisfeita após sua rescisão e nossa troca subsequente: ela fez uma reclamação formal contra a nossa empresa; seguindo o conselho de nossos advogados, pagamos a ela uma pequena quantia e ela assinou um NDA (acordo de sigilo). Tenho uma vergonha profunda de admitir isso, mas é a verdade.

Se eu tivesse abraçado meu papel de líder desde o início, tanto Alex quanto Donny saberiam que eles não poderiam assediar mulheres e escapar impunes. Talvez isso tivesse impedido o comportamento deles; se não, teriam sido demitidos. Eu seria vista como uma defensora das mulheres da minha equipe, em vez de outra líder que não se importava o suficiente com a injustiça para evitá-la. E não teria tornado minha empresa legalmente vulnerável a um processo judicial. Embora o processo fosse o menor dos problemas. O problema real era que a equipe não estava funcionando tão bem quanto precisava para ter sucesso.

O resto deste capítulo cobrirá em detalhes as coisas específicas que eu poderia ter feito para construir um local de trabalho mais justo e evitar que a discriminação e o assédio acontecessem em minha própria empresa.

Mas antes de nos aprofundarmos em operações de negócios específicas, vamos começar com dois princípios abrangentes: aplicar os controles e o equilíbrio e quantificar proativamente a tendenciosidade.

CONTROLE E EQUILÍBRIO

Cada local de trabalho concede aos gerentes autoridade no organograma para tomar decisões que têm consequências profundas para aqueles que trabalham para eles. Tradicionalmente, os gerentes distribuem ou retêm recursos; eles determinam os bônus, quem fica com as atribuições favoritas, quem fica preso com o trabalho pesado e assim por diante. Isso torna arriscado para os funcionários denunciar assédio ou discriminação. Quando os gerentes tomam todas essas decisões unilateralmente, detêm muito poder. Eles podem usar esse poder para assediar ou intimidar os funcionários e não há muito que estes possam fazer, se quiserem manter seus empregos. Os funcionários ficam sem poder.

Nada disso é inevitável. Acontece como resultado das escolhas que fazemos sobre os nossos sistemas e processos de gerenciamento. Você pode criar controles e equilíbrios em seu projeto organizacional ou gerar um sistema que crie miniditadores. Se você fizer o último, o poder irrestrito que deu às pessoas torna o assédio muito mais provável.

Quando os líderes criam controles e equilíbrio em seus projetos organizacionais e de trabalho, ajudam a evitar que o poder corrompa suas equipes ou a si mesmos. Por exemplo, um controle do meu poder poderia ser um sistema de relatórios no qual Madeline confiasse. Isso teria dado a ela uma forma de relatar o assédio com segurança. Outro controle do meu poder, e também sobre o de Alex e Donny, poderia ser dar decisões de promoção a uma equipe, em vez de apenas ao líder. Quando as equipes tomam decisões de promoção, torna-se muito menos provável que a "disposição em tolerar o assédio" seja um dos critérios de promoção — o que não é um bom critério, para dizer o mínimo.

Muito já foi escrito sobre "empoderar" os funcionários. Pessoas sub-representadas não precisam ser instruídas a falar ou ser "empoderadas" ou "mais confiantes".[5] O que é necessário é lidar com as pressões que nos mantêm em silêncio. Quando as pessoas sub-representadas não forem mais assediadas ou discriminadas, a força e a confiança que já estão com elas brilharão.

Meu conselho aos líderes é este: pare de *desempoderar* funcionários ao dar muita autoridade unilateral aos gerentes. Você não está dando "voz às pessoas", mas sim colocando controle e equilíbrio para que o chefe delas não as castigue por falarem abertamente.

Controles e equilíbrio são importantes para alcançar resultados, assim como proteger os funcionários do assédio. Pesquisas mostram que equipes coesas e empoderadas superarão um grupo de indivíduos em uma ampla gama de tarefas.[6] Equipes de alto desempenho tendem a tomar decisões melhores do que indivíduos de alto desempenho.[7] Portanto, quando as equipes substituem a autoridade unilateral, melhores decisões de promoção serão tomadas *e* menos funcionários serão assediados.

Quando falo em controle e equilíbrio, refiro-me a sistemas de gerenciamento nos quais os líderes são responsabilizados por fazerem bem o seu trabalho, em vez de receberem poder ou autoridade unilateral. Isso significa que ninguém na empresa, incluindo o CEO, deve ser capaz de contratar, demitir, promover ou pagar outra pessoa sem supervisão. Devem existir mecanismos em que os funcionários confiem para denunciarem assédio ou violência sexual.

Esses tipos de sistemas de controle e equilíbrio já existem em muitas das empresas de maior sucesso no mundo. Estou mais familiarizada com os sistemas em vigor na tecnologia, em que trabalhei a maior parte da minha carreira. Sistemas de gerenciamento que tiravam a autoridade unilateral de gerentes individuais e a dava a equipes com poderes eram um princípio de design essencial dos processos que a vice-presidente sênior de Operações em Negócios, Shona Brown, implementou no Google.

Foi difícil colocar o controle e o equilíbrio em ação, de início, mas foi ainda mais difícil mantê-los conforme a empresa crescia e tinha mais sucesso. Invariavelmente, os líderes se irritavam com os limites. Isso era especialmente verdadeiro para os líderes mais bem-sucedidos, que sentiam que haviam conquistado direitos unilaterais de tomada de decisão ao entregar resultados. Não existe uma solução mágica única para defender o controle e o equilíbrio contra líderes bem-sucedidos que exigem mais poder. Os executivos precisam ter a mesma conversa indefinidamente, explicar seu raciocínio de forma persuasiva aos gerentes e outros líderes, para que eles não desistam quando não conseguirem o que querem. Ao mesmo tempo, é importante *nunca* ceder às frequentes demandas por autoridade unilateral.

Também é essencial que a maioria dos executivos seniores liderem pelo exemplo: *eles* têm que abrir mão de seu poder e também se submeter ao controle e equilíbrio. Os líderes costumam ficar chocados com os executivos dispostos a fazerem isso. É como a cena em *Hamilton*, em que o Rei George reage à notícia de que George Washington está deixando o cargo. "Eles dizem que / George Washington está cedendo o seu poder e se afastando / Isso é verdade? / Eu não sabia que era algo que uma pessoa pudesse fazer."[8] Requer uma enorme confiança e visão para que os líderes cedam seu poder e o substituam por um sistema justo ao qual eles próprios se submetam. Mas quando o fazem, o resultado é justiça e sucesso.

Sei por experiência própria como isso pode ser difícil para gerentes e seus executivos. Quando cheguei ao Google e descobri que não poderia simplesmente decidir quem contrataria, fiquei uma fera. Achei que eles tinham me contratado porque ganhei a reputação de contratar ótimas equipes. Shona e sua equipe explicaram a metodologia e, ao longo dos meus anos no Google, tornei-me sua defensora.

O controle e o equilíbrio do poder no local de trabalho não eliminam os abusos, mas são uma ótima forma de começar. Tanto em princípio quanto na prática, eles incorporam o tipo de ambiente de trabalho justo responsivo, responsável e colaborativo que buscamos criar.

Se as equipes que você criou forem homogêneas, no entanto, o controle e o equilíbrio não serão suficientes para evitar a discriminação e o assédio, porque os responsáveis por verificar e equilibrar compartilharão algumas de suas tendenciosidades. E se você não tomar medidas proativas, as equipes se tornarão mais homogêneas com o tempo. Mesmo que qualquer gerente que se preze saiba que não deve contratar pessoas que sejam "iguais a elas", eles os fazem de qualquer maneira.[9] Isso é ruim porque leva tanto à discriminação — consciente ou inconsciente — e para uma tomada de decisão inadequada porque equipes homogêneas costumam fazê-lo com mais frequência do que suas contrapartes diversas.[10]

Para ir da homogeneidade à diversidade, é preciso ser proativo em reparar e corrigir as formas como a tendenciosidade está afetando as suas decisões sobre quem contrata, promove, orienta e demite, reforçando assim a sua homogeneidade. Isso é o que chamo de quantificar a sua tendenciosidade.

QUANTIFIQUE A SUA TENDENCIOSIDADE

> Vamos decidir com antecedência que peso dar aos dados que temos sobre o desempenho anterior dos candidatos. Caso contrário, daremos muito peso à nossa impressão das entrevistas.
>
> — Daniel Kahneman

Se a sua meta é criar um local de trabalho justo, *procure* a discriminação de forma proativa — busque sinais de que a sua organização está sistematicamente discriminando algumas pessoas enquanto superpromove outras. Faça isso com a mesma energia que você usaria para investigar uma diminuição na lucratividade, pesquisar um concorrente, explorar uma nova oportunidade, lançar um produto ou entrar em um novo mercado para expandir seus negócios. Pense na discriminação como um vírus em seu sistema operacional. Ele acabará com o sistema se você não identificá-lo proativamente e corrigi-lo.

Quantifique suas tendenciosidades. *Meça* o progresso que você está tendo para criar uma organização mais diversificada e inclusiva. Quantificar a tendenciosidade é usar métricas para alertá-lo sobre problemas que precisam ser corrigidos. Meça não apenas os indicadores de atraso (por exemplo, aqueles que dizem que perdeu o jogo após ter perdido), mas também os indicadores principais (por exemplo, aqueles que dizem que você pode perder se não mudar alguma coisa). Por exemplo, não meça apenas a porcentagem de novos contratados que são pessoas sub-representadas. Analise cada etapa do seu processo de contratação e procure maneiras de melhorar. Meça o impacto dessas melhorias na representação. Meça a porcentagem dos currículos revisados de pessoas sub-representadas. Verifique se as descrições de suas funções usam linguagem tendenciosa; mude-a e observe se mais pessoas sub-representadas começam a se candidatar. Meça quantas pessoas sub-representadas você entrevistou e se questione quanto à parcialidade no processo de seleção.

Seja igualmente minucioso ao medir seus processos de remuneração e promoção. Sua organização não refletirá o detalhamento exato da população em geral. Mas se a sua equipe de liderança é 90% composta por homens, você está perdendo algumas ótimas candidatas e, provavelmente, não está promovendo as mulheres na mesma proporção que os homens. E quando os números não parecem bons, a resposta, obviamente, não é "contrate mais mulheres, mesmo que elas não sejam qualificadas", o que é tão ruim quanto falsificar seus livros se a lucratividade não estiver boa. Isso pode significar que seus critérios para julgar quem está qualificado estão errados devido a suposições tendenciosas ou preconceituosas. Quando os indicadores de resultado parecem ruins, você tem que cavar fundo, descobrir quais são os indicadores principais e resolvê-los.

A resistência encontrada por parte dos líderes que dão grande importância a serem orientados por dados é quase cômica. Os mesmos líderes que afirmam serem obcecados por métricas farão objeções quando você apontar que, enquanto 35% da população dos EUA são homens brancos, 68% dos cargos executivos são ocupados por homens brancos e 90% dos CEOs da Fortune 500 são homens brancos. Enquanto isso, 7,4% da população dos EUA é de mulheres negras, mas 1,4% dos cargos executivos são ocupados por mulheres negras[11] e enquanto eu escrevia este livro, nenhuma mulher negra era CEO na Fortune 500.[12]

Quando afirmo que isso é uma indicação de um problema de tendenciosidade, as pessoas costumam responder com uma de duas afirmações: (1) "Eu não olho para a cor! Eu trato homens e mulheres de forma igual." Se você se recusar a olhar para esses números e entender o que eles significam, então está em negação sobre sexismo e racismo. Ou, pior, (2) as pessoas respondem com uma afirmação obviamente tendenciosa, quando não preconceituosa, de que estou dizendo a eles para "abaixar o padrão". Na verdade, essa métrica é um sinal certo de que o padrão é rebaixado para os homens brancos e aumentado para as mulheres negras. Minha solução é ter um padrão — para todo mundo.

Quando você analisar os números, gaste sua energia procurando soluções — não desculpas ou racionalizações. Isso é difícil porque poucas pessoas gostam de pensar em si mesmas ou suas organizações como discriminatórias. Portanto, você tem que superar suas tendenciosidades e o seu desejo de acreditar que não está fazendo nada de errado. Aprofunde-se nos números de forma proativa para entender o que não está certo.

Poucos líderes são ousados o suficiente para fazerem isso. Alan Eustace é um deles. Quando ele foi vice-presidente sênior de engenharia no Google, fez uma análise cuidadosa sobre por que havia tão poucas mulheres como engenheiras de software. Parte do problema era a falta de mulheres se formando nos programas de ciência da computação nas universidades onde o Google contratava. Mas Alan não lavou as mãos e disse, "não é minha culpa, é um problema de pipeline*, não há nada que eu possa fazer".

Em vez disso, Alan aprendeu de instituições como a Harvey Mudd College, que trabalhou duro para descobrir por que tão poucas mulheres estavam se formando nessa área. Os líderes do departamento de ciência da computação na Harvey Mudd perceberam que os cursos de "eliminação" no início desses programas favoreciam as pessoas que haviam hackeado códigos no ensino médio — e por uma variedade de razões sociais, mais meninos do que meninas o faziam no ensino fundamental. Os chefes do departamento de ciência da computação também não lavaram as mãos. Em vez disso, eles se livraram dos cursos de eliminação; quatro anos depois, a faculdade tinha um número significativamente maior de mulheres graduadas em ciência da computação.[13] Alan encorajou outras universidades a seguirem o exemplo da Harvey Mudd. Quatro anos é muito tempo para esperar a graduação de novos candidatos, mas não é infinitamente longo. Resolver problemas como esse requer paciência e persistência dos líderes.

APLIQUE CONTROLES E EQUILÍBRIO E QUANTIFICADORES DE TENDENCIOSIDADES PARA OS PROCESSOS OPERACIONAIS-CHAVE

Antes de descrever as maneiras pelas quais os líderes podem criar processos de negócios mais justos, quero retornar a um ponto básico. O objetivo é

---

* Problema de pipeline é uma teoria que diz que não há membros devidamente qualificados de grupos sub-representados para contratar. (N. da T.)

criar um ambiente que não coloque restrições artificiais nas pessoas que as impeçam de atingir todo o seu potencial — seja lá qual for ou quem sejam. Ao formar uma equipe, você deseja identificar as pessoas certas para o trabalho certo. Quanto mais racionais e justos forem os processos que cria para fazer isso, menos frequentemente você contrata ou promove pessoas não capacitadas e rejeita as mais qualificadas para o trabalho. O Trabalho Justo é mais justo para os indivíduos que, de outra forma, seriam discriminados. E é mais justo para os colegas deles, que trabalham melhor quando cercados por companheiros de equipe mais qualificados. E é mais provável que produza bons resultado. Não é como se você estivesse fazendo um grande favor às pessoas, permitindo que elas façam o seu melhor trabalho. Você quer que elas façam isso. Trata-se apenas de gerenciamento.

Equipes homogêneas, normalmente, conseguem resultados piores do que equipes diversificadas.[14] Quando um ambiente de trabalho dificulta que as pessoas sub-representadas façam seu melhor ou, pior ainda, as afasta, os resultados sofrem junto com a justiça. O ritmo da mudança continua a aumentar e o mundo está se tornando cada vez mais interconectado e, portanto, mais diversificado; no momento em que você percebe como a sua tendenciosidade o está prejudicando, já terá perdido uma oportunidade ou sido vítima de um mercado que mudou.

O Trabalho Justo diz respeito à justiça. Trata-se também do autointeresse esclarecido. O que se segue são ideias específicas sobre como tornar seus processos operacionais mais justos e bem-sucedidos: contratação, retenção, remuneração, gestão de desempenho, coaching e mentoria, medidas de segurança psicológica, entrevistas de saída, acordos de não divulgação e projeto organizacional.

1. CONTRATAÇÃO

PARA CONTRATAR OS MELHORES, EVITE A DISCRIMINAÇÃO

As decisões de contratação estão entre as mais importantes que qualquer gerente toma. Esta seção tratará em detalhes sobre como criar um processo de contratação mais justo. Mas, em resumo, é isto: uma grande parte da sua decisão é baseada no currículo e na avaliação de habilidades da pessoa.

Sem muitos problemas, você pode excluir todas as informações sobre gênero, raça, religião, orientação sexual e assim por diante. Excluir essas informações minimiza as chances de tendenciosidades e preconceitos distorcerem suas decisões sobre quem entrevistar. E depois de decidir quem entrevistar, separe a avaliação de habilidades da entrevista pessoal. Na maioria dos casos, é possível desenvolver maneiras de testar habilidades sem realmente conhecer a pessoa — novamente, removendo uma grande fonte de tendenciosidade e preconceito da avaliação de habilidades. Resta a entrevista, que deve testar a "adição à cultura", e não a "adequação à cultura".[15] Se você anotar os critérios que usará antes da entrevista e fizer com que um comitê de contratação de três a cinco pessoas analise cada candidato separadamente, evitará muitas tendenciosidades e preconceitos em potencial que muitas vezes influenciam injustamente o processo.

DUAS HISTÓRIAS DE SUCESSO DE CONTRATAÇÃO DE MAIS MULHERES

Christa Quarles na OpenTable

Quando foi CEO da OpenTable, Christa Quarles fez da melhoria da diversidade de gênero uma prioridade. Ela sabia que tinha que começar de cima, então ela e a sua equipe enfatizaram a importância de contratar mulheres e outras pessoas sub-representadas, e em seguida, responsabilizou seus recrutadores cumprir a determinação. Ela não definiu um *número* específico mas, em vez disso, focou a necessidade de consertar o *processo*.

Os resultados foram memoráveis. No trimestre *seguinte*, a proporção de engenheiras recém-contratadas na OpenTable havia subido de 14% para 50%. Então, ela ficou na média de 40% a 45% nos quatro trimestres seguintes. Quando lhe perguntei qual era o segredo, ela disse: "Fiquei francamente surpresa com a velocidade. Mas é como qualquer outro problema de negócios. Você se esforça em alguma coisa, mede, obtém resultados." Use as mesmas habilidades que emprega para resolver outras questões prioritárias e melhorará a diversidade na sua contratação também.

Aqui estão mais detalhes sobre como Christa e sua equipe melhoraram o recrutamento para contratar equipes mais diversas:

- *Eles mudaram a abordagem na descrição de cargo.* Muitas vezes, a homogeneidade em uma cultura de trabalho começa com a forma como uma posição é descrita (por exemplo, usando palavras como "matador" e "agressivo" que podem soar como se a empresa estivesse procurando homens, não mulheres). A OpenTable começou a usar o Textio Hire, um software que ajuda os recrutadores a postarem ofertas de emprego livres de tendenciosidades inconscientes ou implícitas.
- *Eles filtraram informações de identificação pessoal de currículos.* Eles usaram o Canvas, um produto que os ajudou a anonimizar/eliminar informações de identificação de gênero em currículos.[16]
- *Eles lançaram uma rede mais ampla.* Os pesquisadores tiveram que identificar, pelo menos, duas mulheres candidatas para cada vaga de emprego.[17] Isso foi importante porque a pesquisa mostra que quando há apenas um candidato sub-representado, a chance de ele ser contratado é estatisticamente pequena, porque a pessoa se torna o "candidato da diversidade", em vez de simplesmente ser o "candidato qualificado". O termo "candidato da diversidade" com frequência dispara uma tendenciosidade inconsciente: muitas pessoas super-representadas ouvem, em vez disso, "candidato menos qualificado". Essa suposição não é justa para o candidato e prejudicará sua capacidade de contratar a pessoa mais capacitada.
- *Eles incluíram mulheres nos painéis de contratação.* Em uma empresa em que a maioria era homens, isso sobrecarregava um pequeno número de mulheres que passavam mais tempo entrevistando. Os gerentes tinham que se conscientizar e acomodar a situação. Christa também oferecia seus serviços para solidificar contratações-chave como um sinal de importância de unir candidatos sub-representados altamente qualificados.
- *Eles monitoraram os números.* A equipe de recrutamento mediu e relatou sua performance em contratação de mulheres trimestralmente. Medir o crescimento na contratação de mulheres trimestre após trimestre foi mais revelador sobre o progresso

que estava sendo feito do que medir a diversidade de gênero da empresa em geral.
- *Eles garantiram que todos entendessem a mensagem.* Christa e sua equipe de liderança gastaram muito tempo falando sobre melhorar a diversidade. A empresa inteira deveria entender que aquilo era um esforço estratégico importante. Os líderes estavam concentrados em melhorar a diversidade e a inclusão nas contratações por duas razões. Primeiro, porque era importante ter uma base de funcionários que espelhasse sua base de clientes — mulheres fazem mais reservas em restaurantes do que os homens. Segundo, porque equipes diversificadas têm produtividade, inovação e resultados quantificáveis melhores em relação a equipes homogêneas.

Scott O'Neil no Philadelphia 76ers

Scott O'Neil, o CEO da Harris Blitzer Sports & Entertainment (HBSE), que tem em seu portfólio de esportes e entretenimento equipes que incluem as franquias da NBA, Philadelphia 76ers, e da NHL, New Jersey Devils, explicou por que é tão importante contratar mulheres para posições de destaque. Quando Scott assumiu o cargo de CEO em 2013, os 76ers estavam em um momento decisivo — perdendo a maioria dos seus jogos no que se tornaria uma notória reconstrução de 4 anos. Apesar disso, a venda de ingressos estava crescendo, graças à dedicação de O'Neil à cultura corporativa e o desenvolvimento da maior equipe de vendas do esporte profissional.

A pessoa número um em vendas da equipe era uma mulher de 20 e poucos anos que, em seu segundo ano na organização, contou a O'Neil que estava planejando deixar a empresa porque não conseguia ver um futuro para si ali. Por quê?, ele perguntou, confuso. Na época, a equipe de liderança sênior da linha de frente estava com várias mulheres líderes em cargos de destaque que eram consistentemente nomeadas para prêmios na indústria nacional pela organização. Não era por falta de mulheres, explicou a jovem; era porque nenhuma das mulheres seniores da organização era mãe. Ela queria ter um filho e não tinha certeza se poderia alcançar o equilíbrio entre a vida pessoal e profissional na HBSE, dadas às rigorosas demandas da indústria esportiva nas noites e nos fins de semana. E se não houvesse mulheres com filhos no topo da empresa, qual seria a probabilidade de ela conseguir isso quando outras não conseguiram?[18] Todos precisamos de modelos de comportamento — pessoas que parecem querer as mesmas coisas que nós e que as estão obtendo e nos mostrando como tê-las também.[19] Os investimentos feitos no início da carreira dão grandes lucros mais tarde, mas é difícil investir pesado em uma empresa se você teme ter que abandoná-la porque talvez o emprego se torne incompatível com a vida que deseja. Encontrar um bom modelo é mais difícil do que parece, especialmente para pessoas sub-representadas.

O'Neil sabia que não era suficiente contar como ele era um pai engajado, que saía cedo do trabalho para treinar as equipes de basquete de suas filhas, que perdeu jogos importantes dos 76ers para ir a jogos das filhas. Reconhecendo a luta e o malabarismo do equilíbrio entre a vida pessoal e profissional, O'Neil enfatizou rotineiramente "estar presente" para os pais que trabalhavam em sua organização; ele estava determinado a criar um local de trabalho que apoiasse e celebrasse os pais trabalhadores.

Isso significava que as mulheres na HBSE precisavam refletir todos os tipos de pais que trabalham, assim como os homens — mulheres casadas, solteiras, negras, latinas, LGBTQ+. Filho de uma valente mulher empreendedora e pai de três meninas adolescentes, O'Neil tinha uma reputação em toda a indústria por contratar jovens executivas que passavam para cargos de gestão altamente cobiçados em esportes e entretenimento. E estava determinado a abordar a contratação de mulheres com uma ênfase renovada na diversidade. O'Neil há muito tempo incentivava uma regra não escrita de que um terço de todos os candidatos a empregos precisava ser de grupos sub-representados; agora ele estava determinado a ter certeza de entrevistar mães trabalhadoras talentosas. A próxima contratação de O'Neil foi uma mulher que se afastou por três anos da indústria dos esportes competitivos e do entretenimento para cuidar do filho pequeno e da filha recém-nascida.

"Eu não acredito na diversidade pela diversidade", O'Neil disse. "Acredito na diversidade como uma vantagem competitiva. Nos concentramos em contratar pessoas talentosas, autênticas e boas companheiras; para mim, é inspirador que muitas delas aspirem a ser executivos excepcionais na sala de reuniões e pais excepcionais em casa. Nossos pais trabalham dia e noite, mas sua paixão pela vida doméstica e profissional é palpável e contagiante no escritório. No todo, nossas líderes mulheres são uma força, e nossas mães trabalhadoras são algumas das executivas mais determinadas em nossa organização."

A mãe voltando ao trabalho surpreendeu a todos com o que conquistou na empresa. Com sua contratação, e dezenas de outras como ela, O'Neil manteve sua melhor vendedora e centenas de mulheres millennials que procuravam um modelo exemplar cuja história pudesse corresponder às suas próprias ambições pessoais e profissionais. A HBSE desenvolveu uma reputação de ser um ótimo lugar para trabalhar, recrutando talentos com facilidade. Em particular, tornou-se um lugar que recruta, desenvolve e dá poderes às mulheres executivas; considerando que algumas organizações viam a diversidade, a equidade e a inclusão como uma luta, na HBSE elas se tornam uma inevitabilidade bem-vinda.

COMITÊS DE CONTRATAÇÃO TOMAM MELHORES DECISÕES DO QUE INDIVÍDUOS

Se for comprovado que a forma como está contratando é discriminatória, você está infringindo a lei. Mesmo que isso não possa ser provado no tribunal, quando as crenças tendenciosas ou preconceituosas influenciam as contratações, você está tomando decisões de má qualidade. Bons candidatos são esquecidos, e os medíocres que parecem aptos, mas não conseguem fazer o trabalho, são contratados. Você acaba com uma equipe abaixo da média.

É difícil para as pessoas reconhecerem a tendenciosidade nelas mesmas, mas é relativamente fácil reconhecê-la nos outros. Isso é parte da razão por que equipes de contratação tendem a decidir melhor do que indivíduos.[20] Uma das formas de eliminar a tendenciosidade das contratações é transferir o poder da tomada de decisões de gerentes individuais e dá-lo a pequenos comitês. Uma pessoa tende a anular, ou pelo menos desafiar, as tendenciosidades de outras pessoas. Assim, você obtém menos exemplos de gerentes que tentam contratar pessoas que "se parecem com elas".

E quando há um comitê em vez de uma única pessoa com autoridade unilateral para contratar, é muito menos provável que o abuso sexual entre na equação. É muito menos provável que toda uma equipe use o poder de contratar para assediar um candidato do que uma única pessoa faria. Além disso, se um indivíduo em um comitê de contratação assediasse um candidato ou fizesse um comentário racista, homofóbico, antissemita ou prejudicial, haveria mais possibilidades de acesso para relatar o ocorrido a um comitê do que se o indivíduo estivesse tomando a decisão unilateralmente. O candidato pode conseguir encontrar um ouvido favorável no comitê ou conhecer alguém que conhece um membro da comissão. Se esta for heterogênea, aumentam as chances de a coisa certa acontecer.

COMITÊS DE CONTRATAÇÃO NÃO SÃO UMA BALA DE PRATA

Os comitês de contratação apresentam algumas desvantagens que precisam ser gerenciadas ativamente. Eles podem exigir um grande investimento de tempo para seus membros, onerando a produtividade. As empresas precisarão estar cientes de quanto tempo estão pedindo aos entrevistadores.

Quando há muitos abusos em uma indústria ou empresa, infelizmente, eles acabam aceitos tanto por grupos quanto por indivíduos. Por exemplo, Angela, uma atriz, se dirigiu a uma mesa de diretores em um restaurante de Hollywood. Um deles a chamou e disse: "Você sabe, Angela, que acabará tendo que escolher alguém." O significado era claro. *Você terá que dormir com algum de nós se quiser ter uma carreira no cinema*. Todos riram. Ela ficou horrorizada. Ela conhecia o famoso teste do sofá. Mas agora ela foi forçada a enfrentar a possibilidade de que era menos proverbial e mais real do que imaginava. Ela não esperava aquilo daqueles homens, muitos com os quais ela havia desenvolvido amizade, que jamais haviam se comportado daquela forma. Aquele não era um comitê de contratação, mas podia muito bem ter sido. Esse tipo de comportamento a levou a seguir carreira na TV, em vez de nos filmes. O assédio sexual não era tão inevitável na TV como no cinema — embora essa indústria esteja longe de não ser reprovável.

COMITÊS HOMOGÊNEOS CONTRATAM EQUIPES HOMOGÊNEAS

Quando um comitê de contratação é homogêneo, isso será um problema. Em equipes homogêneas, é improvável que as pessoas identifiquem suas tendenciosidades compartilhadas. Elas também são mais propensos a se unirem em torno de um interesse comum se um mau comportamento for relatado. Quando um comitê de contratação é dominado por homens, a tendenciosidade de gênero muitas vezes se insinua nas decisões de contratação; quando todos são brancos, a tendenciosidade racial frequentemente afetará as decisões de contratação; e por aí vai. Embora o treinamento de tendenciosidades inconscientes possa ajudar, não resolverá o problema.

Não só há um risco negativo para comitês de contratação homogêneos, mas também um benefício positivo para comitês heterogêneos. Estes tendem a ter melhores taxas de fechamento (a porcentagem de pessoas que aceitam ofertas) do que os comitês homogêneos. A equipe de contratação da Qualtrics descobriu que isso é consistentemente verdadeiro, de acordo com seu cofundador, Jared Smith. Outros líderes com quem conversei relataram os mesmos casos — embora eu não tenha dados abrangentes.

Se a sua equipe é homogênea, como criar comitês de contratação diversificados? Muitas empresas tentam resolver esse problema pedindo a pessoas sub-representadas que aumentem a sua participação nos comitês de contratação. Problema resolvido, certo? Não. Agora, as pessoas sub-representadas gastam horas ajudando outras pessoas a preencherem cargos. As pessoas podem ser apreciadas por sua "cidadania corporativa" ou ouvir que *"se espera* que todos ajudem nas contratações", mas, na maioria das empresas, o que faz as pessoas serem promovidas é trazer resultados em suas funções principais. Então, pedir a pessoas sub-representadas para fazer trabalho extra em comitês de contratação prejudica as suas perspectivas de promoção, criando outro tipo de discriminação inconsciente. Isso coloca o fardo de resolver o problema nas pessoas mais prejudicadas por ele.

Isso, entretanto, não é um duplo vínculo impossível. O treinamento de tendenciosidade inconsciente, combinado com uma norma de interromper as tendenciosidades uns dos outros e uma abordagem disciplinadora para quantificá-las, pode ajudar até mesmo comitês de contratação homogêneos a aprender a reconhecer e questionar suas tendenciosidades. Se tiver orçamento para tanto, contrate um detonador de tendenciosidades para ir às reuniões do comitê de contratação. Com o tempo, conforme você contratar uma equipe mais diversa, conquistará a reputação de ser um ótimo lugar para trabalhar e o recrutamento será mais fácil. Você cria um círculo virtuoso, como mostrou Scott O'Neil.

QUANTIFIQUE A TENDENCIOSIDADE EM TODAS AS ETAPAS DO PROCESSO

Dê uma olhada em suas novas contratações a cada trimestre. Se os números não refletem a população onde trabalha, ou pelo menos não estão indo nessa direção, a tendenciosidade ou o preconceito pode estar se infiltrando no seu processo de contratação, mesmo que você não queira ou nem imagine que tal coisa aconteça na sua presença. Medir resultados é mais frutífero do que medir intenções. Volte e analise cada etapa do seu processo de contratação.

Aqui estão algumas coisas que você deve medir proativamente.

QUAL É O DETALHE DOS CURRÍCULOS QUE SEUS FORNECEDORES ANALISARAM?

Busque por sub ou super-representação. Pergunte-se o que pode fazer para garantir que os donos de currículos estejam olhando além dos grupos tradicionalmente explorados. Mesmo que haja alguma explicação, você ainda pode examinar o que está fazendo para desencorajar as pessoas sub-representadas de se candidatar.

Por exemplo, a tendenciosidade está embutida em suas descrições de cargo? Você pode usar ferramentas como o Textio Hire para identificar linguagem tendenciosa. Além disso, deixe claro quais são as qualificações necessárias e quais são as boas de se ter; se você listar as qualificações, as mulheres tendem a se candidatar aos empregos quando correspondem a 100% dos critérios, mas os homens tendem a se candidatar mesmo que não atendam a todas as qualificações listadas.

Outro detalhe ao qual ficar atento: referências. Muitas empresas contam com referências de funcionários. Essa fonte de candidatos raramente melhora a diversidade. Como experimento, um dia decidi observar quanto tempo levaria ao LinkedIn sugerir que me conectasse com uma pessoa negra na página de sugestões "pessoas que você talvez conheça". Fiquei chocada ao descobrir que tive que clicar em oito páginas antes de sugerir que eu me conectasse com uma única pessoa negra — e cerca de três em cada quatro pessoas eram homens, embora eu seja uma mulher, tenha estudado em um colégio feminino e tenha uma rede sólida de amigas e colegas mulheres. No entanto, não seria justo colocar toda a culpa disso nos algoritmos do LinkedIn. Parte do problema está na minha rede — as pessoas que conheço, as empresas nas quais trabalhei, as universidades que frequentei. O algoritmo tanto reflete quanto *reforça* a sub e super-representação que era a realidade em minha rede. E se eu me conectasse sem pensar com qualquer pessoa que o LinkedIn tivesse apresentado, o problema de super/sub-representação pioraria, ao invés de melhorar, com o tempo.

Se queremos criar uma diversidade real, temos que interromper conscientemente esses padrões. Meça a diversidade de referências de funcionários e se essa fonte de candidatos está tornando a sua empresa mais homogênea, não dependa tanto dela.

COMO SÃO DISTRIBUÍDOS OS CURRÍCULOS REPASSADOS PARA ENTREVISTAS?

Se a porcentagem de pessoas sub-representadas chamadas para entrevistas é menor do que a de pessoas sub-representadas que se candidatam, pergunte a si mesmo por que e o que você pode fazer para melhorar isso.

Como mencionado antes, uma estratégia é retirar as informações de identificação dos currículos para que a tendenciosidade não se insinue na avaliação dos candidatos. Use programas como o Canvas ou contrate estagiários e peça-lhes para eliminar com um Sharpie informações que identifiquem o sexo, a raça, a preferência sexual, nomes, pronomes e assim por diante. Isso significa se livrar de informações sobre, por exemplo, filiação a fraternidades ou irmandades. Alguns programas de software fazem isso, embora muitos que afirmam fazê-lo apenas introduzem a tendenciosidade "algorítmica" em seu sistema.[21]

Se você seguir essa etapa e mais pessoas sub-representadas passarem por seu processo de triagem, você não só identificou tendenciosidades em seu sistema de fornecimento de candidatos — você encontrou uma forma de interrompê-las.

COMO É DIVIDIDA A PORCENTAGEM DE PESSOAS QUE RECEBEM OFERTAS DE EMPREGO?

Se houver outra queda na porcentagem de pessoas sub-representadas, por que ocorreu? Você oferece emprego para 20% dos homens entrevistados, mas só a 5% das mulheres? O que você pode fazer para melhorar isso?

Considere três possibilidades: (1) desenvolver uma avaliação de habilidades que não revele a identidade do candidato; (2) ser explícito sobre o que você está entrevistando; e (3) procurar adicionar à cultura, não se adequar a ela.

(1) Avalie as habilidades, não a identidade. As orquestras são um ótimo exemplo de como as avaliações de habilidades que não revelam a identidade do candidato podem funcionar. Em 1970, a porcentagem de mulheres nas orquestras mais bem classificadas dos EUA era de apenas 6%. Essa métrica, por si, indicava que as orquestras provavelmente não estavam contratando os melhores músicos. Mas a resposta obviamente não era entregar a uma mulher, qualquer mulher, um fagote ou uma trompa francesa. A resposta era descobrir como eliminar a tendenciosidade do processo de seleção.

Testes atrás das cortinas eram uma resposta óbvia. Mas eles não foram suficientes. Os candidatos também precisavam estar descalços, porque o toque revelador dos sapatos de salto alto revelavam o gênero dos candidatos. Depois que o teste descalço atrás das cortinas se tornou prática comum, a porcentagem de mulheres em orquestras cresceu para 21% em 1993 e pouco mais de 50% em 2016.[22]

É impossível saber se foi a tendenciosidade inconsciente ou o preconceito consciente que manteve as mulheres fora das principais orquestras sinfônicas. Também é possível que as mulheres que faziam testes para essas vagas agissem de acordo com uma tendenciosidade própria: elas podiam estar enfrentando ameaças de estereótipo. Quando as pessoas têm poder para colocar suas tendenciosidades inconscientes ou preconceitos conscientes em prática, a discriminação se torna uma profecia autorrealizável; dissipar essas tendenciosidades e crenças pode criar um círculo virtuoso.

Além disso, testes atrás das cortinas não têm feito o suficiente para resolver os problemas que mantêm os músicos BIPOC fora das orquestras. Ainda é muito cedo para cantar vitória.[23]

(2) Seja explícito. Aqui estão alguns conselhos de Daniel Kahneman sobre como evitar a tendenciosidade quando entrevistar: seja explícito sobre as características específicas que você procura ao entrevistar alguém. Escreva-as — não mais do que seis. Certifique-se de que todos os entrevistadores estejam buscando as mesmas características. Peça a cada entrevistador para avaliar o candidato para cada característica em uma escala de 1 a 5. Peça a cada entrevistador para diminuir a classificação do atributo, junto com as evidências, antes de passar para o próximo — isso evita os efeitos halo, uma tendenciosidade na qual assumimos que, porque as pessoas são boas em uma coisa, são boas em tudo. Prometa a si mesmo que contratará o candidato com o melhor resultado, não aquele de quem você mais gosta.[24]

(3) Procure "adicionar à cultura". Muitas vezes, um dos atributos que as pessoas procuram nas entrevistas é a "adequação à cultura". Esse é um grande erro, que dá rédea solta às tendenciosidades. Melissa James, CEO da Tech Connection, recomenda que comitês de contratação busquem "adicionar cultura", o que ela define como "a probabilidade de que alguém não apenas reflita os valores e a ética profissional da empresa, mas também traga um aspecto de opiniões, experiências e habilidades especializadas diversas que aprimoram não apenas a equipe, mas a cultura geral da empresa".[25]

A tela de "adequação cultural" em entrevistas — ostensivamente projetada para garantir que a pessoa trabalhará bem com as outras da equipe — é, muitas vezes, uma gigantesca porta dos fundos para a tendenciosidade, um código inconsciente para "procurar alguém que se pareça conosco". Pode reforçar a tirania da maioria, em vez de interrompê-la.

QUAL É A PROPORÇÃO DAS PESSOAS QUE ACEITAM SUAS OFERTAS?

As pessoas sub-representadas tendem a rejeitar as suas ofertas de emprego? Pergunte-se por que e o que pode fazer para melhorar essa porcentagem. Se a sua equipe é homogênea, será mais difícil para você. Se esse é o caso, certifique-se de não se desviar de seu caminho. Olhe em volta. A sua empresa tem a reputação de ser um lugar terrível para pessoas sub-representadas?

O seu escritório parece uma fraternidade ou tem outros recursos que podem fazer as mulheres se sentirem indesejáveis?

É seu trabalho ficar ciente desses fatos, mesmo que você prefira não saber. Leia as avaliações em sites como o Glassdoor e outros serviços semelhantes para saber mais sobre a reputação da sua empresa. Peça às pessoas para avaliarem a experiência do candidato. Mas não se esconda atrás de sites e pesquisas. Quando alguém declina a sua oferta, convide-a para um café e tente descobrir porquê. Mantenha um registro dos diferentes motivos que os candidatos fornecem. Se você notar tendenciosidades, faça algo para resolvê-las.

Por exemplo, quando Scott O'Neil estava recrutando uma mulher sênior para trabalhar em sua equipe, ele sentiu durante a entrevista que ela não estava totalmente confortável, mas não tinha ideia do porquê. Em vez de ignorar o constrangimento, o que era tentador, ele perguntou a ela sobre isso.

"É o seu sofá", ela respondeu.

"Meu sofá?" O'Neil perguntou, confuso.

"Você reparou como estou sentada?"

O'Neil confessou que não e ela apontou que o sofá foi projetado para jogadores de basquete de 2,13m de altura. Se ela quisesse se encostar no sofá, suas pernas estariam esticadas, no estilo Polegarzinha. O'Neil comprou algumas almofadas para o sofá. Uma solução simples, mas ter coragem e curiosidade para investigar a fonte do desconforto da mulher foi muito mais difícil. Felizmente, O'Neil teve autoconfiança e disciplina para fazer isso.

DESAFIE COMPARAÇÕES TENDENCIOSAS

Em seu livro *O Projeto Desfazer*, Michael Lewis conta a história do gerente geral do Houston Rockets, Daryl Morey, e suas tentativas de afastar as tendenciosidades do processo de avaliação de seleção da rodada. Como quase todo mundo na Liga, Morey perdeu a oportunidade de escolher Jeremy Lin, um sino-americano e graduado em Harvard que foi ignorado na seleção da NBA, mas se tornou um jogador de sucesso. Morey teve coragem para assumir que deixou Lin passar porque ele não parecia um armador convencional da NBA. "Ele é incrivelmente atlético", disse Morey. "Mas a realidade é que todas as pessoas, incluindo eu, pensou que não era atlético. E não consigo pensar em nenhuma razão para isso, a não ser por ele ser asiático."[26]

Uma grande parte da liderança é ter coragem para reconhecer quando as suas próprias tendenciosidades ou crenças prejudicaram a sua tomada de decisões, admitindo francamente o erro que você cometeu, e tomando medidas para evitar o erro. Tente pensar em alguém que você não contratou, mas deveria. A tendenciosidade guiou a sua decisão? Você já rejeitou uma candidata qualificada porque ela não parecia ser "adequada à cultura" o suficiente, sem perceber que talvez o problema fosse a sua "cultura"? Se sim, tire isso do seu peito. Se alguém lhe perguntar sobre isso, pense em Daryl Morey. Tenha coragem de dizer, "não consigo ver uma razão por que eu não a contratei, a não ser pelo fato de ela ser mulher".

Se você assumir suas tendenciosidades e admitir como elas distorcem suas decisões de contratação, outros membros de sua equipe também o farão. Diga a eles onde você errou e peça que falem sobre ocasiões em que cometeram erros semelhantes. O processo pode ser doloroso, mas é importante. Reconhecer a tendenciosidade é o primeiro passo para mudá-la. Uma vez que a maioria das pessoas entende como inconscientemente podem estar contribuindo para o problema, elas se sentirão motivados a corrigi-lo.

Para evitar outro equívoco a la Jeremy Lin, Daryl Morey encorajou seus olheiros a focar as habilidades dos jogadores, em vez da cor da pele. "Se você quiser comparar este jogador com outro," ele lhes disse, "você só pode fazer isso se eles forem de uma raça diferente." Em outras palavras, os olheiros não podiam mais comparar um jogador branco com outro branco, um negro com outro negro, um sino-americano com outro sino-americano.

Não permitir comparações simplistas é uma boa regra, tanto nos negócios quanto nos esportes. Como escreveu o empreendedor Doug Speight: "O reconhecimento de padrões é uma tendenciosidade implícita que se tornou uma prática."[27] No entanto, acontece o tempo todo no recrutamento em negócios. Após ficar claro quanto valor Sheryl Sandberg trouxe como COO do Facebook, minhas colegas e eu começamos a receber ligações de recrutadores sobre aberturas de COO que não tínhamos recebido antes. "Você será a Sheryl Sandberg da empresa XYZ", eles diziam. Por um lado, aqueles eram ótimos empregos, e foi bom, pela primeira vez, experimentar a tendenciosidade de gênero se inclinando a nosso favor. Por outro lado, aquilo era um tipo de piada. Não foi o fato de ser mulher que tornou Sheryl uma ótima COO. Foi ser uma COO fora de série. Seu gênero não tinha nada a ver com isso.

Com que frequência aqueles mesmos recrutadores ligaram para um homem e disseram, "Você será a Sheryl Sandberg da empresa XYZ"? Com que frequência eles ligaram para uma mulher e disseram, "Você será o Larry Page da empresa XYZ"?

Um conhecido capitalista de riscos comentou a respeito dos empreendedores de sucesso: "Todos parecem ser homens nerds brancos que abandonaram Harvard ou Stanford e não têm nenhuma vida social. Quando vejo esse padrão chegando — o que é verdade no Google — é muito fácil decidir investir."[28]

É chocante que um investidor tão inteligente possa estar tão inconsciente de como as suas tendenciosidades estavam distorcendo as suas decisões. Supõe-se que o capital de risco seja um investimento no futuro, não no passado. Uma das formas pela qual a tendenciosidade limita suas habilidades de liderança é que ela o pressiona a olhar para trás, lutando a última guerra em vez daquela em que você está. Ou, como disse Steve Jobs: "As melhores práticas de benchmarking apenas levam você à média." Isso não resulta em inovação real. Apenas copia o passado — e, muitas vezes, os erros em vez dos sucessos do passado.

Além disso, a compreensão desse investidor sobre os impulsionadores de sucessos anteriores era obviamente falha. É absurdo atribuir o sucesso do Google à brancura ou masculinidade de Larry e Sergey Brin ou à introversão ou admissão e saída de Stanford. E por isso é irracional definir esses atributos como critérios de investimento — assim como é absurdo atribuir ao sucesso de Sheryl no Facebook o fato de ela ser uma mulher branca graduada na Harvard Business School e, portanto, contratar apenas mulheres brancas graduadas na HBS como COOs.

Ainda assim, acontece *o tempo todo*. Recebi muitas ligações de recrutamento porque compartilho esses três atributos com Sheryl. Ela é a pessoa mais organizada que já conheci. Eu sou uma caótica criativa — definitivamente não é o que você procura em um COO. Essas formulações "tipo sobre tipo" confirmam as tendenciosidades e transmitem estereótipos sutilmente. E a tendenciosidade leva à contratação de pessoas erradas para os empregos errados.

TIRE UMA PÁGINA DO LIVRO DE BILLY BEANE

O filme *O Homem que Mudou o Jogo*, que conta a história de como o gerente-geral do Oakland A's, Billy Beane, mudou o jogo de beisebol ao substituir a tendenciosidade por tomadas de decisão racionais, ilustra perfeitamente os perigos do pensamento tendencioso.[29] Em uma cena, Beane está reunido com alguns olheiros para promover alguns jogadores de ligas menores. Mesmo que o beisebol tenha várias estatísticas para medir a performance objetivamente, Beane percebe que seus olheiros baseiam seus julgamentos em fatores irrelevantes, como maxilares fortes ou o quão bonita é a namorada de um jogador. Nenhum olheiro desafia a besteira do outro porque eles não reparam nelas. Finalmente, Beane levanta a mão abrindo e fechando os dedos em um gesto de "Blá-blá-blá, você está dizendo coisas sem sentido". Beane mesmo foi considerado uma futura estrela mais com base em sua imagem e estilo do que pela performance. Mais tarde no filme, quando se reúne com um estatístico que está usando dados para melhorar sua tomada de decisões, Beane pergunta se ele o teria escolhido na seleção. O estatístico responde que não. Beane, cuja carreira na MLB dificilmente era diferenciada, concorda com essa decisão. Na verdade, ele gostaria de *não* ter sido convocado e ter levado a bolsa integral em Stanford que lhe foi oferecida. A tendenciosidade, ostensivamente a seu favor, na verdade o prejudicou. Ele *parecia* um jogador melhor do que realmente era. Quando a tendenciosidade resulta em uma pessoa menos qualificada conseguindo o emprego no lugar de outra mais qualificada, isso é ruim tanto para as duas pessoas quanto para a equipe. A tendenciosidade prejudica *a todos* quando distorce as decisões.

O Homem que Mudou o Jogo ilustra três pontos importantes. Um, a tendenciosidade se insinua na tomada de decisões de todos, muitas vezes inconscientemente. Dois, os tomadores de decisão costumam fazer ligações ruins com base nessas observações erradas e muitas vezes ninguém questiona as tendenciosidades. Três, a tendenciosidade resulta em uma tomada de decisões abaixo do ideal, que geralmente é ruim para todos, até mesmo para os "beneficiários". Vamos ver como as decisões de contratação funcionam em outra área: a política. De acordo com os fatos checados no livro de Claudia Rankine, *Só nós: uma conversa americana*,[30] em 2019 os homens brancos representavam 30% da população dos EUA, mas 60% das autoridades eleitas. Os homens brancos são super-representados. E tem mais. As mulheres brancas são 31% da população norte-americana, mas 27% das autoridades eleitas. É muito cedo para cantar vitória, mas as mulheres brancas são quase que proporcionalmente representadas como autoridades eleitas dos EUA! Mas as mulheres de cor são 20% da população norte-americana, mas apenas 4% das representantes eleitas. Dramaticamente sub-representadas. Homens de cor são 19% da população dos EUA, mas apenas 7% dos representantes eleitos. Também dramaticamente sub-representados.

Portanto, como uma mulher branca que se preocupa com a desigualdade de gênero e a sub-representação, meus esforços são mais bem empregados para que as mulheres de cor sejam eleitas. E como me preocupo com a representação em geral, já que estou envolvida nisso, preciso ajudar os homens de cor a serem eleitos também. Isso significa que estou, de alguma forma, prejudicando meu pai, meu marido, meu filho, todos brancos? É claro que não. Eu amo cada um deles mais do que posso dizer. E acredito profundamente que estamos *todos* melhor quando as pessoas certas conseguem o emprego certo.

Como a maioria das mães, adoro meu filho e quero que ele realize seu potencial em qualquer carreira que escolher. Não acredito que a melhor maneira de ajudá-lo a encontrar o trabalho que ele ama e no qual é bom é colocá-lo em funções para as quais outras pessoas podem ser mais adequadas. Mais do que qualquer coisa, ele amaria jogar beisebol profissionalmente. Não consigo imaginar ninguém dizendo que uma ótima maneira de ajudá-lo a realizar esse sonho seria dar aos jogadores brancos da MLB uma vantagem injusta com os olheiros. Veja o que aconteceu com Billy Beane. Eu não gostaria que isso acontecesse com meu filho em qualquer campo, seja no beisebol, na política, nos negócios, na agricultura, no ensino ou em qualquer outra coisa que ele coloque seu coração e mente para fazer. Acho que ele vai se dar melhor e ser mais feliz em um mundo que é justo.

2. RETENÇÃO

É difícil fazer a contratação certa. Mas se você não se concentrar também na retenção, é como despejar água em um balde furado. As seções a seguir sobre remuneração, classificações, promoções, coaching, mentoria e segurança psicológica abordam algumas das coisas mais importantes que você pode fazer para reter as pessoas que você trabalhou tão arduamente para contratar.

No final, no entanto, construir uma equipe diversificada se resume a torná-la uma prioridade. Aqui está um conto de duas equipes da mesma empresa em Hyderabad, Índia. Uma das equipes era composta por 50% de mulheres. A outra tinha 0% de mulheres. Um líder da empresa foi conversar com os líderes de ambas as equipes para entender qual era a diferença. O líder da equipe sem mulheres encolheu os ombros e disse: "É muito difícil contratar mulheres em Hyderabad." O líder da equipe com 50% de mulheres não tinha uma fórmula para oferecer. Ele encolheu os ombros e disse: "Eu apenas fiz da contratação e retenção de mulheres uma prioridade."

As seções a seguir lhe darão uma ideia do que, especificamente, você pode fazer para tornar isso uma prioridade. Não existe A Resposta. É um monte de pequenas coisas, mais como escovar os dentes e passar fio dental, menos como um tratamento de canal.

3. REMUNERAÇÃO

De longe, a maior injustiça na remuneração é o problema do 1%. Meu marido e eu tivemos vários ganhos financeiros inesperados em nossas carreiras, o que nos torna parte do problema aqui. Estamos comprometidos a mudar isso. O capitalismo norte-americano terá que ser reformado se quiser sobreviver, o que significa que terá de haver uma grande redistribuição de riqueza. Líderes sérios em finanças concordam com os críticos do capitalismo nesse ponto.[31] Principalmente, isso terá que ser um ajuste macroeconômico, não algo que um CEO possa realizar, mesmo que seja influente. Bilionários que sentem que fizeram sua parte evitando impostos e supervisão e, em seguida, escolhendo como darão seu dinheiro, podem ser generosos em algum nível, mas essa não é a resposta.[32] Há muito mais a dizer sobre isso, mas este é um livro sobre o que os indivíduos podem fazer, não um livro sobre política macroeconômica.

No entanto, sugerir que a desigualdade de renda é uma "questão macroeconômica" não significa que os líderes individuais não possam fazer nada a respeito. Se você é responsável pela remuneração em sua empresa, é importante tomar uma *decisão consciente* de pagar a todos de forma justa e verificar duplamente o seu trabalho.[33] Você não quer que seus empregados percam tempo e energia mental duvidando da equidade de seus salários. Isso seria ineficiente *e* injusto. Você pode revisar o pagamento em vários parâmetros (gênero, raça, idade etc.) para identificar os problemas de forma proativa.

Você atua no Conselho de Administração? Quando você pensa sobre justiça, não compare apenas o pagamento do seu CEO com o de outros CEOs. Compare o salário do CEO com o dos funcionários de menor salário. É claro que está certo o CEO receber mais. Mas quanto mais? Quando seu CEO e vários executivos de alto escalão possuem jatos particulares e seus novos funcionários estão morando em seus carros ou não podem pagar o seguro saúde, você tem um problema.[34] Ben e Jerry dizem que ninguém em sua empresa ganha 5x mais do que o funcionário de menor salário. Eu ficaria bem com 10x mais ou até 100x em alguns casos. Mas em vários lugares onde trabalhei, era cerca de 1.000x e, ocasionalmente 10.000x. A certa altura, tanto meu marido quanto eu tínhamos funcionários que moravam em seus carros, enquanto os CEOs de nossas empresas ganhavam bilhões. Isso parece estranho. Não estou falando de comunismo; estou falando da decência humana comum.

Se você é responsável pelo pagamento, pode pagar às pessoas que recebem menos *mais* e às pessoas que recebem mais, *menos*. Jamais esquecerei de ter escutado uma pessoa rica reclamando que sua governanta não tinha dinheiro para comprar uma casa ou mesmo abrir uma conta bancária, culpando o mercado imobiliário e o sistema bancário. Parece que nunca ocorreu à pessoa que o problema poderia ser resolvido dando à governanta um aumento. A pessoa poderia facilmente pagar por isso. Muitos líderes hoje pensam assim.

Trabalhei com vários CEOs que, frustrados com a falta de vontade de seu conselho em criar um conjunto de opções de ações para funcionários que parecesse justo, cederam uma parte significativa de seus patrimônios para seus funcionários. Isso foi bom e generoso e levou as suas empresas um passo a mais em direção ao Trabalho Justo. No entanto, mesmo nessas situações, ainda era o super-rico compartilhando com os realmente ricos, e apenas voluntariamente.

Muitas das maneiras pelas quais nossa economia "evoluiu" para ser mais "eficiente" aumentaram a desigualdade e prejudicaram nossos esforços para enfrentá-la. Um CEO com quem trabalhei me atribuiu a tarefa de descobrir como dar equidade na empresa para as pessoas que limpavam os escritórios. Este trabalho era terceirizado. Fiquei perplexa com os obstáculos legais e burocráticos para oferecer equidade a esses trabalhadores. O sistema parecia projetado para impedi-los de obter lucros financeiros inesperados, mesmo diante de dois executivos competentes determinados a oferecê-los. Comecei a perguntar para descobrir como outras pessoas lidaram com esse problema. Uma executiva me contou sobre uma época em que a sua empresa ofereceu um bônus de férias em dinheiro de mil dólares para todos os empregados. Para a maioria das pessoas na empresa, mil dólares em dinheiro era bom, mas não um grande negócio. Ela sugeriu que o presente seria mais significativo se fosse estendido à equipe de zeladoria. Novamente, esse trabalho era terceirizado e houve dificuldades incríveis e insuperáveis para pagar a essas pessoas o mesmo bônus em dinheiro que a empresa oferecia a seus próprios funcionários. Frustrada, a executiva puxou seu talão de cheques pessoal e deu mil dólares a cada uma das pessoas que via diariamente. E recebeu muitas críticas de diferentes setores por fazer isso.

No final, a única solução que o CEO e eu pudemos propor foi que ele retirasse dinheiro de sua conta bancária pessoal e distribuísse para os faxineiros individuais no dia da oferta pública inicial. E não tanto dinheiro quanto ele gostaria de dar. Caso contrário, teríamos problemas fiscais e jurídicos.

Existem duas coisas que qualquer líder pode fazer.

PRESTE ATENÇÃO AO AUMENTO

Observe a diferença entre o salário mais alto e o mais baixo em sua empresa. Não deixe a diferença ser muito grande. Você pode pagar menos a si e a seus executivos principais; você pode pagar mais aos funcionários de menor salário. E fique atento quanto à tendenciosidade da empatia. Você estará mais ciente da diferença entre a sua remuneração e a daqueles que trabalham para você. Muitas vezes, é assim que a remuneração dos executivos cresce, enquanto a dos funcionários com salários mais baixos não. Os CEOs comparam o salário deles com o de outros CEOs e talvez com seus subordinados diretos, mas raramente olham para a diferença entre a sua remuneração e a da pessoa que trabalha na sala de correspondência.

NÃO BIFURQUE

Além disso, não terceirize todo o trabalho de menor remuneração para se poupar do desconforto de saber o quão pouco essas pessoas recebem. Por exemplo, não pense em terceirizar o trabalho dos zeladores; em vez disso, contrate pessoas e as trate como trata os outros empregados. Se todos os líderes fizessem isso, pelo menos a diferença entre o trabalho mal pago e o bem pago começaria a diminuir.

Diferença Salarial de Gênero: Salesforce

Marc Benioff, o CEO da Salesforce, disse todas as coisas certas sobre a importância de reter e promover as mulheres. Mas duas de suas principais vice-presidentes seniores, Leyla Seka e Cindy Robbins, estavam preocupadas com o fato de que, apesar das boas intenções de seu chefe, as mulheres da empresa recebiam menos do que os homens. Quando elas levaram o fato à atenção de Benioff, ele não acreditou nelas. "Isso não é possível," ele lembra ter dito. "Temos uma ótima cultura. Somos um 'lugar melhor para trabalhar'. Não fazemos brincadeiras ao pagar as pessoas. Isso é inédito."

Seka e Robbins continuaram pressionando, finalmente conseguindo que ele concordasse em fazer uma análise completa da remuneração em toda a empresa. Primeiro, no entanto, elas queriam um compromisso de Benioff de que ele consertaria quaisquer disparidades que elas encontrassem. "A única coisa que não podemos fazer," Robbins disse, "é... levantar o capô, [perceber] um grande cifrão e fechar o capô."[35]

Foi uma jogada inteligente para preparar o CEO. A análise mostrou que a Salesforce estava de fato pagando bem menos às mulheres do que aos homens para fazer o mesmo trabalho. Benioff ficou atordoado. "Acontecia em toda a empresa," ele disse. "Cada divisão, cada departamento, cada região."

Benioff cumpriu a sua palavra. Ele consertou o problema. E, o que é tão significativo quanto, ele tomou medidas para continuar a consertá-lo caso ocorresse novamente, o que inevitavelmente acabou acontecendo. Ele pediu a Seka e Robbins para monitorarem a média de pagamentos regularmente para garantir que as mulheres não ficassem para trás novamente.

Medir as disparidades salariais é algo que merece ser feito todos os anos. Obviamente, você deve fazer ajustes se suas medições revelarem um problema. Se você é um líder, há uma grande chance de estar pagando não apenas às mulheres, mas a todas as pessoas sub-representadas de sua empresa bem menos do que seus pares super-representados — mesmo que não tenha a intenção. As suas intenções não importam para as mulheres mal pagas. O dinheiro sim.

Diferença Salarial na BBC

Em 2017, um poderoso lobby no Reino Unido exigiu que a BBC tornasse público os salários dos apresentadores mais bem pagos. O objetivo era que o público soubesse quanto dinheiro a BBC estava gastando para conseguir os melhores talentos. A consequência não intencional foi uma evidência clara e pública de que as mulheres não recebiam tanto quanto os homens.

Com tanta pressão na BBC para reduzir seu orçamento e pagar menos às principais estrelas, eles não resolveram o problema pagando mais às mulheres. Eles só conseguiram resolvê-lo reduzindo os salários dos homens. Desnecessário dizer que os homens resistiram a essa solução. As conversas, que deveriam ser privadas, vazaram. Um apresentador disse ao outro: "Eu poderia dizer que já entreguei voluntariamente mais do que você ganha, mas ainda fico com mais do que qualquer outra pessoa e isso me parece inteiramente justo."[36] Talvez ele estivesse só brincando. Mas as pessoas que ganham muito dinheiro geralmente pensam que "merecem" o que ganham.

Uma editora excelente da BBC, Carrie Gracie, se demitiu. A BBC se desculpou e devolveu o pagamento; ela doou toda a quantia para a Fawcett Society, uma instituição de caridade com foco na igualdade de gênero e direitos das mulheres.[37] Desde 2017, a BBC vem emitindo um relatório público sobre as disparidades salariais entre homens e mulheres e se comprometeu a resolver o problema. Eles realmente reduziram a diferença salarial a cada ano. Em 2019, estava em 6.7%, muito menos do que a média nacional, de 17.9%.[38]

A história da BBC revelou outra maneira pela qual a tendenciosidade se manifesta. É difícil não comparar a bravata do homem sobre como ele merece receber mais com a decisão de Carrie Gracie de doar o dinheiro para caridade.

Mulheres ricas, mesmo quando são extremamente mal pagas em relação aos seus pares masculinos, enfrentam um nível de escrutínio e ressentimento intensos que os homens ricos não enfrentam. Ativar esse ressentimento é uma consequência não intencional de revelar uma disparidade salarial entre homens e mulheres ricos — que é onde estão as maiores diferenças salariais. Na tecnologia, conheço várias mulheres que não recebem 10% ou 20% menos do que os homens que são seus pares, mas muito menos. Dez, vinte vezes menos. Vale a pena repetir que a diferença salarial entre ricos e pobres é uma injustiça imensamente maior do que uma mulher que ganha US$1 milhão enquanto os homens que são seus pares recebem US$20 milhões. A desigualdade de renda deve ser abordada em todos os aspectos. Mas isso não deve ser resolvido pagando menos às mulheres do que aos homens. A jornalista Kara Swisher colocou bem:

"Você não precisa sentir pena dos ricos, mas se eles vão ficar ricos, devem ser igualmente ricos."[39] É importante reconhecer que esse preconceito sobre mulheres e dinheiro é profundo.

A justiça não é um jogo de soma zero. As leis federais (por exemplo, a Lei de Igualdade Salarial, a Cláusula de Proteção Igual, Título IX) se aplicam a pessoas em todo o espectro da riqueza, porque a equidade é fundamental para uma sociedade justa e honesta. A injustiça econômica não pode ser enfrentada pressionando as mulheres ricas a trabalharem por menos e dar sua compensação para a caridade, ao mesmo tempo que assume que os homens ricos merecem o que ganharam e até mais.

Diferença Salarial nos Estados Unidos

Em média, as mulheres ganham 82 centavos de dólar em comparação com os homens.[40] E as coisas ficam mais injustas nas interseções de raça e gênero. Latinas ganham 54 centavos a cada dólar pago a um homem branco não hispânico, e negras ganham 62 centavos.[41] Ao longo de 40 anos de carreira, uma mulher negra ganha quase um milhão de dólares a menos que um homem branco.[42] Além da disparidade salarial, há uma diferença de promoção e inúmeras injustiças "invisíveis".[43] Não podemos resolver a disparidade salarial até resolvermos essas questões também.

Mas primeiro vamos focar a diferença salarial na sua empresa. *Há* coisas que se pode fazer para diminuí-la. Você pode estar imaginando todos os tipos de problemas sociais mais amplos que contribuem para essa disparidade salarial. Eles podem realmente ser fatores importantes e você pode não ser capaz de resolver esses problemas mais amplos. Mas, a menos que você acredite que homens brancos são superiores aos demais e, por isso, merecem receber mais, é impossível crer que a tendenciosidade não é um fator aqui. É seu trabalho 1) medir a diferença salarial na sua empresa e 2) identificar as formas como a tendenciosidade, o preconceito ou o bullying contribuem para essa diferença. Aqui estão algumas coisas específicas que você pode fazer:

CRIE UM SISTEMA DE PAGAMENTOS JUSTO

É absolutamente crucial não dar aos gerentes autoridade unilateral sobre salários, bônus, ações ou outras formas de pagamento. Em vez disso, desenvolva um sistema de remuneração que todos entendam e se atenha a ele. Alguém em sua organização — o grupo de pagamento no RH de uma empresa grande, o chefe de RH em uma empresa de médio porte ou você, se estiver liderando uma empresa pequena — deve apresentar salários ou faixas salariais para cargos e funções específicas. As pessoas que fazem o mesmo trabalho devem receber ofertas com o mesmo salário. Se você paga bônus, as pessoas com o mesmo trabalho e classificação de desempenho devem receber o mesmo valor. Quaisquer exceções devem exigir a aprovação de, pelo menos, três executivos diferentes no mesmo nível. Por exemplo, se você está contratando cinco engenheiros de nível básico ao mesmo tempo, todos eles devem ter cartas de ofertas semelhantes — de preferência, idênticas. Se a discrepância for grande, haverá problema. Se as pessoas super-representadas receberem mais do que as sub-representadas ou vice-versa, haverá problemas maiores ainda.

Ao fazer isso, duas coisas acontecerão. Um, o pagamento será mais justo, menos sujeito a tendenciosidades de gerentes individuais ou às demandas dos funcionários que se sentem no direito de fazê-las; dois, "reduzirá os fatores políticos", encorajando assim as pessoas a se concentrarem mais na inovação e menos em agradar o seu chefe.[44]

CONSIDERE SALÁRIOS PADRONIZADOS E TRANSPARENTES

Cada vez mais empresas estão descobrindo que a maneira mais simples de lidar com a disparidade salarial é desvendar o mistério do processo. Sem negociações. Sem segredos. Coloque uma página em seu site que descreva diferentes salários e remunerações para funções diferentes. Essa solução vai economizar a você e a todos os seus candidatos muito tempo e energia emocional.

Você pode perder alguns candidatos para ofertas mais competitivas. Mas o mercado de trabalho tende a ser relativamente eficiente. Se você definir salários no nível certo, eles não serão muito diferentes dos de outras empresas. Se os candidatos deixarem uma pequena diferença de remuneração determinar quais empregos eles aceitam, você não fez um bom trabalho vendendo a oportunidade. E se há uma grande diferença salarial, tente entender o motivo. Talvez você precise ajustar o salário de todos. Pagar mal à maioria dos seus funcionários e ter uma pessoa que recebe muito mais do que todos os outros acaba com o moral e gera ressentimento.

Se você precisa de algo para pechinchar, ofereça um bônus de assinatura. Mas publique as faixas de bônus de assinatura para que as pessoas sub-representadas saibam o que estão perdendo se não pressionarem por um.

QUANTIFIQUE COMO A TENDENCIOSIDADE IMPACTA O PAGAMENTO

MEÇA A SUA DIFERENÇA SALARIAL

Qual é a diferença salarial, se houver, entre os pacotes de remuneração dos sub-representados e dos super-representados em sua organização? Divida os dados por todas as categorias de sub-representação — por raça, gênero etc. Se um grupo demográfico em sua organização recebe consistentemente menos do que os outros, descubra o motivo. Às vezes, pode haver um motivo válido; por exemplo, um bônus excepcionalmente alto para um desempenho excepcional, que distorce um pequeno conjunto de dados. Mas estes devem ser a exceção, não a regra. E algumas pessoas sub-representadas também deveriam receber o pagamento excepcional! Se as pessoas super-representadas *sempre* forem a exceção, faça perguntas adicionais. Provavelmente, há um problema que você precisa resolver.

Você relute em obter dados que poderiam ser usados contra você em um processo por discriminação. Procure o conselho da sua equipe jurídica antes de aceitar qualquer conselho neste livro. Lembre-se, o trabalho de um advogado é lhe dizer quais são os riscos, não para evitar todos eles; decida quais riscos assumir. E lembre-se de que se você for processado judicialmente, essa informação será divulgada. É melhor saber com antecedência se há um problema e começar a resolvê-lo antes de ser processado, em vez de esperar até ter que reagir.

ABORDE A TENDENCIOSIDADE DE NEGOCIAÇÃO

Uma razão comum pela qual as mulheres recebem menos do que os homens é que elas são punidas por serem "agressivas", "egoístas", ou "não serem parceiras de equipe" caso negociem com muita firmeza. Isso não significa que são péssimas negociadoras; significa que agem racionalmente. Se uma mulher pensa que será penalizada por negociar, por que assumir o risco?

Aqui há duas tendenciosidades para resolver. Uma é a tendenciosidade contra mulheres que negociam. A outra é a que diz que mulheres são péssimas negociadoras, então é culpa delas não serem melhor remuneradas. Como líder, você pode fazer duas coisas sobre isso. Você e a sua equipe podem trabalhar duro para interromper essa tendenciosidade de negociação, ou pode simplesmente não permitir que *ninguém* negocie — estabeleça faixas salariais conforme discutido acima e não se desvie delas. Certifique-se de oferecer bônus e promoções como parte de um processo de rotina que olha para todos ao mesmo tempo.

NÃO REFORCE A TENDENCIOSIDADE DE MERCADO

Outra razão por que as mulheres recebem menos do que os homens é que o mercado em si é tendencioso. Uma reportagem sobre a desigualdade salarial em tecnologia na revista *Hired* mostrou que "em 63% do tempo, foram oferecidos salários mais altos aos homens do que às mulheres no mesmo cargo, na mesma empresa. As empresas estavam oferecendo às mulheres entre 4% e gritantes 45% menos no salário inicial para o mesmo trabalho".[45] E isso somente levando o salário em consideração. Em alguns setores, uma grande parte da remuneração é paga com participação nos lucros, em que os dados são mais obscuros.

Como isso pode ocorrer? Mesmo que tenha feito o trabalho duro de eliminar a desigualdade salarial de gênero em seu próprio sistema, você ainda pode "pegá-la" de outras empresas. Imagine que está entrevistando um homem e uma mulher para trabalhos similares. Você tem o cuidado de oferecer pacotes de remuneração idênticos. Mas esses candidatos também estão recebendo ofertas concorrentes de outras empresas e a do homem é melhor. Você aumenta a sua oferta? Se sim, você também oferece o mesmo à mulher? Se a sua meta é criar um local de trabalho justo, a escolha é óbvia: sim. "Mas a minha empresa não pode pagar isso!" você pode pensar. Pergunte a si mesmo se sua empresa pode sustentar pagar sistematicamente menos às mulheres do que aos homens. Os problemas que você cria podem ser difíceis de medir no curto prazo, mas ainda assim são muito reais. Quando você paga menos às mulheres do que a seus colegas homens, isso é desmotivador para elas e prejudica a produtividade e cria ressentimentos que levam a sua equipe a ser menos coesa. E traz o risco de ações judiciais coletivas. E não é justo.

4. GESTÃO DE DESEMPENHO

O EFEITO BUMERANGUE DA DISCRIMINAÇÃO

Aqui está uma história sobre a forma como as pessoas sub-representadas são impedidas pelo que equivale à "discriminação inconsciente". Não estou deixando ninguém escapar ao chamar isso de inconsciente. Os resultados de negócios são importantes, não as intenções. Mas, com muita frequência, quando escutamos a palavra "discriminação", imaginamos um grande cartaz de "somente homens" ou "somente brancos". Mesmo quando não há uma intenção explícita de excluir ou subestimar, a discriminação ainda acontece.

Laura, uma diretora administrativa na Tarweed Consulting (uma firma fictícia), era uma das poucas mulheres líderes na empresa. Tarweed oferecia dois serviços: consultoria estratégica e consultoria em tecnologia. Laura era responsável pelas vendas globais na consultoria em tecnologia, uma oferta mais recente. Seus três colegas vendiam consultoria estratégica, a linha de negócios mais bem estabelecida. Don lidava com as vendas nas Américas, Mike na Europa e Jennifer na Ásia. Laura e seus três colegas estavam prontos para uma promoção.

O negócio que Laura liderava cresceu rapidamente e, agora, era responsável por pouco mais da metade da receita da empresa. Seu negócio era grande, mais lucrativo e de crescimento mais rápido do que o de Don, Mike ou Jennifer. Independentemente de qual fosse a medida objetiva, Laura estava arrasando. O negócio de Don era o segundo maior, depois o de Mike e, então, o de Jennifer. Quando as promoções chegaram, Laura deveria ser a primeira na linha. Em vez disso, Don e Mike foram promovidos. "Esses líderes ambiciosos têm um potencial ilimitado", despejou o e-mail anunciando sua promoção. A Laura, disseram que ela ainda precisava construir um histórico de sucesso se quisesse ser promovida. O que diabos ela havia acabado de fazer?

O que aconteceu com Laura é tão comum que tem até nome: tendenciosidade de "desempenho/potencial" ou de "provar novamente".[46] Os homens são mais propensos a serem recompensados pelo potencial percebido, enquanto as mulheres são promovidas puramente com base no desempenho anterior.

Laura sabia sobre essa tendenciosidade, mas ainda assim, não pensou que poderia acontecer com ela. Não foi só o senso de injustiça que a chateou. Aquela promoção vinha com um aumento salarial de 100%. Laura decidiu perguntar a outros executivos da empresa por que foi preterida. Ela recebeu várias respostas diferentes.

Uma delas foi que as vendas de consultoria em tecnologia não envolviam jogar golfe com CEOs renomados. Don e Mike precisavam de títulos maiores para serem eficazes no mundo egoico e confuso no qual atuavam. OK, Laura disse. Era verdade que seus clientes tendiam a ser departamentos de TI e não a badalada gerência de nível executivo. Mas e sobre Jennifer? Ela vendeu para gerentes de nível executivo. Não era como se os CEOs na Ásia tivessem egos menores do que os das Américas e da Europa. Por que ela não "precisava" do título? Não houve uma boa resposta para essa pergunta, exceto que a Ásia era um mercado menor para a empresa.

"Bem, talvez fosse um mercado maior para nós se Jennifer tivesse o título certo", sugeriu Laura. Ela não teve resposta. Era como se ela não tivesse falado.

Outro executivo disse a Laura que ela não tinha uma grande "amplitude de controle" como Don. Traduzindo: Don tinha mais pessoas se reportando a ele, embora ele dirigisse negócios menores. Isso significava que ele comandava um navio mais apertado e, como resultado, seu negócio era mais lucrativo.

Espere, *o quê*? Don foi recompensado por sua "amplitude de controle", mas Laura foi punida por construir um negócio mais lucrativo? Ela deveria ter sido recompensada por sua eficiência, não punida. Que essa "amplitude de controle" racional pudesse ser levada a sério em uma empresa que se considerava "orientada por todos" e explicitamente oposta à construção de um império era irritante.

Isso provoca a pergunta: Por que Mike foi promovido se tinha uma equipe *e* um negócio menores do que os de Laura? Jennifer comandava um navio apertado, tinha um negócio mais lucrativo que os de Don e Mike e estava crescendo mais rápido. Deveria ela contratar mais pessoas e ser menos lucrativa para aumentar a sua "amplitude de controle" e obter a promoção da próxima vez? Laura quis saber. "Não seja irracional", lhe informaram.

Laura não achou que o executivo com quem conversava sobre "amplitude de controle" tinha um preconceito *consciente* contra mulheres. No entanto, ela não conseguiu continuar a conversa. Quando tentou falar sobre lucratividade, ele olhou para Laura como se ela não tivesse habilidades quantitativas básicas. O que ela não entendeu sobre o fato de que Don gerenciava mais pessoas do que ela? Talvez as tendenciosidades daquele executivo sobre suas habilidades analíticas fossem mais pronunciadas do que ela pensava. Ela estava tão frustrada com sua insensibilidade consciente — ou seria ignorância estratégica? — que desistiu de argumentar.[47] O que ele disse parecia tão irracional que ela até se perguntou se tinha entendido mal. É assim que o abuso psicológico funciona.[48] Isso fez Laura se perguntar até onde devia questionar a outra pessoa.

Enquanto continuava a perguntar a todos, ouviu algumas explicações de gênero ainda mais evidentes da razão de não ter sido promovida. Um executivo comparou sua suposta estridência com o suposto carisma de Don e Mike. Quando Laura se opôs ao padrão duplo óbvio, ele disse a ela para não "tirar proveito de ser mulher". Novamente, sua frustração com esse tipo de irracionalidade teve um efeito silenciador. Mas agora ela se sentia irritada e isolada.

Benedict, um coach que trabalhou com vários dos principais executivos da empresa, foi a única pessoa disposta a admitir o quão injusta e falha foi essa decisão de promoção. Ele disse a Laura que quando uma equipe executiva é tão homogênea (9 dos 10 membros eram homens, os 9 eram brancos e nenhum era gay), a tendenciosidade aparece regularmente e sem ser notada. Comentários misóginos rotineiros não eram corrigidos.

Que tipos de comentários? Laura quis saber. Benedict disse que esteve em uma reunião em que um executivo falou dos "seios e bunda" de uma diretora quando ele deveria estar avaliando suas habilidades técnicas e de liderança. Ninguém na sala disse uma palavra. Laura podia imaginar muito bem que a única mulher na equipe não se sentia inclinada ou empoderada para servir como censora de gênero em uma sala onde ela era a minoria.[49] Ela provavelmente havia enterrado a observação desagradável no fundo de sua mente, da mesma forma que a própria Laura costumava fazer ao longo de sua carreira. Compartimentação intencional. "Eu ouvi mesmo ele dizer 'seios e bunda'? Eu não quero ter que lidar com isso. Ah, vejam, um esquilo!"

Mas e sobre os homens? Três deles tinham atitudes abertamente problemáticas com as mulheres.

Ainda assim, seis dos homens na equipe executiva estavam ativamente tentando criar um local de trabalho mais diverso e inclusivo. Mas ela sabia, pelas suas próprias experiências, que mesmo aqueles homens tendiam a presumir que, se a mulher na sala não falasse, um comentário — mesmo que chocante — não teria problema.

Laura perguntou a Benedict o que ela deveria fazer. Ele disse: "Você jamais será levada a sério por uma equipe como essa. Comece a procurar oportunidades nas quais suas habilidades serão utilizadas ao máximo." Embora ela estivesse feliz por finalmente alguém ser sincero, também era deprimente. Ela sabia que ele estava certo, que devia começar a procurar outro emprego. Mas ela amava aquele e a equipe que criou. Ela não queria sair.

Então, um dia, Laura se reuniu com Don e Mike. Don estava sentado próximo a ela, estendeu a mão puxou alguns de seus cachos, observou-os saltar para trás, e sorriu como se tivesse encontrado um novo brinquedo com que acalmar a inquietação. Laura olhou para ele e balançou a cabeça negativamente. Então ele fez novamente. "Pare com isso!", ela sussurrou. "Relaxe", ele sussurrou de volta.

Foi a gota d'água. Laura saiu da reunião e começou a enviar e-mails para seus contatos profissionais, avisando que estava procurando um novo emprego.

A discriminação que Laura experimentou, provavelmente, não merecia um processo. Não havia nenhuma prova de que Laura havia atingido o telhado de vidro. A empresa podia ter encontrado uma combinação de métricas para "provar" que o problema era Laura, não os critérios de promoção da liderança sênior (ou a falta deles). E mesmo que pudesse ter vencido no tribunal, ela sentiu que tinha muito mais a ganhar — tanto para si quanto para outras mulheres — ao colocar seu tempo e energia em sua carreira. Laura concluiu que o retorno de investimento de um processo judicial simplesmente não existia para ela. Melhor investir seu tempo em um emprego em que poderia ter sucesso.

(Às vezes vale a pena lutar essas batalhas, que se dane o retorno do investimento. Pense em Lilly Ledbetter, cujo processo de discriminação salarial chegou à Suprema Corte. Ela perdeu ali por um tecnicismo jurídico, mas o caso foi tão grosseiramente injusto que o Congresso aprovou, posteriormente, uma legislação chamada Lilly Ledbetter Fair Pay Act, de 2009, para corrigir a falha. A disposição de Ledbetter de lutar aquela batalha criou um mundo mais justo para milhões de mulheres.)

Seis semanas após Don puxar seu cabelo e falar para ela relaxar, Laura recebeu uma oferta para se tornar CEO da Gilia Consulting, uma pequena competidora da Tarweed que estava em rápido crescimento. Quando avisou ao chefe, em vez de parabenizá-la ou lamentar a perda, criticou-a por ser ambiciosa. Isso parecia estranho — ele não só era *muito* ambicioso, como havia elogiado publicamente Don e Mike por esse traço quando os promoveu.

Ironicamente, não foi a ambição que a empurrou porta afora — ela não planejava um título de CEO — foi a falha da empresa em reconhecer seus esforços. Ela estava desgastada por isso — e pior, por não poder realizar tudo o que era capaz. O acúmulo das muitas maneiras pelas quais havia sido tratada injustamente — tanto grandes quanto pequenas, explícitas ou sutis — fizeram com que Laura começasse a procurar outro lugar.

A Gilia vinha lutando contra uma gestão caótica que gerava grande rotatividade. Sob a liderança de Laura, a empresa se estabilizou rapidamente e, dentro de alguns anos, surgiu como a principal concorrente da Tarweed. Laura se tornou muito mais conhecida como uma executiva competente do que Don, Mike ou mesmo o chefe que a deixou ir embora. Desde então, muitos especularam que se Laura tivesse o devido reconhecimento e recebesse mais autoridade na Tarweed, a Gilia sairia do jogo.

Se o chefe de Laura na Tarweed tivesse olhado os números e se perguntasse porque não havia promovido a pessoa de sua equipe com o maior e mais lucrativo negócio, talvez notasse a tendenciosidade em sua tomada de decisão. Se ele tivesse promovido Laura, poderia tê-la mantido. No final, sua tendenciosidade prejudicou mais a ele e à empresa do que a Laura. Mas ainda assim prejudicou a carreira dela na época e isso foi injusto.

Nem toda mulher tem a oportunidade de responder à discriminação conseguindo outro emprego, ainda mais um que lhe dê uma plataforma para mostrar de forma tão intensa do que ela é capaz. A justiça raramente é tão poética ou rápida. Mas vale a pena celebrá-la quando ela acontece e aprender com ela para que possamos ajudá-la a acontecer com mais frequência.

A seguir há algumas coisas adicionais que pode fazer e evitar de acabar como o chefe de Laura.

ANALISE OS DADOS DE PROMOÇÃO PARA QUANTIFICAR SUAS TENDENCIOSIDADES

A proporção de homens para mulheres nas posições mais baixas que foram promovidos a gerente pela primeira vez é muito reveladora: para cada 100 homens promovidos à gerência, somente 72 mulheres foram promovidas — 80 brancas, mas apenas 68 latinas e somente 58 negras.[50]

O que está acontecendo na sua organização? Olhe os números e se aprofunde. Talvez a tendenciosidade não explique toda a sub-representação nas suas promoções. Pode haver *alguns* fatores além do seu controle. Mas é impossível acreditar que a tendenciosidade não é um fator em todos esses números. Quando você identifica a tendenciosidade revelada em seus dados de promoção, é muito mais provável que trabalhe para descobrir o que fazer para melhorar a situação. Meça o que é importante e, quando suas medições revelarem problemas, resolva-os.

DEPENDA DE UM SISTEMA DE GESTÃO DE DESEMPENHO, NÃO DE DECISÕES GERENCIAIS UNILATERAIS

Na maioria da América do Norte corporativa, e também em pequenos negócios, os gerentes têm poderes quase que ditatoriais para conduzir avaliações de desempenho e conceder aumentos e promoções. Se você for malvisto pelo chefe, está ferrado, mesmo que seus resultados contêm uma história diferente. Esse estado de coisas introduz ineficiência e injustiça nas decisões de gestão.

A solução é criar sistemas que tirem as decisões de avaliações de desempenho e promoção das mãos dos gerentes. Quando controles e equilíbrio limitam o poder de chefes individuais de gerir esses processos unilateralmente, os resultados tendem a ser muito mais justos. Você acaba tendo as pessoas certas nas funções certas. Você obtém mais colaboração entre chefe e funcionário e menos agressores com mente estreita. Ter um valentão como chefe é um imposto idiota que ninguém quer pagar. Um sistema de avaliação de desempenho não precisa ser oneroso e pode funcionar bem em uma equipe de cinco pessoas ou em uma grande empresa.

Mas como isso funciona, exatamente?

Em vez de permitir aos gerentes que escrevam avaliações de desempenho unilateralmente, tente instituir um processo 360, para que o desempenho das pessoas seja avaliado por seus pares, bem como por outros acima e abaixo deles na hierarquia. Crie um processo de calibração de classificações que garanta que os gerentes não classifiquem as pessoas de modo fácil ou difícil. Crie comitês de promoção que avaliem o trabalho de um funcionário e tomem decisões de promoção. Os gerentes contribuem para essas decisões, mas elas não serão unilaterais.

Uma palavra de alerta: com o tempo, esses sistemas podem se dilatar e desperdiçar tempo. Em uma empresa onde trabalhei, o período de avaliação de desempenho começou a ser conhecido como "avaliacrastinação", porque nenhum outro trabalho era feito por algumas semanas. Tive férias em família arruinadas por um comitê de promoção enlouquecido. Portanto, crie o seu processo, mas gerencie-o e o mantenha o mais simples e otimizado possível.

QUANTIFIQUE A TENDENCIOSIDADE NOS SISTEMAS DE GESTÃO DE DESEMPENHO

RASTREIE A TAXA DE PROMOÇÃO DE PESSOAS SUB-REPRESENTADAS

As pessoas sub-representadas de sua organização estão sendo promovidas a uma taxa mais lenta do que as super-representadas? Se sim, por quê? Rastrear esses números e investigar as discrepâncias completa e abertamente é tão desconfortável quanto crucial.

Você quer ser justo em ambas as direções quando for medir as classificações e promoções. Por exemplo, em uma empresa que conheço bem, a igualdade de gênero é medida por um sistema de códigos coloridos. Os departamentos onde as classificações das mulheres são iguais ou superiores às dos homens são marcados em verde. Os departamentos onde as classificações são maiores para os homens são marcados em vermelho. A ideia era que não se esperava que um gênero se saísse melhor nas avaliações de desempenho. Se os homens tivessem uma classificação consistentemente mais alta do que as mulheres, era sinal de que alguma investigação sobre o motivo era necessária.

Foi ótimo que essa empresa tivesse o desejo de medir as tendenciosidades. Mas um homem que trabalhava lá fez uma pergunta lógica: por que o sistema destacou apenas os departamentos cujas classificações eram distorcidas a favor dos homens? Por que foi considerado normal os homens serem consistentemente avaliados abaixo das mulheres, quando o inverso era visto como um problema sério? Este homem achava que *qualquer* disparidade de gênero — em relação a funcionários homens, mulheres ou não binários — devia ser marcada em vermelho. Infelizmente, a equipe que fez a análise parecia não estar disposta a admitir que o sistema deveria ser consistente.

O objetivo deveria ser garantir que as classificações fossem justas.

ANÁLISE LINGUÍSTICA

Se os gerentes forem obrigados a fornecer aos funcionários avaliações de desempenho por escrito ou recomendações de promoção, a linguagem que eles usam pode revelar muito sobre suas tendenciosidades. O exemplo clássico é o problema "de agressividade" já mencionado.

Existem formas simples de corrigir isso. Você pode contratar pessoas familiarizadas com a forma como a tendenciosidade de gênero atua nas avaliações de desempenho e pedir-lhes que leiam as avaliações e sinalizem onde elas surgem. Ou você pode optar por uma correção técnica: escrever suas avaliações com uma ferramenta de escrita aumentada, como o Textio, para sinalizar o tipo de linguagem que pode indicar tendenciosidade. Ou pode adaptar o jogo do Bingo de Tendenciosidade de Gênero, fazendo com que os gerentes leiam as avaliações uns dos outros e procurem evidências dos tipos de tendenciosidades de gênero que atrapalham as mulheres. Quando elas são encontradas, é crucial que o gerente que escreveu o comentário não seja castigado, mas, em vez disso, refaça a avaliação. O objetivo aqui não é punir, mas aprender a identificar nossas tendenciosidades e corrigi-las.

5. COACHING E MENTORIA

Sistemas formais como pagamento e desempenho são importantes para o desenvolvimento da carreira de um funcionário. Frequentemente, a orientação informal é ainda mais importante. Ter bons mentores pode ser um enorme impulso na carreira de um jovem. Mas poucas coisas são mais afetadas pelas tendenciosidades do que a mentoria.

Mentorear pessoas sub-representadas desemboca em uma área cinzenta que é a realidade de quase todos. A única forma de construir uma equipe diversificada é garantir que você e seu pessoal não sejam tendenciosos com quem estão orientando. Faça uma mentoria transparente. Não construa essas relações a portas fechadas, em clubes de strip, em clubes de golfe, na sua suíte de hotel, o que seja. Tenha essas reuniões, não importa quem você esteja orientando, em locais públicos.

Evan Cohen, sócio-gerente para as Américas do escritório de advocacia Clifford Chance, teve uma experiência amplamente compartilhada entre os líderes. Ele se perguntava por que tão poucas mulheres se tornavam sócias da firma e o que ele podia fazer para mudar isso. Ele conseguiu sua resposta durante uma entrevista com uma mulher especialmente promissora que decidiu sair da empresa. Por que, ele perguntou, ela estava saindo quando tinha o caminho livre para se tornar sócia? Ela ficou surpresa com a pergunta. Ela não tinha ideia de que alguém via um grande futuro para ela na empresa. Os homens promissores em sua classe de associados foram todos orientados por vários parceiros. Ela também tinha sido orientada ocasionalmente, mas ninguém sentou com ela para dizer que estava no caminho certo para se tornar sócia algum dia.

Cohen prometeu a si mesmo que aquilo nunca mais aconteceria. Ele percebeu que quando os sócios, em sua maioria homens, escolhiam seus pupilos, tendiam a selecionar os que os lembravam de si mesmos quando jovens. Ele agiu e pediu a todos os sócios da firma que escolhessem pessoas mais diversas para orientar. Ele chegou a segurar um espelho para que as pessoas se vissem: você está orientando somente pessoas que se parecem com você? Sem quaisquer cotas ou programas formais de mentoria, o número de sócios que escolheu orientar mulheres aumentou e o número de mulheres que se tornaram sócias tem aumentado desde então. Dos advogados norte-americanos da Clifford Chance promovidos a sócios nos últimos três anos, 45% foram mulheres e a porcentagem geral de sócias mulheres mais do que dobrou em 6 anos, sob a liderança de Cohen.

Se você é um líder, seja determinado sobre quem está orientando e procure pessoas diferentes. Se você é um líder de líderes, preste atenção em quem está sendo orientado. Se as mulheres estão sendo deixadas de lado, você tem um problema que, infelizmente, não é um corrigido com facilidade. A mentoria não é codificada. Não é imposta de cima. A melhor forma de mentoria acontece de maneiras ad hoc — em um carro compartilhado para o escritório após uma reunião, em um coffee break, no almoço durante viagens.

NÃO SE ENCONTRE SOZINHO COM HOMENS SE VOCÊ NÃO SE ENCONTRA SOZINHO COM MULHERES

Cada vez mais me encontro em situações nas quais um homem com quem trabalho se recusa a se encontrar com uma mulher no trabalho. Uma variedade de crenças está por trás de tal política. Às vezes, é por medo de uma falsa acusação. Outras, uma estratégia para evitar a tentação de ultrapassar certos limites. Em outras, por crença religiosa. Ocasionalmente é uma mulher, não um homem, que tem uma crença religiosa; no entanto, isso raramente acontece no trabalho, porque essas mesmas crenças muitas vezes, mas nem sempre, proíbem a mulher de trabalhar em primeiro lugar.

Não importa a razão, há vários problemas com a recusa de alguém em se encontrar sozinho com quase metade da população mundial. Um, essa política é discriminatória, especialmente quando a pessoa que se recusa está em uma posição de autoridade. Dois, faz uma suposição incorreta de que o mundo inteiro é hétero e cisgênero. Às vezes, as pessoas "ultrapassam limites" com pessoas do mesmo sexo ou que têm o gênero fluido.

Como líder, seu objetivo nessas situações é apresentar uma solução viável para todos, não debater as crenças religiosas de cada pessoa ou a abordagem de autocontrole ou medo de falsas acusações. Você pode dizer às pessoas: "É discriminatório, portanto ilegal, se encontrar sozinho com homens e não com mulheres ou vice-versa. Se você não vai se encontrar cara a cara com mulheres, a única maneira de evitar a discriminação e ainda se manter fiel às suas crenças é não se encontrar sozinho com homens." Ou você pode explicar isso desta forma: "É impossível para uma mulher fazer o trabalho dela se você se encontra com outros homens da sua equipe, mas não com mulheres. Também é ilegal e uma violação de RH excluir pessoas com base em seu gênero. Uma responsabilidade importante da administração é ter reuniões individuais com cada subordinado direto. Se você se recusar a ter reuniões individuais com suas subordinadas, será liberado de suas responsabilidades de gestão."

Se você é um homem preocupado com falsas acusações, existem maneiras simples e diretas de lidar com essas preocupações, em vez de se recusar a se encontrar com mulheres. Um, você pode se encontrar com as pessoas em locais públicos. Você não precisa ter reuniões presenciais com ninguém a portas fechadas. Deixe a porta aberta, encontre-se em uma sala de conferências ou em uma mesa de cafeteria ou outro local público.

A recusa em se encontrar com uma pessoa de um gênero, mas não de outro, é uma forma de discriminação que o código de conduta da sua empresa deve cobrir. É mais complicado aplicar esse código à mentoria, mas é igualmente importante fazê-lo.

Recentemente, me encontrei com um homem, colega de muitos anos, para um almoço. Quando voltei para casa, uma hóspede me deu um sermão. "Seu marido não se preocupa que você almoce com outros homens?", ela perguntou. Tanto meu marido como eu achamos a pergunta absurda. Recusar-me a encontrar outros homens tornaria impossível para mim fazer meu trabalho. Eu era a única mulher no conselho diretor, por exemplo. Meu editor era um homem. Recusar-se a se encontrar sozinho com uma mulher seria menos oneroso para o meu marido, já que ele é engenheiro de software e 75% da sua equipe é composta por homens, mas isso tornaria as coisas bem difíceis para ele também. Especialmente porque sua *chefe* era uma mulher. Mais importante, nós confiamos um no outro.

Por acaso, meu colega e eu não nos encontramos em uma casa noturna à luz de velas, mas em um restaurante movimentado no centro de Palo Alto onde conhecíamos metade das pessoas que comiam ao nosso redor. Eu o havia orientado no início de sua carreira. Nos anos seguintes, ele se tornou um empresário de enorme sucesso e, agora, era meu mentor. Esses tipos de relacionamento são uma parte importante do crescimento profissional de uma pessoa. Se eu tivesse me recusado a orientá-lo porque ele é homem, ou se ele tivesse declinado me orientar porque eu sou mulher, ambas as nossas vidas e carreiras teriam sido empobrecidas.

NÃO SE ENCONTRE EM CLUBES DE STRIP

Este título parece tão óbvio que é ridículo mencioná-lo. Mas acontece com tanta frequência que vou escrever. Por exemplo, certa vez trabalhei com um líder que rotineiramente levava os homens da empresa para clubes de strip. Não acho que ele *pretendia* excluir as mulheres. Mas suas intenções não importavam. A verdade é que enquanto aqueles caras estavam bebendo drinques e cobiçando as dançarinas exóticas, eles também estavam tendo importantes trocas e vínculos relacionados ao trabalho. O chefe não sabia o quanto essa combinação de sexismo e exclusão incomodava as mulheres do escritório porque, obviamente, ninguém disse a ele. Na verdade, ninguém me falou sobre essas excursões também — não até que extraí os detalhes de Nancy, uma mulher da minha equipe, após eu encontrá-la chorando no banheiro.

Quando perguntei o que havia de errado, ela disse que o projeto no qual estava trabalhando havia sido cancelado. Jamais vi Nancy reclamando, muito menos chorando. Tive um pressentimento de que havia algo que ela não estava me contando. Então a levei para tomar uma xícara de chá — um ambiente casual é sempre um bom local para obter feedback de uma pessoa claramente relutante em dá-lo. Foi aí que consegui a história verdadeira. O que realmente a chateou foi que, em uma das excursões de boate promovidas pelo chefe, seus colegas homens souberam que o projeto estava sendo cancelado. Não era apenas humilhante receber as notícias de segunda mão, se ela tivesse ficado por dentro antes, poderia ter sido capaz de lutar por um resultado diferente.

O líder em questão fez um grande alarido sobre estar aberto ao feedback, então em vez de ficar em silêncio, fui falar com ele. Tudo o que tive de dizer foi "clube de strip" e ele ficou devidamente chateado. Fiquei impressionada com a forma como o líder assumiu a responsabilidade por causar danos. Ele se desculpou com todas as mulheres que sabiam sobre as saídas para o clube de strip — praticamente todas nós. Ele também reconheceu que não foram apenas as mulheres as excluídas — mas também os homens da equipe que não se interessavam por danças eróticas. Ele se desculpou com eles também. O mais importante, ele conversou com todos os homens que já o tinham acompanhado a um clube de strip e disse-lhes que esse tipo de coisa acabaria imediatamente. E foi o que aconteceu.

Esse foi um exemplo de Coragem Institucional. Ele ouviu, honrou quem falou a verdade, pediu desculpas e assumiu a responsabilidade de prevenir danos futuros. Quando você está aberto a críticas e disposto a enfrentar seus erros, pode resolver uma situação antes que ela se transforme em algo muito perigoso.

6. MEÇA A SEGURANÇA PSICOLÓGICA

A professora da Harvard Business School, Amy Edmondson, não apenas definiu a segurança psicológica, mas também apresentou uma maneira eficaz de medi-la. Ela desenvolveu uma breve pesquisa que avalia as reações dos funcionários a sete declarações:

- Se você cometeu um erro nesta equipe, isso será usado muitas vezes contra você.
- Os membros desta equipe são capazes de trazer problemas e questões difíceis.
- Às vezes, os membros desta equipe rejeitam outras pessoas por serem diferentes.
- É seguro arriscar nesta equipe.
- É difícil pedir ajuda a outros membros desta equipe.
- Ninguém desta equipe agiria deliberadamente de uma forma que prejudicasse meus esforços.
- Trabalhando com membros desta equipe, minhas habilidades e talentos únicos são valorizados e utilizados.[51]

Se você dividir as respostas por gênero ou qualquer outro grupo de funcionários sub-representados, essa série simples de perguntas oferecerá uma indicação extraordinariamente poderosa de como as pessoas se sentem sobre o lugar em que trabalham todos os dias. Os resultados darão a você um instantâneo das microculturas da sua equipe. Compartilhe os dados com todos. Se a pesquisa indicar que os indivíduos ou grupos não se sentem psicologicamente seguros, trabalhe em coisas específicas para melhorar a situação. Talvez seja o sinal de que você precisa para colocar detonadores de tendenciosidades em ação, ou talvez de que as pessoas se sentem assediadas ou discriminadas. Não faça suposições. Pergunte. Aja de acordo com o que aprendeu. Dê às mudanças mais tempo para exercer um impacto e, então, meça novamente para ver o que está ou não funcionando.

Um dos segredos para estabelecer e manter uma atmosfera psicologicamente segura é garantir que todos se sintam confortáveis em sinalizar problemas — sabendo que serão ouvidos e que não haverá represálias por fazê-lo. Se, no entanto, você já *sabe* que as pessoas se sentem inseguras, pedir a outras pessoas para sinalizarem problemas para você pode não ser um bom começo. Você pode precisar sinalizar seus próprios problemas, criar soluções e, em seguida, perguntar às pessoas se você foi longe o suficiente ou demais. Em uma atmosfera repleta de tendenciosidades, preconceito ou bullying, as mulheres podem não se sentir confortáveis respondendo honestamente ou discutindo esses tópicos delicados — especialmente se elas acharem que você é parte do problema.

7. ENTREVISTAS DE SAÍDA

As entrevistas de saída também podem ser úteis para fornecer um instantâneo qualitativo de sua organização. Quando as pessoas que você quer reter se demitem, faça tudo o que puder para que elas lhe digam o porquê. Tranquilize-as garantindo que a verdade não "queimará pontes" e, embora você adoraria convencê-las a ficar, esse não é o objetivo da reunião. Você está lá para aprender sobre os erros que você ou sua organização cometeram para que não sejam cometidos novamente.

Se você realmente quer saber por que aquele funcionário valioso se demitiu, chame um líder tão sênior quanto possível para fazer a entrevista. Normalmente, as pessoas deixam os gerentes, não as empresas. Aquele gerente pode ser a última pessoa a ouvir a verdade nua e crua. Mas o chefe do gerente? Sendo assim, o funcionário pode estar ansioso para falar.

Essa é uma boa higiene de gestão para todos os atritos lamentáveis, mas é especialmente importante quando são as pessoas sub-representadas que estão se demitindo. Investigue por que as pessoas que você se esforçou para recrutar e reter não querem mais trabalhar para você — seja por causa de erros que você cometeu, que outros da organização cometeram ou problemas endêmicos à cultura de seu local de trabalho. Quantifique isso. Qual a porcentagem de pessoas sub-representadas que se demitiram porque vivenciaram assédio ou discriminação em sua empresa?

Quantos se demitiram por vivenciar tendenciosidade, preconceito ou bullying? Como isso se compara às pessoas super-representadas que saem da empresa? Se os dados revelarem um problema, descubra como corrigi-lo!

8. ACABE COM OS ACORDOS DE NÃO DIVULGAÇÃO E ARBITRAGEM FORÇADA NA SUA EMPRESA

Já usei acordos de não divulgação, então seria hipócrita de minha parte não recomendá-los. Eu entendo o apelo — e também por que eles são uma ideia terrível.

Não adote a prática de exigir que todos os funcionários se submetam à arbitragem forçada se entrarem em uma disputa com a empresa. Nem exija que seus funcionários assinem acordos de no caso improvável de que a arbitragem forçada considere a empresa culpada e recomende uma indenização. Essas práticas constituem uma tentativa flagrante de se esquivar dos controles e equilíbrio que o nosso sistema jurídico impõe aos empregadores. Lembre-se de que eles existem para proteger a empresa e seus líderes, bem como os funcionários. Encobrir a discriminação e o assédio garante que eles continuarão acontecendo; e o sistema de pagamentos + os acordos de não divulgação convidam a processos judiciais frívolos e suspeita de que os problemas reais não são reais.

É verdade que ir ao tribunal geralmente custa mais que pagar à pessoa prejudicada e também é uma enorme distração. Como regra geral, é melhor para todos os envolvidos não enfrentar um processo. A melhor maneira de evitar a ida ao tribunal é não encobrir os problemas. Isso só garante que eles se agravarão até que muitas pessoas sejam prejudicadas e se tornem tão grandes que você não poderá mais encobri-los. A melhor forma de evitar uma ida ao tribunal, então, é fazer o possível para prevenir a discriminação e o assédio desde o início; oferecer várias maneiras seguras de denunciá-los quando ocorrerem, apesar de seus melhores esforços; para investigar as avaliações de forma completa e justa; e tomar as medidas adequadas quando as avaliações provarem ser verdadeiras. Se você mantém a sua casa em ordem e pode provar que tem protocolos responsáveis em vigor, ficará muito menos vulnerável a processos judiciais.

Acordos de não divulgação (NDAs, em inglês): *Ela Disse*, de Jodi Kantor e Megan Twohey, e *Catch and Kill* [*Pegar e Matar*, em tradução livre], de Ronan Farrow detalham como sujeitos verdadeiramente perversos têm sido capazes de tirar proveito dos NDAs para perseguirem vítima após vítima. Em *Ela Disse,* a atriz Rose McGowan, uma das muitas mulheres perseguidas por Harvey Weinstein, explicou: "O problema era pior do que Weinstein... não é só ele, é toda uma máquina, uma cadeia de suprimentos. Sem supervisão, sem medo. Cada estúdio faz a vítima se envergonhar e pagar. Quase todo mundo tem um NDA."[52] Essa manobra legalista é agora um método padrão usado pelos poderosos para silenciar os impotentes. E não é apenas Hollywood, no entanto. É na tecnologia, finanças. O encobrimento perpetua o crime.

Alguns líderes explicam que um NDA não é um encobrimento, mas uma maneira de se proteger de falsas alegações. Mas quando você entende como os NDAs podem ser abusivos, qualquer argumento de que eles protegem pessoas inocentes de falsas alegações parece ilusório e perigoso. Além disso, eles não protegem a empresa — o oposto é verdadeiro. Se as pessoas sabem que há uma chance de obterem um pagamento com pouca investigação e nenhum processo legal real, isso só aumenta a tentação de uma parte prejudicada apresentar uma queixa. A melhor forma de proteger as vítimas reais dos crimes reais e também se proteger de falsas alegações é resolver essas questões de forma transparente. Ninguém deveria ter o direito de comprar o silêncio de outrem.

Arbitragem forçada: Quando os funcionários apresentam uma queixa, especialmente sobre coisas como discriminação, assédio ou agressão sexual, muitas empresas insistem que eles renunciem ao seu direito de resolver a disputa no sistema judiciário antes de discutirem um acordo. Muitas vezes, os funcionários já renunciaram a esse direito quando assinaram com a empresa, concordando em levar quaisquer ações judiciais à arbitragem privada.

Há vários problemas com a arbitragem forçada, mas vamos nos concentrar em duas: é ruim para os funcionários e para as organizações onde eles trabalham. É ruim para os funcionários porque os árbitros privados são escolhidos e pagos pela organização e o interesse deles não está muito na justiça, mas em garantir que a empresa continue contratando-os. Sob certas condições, é altamente improvável ter uma justiça imparcial. Embora a arbitragem forçada possa oferecer alguns benefícios no curto prazo para uma organização — pode evitar os custos e a publicidade de uma ação judicial — no longo prazo aumenta o risco operacional. Susan Fowler, que deveria saber porque documentou abusos que acabaram causando danos incalculáveis ao seu antigo empregador, a Uber, explica desta forma: "Forçar disputas legais sobre discriminação, assédio e retaliação passarem por procedimentos secretos de arbitragem esconde o comportamento e permite que ele se torne culturalmente arraigado."[53]

Um benefício da arbitragem forçada, argumentam as empresas, é que ela protege a privacidade de todos. Em uma disputa judicial, todas as queixas se tornam públicas e o nome da pessoa que as fez também deve ser público. Isso traz alguns riscos para o réu e para o queixoso. O que quer que o réu seja acusado de ter feito agora faz parte do registro público e isso pode ser prejudicial, quer tenha sido provado como verdade ou não. Também pode funcionar com o queixoso. Quando este se candidata a um novo emprego, o processo pode aparecer em pesquisas de antecedentes. Embora seja ilegal não contratar pessoas por terem processado o empregador anterior, muitos decidem rejeitar discretamente um candidato por esse motivo.[54] Isso pode ou não influenciar as decisões dos reclamantes sobre a possibilidade de entrar com um processo, mas deve ser uma decisão deles. Para um empregador atual, insistir para que os funcionários assinem um acordo de arbitragem forçada "para sua própria proteção" porque os futuros empregadores podem discriminá-los ilegalmente por entrarem com uma ação é simplesmente absurdo. É como dizer: "Se você entrar com uma ação na corte, futuros empregadores podem usar isso ilegalmente contra você, então vou tornar impossível que você me leve ao tribunal — para o seu próprio bem."

A Microsoft acabou com a arbitragem forçada para casos de abuso sexual em 2017.[55] A Uber fez o mesmo, seguida pelo Google, e então pelo Facebook e muitos outros.[56] Essa é uma tendenciosidade bem-vinda. A má notícia é que aproximadamente 60 milhões de americanos ainda trabalham sob arbitragem forçada.[57] Você pode acabar com ela no seu local de trabalho e deixar o seu canto do mundo um pouco mais justo.

9. PROJETO ORGANIZACIONAL

E se o CEO se comportar mal?

Se a empresa tem um conselho de administração, é da responsabilidade deles lidar com o mau comportamento do CEO — é uma das razões pelas quais você tem um conselho de administração em primeiro lugar. No entanto, o RH é frequentemente culpado por não responsabilizar o CEO ou por administrar mal os relatórios de violações de RH. Eu sou totalmente a favor de falar a verdade ao poder, mas isso não parece justo. É muito difícil investigar seu chefe.

Para essas situações, as empresas têm uma função de cumprimento, que deve ter um líder forte. Essa função deve se reportar diretamente ao comitê de auditoria e pode contornar o CEO, se necessário. A função da auditoria interna funciona da mesma maneira pelos mesmos motivos. Se alguém precisa relatar irregularidades financeiras, discriminação ou assédio, eles precisam ser capazes de contornar o CEO, se ele for o problema.

Isso funciona melhor em empresas públicas do que nas privadas. Autor e especialista em governança do conselho de administração, a Dra. Dambisa Moyo explica que empresas públicas têm obrigações muito maiores — de todos os tipos de stakeholders — pela transparência e divulgação em torno de questões sociais e culturais voltadas para o futuro do que as empresas privadas. Por exemplo, questões de diversidade de gênero, paridade salarial, mudanças climáticas e fatores ASG (ambientais, sociais e de governança) são áreas nas quais as empresas públicas estão sujeitas a escrutínio e relatórios, enquanto as instituições privadas geralmente não estão.[58]

O chefe do RH deve reportar-se diretamente ao CEO e ter um assento à mesa. Muitas vezes, o RH é "colocado" sob o comando de um COO ou não tem influência real na equipe do CEO. Quando o RH não tem um assento estratégico na mesa, sua eficiência fica comprometida e a organização perde a confiança e o respeito pela função. Além disso, o Diretor de Recursos Humanos ("DRH") pode ser um parceiro valioso para o CEO; você deve fortalecer essa parceria com uma relação de subordinação direta.

A questão aqui é que as pessoas que têm mais poder — as pessoas no conselho de administração — geralmente estão mais bem posicionadas para se esquivar da responsabilidade. Isso coloca o RH em uma péssima posição, a menos que a estrutura organizacional seja deliberadamente projetada para limitar o poder do CEO e a menos que a lei responsabilize o conselho de administração por responsabilizar o CEO. O conselho de administração deve responsabilizar o CEO e apoiar o RH.

Em muitas empresas, os CEOs nomeiam membros do conselho especificamente para *não* desafiarem sua autoridade e para *não* responsabilizá-los, assim como o relato de Françoise Brougher a respeito da explicação de Ben Silbermann sobre como ele escolheu seu conselho do Pinterest.[59] Os CEOs também contratam o pessoal do RH que vão servi-los, em vez de serem verdadeiros parceiros que podem responsabilizá-los. Quando isso acontece, as investigações do RH podem sair dos trilhos, como descreveu Susan Fowler em uma postagem em seu blog sobre como o RH respondeu às suas reclamações na Uber (ver Capítulo 7).

E então, temos todos os pequenos negócios que não têm conselho de administração. Bares, restaurantes, lavanderias, bodegas etc. Minha própria empresa de educação executiva não tem conselho administrativo. Como os proprietários de pequenas empresas podem se responsabilizar? Algumas coisas podem ajudar. Uma é nomear um ombudsman a quem as pessoas podem recorrer com queixas. Esse ombudsman precisa ser alguém que tenha muita influência com o proprietário da empresa — um mentor — e que esteja disposto a fornecer um endereço de e-mail pessoal e número de telefone a todos os funcionários. Outra ideia é formar comitês de reclamações: dois ou três funcionários que, geralmente, são de confiança da base porque não terão medo de chamar a sua atenção.

FOLHA DE COLA

PROBLEMA	RESPOSTA
DISCRIMINAÇÃO Tendenciosidade / Preconceito + Poder para excluir	**QUANTIFICADOR DE TENDENCIOSIDADE** Avaliar o que é importante para tomar as decisões certas de contratação, pagamento, promoção e orientação
ASSÉDIO Bullying + Poder de intimidar os outros	**FREIOS E CONTRAPESOS** Nenhuma tomada de decisão unilateral

7
Para Pessoas Prejudicadas e Defensores
Como Combater a Discriminação e o Assédio Sem Prejudicar a Sua Carreira

Cuidado com as Empresas Que Exigem Roupas Novas[*]

Tive um chefe uma vez que me disse que não gostava da forma como eu me vestia. Sabendo que meu senso de moda deixa muito a desejar e querendo mostrar que estava aberta a feedbacks, saí e comprei roupas novas. Ainda não foi bom o suficiente. Sem me consultar, meu chefe mandou uma mulher da equipe sair e comprar roupas para mim; ela voltou com um par de jeans super apertado, uma camisa que escorregou do meu ombro e mostrou meu sutiã e delicados chinelos vermelhos que achei desconfortáveis tanto psicológica quanto fisicamente. Por fim, havia um blazer, uma jaqueta de homem parcialmente adaptada ao corpo de uma mulher, com mangas arregaçadas e cintura apertada. Recebi, então, uma conta de cair o queixo por aquelas roupas que eu não queria usar.

Depois de algumas tentativas, recusei-me a usar a camisa reveladora. Também retirei o jeans apertado, que me deu uma dor de estômago, e os

---
[*] Henry David Thoreau, *Walden*.

chinelos que machucavam os pés. Como concessão, usei a jaqueta. Mas não gostei dela.

No entanto, eu gostava do meu trabalho. Os projetos eram fascinantes. Eu estava em uma equipe pequena, com duas das minhas pessoas favoritas no mundo. Então engoli e paguei a conta. Eu racionalizei a coisa toda, dizendo a uma velha amiga que meu chefe estava tentando ser útil. Hein? Ela ainda zomba de mim por causa disso.

Alguns meses depois, meu chefe me chamou em seu escritório e disse que eu tinha que consertar meu relacionamento com Jack, um colega de outra equipe. Aparentemente, meu "estilo de comunicação" o tinha aborrecido. Pedi esclarecimentos, mas meu chefe teve dificuldades em articular o que, exatamente, eu tinha feito de errado. Ele se perguntou em voz alta se era a tendenciosidade competência/simpatia em ação. Eu não sabia o que era e ele explicou que a pesquisa tinha mostrado que, muitas vezes, quanto mais competente uma mulher é, menos as pessoas gostam dela.[1] Tive esperanças de que ele levantasse essa possibilidade com Jack e pudesse interromper a tendenciosidade, até que ele passou a dizer que não, o problema era que eu não era "objetivamente" simpática. Ai!

Eu ainda estava atordoada pelo insulto quando meu chefe disse que Jack tinha outro problema com o meu comportamento. Eu tinha uma relação de trabalho próxima com dois colegas da equipe e Jack se sentia excluído. Jack não estava na minha equipe, mas evidentemente queria estar.

Agora eu estava realmente confusa. O "problema" aqui era que eu objetivamente não era simpática ou muito querida? Eu *era* próxima dos colegas que meu chefe mencionou. Eu conhecia os dois há mais de uma década. Um deles me recrutou para a empresa e recrutei o outro. Eles foram a principal razão pela qual eu não me demiti após o incidente do jeans. "De qualquer forma, tudo isso está tornando o meu trabalho mais difícil", concluiu meu chefe.

Ele estava cansado de ouvir Jack falar sobre mim. Eu não poderia apenas tentar ser legal com ele? Talvez eu pudesse pedir a ele alguns conselhos de moda, sugeriu meu chefe com uma expressão que interpretei como, "por que você não está usando as roupas que me dei o trabalho de comprar para você?" Então, fui almoçar com Jack, que imediatamente propôs de me levar às compras. Ele explicou que meus jeans tinham que ser mais apertados e compridos, para que minhas pernas ficassem mais bonitas e eu parecesse mais alta. Jack era gay, então eu sabia que ele não estava dando em cima de mim. Tive a impressão de que meu chefe havia pedido a ele para me dar essas dicas, não querendo fazê-lo ele mesmo. Além disso, apesar do que meu chefe havia dito, Jack não parecia ter qualquer malícia em relação a mim. Suspeitei que meu chefe estava tentando transformar um conflito que estava tendo com Jack em um conflito entre Jack e eu. Eu não deixaria isso acontecer.

"Olha, recentemente dei à luz a gêmeas. Tenho o direito de manter a privacidade do meu corpo pós-parto. Não vou usar jeans apertado", disse a Jack, querendo sair do assunto do meu guarda-roupa. Em vez disso, perguntei sua opinião sobre um projeto de trabalho. Assim que o tirei do assunto dos meus jeans, nos conectamos.

Contei a meu chefe que consegui construir uma relação melhor com Jack, que não havia problemas entre nós. Um mês depois, no entanto, meu chefe me chamou em seu escritório. "Acho que tenho a solução para o seu... ahn, problema", ele disse.

Se ele me rebaixasse, talvez Jack se sentisse menos ameaçado e parasse de pedir para se juntar à minha equipe.

Espere, *o quê*? Qual era a falsa justificativa para essa proposta? Meu chefe estava me rebaixando por causa de uma tendenciosidade de competência/simpatia? Ele estava me rebaixando porque era mais fácil do que explicar a Jack por que ele não ganhava o cargo que merecia?

Por fim, recuperei a voz. Eu me opus àquela "solução" ao meu "problema". Ele respondeu que tinha uma justificativa "objetiva" para o meu rebaixamento: meus dois colegas tinham PhD e o mesmo ocorria com um terceiro que ele tinha contratado recentemente, enquanto eu não tinha. Pontuei que eu não tinha PhD quando ele me contratou. Se aquilo era requisito para o trabalho, ele deveria ter contado *antes* de me contratar.

"Bem, você me deu muito no que pensar", ele disse, encerrando a reunião.

Voltei para o meu escritório e encontrei dois de meus mentores. O primeiro era um conhecido CEO do Vale do Silício, que recomendou que eu deveria começar a documentar o que estava acontecendo, na preparação para uma possível ação legal. Meu outro mentor, que também tinha experiência como executivo em tecnologia, me deu um conselho oposto. "Arrume outro emprego. Saia silenciosamente. Não acabe com a sua carreira."

Segui o último conselho. Relembrando, me arrependo disso. Eu tinha muitas opções na época e o risco de "acabar com a minha carreira" era certamente menor do que parecia. E mesmo que eu acabasse com a minha carreira, eu já tinha acertado na loteria do trabalho e o mesmo tinha acontecido com o meu marido. Não importa o que acontecesse, nós poderíamos continuar colocando comida na mesa. Para ser honesta comigo mesma, não era segurança que eu estava procurando. Era promoção. Eu queria ficar e lutar por justiça, quando simplesmente podia me afastar desse absurdo e conseguir outro emprego melhor? Eu disse a mim mesma que brigar não fazia nenhum sentido. Saí em silêncio.

Na época, pensei estar tomando o curso de ação mais inteligente, mas hoje entendo como a injustiça sistêmica silencia as pessoas com suas promessas de outras recompensas futuras. Eu acredito em enfrentar os problemas de cabeça erguida, de uma forma que mostre que você se importa o suficiente para ajudar a pessoa que criou o problema a consertá-lo. Isso é a Empatia Assertiva. Mas, em vez de oferecer uma Empatia Assertiva, fiz um esforço indiferente para explicar a minha saída. Ficou claro que meu chefe não entendeu e não fiz questão que ele entendesse.

Como pessoa prejudicada, eu tive todo o direito de escolher as minhas batalhas. No entanto, com o tempo, percebi que meu silêncio feriu meu respeito próprio e meu senso de ação. Para meu próprio bem, gostaria de ter enfrentado a injustiça com mais empenho. Pior, meu silêncio deixou outras pessoas sub-representadas, que eram mais vulneráveis que eu, sem uma aliada. Para o bem dos outros, eu também gostaria de ter lidado com a situação de forma mais eficaz.

Eu só reconheci isso alguns anos depois, quando estava em um painel sobre mulheres na tecnologia com Sarah Kunst. Sarah e seis outras mulheres haviam acusado recentemente o capitalista de risco Dave McClure por abuso sexual e violência, causando um dos primeiros julgamentos do #MeToo na tecnologia.[2] Antes da nossa conversa, contei a ela a história do meu mentor, que me aconselhou a não acabar com a minha carreira. Eu estava planejando passar esse conselho para outras mulheres.

"Você sabe qual é o problema?", Sarah perguntou. "O problema é que as pessoas ouvirão você! Se você falar às pessoas que elas acabarão com suas carreiras se denunciarem, todas vão se manter em silêncio e nada mudará. Olhe para mim. Minha carreira acabou?"

Sarah, que é uma das poucas líderes negras em tecnologia, teve a gentileza de não apontar o óbvio: que teria sido muito mais seguro para mim falar abertamente, como mulher branca, do que tinha sido para ela. Ela teve que trabalhar muito mais do que eu para ter sucesso. No entanto, estava disposta a assumir os riscos pessoais necessários para desafiar a predação sexual de um homem rico e poderoso. Ela não apenas deixou este mundo um pouco mais justo ao fazê-lo e não apenas sobreviveu; ela prosperou. Ela se tornou diretora-gerente de um fundo de capital de risco, além de já ser editora-chefe da *Marie Claire*. Ela tem um sucesso tremendo em qualquer medida. Não estou dizendo que nenhuma mulher teve sua carreira destruída ao confrontar o assédio sexual ou a predação. Muitas tiveram. Mas também é verdade que, com frequência, superestimamos os riscos. Temos uma tendenciosidade negativa aqui. Teremos mais sucesso na luta contra a injustiça otimizando para o lado positivo ao invés do negativo.

Qualquer um que já viveu isso sabe a longa lista de "razões" para não enfrentar esse tipo de comportamento de um chefe: "É como lutar contra moinhos de vento"; "Com certeza você vai perder"; "Todas as suas falhas serão expostas minuciosamente"; "Você terá a reputação de causador de problemas e não será contratado novamente."

Mas meu maior silenciador foi que ficar e lutar não fazia sentido para os negócios — ao menos foi o que senti na época. Eu estava confiante de que conseguiria um trabalho recompensador facilmente, ao passo que se tomasse a rota legal, que é bem mais árdua, mesmo que eu vencesse, acabaria em acordo. E eu poderia ganhar muito mais dinheiro trabalhando do que provavelmente conseguiria em um acordo. Agora, eu chamo isso de "mordaça de ouro do privilégio".

Se você parasse em uma esquina e perguntasse a cem pessoas: "Você prefere passar os dois próximos anos batalhando em uma ação judicial que provavelmente perderia ou trabalhando em uma startup onde se divertiria muito e teria opções de ações que podem permitir que você se aposente e dê segurança aos seus filhos?", encontraria poucos heróis dispostos a se afastar da última oportunidade por uma luta em um sistema legal que parece ser manipulado contra você.

Em outras palavras, se você tirar a justiça da equação e fizer somente um cálculo de retorno de investimento, a decisão não é difícil. Mas algumas decisões não podem ser tomadas com esse cálculo. O capitalismo é muito bom em recompensar o que podemos medir, mas péssimo em recompensar o que valorizamos.

Lutar não gerou um bom retorno para Sarah, também. Ainda assim, ela decidiu seguir seus valores. Ela é grande parte da razão por que estou escrevendo este livro agora. Se esperarmos o momento certo para denunciar, esperaremos para sempre. Se esperarmos que nossos líderes confrontem suas próprias tendenciosidades, um ambiente de trabalho justo se tornará ainda mais ilusório. Anos depois, quando Françoise Brougher foi demitida do cargo de COO do Pinterest no verão de 2020, no que me pareceu ter sido por dolorosas razões de gênero, sua situação[3] pareceu muito familiar para mim. Ifeoma Ozoma e Aerica Shimizu Banks divulgaram publicamente a discriminação racial e de gênero que enfrentaram no Pinterest antes que Françoise o fizesse.[4]

Ir a público foi extremamente arriscado e difícil para as três mulheres. No caso de Françoise, a recompensa para fingir que ela estava deixando a empresa voluntariamente foi significativa — não apenas o pagamento que o Pinterest ofereceu mas, o que é mais importante, o próximo ótimo emprego e todos as vagas para conselhos para os quais ela se tornou elegível. Se ela escolhesse ir a público, muitas dessas oportunidades poderiam se evaporar. Felizmente para o resto de nós, ela ainda escolheu tornar pública a história.

Ainda assim, os riscos que Françoise assumiu eram reais. Pouco antes de publicar seu artigo, um recrutador me pediu os nomes de possíveis membros para o conselho. Eu recomendei Françoise. Após o artigo de Françoise ser publicado, o recrutador me deixou uma nota: "Eu acho que é ótimo para ela falar, mas acho que isso tornará a candidatura dela complicada no futuro."

Respondi: "Eis o que eu aconselharia às empresas. Você quer um membro do conselho que responsabilize o CEO. Françoise fará isso, certamente. Você também quer mostrar que se preocupa em acabar com o tipo de injustiça sistêmica que tem impedido as pessoas sub-representadas. Françoise fará isso. E você quer alguém que entenda de tecnologia. Ninguém entende disso — como construir, como implantar, como vender, como administrar — melhor do que Françoise. Toda essa besteira de 'não queremos contratar pessoas que falam' tem que ir para a... Eles querem mostrar Coragem Institucional ou Traição Institucional?" A resposta? Silêncio na linha.

Eu não culpo o recrutador. Mas culpo os líderes das empresas para as quais o recrutador trabalha. Quando os líderes silenciosamente se recusam a contratar pessoas que denunciam a injustiça em vez de *competir* para contratá-las, porque essas são as mesmas pessoas que ajudarão a eles e as suas equipes no Trabalho Justo, isso perpetua uma injustiça no local de trabalho.

Este capítulo não dirá que você "deveria" fazer o que eu mesma não me dispus a fazer. Em vez disso, darei uma lista de opções que gostaria que estivesse mais clara em minha mente quando enfrentei essa escolha. Vou lhe dar uma maneira de pensar nos prós e contras que levarão em consideração o que pode medir e o que valoriza.

Quando você enfrenta o assédio e/ou a discriminação, ou quando é o defensor de alguém que passa por isso, você provavelmente se sentirá zangado e confuso. Isso é legítimo. Antes de decidir as táticas e estratégias, tome um tempo para encontrar pessoas solidárias quanto ao que você está passando e que possam ajudá-lo a avaliar a sua situação.

Independentemente de ser a pessoa prejudicada ou o defensor, sugiro que siga 3 etapas preliminares:

1. **Documente**
2. **Construa solidariedade**
3. **Localize a saída mais próxima a você**

Uma vez que se orientou e decidiu ir adiante, aqui estão 4 opções de escalonamento que você pode considerar, dependendo da situação:

1. **Fale diretamente com a pessoa que o prejudicou**
2. **Relate ao RH**

3. Considere uma ação legal
4. Conte a sua história publicamente

Se você é um defensor, provavelmente não seguirá as duas últimas etapas, mas pode ajudar a pessoa prejudicada a fazê-las.

Vou destrinchar cada etapa abaixo. Antes disso, quero reiterar que não é para lhe dizer o que fazer, mas sim para que acredite que tomou a decisão de agir com base nas melhores informações disponíveis. Meu objetivo é deixá-lo sentir-se apoiado e um pouco menos sozinho, não importa o que você decida fazer.

1. DOCUMENTE

Se você está vivendo ou testemunhando discriminação ou assédio, especialmente se for da parte de alguém mais poderoso, documente o fato cada vez que ocorrer — mesmo que provavelmente não esteja pensando em processar ou levar para o RH. Reserve um tempo todos os dias para anotar o que está acontecendo. Não precisa ser um diário de seus sentimentos, se você não quiser que seja — mas pode ser. Certifique-se de que os fatos estejam tão claros quanto possível. Isso fará três coisas para você. Um, vai lhe dar uma perspectiva, que pode lembrá-lo de que você tem controle. Dois, vai lhe dar confiança na veracidade do que ocorreu, tornando-o menos vulnerável à manipulação. Três, vai lhe dar opções — a sua documentação será inestimável se você entrar com uma ação judicial ou for a público.

Sempre que possível, anote o dia e hora, o que foi dito ou feito e por quem, e quem estava presente. Não sinta que isso tem que ser perfeito — este é só o primeiro passo. Aqui está um exemplo básico de como a documentação pareceria com a minha experiência com o chefe do jeans apertado:

- 20 de janeiro — o chefe me disse que eu precisava de roupas melhores
- 22 de janeiro — comprei roupas novas (recibos *aqui*)
- 24 de janeiro — o chefe me presenteou com roupas novas compradas por uma colega; incluindo jeans superapertados, camiseta reveladora, calçados desconfortáveis e um blazer;

me disse que a empresa pagaria (conversa com colega sobre a troca naquela noite)
- 27 de janeiro — o chefe me pediu para reembolsar a empresa (foto do cheque *aqui*)
- 14 de fevereiro — o chefe me pediu para melhorar minha relação com Jack; especulou que eu sofria de tendenciosidade de simpatia/competência, mas decidiu depois que eu não era "objetivamente simpática" (meu marido lembrará da história e de minhas lágrimas naquela noite)[5]
- 18 de março — o chefe sugeriu que um rebaixamento poderia melhorar minha relação com Jack (falei com colega sobre isso)

Outra coisa a se pensar ao documentar: quais desses fatos podem ser corroborados por outros ou por documentos? Por exemplo, tirando uma foto dos recibos das roupas novas e guardando-os no meu Google Drive; manter uma foto do cheque sustado que fiz para a empresa para pagar pelas roupas na mesma pasta no Google Drive. Além disso, após meu chefe comprar novas roupas para mim, chamei minha colega de quarto na faculdade para discutir, portanto tomar nota disso foi era importante. Sobre a reunião de 14 de fevereiro, meu marido ouviu a história e, sem dúvida, se lembraria dela, pois ela arruinou nosso jantar do Dia dos Namorados.

Se alguém estiver enviando textos, e-mails, fotos ou vídeos ofensivos, tire screenshots deles e armazene em um local que você controle. *Não salve todas essas informações no seu computador de trabalho.* Quaisquer documentos que você mantenha no computador do trabalho, incluindo os lançamentos contábeis, pertencem ao seu empregador. Você pode mandá-los por e-mail para uma conta pessoal, salvá-los em seu próprio computador ou em um pendrive se tiver um e fazer upload em uma conta no Google Drive ou Dropbox (ou qualquer outra tecnologia que possa usar e controlar). Apenas certifique-se de não salvar nenhuma informação confidencial ou de propriedade da empresa em uma conta pessoal, pois isso pode ser motivo para rescisão imediata.

Se seu computador de trabalho não permite nenhuma das coisas acima, pegue seu celular e tire fotos. Envie-as para alguém em quem você confia para estabelecer o que é chamado de "registro contemporâneo". Por exemplo, o mentor que achava que eu deveria processar recomendou que eu enviasse um e-mail a ele cada vez que essas coisas acontecessem, e foi o que fiz. Você também pode estabelecer um registro contemporâneo contando a amigos ou a colegas em quem confia e, então, enviando uma confirmação da sua conversa por e-mail para eles.

2. CONSTRUA SOLIDARIEDADE

O assédio e a discriminação podem levá-lo a se sentir isolado. No entanto, se você está vivenciando esses fatos, está longe de estar sozinho. Agora, mais do que nunca, você pode alcançar outras pessoas que entenderão o que você está passando.

Durante as piores experiências de minha vida profissional, meus amigos estavam comigo. Quando eu lhes contava o que estava acontecendo, eles me ajudavam a distinguir feedback de manipulação. Eles me ajudavam a saber quando eu estava sendo maltratada mesmo ou quando estava apenas em um dia ruim; quando não era eu quem estava fora de forma, mas a minha liderança.

Meus amigos não forneceram apenas suporte emocional. Eles me armaram com informações e apresentações. Discutimos nossos salários abertamente e, quando descobríamos quanto recebiam nossos colegas homens, também compartilhávamos essa informação. Sempre que as coisas ficavam tão ruins que eu decidia largar o emprego, as melhores apresentações vinham de amigos, mentores e ex-funcionários.

Quando você fala sobre discriminação ou assédio, é provável que experimente um "choque". A autora Kate Manne coloca isso em perspectiva: "Sempre que eu escrevia de forma honesta e direta, era derrubada. Descobri que, junto com o abalo, havia apoio e solidariedade. Então, obrigada, amigos e seguidores."[6]

Um bom terapeuta pode ser uma enorme fonte de força se você tem um plano de saúde que o cubra. Mas atenção. Às vezes, o terapeuta pode refletir a mesma tendenciosidade que está por trás da discriminação ou assédio que você está vivenciando. Não dê muita autoridade ao terapeuta.

Quando me sentia sozinha, também recorria aos livros. *Cidadã: uma lírica americana*, de Claudia Rankine, ajudou-me a encontrar compaixão para meu próprio silêncio. Audre Lorde me lembrou de que o meu silêncio não me protegeria. *A Poderosa Chefona*, de Tina Fey me fez rir quando eu mais precisava. Os filmes, normalmente, punem qualquer mulher que se defenda sozinha, então se você se voltar para os filmes, escolha com cuidado. Achei *Como Eliminar Seu Chefe* catártico e hilário. Há várias organizações profissionais online e grupos femininos aos quais se juntar, como círculos Lean In ou grupos Meetup. Ou você pode pesquisar no Google "grupos de relacionamentos de mulheres perto de mim".[7]

VOCÊ NÃO PRECISA SER PODEROSO PARA MUDAR A SITUAÇÃO

Você não tem que ser vice-presidente sênior no Google ou o presidente da sua universidade para apontar o problema da discriminação em sua área.

Quando estava no segundo ano na Colgate University, em 2012, Lauren Yeary decidiu tomar aulas de ciência da computação. Ela amava o trabalho, mas havia um problema. As aulas de ciência da computação tinham tão poucas mulheres que ela costumava ser a única em muitas delas. Para muitas mulheres, isso era motivo suficiente para não estudar ciência da computação.

Lauren não permitiria que a sua inaptidão social a afugentasse do trabalho de que gostava e de uma profissão lucrativa. Ela também não estava disposta a aceitar a solidão de ser a única. Ela trabalhou duro para recrutar outras mulheres a se formarem na matéria e inaugurou um clube de ciência de computação para mulheres (Women in Computer Science, WiCS). Quando ela se formou, o número de mulheres matriculadas no departamento de ciência da computação da Colgate era bem superior a 30%.[8]

Lauren mudou a situação em um problema que consumiu milhões de horas de angústia e desculpas ("é um problema de pipeline, não é nossa culpa e não podemos fazer nada") pelos desequilíbrios extremos de gênero nas empresas de software. E sua realização levanta uma questão de administração universitária. Por que mais universidades não fazem um esforço consciente e proativo para tornar mais confortável para as mulheres ingressarem em cursos dominados por homens e para os homens entrarem em cursos dominados por mulheres?

PESSOA PREJUDICADA: PEÇA INFORMAÇÕES

Uma grande parte de construir solidariedade e encontrar apoio é compartilhar informações. Certa vez, compartilhei minha carta de oferta com um antigo colega, que também considerava entrar na empresa. Seríamos colegas, mas eu tinha certeza de que descobriria que ele estava recebendo mais do que eu, se perguntasse. Eu queria saber, mas hesitei em olhar a carta dele, porque tinha certeza de que isso me irritaria. Se eu não tivesse feito isso, talvez nunca tivesse aprendido que estava, de fato, recebendo a oferta de um pacote de remuneração quase comparável. Esse conhecimento foi muito libertador para mim. Fiquei feliz por ter perguntado e grata a ele por ter contado.

DEFENSORES: COMPARTILHE INFORMAÇÕES

Se você tem vantagens que os outros não têm, se você está recebendo mais do que os outros por razões que não são justas, não fique apenas sentado se sentindo culpado. Use suas vantagens para consertar a injustiça. Por exemplo, quando a atriz Jessica Chastain aprendeu que sua coadjuvante Octavia Spencer costumeiramente ganhava muito menos que ela, sugeriu que negociassem sua próxima joint venture juntas — e foi o que fizeram. Sendo uma mulher não branca, Spencer foi mal paga por anos.[9]

Como discutido no Capítulo 6, tais diferenças salariais acontecem o tempo todo, mesmo quando um empregador não se propõe *conscientemente* a pagar menos a pessoas sub-representadas. Seu colega sub-representado está recebendo menos porque recebia menos no trabalho anterior. Quando seu colega sub-representado foi contratado, talvez não tenha ocorrido ao seu chefe que, ao pagar a "taxa de mercado", ela refletia e reforçava essa discriminação. Claro, você corre o risco de ter seu salário rebaixado para o de seu colega, em vez de o dele ser aumentado. Seu chefe também pode ficar com raiva e na defensiva. É importante proceder com cautela.[10]

Se falar diretamente com o seu chefe parecer uma luta contra moinhos de vento, descubra se há esforços coletivos dos quais você pode participar.

Se puder se reunir com um grande número de pessoas em sua organização, ou mesmo em sua indústria, e compartilhar informações, o risco de ser destacado e punido diminui e sua chance de ter um grande impacto graças à ação coletiva aumenta. Quando você apoia movimentos sociais por igualdades salariais, progressos fundamentais podem ser alcançados.

PEÇA AJUDA

Um de meus mentores me deu um conselho valioso, no início de minha carreira. Pedir ajuda, ele explicou, é muito diferente de pedir caridade. Pedir ajuda é como se alguém investisse em você. E seus benefícios são constantes. Quando alguém o ajuda, a pessoa investe no seu sucesso e é provável que ajude novamente, se você precisar. Você não fica em dívida com quem o ajudou. No entanto, você é obrigado a pagar depois a alguém.

Aqui está um cálculo simples que você pode fazer para descobrir a melhor maneira de pedir ajuda. Peça algo *específico* que a pessoa possa fazer para ajudá-lo. Não peça para a pessoa tomar um café ou almoçar com você — ela é ocupada e 15 minutos é um grande pedido. Peça coisas que são relativamente fáceis para a outra pessoa fazer, mas que tenha muito valor para você. Uma ótima proporção a ter em mente é o baixo esforço da pessoa/alto valor para você. Mas não se limite. Frequentemente, as pessoas farão muito esforço para ajudá-lo. As pessoas podem ser incrivelmente generosas.

Como pode ser esse tipo de ajuda, quando se trata de uma pessoa sub-representada que enfrentou discriminação ou assédio?

- Pedir conselhos a um mentor sobre uma decisão específica que você esteja tomando. Pense com antecedência em como apresentar a decisão de maneira mais eficiente. Não peça que a pessoa pense por você. "Eu posso fazer A ou B. Aqui estão os prós e contras, conforme eu concebo. Existe outro fator que devo considerar?"
- Peça a um colega sênior para obter ajuda para ser designado para uma equipe diferente ou para incluí-lo em um projeto de alto perfil que o ajudará no caminho para a promoção.
- Peça a um colega sênior que apoie a sua promoção.

- Peça uma introdução a uma nova oportunidade de trabalho em uma empresa onde você acha que enfrentará menos discriminação.
- Conte sobre o assédio que vivenciou a um colega sênior em quem você confia e peça ajuda para descobrir como denunciá-lo de uma forma que não prejudique a sua carreira.

ENCONTRE UMA ÂNCORA PARA AS DIFICULDADES

Mekka Okereke, um engenheiro líder no Google, tuitou alguns conselhos excelentes sobre como pedir ajuda a alguém mais sênior na organização para garantir que você receba o devido crédito pelo seu trabalho. A chave é pedir ajuda para alguém de sua organização que é altamente respeitado, conhecido por ter padrões elevados, mas também objetivo. Alguém que é conhecido por ser durão, mas justo. Explique em que você está trabalhando e peça à pessoa que se encontre ocasionalmente para lhe dar orientação sobre seus projetos e sobre as funções específicas que você está desempenhando. Essa pessoa será a sua "âncora para as dificuldades", que poderá testemunhar em detalhes sobre a sua contribuição. Se seus colegas dispensam seu trabalho, presumindo que o problema que você estava resolvendo era fácil (deve ser fácil se uma pessoa sub-representada pode fazer isso!), a sua âncora para as dificuldades pode discordar objetivamente e explicar por que era um problema difícil. Esse tipo de evidência é muito mais efetivo vindo da sua âncora do que de você.[11] Isso é um pedido e tanto, mas muitas pessoas que estão estabelecidas em suas carreiras gostam desse tipo de mentoria.

3. LOCALIZE A SAÍDA MAIS PRÓXIMA DE VOCÊ

A sua permanência ou partida provavelmente depende de quais são as suas opções de saída. Portanto, localize a saída mais próxima de você. Quando finalmente me demiti do meu primeiro trabalho após a faculdade, a empresa financeira descrita na introdução, e aceitei outro emprego, várias pessoas entraram em contato e perguntaram por que eu não tinha ligado antes. Eles não tinham ideia de que eu estava procurando outro emprego! Não ocorreu a mim que eu poderia ligar para eles. É fácil se sentir preso e jamais perceber quantas saídas, na verdade, existem.

Se você decidir falar diretamente com seu chefe ou com o RH, ou escalar de alguma forma, ficará preparado se pensar em que poderia ocorrer. Você está prestes a entrar em uma espécie de negociação. Antes de iniciar uma negociação, certifique-se de saber qual é a "melhor alternativa para um acordo negociado" (MAPUAN). Se você olhar em volta e encontrar diversos outros empregos que pode aceitar, de repente a ameaça de ser demitido não é importante. Se você olhar em volta e perceber que seu emprego é a única opção ou sua melhor aposta, isso o ajudará a decidir quanto risco pode correr.

Às vezes, você percebe que tem que ir embora, mesmo que o seu MAPUAN não seja maravilhoso. Espero que todo o trabalho que você fez — documentar o que aconteceu, conseguir o apoio de amigos, pedir ajuda — o deixará com um senso de controle.

Seja cético quanto à sensatez de não largar um emprego até conseguir outro. Alex, uma pessoa com quem me preocupo profundamente, trabalhou uma vez em uma loja de bebidas para um chefe desrespeitoso a ponto de assediá-la. O senso comum diz "não se demita até conseguir outro emprego". Mas pode ser difícil ir para uma entrevista de emprego quando você está zangado e desmoralizado na posição atual. Alex se demitiu, começou a dirigir para a Lyft e conseguiu sobreviver enquanto se recuperava do assédio do chefe. Isso não é possível para todos, mas não presuma que você está preso antes de pensar muito e com criatividade.

Outra coisa que aprendi muito tarde em minha carreira: se aceitar um emprego e após um mês ou dois perceber que há sérios problemas que não podia imaginar quando foi entrevistado, especialmente que envolvam injustiça no local de trabalho, está tudo bem se demitir. Você não tem que esperar um ano. Quando você aceita um emprego e se demite logo depois, as pessoas são mais propensas a imaginar o que há de errado com a empresa do que com você. É claro que se aceitar empregos e se demitir logo depois várias vezes seguidas, isso refletirá mal para você. Mas se descobrir algo sobre o novo emprego ou seu chefe que faz a sua pele se arrepiar, provavelmente é melhor para a sua psique e seu currículo agir rápido. Mas há vezes em que você *está* realmente preso. Talvez haja apenas um empregador na sua área que pague o suficiente para mantê-lo acima da linha da pobreza. Compromissos familiares — mensalidades da faculdade, parentes que requerem cuidados médicos caros — podem prendê-lo a um emprego de remuneração alta difícil de replicar. E se você realmente não tem opções de saída, é importante saber disso também, por mais doloroso que seja. Talvez seja impossível mudar a situação ruim em que está, mas você ainda tem liberdade para escolher como reagir. Recomendo dois tipos muito diferentes de livros para ler, caso se encontre nessa situação. Para inspiração e perspectiva, *O Homem em Busca de um Sentido*, de Viktor Frankl. E para conselhos práticos, *Como Conviver com meu Idiota Favorito*, de Bob Sutton.

DEFENSORES: APONTE SAÍDAS, FAÇA APRESENTAÇÕES, OFEREÇA CONSELHOS

Na introdução deste livro, mencionei Emmett, um sócio da empresa de gestão financeira que me ajudou a encontrar outro emprego. Ele me apresentou para a firma que me faria uma oferta de trabalho com um salário justo, libertando-me para sair de uma situação em que estava passando por discriminação, assédio e coisas piores. Quando fui para a entrevista daquele emprego, ele me deu um conselho excelente. Como eu era muito mal paga, ele sugeriu que eu não revelasse meu salário. Em vez disso, eu deveria dizer a eles quanto eu *esperava* ganhar. Conseguir um novo emprego que me pagasse de forma justa e trabalhar com pessoas que me tratavam com respeito foi extremamente reparador. Não tenho certeza se teria chegado lá sem a ajuda dele.

Se você é um defensor, baseie-se em uma página do livro de Emmett. Quando vir alguém sendo vítima de discriminação ou assédio, pense em como ajudar a pessoa a sair, se for necessário. Confirme a perspectiva da pessoa sobre o que aconteceu. Se disser à pessoa prejudicada que percebe as mesmas coisas que ela, acaba dissipando a manipulação. Isso, por si só, é um serviço maravilhoso. E se puder apresentar às pessoas alguém que possa lhes dar um emprego de forma proativa, então você melhora drasticamente o MAPUAN e dá a elas a oportunidade de negociar a partir de uma posição sólida. Talvez você conheça pessoas que possam aconselhá-las ou ajudá-las de alguma outra forma — um advogado ou um coach — oferecendo a elas uma tábua de salvação real.

4. FALE DIRETAMENTE COM A PESSOA QUE CAUSOU O DANO

Às vezes funciona apenas ser direto. Quando Ruchi Sanghvi, a primeira mulher engenheira do Facebook, negociou seu salário com Mark Zuckerberg após descobrir que ganhava menos que seus colegas homens, ela disse: "Por favor, deixe-me à altura da... remuneração. Não quero ter isso em mente enquanto estou trabalhando, nem você. Eu só quero pensar em construir coisas boas!"[12] Ruchi entendeu intuitivamente que não só seria mais feliz, mas também faria um trabalho melhor se soubesse que estava sendo bem paga em comparação com seus colegas. Receber um salário adequado deu a ela a liberdade do Trabalho Justo.

Já instruí inúmeras pessoas frustradas com a injustiça em seus locais de trabalho — pela falta de esforços reais em recrutar mais pessoas sub-representadas, pelo crescimento de carreira visivelmente lento para quem é sub-representado, por comentários que refletem crenças tendenciosas e preconceituosas de líderes seniores e por outras manifestações de assédio ou discriminação. Está claro para mim que essas pessoas estão prestes a desertar.

"Por que você não fala com seu chefe?", pergunto. "Você já está com um pé fora. Não precisa ter medo de ser demitido. Então por que não tentar?"

"Por que me incomodar?"

"Você quer manter este emprego ou conseguir outro?"

"Eu prefiro ficar."

"Mas você não quer ficar se isso continuar, certo?"

"Não."

"E nada mudará se você não falar nada. Então... ?"

Para a maioria das pessoas, isso simplesmente se resume à relutância em ter uma conversa constrangedora. Seu chefe não está comprometido nem se importa o suficiente com você para resolver o problema. Por que se preparar para mais decepções, ou mesmo humilhações?

Esses tipos de confrontos diretos são altamente pessoais. Você terá que fazer a sua própria lista de prós e contras, custos e benefícios. Aqui está uma que fiz para mim.[13]

CUSTOS/RISCOS	BENEFÍCIOS
Perda da negação: confrontar o problema o torna real	Mas é real — e a única possibilidade de mudar a realidade é enfrentá-la.
Tempo	Acordar às 3 da manhã chateada, porque eu não disse nada, também leva tempo.
Trabalho emocional: eu quero passar por isso?	Não tenho que fazer isso. Mas a falta de resolução/ficar presa trabalhando com alguém em quem não posso confiar também é emocionalmente desgastante. Se eu enfrentá-lo, terei um ótimo senso de controle e respeito próprio. Esse é um grande retorno sobre o investimento no meu trabalho emocional.
Retaliação possível	Esta pessoa pode me queimar se eu trouxer isso à tona ou tentar ferir a minha reputação. Mas eu posso conseguir outro emprego. E se eu permanecer em silêncio, isso garantirá que este comportamento continuará ou ficará pior para mim e para os outros.
Posso ficar ainda mais zangada do que já estou, se não houver uma resolução ou uma resposta ruim.	Se eu não enfrentar isso, não há possibilidade de resolver a situação ou reparar o relacionamento que, de outra forma, seria prejudicado pela falta de confiança. Isso também me deixará com raiva com o tempo e também corroerá meu senso de controle.
Posso ficar emotiva e sentir vergonha.	Está tudo bem em ficar emotiva. Se eles não podem lidar com as minhas emoções, o problema é deles.

5. INFORME O RH

Há várias razões importantes para relatar ao RH qualquer discriminação ou assédio que você vivenciou.

Antes de mais nada, o RH *pode* ser útil. Quando o RH resolve o problema, você é poupado do tempo e do trabalho de ter que encontrar um novo emprego ou realizar outra ação.

Tive sorte e tive um relacionamento sólido com a maioria dos parceiros de RH com quem trabalhei. Durante a minha carreira, eles me deram conselhos excelentes e me ajudaram a crescer profissionalmente. Dada a minha fascinação em criar ambientes de negócios onde os colegas e os negócios prosperem, considero o RH a função mais intelectualmente interessante em qualquer empresa. Dito isso, às vezes existem cenários de pesadelo em que o RH está sob influência da própria pessoa que está causando danos a você. Isso aconteceu comigo também. Mas certamente não é *sempre*.

Mesmo que no caso de o RH *não* ser útil — se você receber uma resposta idiota como a que Susan Fowler escreveu em seu blog sobre a Uber ("ele tem um nível de desempenho alto, este foi seu primeiro incidente, o problema é com você") — ainda é importante relatar o incidente. Por um lado, é uma forma de prova. Se você acabar processando sua empresa ou divulgando sua história em público, criar um registro de sua reclamação e como ela foi ou não tratada é um primeiro passo essencial. Se o seu problema não é resolvido, este registro será essencial se você decidir tomar outras medidas. A postagem de Susan Fowler no blog sobre o tratamento dispensado pela Uber não teria sido tão poderosa se ela não tivesse ido ao RH primeiro.

Por fim, relatar ao RH pode ajudar outros, mesmo se não ajudá-lo. Uma das coisas que me fez sentir mal quando saí do emprego com o chefe do jeans apertado foi que outras mulheres na empresa experimentaram um comportamento de gênero semelhante e bizarro por parte dele. Tivesse eu relatado meus problemas antes de sair, teria sido mais difícil para a empresa amenizar as reclamações futuras. E não teria sido um grande esforço de minha parte — especialmente depois que consegui outro emprego e estava saindo de qualquer maneira.

ENTREVISTAS DE SAÍDA

A sua entrevista de saída é um bom momento para dizer às pessoas na empresa exatamente por que você está saindo. Claro, você não quer queimar pontes. Mas este é o momento em que pode compartilhar algumas observações que hesitou em contar antes, quando ainda estava na empresa. Essa é uma oportunidade para expor os fatos do que aconteceu, para descrever o assédio ou discriminação que você vivenciou. É, também, uma oportunidade de ajudar a pessoa com quem você está falando a entender por que o ambiente de trabalho foi a causa de sua saída. Você pode salientar que não tem intenção de processar, mas que gostaria que as coisas melhorassem para aqueles que está deixando para trás. Isso pode ajudar muito as pessoas sub-representadas na empresa.

Um risco de fazer uma entrevista de saída honesta é que podem pedir a você que assine um acordo de confidencialidade. Não se permita ser pressionado a assinar nada que você não queira. Tome cuidado com documentos de saída e liberações. Conheço várias pessoas que estavam tão ansiosas para sair, que assinaram e depois se sentiram amordaçadas por anos. Lembre-se, você sempre será livre para sair por qualquer porta. *Você não tem que assinar nada.*

6. CONSIDERE UMA AÇÃO LEGAL

Obviamente, a adoção de medidas judiciais está associada a riscos significativos, principalmente o tempo e a energia emocional que isso pode consumir. Não tenho nenhum dado sobre essa afirmativa, mas me parece que receber um pagamento expressivo é quase tão improvável quanto ganhar na loteria.

Mas tomar uma decisão consciente sobre se você deseja processar e buscar o conselho de vários advogados trabalhistas não precisa ser exaustivo. Essas conversas podem ajudá-lo a determinar a melhor forma de se proteger, o que pode querer de uma ação judicial e se é provável que o consiga.

PROCURE UM ADVOGADO

Contratar um advogado pode parecer assustador e não é incomum se sentir intimidado por eles. Mas um bom advogado pode ser o aliado obstinado que você gostaria de ter o tempo todo — cheio de conselhos práticos, apoio emocional e sabedoria para expandir horizontes. Muitas vezes, as pessoas que lidam com questões de abuso no local de trabalho descobrem que a consulta com um advogado experiente e compassivo lhes dá um plano de ação inestimável. Inúmeras organizações jurídicas estão disponíveis com recursos para ajudá-lo.[14]

Lembre-se, você está prestes a contratar os serviços de alguém. Você é o chefe, não o contrário. O advogado lhe dará conselhos, mas você não precisa aceitá-los e decidirá se agirá de acordo com eles ou se vai ignorá-los.

Antes de decidir quem contratar, não converse apenas com um advogado, mas com vários. Você não tem que pagar por essa primeira conversa, assim como um empregador não precisa pagar às pessoas por uma entrevista de emprego. Não tenha medo de fazer perguntas duras e desconfortáveis. Os advogados estão acostumados a isso. Procure um advogado que pareça respeitar seu tempo e entender o que é importante para você.

Muitos advogados trabalham com contingência, o que significa que só são pagos se ganharem a ação judicial ou se houver um acordo. Como eles recebem uma porcentagem do acordo, o que muitas vezes exige que você assine um contrato de confidencialidade, eles podem pressioná-lo a aceitar o caminho do acordo e do contrato. Esteja ciente de que alguns contratos de confidencialidade são tão restritivos que você está proibido de discutir o que aconteceu com você — mesmo com um terapeuta ou cônjuge. Se você não estiver confortável em fazer isso, deixe sua posição clara e garanta que seu advogado a respeite.[15]

7. CONTE A SUA HISTÓRIA PUBLICAMENTE

RISCOS DE CONTAR A SUA HISTÓRIA	BENEFÍCIOS DE CONTAR A SUA HISTÓRIA
É doloroso revivê-la	Autoconsciência. Escrever pode ser catártico.[16] Às vezes, você encontra significado em experiências dolorosas quando escreve sobre elas.
Escrever ou contar essas histórias pode ser doloroso, difícil e demorado.	Viver sendo tratado injustamente também é doloroso e demorado.
Você pode ser responsabilizado, vitimizado novamente. "Culpe a vítima."	O silêncio também é vitimizante. Frequentemente, você vai sentir-se mais livre se contar a história e for injustamente culpado.
Risco de retaliação	Você pode encontrar mais apoio do que retaliação quando contar a sua história. Muitas vezes, o resultado é solidariedade de outras pessoas que enfrentaram o mesmo problema, apoio de amigos e estranhos. Saber que você está ajudando outras pessoas que passaram por discriminação ou assédio é gratificante. Frequentemente, o valor da solidariedade supera o custo da retaliação. Além disso, você pode escolher o seu nível de exposição à retaliação de acordo com como e com quem você deseja compartilhar a sua história.
Provavelmente, não fará nenhuma diferença.	Você pode criar consequências para a pessoa que o prejudicou ao contar a sua história; ela quase certamente escapará impune se você permanecer em silêncio.

Uma avaliação significativa do #MeToo no setor de tecnologia ocorreu em 2017, quando Susan Fowler publicou uma postagem no blog[17] detalhando a discriminação sexual e o assédio que sofreu na Uber. Ela tinha acabado de deixar a empresa e começou um novo emprego na Stripe. Após viralizar e virar manchete em todo o mundo, a postagem do blog de Susan contribuiu para que Travis Kalanick, fundador e CEO da Uber, perdesse o emprego.

Sua queda surpreendeu e exultou muitos, porque os líderes que criam esse tipo de local de trabalho tóxico raramente são responsabilizados.

Uma das coisas que fez a postagem de Susan tão eficaz foi o quão desapaixonada e factual ela foi ao descrever a injustiça de gênero sistêmica na empresa e a recusa consistente da administração em reconhecê-la. Isso é como a psicóloga Jennifer Freyd diz que funciona a Traição Institucional[18]: uma violação causa ainda mais danos quando uma instituição da qual você depende (1) poderia ter evitado o prejuízo, mas não fez, e (2) deixa de responder de forma favorável quando você o relata. É um caso clássico de piorar uma situação. A resposta da Uber ao relato de Susan sobre o assédio do seu gerente foi protegê-lo e puni-la. A Traição Institucional traumatiza a vítima novamente, torna menos provável que as pessoas relatem problemas, garante que haverá mais vítimas no futuro e, em última análise, causa muito mais dano à instituição do que uma resposta mais corajosa teria feito em primeiro lugar. É ruim para todos.

Durante muitos meses, Susan relatou casos específicos de assédio sexual e discriminação ao departamento de RH da Uber. Ela continuou fazendo isso mesmo depois que ficou claro para ela que o RH da Uber era parte do problema e não da solução. Isso foi estratégico. Continuar relatando violações e documentar respostas ruins foi parte do que tornou sua história tão convincente e parte do que a ajudou a efetuar uma mudança real na Uber. Colocar suas reclamações no registro foi crucial para a capacidade de Susan de documentar e, em seguida, comunicar a profundidade do problema de injustiça de gênero na Uber.

VITIMIZAÇÃO, VULNERABILIDADE E NARRATIVA

Muitas pessoas relutam em contar suas histórias porque a nossa sociedade não tem a tradição de tratar bem as vítimas. Há todos os tipos de falsas narrativas sobre as vítimas por aí. Vamos questioná-las.

M*rda acontece. Às vezes, a m*rda acontece com você. Você pode ser a vítima em uma situação específica. Isso não significa que seu controle lhe foi roubado ou que sempre será uma vítima no futuro. Contar sua história não significa que você está "bancando a vítima". Como escreveu Brené Brown:

"Vulnerabilidade não é ganhar ou perder; é ter a coragem de aparecer e ser visto quando não temos o controle sobre o resultado. Vulnerabilidade não é fraqueza; é a nossa maior medida de coragem."[19] Ela também explica a etimologia da palavra "coragem". "Significa contar a história de quem você realmente é com todo o seu coração."[20] É por isso que algumas declarações "você" mais eficazes e corajosas para enfrentar o bullying e o assédio são: "Você fez isso comigo. Você errou em fazer isso."

Há controle em expressar a sua dor e escolher a maneira como responder a ela. Reconhecer que alguém foi prejudicado pode ser regenerador. Ao reconhecer a verdade da nossa experiência, recuperamos parte do nosso arbítrio.

FOLHA DE COLA

PROBLEMA	RESPOSTA
DISCRIMINAÇÃO Tendenciosidade / Preconceito + Poder para excluir	Documente Construir solidariedade Localizar saídas Falar diretamente Relatar ao RH Pensar em ação legal Contar a sua história
ASSÉDIO Bullying + Poder para intimidar os outros	

8

Toque

Como Criar uma Cultura de Consentimento e o Custo de Não Fazer Isso

Seria ótimo, ao menos pela perspectiva dos gerentes, ter regras absolutas em relação ao toque no local de trabalho. Sem toque. Sem namoro. Sem casos. Sem sexo casual. Mas os humanos nunca foram capazes de seguir esses tipos de regras. E o romance entre funcionários *nem sempre* é uma coisa ruim. Antes de nos casarmos, meu marido e eu namoramos enquanto trabalhávamos na mesma empresa. O trabalho é um lugar onde muitos de nós encontramos nossos parceiros de vida.

Embora seja impossível legislar questões do coração, você pode colocar grades de proteção no lugar. Aqui está uma articulação básica de uma cultura de consentimento:

É responsabilidade de quem toca estar ciente de como a outra pessoa se sente ao ser tocada. Se a outra pessoa não quiser, não toque. Se houver dúvidas, não toque. Se você não sabe ou não tem certeza, não toque. Conheça melhor a pessoa. Aprenda a notar, a perguntar. Se você está bêbado demais para saber, não toque. Se você não consegue se controlar quando bebe, não beba, especialmente no trabalho.

Se você aplicar essa regra a todas as diferentes maneiras pelas quais o toque pode se manifestar no escritório, você terá relacionamentos mais produtivos no local de trabalho e menos desastres.

Este capítulo cobrirá diferentes formas em que o toque pode dar errado no trabalho, como tentar evitar isso de acontecer e o que fazer se eles acontecerem, apesar de seus melhores esforços para evitá-los.

ÁLCOOL NO LOCAL DE TRABALHO

Peça a dez pessoas que pensem em um encontro sexual com um colega de trabalho do qual se arrependeram, mais tarde. Agora pergunte a elas se houve consumo de álcool. Aposto que você descobrirá que, de cada nove vezes em dez, havia. Os perpetradores ainda devem ser responsabilizados por suas ações. Culpar o álcool e não a pessoa é abdicar de modo inaceitável da responsabilidade pessoal. Mas isso não significa que faça sentido beber muito no trabalho.

Esta seção pode parecer estranha caso não esteja familiarizado com a cultura embriagadora do local de trabalho que experimentei em finanças e tecnologia. Passei a maior parte de minha carreira no Vale do Silício, onde há muito álcool e, muitas vezes drogas, no escritório. O chef de uma empresa em que trabalhei fazia brownies de haxixe rotineiramente. No meio de outro escritório para que trabalhei havia um bar abastecido com destilados de alta qualidade e vinhos finos. Outro lugar era normal ter barris na hora do almoço. Esse tipo de comportamento, embora chocante para alguns, é rotina em muitas indústrias ao redor do mundo.

Seria negação dizer que o álcool no local de trabalho não aumenta muito a probabilidade de tudo, desde um abraço indesejado e assustador à violência sexual. Servir álcool no trabalho ou em funções de trabalho é inegavelmente arriscado — para os funcionários e para a empresa. Eu não recomendo. Mas se você o fizer de qualquer forma, eis o que recomendo para administrar a situação.

PESSOAS PREJUDICADAS

Se o mundo fosse justo, você seria capaz de desmaiar bêbado e estar seguro. A primeira pessoa que o visse se certificaria de que você está bem, e não o estupraria. Se você ficar bêbado, mesmo até desmaiar, isso não dá a ninguém o direito de lhe fazer mal. Se você desmaiar bêbado e for estuprado, a culpa é da pessoa que o atacou e ponto final.

Mesmo que não seja sua culpa, ainda foi você o prejudicado. Então, se você ama beber e/ou trabalha em uma cultura onde beber em excesso faz parte de como as pessoas se relacionam, é uma boa ideia pensar explicitamente sobre como administrará os riscos. Aqui está um conto de advertência e uma maneira de pensar sobre como gerenciar os riscos de beber.

SEJA REALISTA SOBRE SEUS LIMITES FÍSICOS

Quando eu estava trabalhando em uma empresa financeira no início de minha carreira, viajei para a Ucrânia para ensinar Sergei, o diretor-geral de uma fábrica de tanques, como escrever um plano de negócios para investidores dos EUA. Pensei que me encontraria com Sergei e seu vice, mas quando cheguei, entrei em uma sala cheia de homens. Sergei decidiu que cerca de trinta pessoas na fábrica se beneficiariam com a compreensão dos planos de negócios. Fiquei surpresa ao vê-los. Mas não tanto quanto eles estavam em me ver.

"Sergei nos contou que um *kapitalista* grande e mau estava chegando à cidade!", exclamou um homem. "Mas você é só uma garotinha!"

Deixando de lado o sexismo infeliz, o dia correu muito bem. Quando acabou, o mesmo homem disse: "Bem, sabemos que você consegue redigir um *plano de negócios*. Agora vamos descobrir se você consegue beber vodca!"

Eles me disseram que sua tradição era, se você abrisse uma garrafa de vodca, teria que terminá-la. Assim como todos na mesa, eu abri uma garrafa de vodca colocada perto do meu copo de água. Eu teria que secar a garrafa! A cena de *Indiana Jones*, na qual a mulher bebe mais que todos os homens na mesa, passou pela minha mente e de alguma forma me convenceu de que eu poderia me igualar a esses homens copo a copo. Não me toquei de que a maioria tinha três vezes o meu peso. Começamos bebendo com petiscos. Uma mordida de picles, uma dose de vodca.

Enquanto os pratos do jantar eram passados, senti aquela fisgada reveladora sob meu queixo. Mal tive tempo de pensar, *eu não sou o tipo de pes-*

soa que vomitaria na mesa do jantar, antes de — *bam!* — Vomitei no prato de estrogonofe de carne que tinha acabado de ser colocado diante de mim. De repente, a sala ficou quieta. Logo após eu pensar que jamais me recuperaria da humilhação, Sergei quebrou o silêncio dizendo, "quer dançar?"

Uma banda tocava e Sergei dançou comigo ao redor do restaurante enquanto os garçons limpavam a minha bagunça e me traziam um prato novo de comida. Por sorte ele não era um predador, mas um defensor. Uma garçonete também me trouxe um pequeno copo de kefir, uma bebida espessa de iogurte, para proteger meu estômago. Implacável, terminei o jantar — e minha garrafa de vodca.

Tentar se igualar a homens três vezes maiores que eu dose após dose foi uma péssima decisão. Eu pesar quase 90 quilos a menos que Sergei não era um sinal de fraqueza. Minha fraqueza foi ceder a um tipo de bobeira machista de que eu tinha que terminar aquela garrafa de vodca. Tive sorte de não pagar um preço mais alto.

Jamais sucumbi à pressão de beber daquele jeito novamente.

Não estou dizendo que você deve ou não beber. Essa decisão é sua. Mas independentemente do que você decidir, entenda os riscos. Você pode sentir que está seguro com pessoas que trabalham com você, mas as pessoas que você conhece são estatisticamente mais arriscadas do que estranhos. Portanto, cabe a você planejar.

Se sair para beber, vá com pessoas em quem confia e faça um acordo explícito de ficar de olho uns nos outros. Garanta que há um motorista designado que também tem o papel de administrador designado. Dessa forma, haverá sempre uma pessoa sóbria para impedi-lo, ou pelo menos detê-lo, de fazer qualquer coisa da qual se arrependerá profundamente.

PESSOAS QUE CAUSAM DANOS

Beber prejudica o seu julgamento, assim como a sua capacidade de dirigir de forma segura. Seus amigos podem tirar as chaves do seu carro, mas não podem tirar o seu desejo sexual. Você pode confiar em si mesmo para não prejudicar outra pessoa quando estiver bêbado?

O álcool também apresenta outro risco. Se a pessoa com quem você deseja transar está bêbada, ela pode estar muito incapacitada para consentir. Se você transa com ela de qualquer maneira, na maioria das jurisdições estará cometendo estupro. Além do mais, talvez você não esteja em condições para julgar com precisão se a pessoa deu consentimento ou não. Mas você ainda é culpado se pressiona alguém a transar quando a pessoa está bêbada demais para consentir — assim como você ainda é culpado de dirigir embriagado, mesmo que seu julgamento tenha sido tão prejudicado pelo álcool que você dirigiu, apesar da embriaguez. Então planeje *antes* de sair para beber como vai administrar todos esses riscos.

Se você tem menos de 24 anos, isso é especialmente importante. É mais provável que se envolva em comportamentos de risco e essa probabilidade é maior quando está com colegas ou amigos.[1] Siga o conselho de Rob Chesnut, diretor de ética do Airbnb e autor de *Integridade Intencional*. Ele avisa aos funcionários antes de chegarem aos eventos de trabalho onde haverá álcool: "Se você esperar para pensar sobre quanto vai beber até chegar à festa, está em apuros. Conheça seus limites e decida quantas bebidas pode tomar — uma ou duas — antes de ir. O pior momento para se pensar sobre quanto beber em um ambiente de trabalho é... enquanto você está bebendo em um ambiente de trabalho."

LÍDERES

LIMITE O ÁLCOOL NO ESCRITÓRIO

Criar uma cultura de festas no local de trabalho é uma receita para tudo, desde estranheza até desastre. Eu recomendaria não permitir álcool no local de trabalho de forma alguma. Mesmo locais de trabalho que permitem celebrações especiais com frequência descobrem que coisas ruins acontecem nessas ocasiões.

Se você servir álcool, lembre às pessoas de beberem com responsabilidade. Não se preocupe em ser o desmancha prazeres, literalmente. Nada arruína mais uma celebração do que uma pessoa bêbada agredindo um colega ou matando outras pessoas ou a si mesma em um acidente de carro evitável.

Uma confissão: eu adoro beber. E não amo beber somente uma taça de vinho. Amo ficar bêbada. (Ou ao menos amava. Parei recentemente.) Eu adorava a cultura de beber muito em muitas das empresas onde trabalhei. Olhando para trás, no entanto, não acho que a diversão daquelas festas de escritório regadas a álcool valeu nem remotamente o mal causado por elas. Os momentos negativos incluíram um estupro, uma tentativa de suicídio, um casamento destruído por avanços sexuais indesejados e um colega bêbado sendo levado para a prisão após socar um policial.

Se você quer evitar que esse tipo de coisa aconteça com a sua equipe, é seu trabalho como líder calcular os benefícios do álcool como lubrificante social contra os riscos de que seu excesso pode levar a um comportamento muito ruim.

Outra coisa importante que os líderes devem saber é que a cultura de beber muito cria, frequentemente, um ambiente de trabalho hostil para pessoas sub-representadas, especialmente as mulheres. Vanessa Kaskiris, que trabalhou no departamento de TI da Berkeley University, descreveu "uma cultura em que os funcionários saíam para beber todas as noites, o que causava um tratamento hostil com as mulheres, se elas fossem, e ao ostracismo, se não fossem".[2] Além disso, não vamos esquecer das pessoas que não bebem, independentemente do motivo.

Para alguns, uma cultura de trabalho em torno do álcool pode ser desconfortável ou religiosamente problemática. E se você tem uma pessoa lutando contra o alcoolismo, tal cultura é mais do que insensível; é perigosa.

Os líderes podem evitar muitos problemas não servindo álcool ou criando regras explícitas sobre o álcool no escritório. O grau de rigor dessas regras depende de você. Aqui estão algumas maneiras pelas quais tenho visto líderes desencorajarem o consumo destrutivo de álcool em eventos de escritório:

- Não servir álcool.
- Servir, mas certificar-se de que as pessoas tenham que dar um tíquete para conseguir uma bebida e dê a todos apenas um ou dois tíquetes.
- Instruir os barmen a impedir as pessoas de consumir mais do que dois drinques.
- Deixar as pessoas beberem o quanto quiserem, mas emitir avisos. Você pode pensar que esses avisos são simplesmente bom senso, mas as pessoas perdem o bom senso quando estão bêbadas. Então, se você está servindo álcool no trabalho, lembre os seus funcionários do seguinte:

— Não beba e dirija.
— Você ainda é responsável pelas coisas que faz, mesmo quando está bêbado demais para saber o que está fazendo. Você não consegue ler os sinais de consentimento quando está bêbado. E "eu estava muito bêbado para saber o que estava fazendo" não é uma desculpa para estupro, assim como não é para dirigir embriagado.
— Ficar bêbado no escritório ou em festas pode limitar sua carreira.
— Não transe com colegas que estão bêbados demais para consentir, não importa onde vocês estejam — isso é estupro.

Você provavelmente tem coisas melhores a fazer do que policiar a bebida da sua equipe. Meu conselho? Simplifique. Não sirva álcool no escritório.

ABRAÇOS INOCENTES VS. ABRAÇOS "INOCENTES" E OUTRAS INTERAÇÕES COMPLICADAS

UM CHUTE NA BUNDA

Quando um dos meus funcionários chutou uma colega na bunda, ele considerou uma brincadeira amigável. Ela achou ofensivo. Ninguém, incluindo a mulher chutada, achou que aquilo fosse um caso federal. Mas ela queria que ele parasse e era meu trabalho como chefe garantir isso.

Vou admitir que, no começo, quis deixar passar. Mas eu sabia que se não sentasse com cada um individualmente, uma coisa pequena poderia se transformar em um grande problema. Ela tinha que se sentir segura e ele, saber que não podia fazer aquilo de novo.

Felizmente, tudo se resolveu com relativa facilidade. Falei para o homem que ele tinha que se desculpar. Insisti que ele encenasse seu pedido de desculpas comigo primeiro, para ter certeza de não oferecer o tipo de desculpa esfarrapada do tipo "sinto muito se você se sentiu desconfortável, mas eu realmente não fiz nada de errado", que apenas pioraria as coisas. Quando falei com a mulher, perguntei se ela preferia que ele se desculpasse diretamente ou se preferia que eu estivesse na sala. Ela escolheu a primeira opção.

Ele se desculpou e prometeu nunca mais fazer aquilo. Ela aceitou as desculpas e eles trabalharam juntos por anos, após isso. Levou algumas horas que eu mal podia gastar, porque estava ocupada, mas economizei tempo, dinheiro e trabalho para mim e para a empresa a longo prazo. Imagine se eu não tivesse feito nada, ele a chutasse novamente e ela o processasse. Eu teria falhado em agir e ela teria um caso legítimo. Em vez de investir algumas horas, eu poderia ter criado um problema caro de duzentas horas para mim e para a minha empresa.

UM BEIJO NA MÃO

Certa vez, recebi um tipo diferente de violação física que também não era um caso federal, mas ainda merecia alguma atenção.

Eu trabalhava em uma grande empresa. Minha equipe e eu estávamos dando uma aula de liderança para 500 vendedores. Fui alertada de que Frank, o líder da equipe, tinha poucas mulheres trabalhando para ele e era conhecido por salpicar seu discurso com comentários casualmente sexistas.

Com certeza, quando Frank foi apresentado aos meus dois colegas (ambos homens), ele apertou suas mãos. Quando foi comigo, estendi minha mão para apertar, mas Frank fez um golpe baixo absurdo, pegou minha mão com a dele e a beijou, mantendo a pose por um tempo longo e doloroso e deixando as costas da minha mão encharcadas com a sua saliva.

Eu me senti destacada e acredito que essa era a sua intenção. Ele deixou claro para mim e os demais na sala que as mulheres não eram líderes, mas companheiras de dança. Além disso, ele não tinha o direito de babar na minha mão se eu não quisesse que ele babasse.

Após a reunião, eu o puxei de lado, disse que o seu gesto me deixou desconfortável e sugeri que ele não beijasse a mão das mulheres em um contexto profissional, no futuro.

"Ah, mas certamente você não quer ser tratada como um homem!", ele exclamou, com uma expressão trágica.

"Sim, na verdade eu quero."

O ponto-chave é que seu padrão deveria ter sido me cumprimentar da mesma forma como ele fez com os homens — com um aperto de mão. (Em um mundo pré-Covid-19.)

Essa é uma boa regra prática. Se você é um homem em um ambiente profissional e está inclinado a tocar uma mulher de qualquer forma, pergunte-se, *eu tocaria um homem desta mesma forma?* Se a resposta for não, então você está na zona de perigo.

Se Frank simplesmente tivesse reconhecido que me deixou desconfortável e pedisse desculpas, poderíamos ter superado isso sem pensar duas vezes. Não foi grande coisa para mim Mas ele deu muita importância a isso. Ele ficou com raiva e saiu pisando duro, como se fosse ele, não eu, quem decidiria como eu deveria me sentir sobre seu beijo no palco. Quando contei ao vice-presidente do RH da nossa empresa o que tinha acontecido, ele ignorou todo o incidente como se não houvesse nada que pudesse fazer a respeito. Esse foi um dos vários incidentes que me fizeram deixar aquele emprego.

PARA PESSOAS PREJUDICADAS

Ninguém tem o direito de tocá-lo de uma forma que o deixe desconfortável. Simples assim. No entanto, desde tenra idade, muitas vezes nos ensinam o oposto.

Se alguém o toca de uma forma desagradável ou inapropriada, ou mesmo que apenas seja incômoda, você tem o direito de dizer à pessoa que ela ultrapassou o limite e que deve parar. *Você* é o *único* árbitro que pode dizer se esse tipo de toque é ok para você. "Não sou do tipo que gosta de abraços" é uma coisa perfeitamente aceitável de se dizer. O mesmo com "eu prefiro bater punhos/me curvar/o que seja, em vez de apertar as mãos." Isso será ainda mais fácil de afirmar em um mundo pós-Covid-19. "Eu sou germofóbico" é uma razão mais aceitável do que nunca para pedir distância aos outros.

Se a pessoa desdenhar, ficar na defensiva e não parar, ela o está intimidando ou até mesmo assediando. Tente uma declaração "você". "Você tem que parar de tentar me abraçar." Crie uma consequência. No caso de Frank e o beijo na mão, eu poderia ter feito uma careta e limpado minha mão babada na calça, mostrando como me sentia e fazendo-o parecer ridículo na frente de todos. Você pode decidir se quer reclamar com o RH ou um chefe.

Por que o resultado mais simples e justo — de que se você relatar um toque impróprio, seu chefe apenas chama a pessoa de lado e diz a ela para parar ou enfrentar as consequências — parece um tiro no escuro? Talvez você esteja pensando, *Por que é meu trabalho ensinar as pessoas a não se comportarem de formas obviamente desagradáveis? Eu só quero ser deixado em paz para trabalhar.*

Gostaria de recomendar uma abordagem sistemática para decidir como responder. Veja as opções descritas no Capítulo 7, considere cada uma e tome uma decisão consciente.

- Documente
- Busque solidariedade
- Descubra onde estão as saídas
- Considere uma conversa direta com a pessoa que lhe causou dano
- Considere falar com o RH

Independentemente do que você decidir, seja gentil consigo mesmo. Se isso o incomodou, você tem o direito de se sentir incomodado. Você não estava imaginando nem pedindo por isso.

Você pode estar a vida toda lidando com pessoas à espera de poder tocá-lo. Como muitos, fui criada ouvindo que deveria abraçar e beijar parentes em reuniões de família, mesmo aqueles que eu mal conhecia.[3] No entanto, o beijo na mão no trabalho foi horrível, em parte porque trouxe à tona memórias de uma tia-avó que costumava me cumprimentar com um grande beijo molhado toda vez que eu a via. Ela era uma rica matriarca e, se quisesse lamber as pessoas, o faria. Recentemente, perguntei ao meu pai porque ninguém jamais pediu à minha tia-avó que não lambesse a família. Como eu, ele estremeceu com a memória dos beijos dela. "Eu não sei quem teria coragem de dizer isso", ele admitiu. As crianças, se deixássemos. Não muito depois, em uma reunião de família, me vi pressionando minha filha a abraçar um parente. Ela disse: "Não quero abraçar alguém que mal conheço!" Ela estava certa. Eu disse isso a ela, insistindo que ela tinha que cumprimentar a pessoa educadamente, mas ela não precisava ser tocada.

PARA DEFENSORES

Quinhentas pessoas testemunharam Frank babando a minha mão após apertar as mãos dos homens no palco. Mesmo que algumas delas achassem que o comportamento estava OK, eu apostaria que pelo menos 400 delas pensavam que estava errado. Ainda mais perturbador que a saliva na minha mão foi que, das 500 pessoas que assistiram àquilo, ninguém disse *nada*. Se apenas uma viesse a mim e dissesse "eca" ou "bem, isso foi estranho!", teria feito uma diferença enorme. Se você vir algo, diga algo.

PARA AS PESSOAS QUE CAUSAM O DANO

Se alguém não quiser ser tocado, não toque. Simples assim. Leia as dicas sociais. Se você não consegue lê-las, o padrão é não tocar.

Isso é especialmente verdadeiro em um mundo pós-Covid-19. O aperto de mão, aquela saudação outrora onipresente no trabalho, será profundamente desconfortável para muitos. Você pode se sentir diferente, mas não tem o direito de impor suas preferências de aperto de mão aos outros. Também é verdade, embora por razões diferentes, o contato profissional entre os sexos. Se você está prestes a tocar uma mulher de uma forma que é diferente de como você tocaria um homem em um contexto profissional, as chances são altas de que você está prestes a tocá-la de uma forma que não será bem-vinda.

Se você não lê mentes — e quem lê? —, questionar-se em voz alta é uma coisa razoável a se fazer: "Abraço, aperto de mão, batida de punho, cotovelo, toque de dedo de pé ou um sorriso?" Erre pelo excesso de cautela — um sorriso a quase 2 metros de distância. Eu sei que pode parecer estranho. Mas é mais difícil para a pessoa que você está tocando dizer: "Não me toque!" ou "Eu sou germofóbico!" Se é você quem toca, está iniciando esse contato, então é sua responsabilidade lidar com o constrangimento. Descobrir como fazer isso, por meio de palavras e gestos, de uma forma que não coloque muita pressão sobre a outra pessoa exigirá algum esforço de sua parte.

Uma vez, quando estendi a minha mão para um homem com quem estava me reunindo, oferecendo um aperto de mão ao estilo "prazer em conhecê-lo", reparei que ele pareceu extremamente desconfortável. Recolhi minha mão e disse: "Você está resfriado? Sempre aprecio quando as pessoas não apertam as mãos por estarem doentes."

"Na verdade, nunca aperto as mãos de ninguém", ele disse. "Minha religião proíbe que eu toque uma mulher que não seja a minha esposa."

"Ah, entendi. Me desculpe se o coloquei em uma situação desconfortável."[4]

"Não, eu agradeço a chance de me explicar. Nunca sei o que dizer."

"Na verdade, eu queria que *ninguém* apertasse as mãos. Especialmente durante a temporada de gripe. Apenas espalha germes. É, realmente, um hábito nojento."

Ele riu e conversamos sobre como essa situação do aperto de mãos acontece com ele todos os dias, normalmente várias vezes. Juntos, pensamos em uma frase que ele poderia usar rapidamente: "Estou muito feliz de vê-lo, mas não cumprimento com apertos de mão por motivos religiosos."

NÃO GENERALIZE EM EXCESSO

Evite generalizar com indivíduos específicos — também conhecido como estereotipagem ou essencialização. Isso atrapalha a sua capacidade de entender as coisas com clareza e de respeitar a individualidade. Você já deve ter ouvido que os italianos são mais confortáveis ao toque do que os norte-americanos, mas isso não significa que você pode dar três beijos só porque a pessoa tem sobrenome italiano.

E OS ABRAÇOS?

É melhor apenas dizer, *sem abraços*? Muitos de nós anseiam por regras simples e claras: É o seguinte: *passe dos limites uma vez, as consequências são essas; passe dos limites duas vezes, e serão essas.* Mas muitas pessoas, eu certamente, recuariam diante da ideia de viver em um mundo tão simples. Haveria tantas exceções que as regras rapidamente perderiam o sentido. E se alguém no trabalho receber um telefonema e descobrir que um membro da família morreu? Você pode abraçar a pessoa naquele momento? Ou se aquela pessoa estiver passando por um problema médico e começa a chorar de dor no trabalho, certamente um abraço poderia ser adequado? Ou se alguém estiver somente passando por um dia ruim? Algum de nós tem um livro de regras ou lei governamental para esses tipos de situações? Acho que não.

Em vez disso, proponho o seguinte. Pense nas ocasiões em que você abraçou pessoas, quando o abraço foi bem-vindo e quando não foi, e como elas reagiram. O sorriso de uma pessoa pode indicar que seu abraço é bem-vindo. O sorriso de outra pode refletir desconforto. Se você não tem certeza do que o sorriso de uma pessoa significa, sempre pode expressar simpatia e perguntar: "Lamento que X tenha acontecido com você — gostaria de um abraço?" Se você se sentir muito desconfortável para fazer a pergunta, provavelmente é um sinal de que a simpatia verbal seria melhor. Se você está prestando atenção na outra pessoa, e não esperando que ela se conforme com suas noções preconcebidas de como os outros "deveriam" agir, é provável que tome as decisões corretas. Se você é aberto ao feedback quando está errado, aprenderá rápido. Se você ignorar o feedback e, em vez disso, insistir que todos devem assumir que você tem boas intenções e nada que possivelmente fizer será errado, vai dar um passo em falso. Admitir os erros para si mesmo não é fácil e requer um pouco de coragem.

CUIDADO COM O SEU PODER

Henry Kissinger disse notavelmente: "O poder é o principal afrodisíaco." Em minha experiência, isso não significa que as pessoas poderosas sejam mais sexy do que as menos poderosas. Isso significa que elas *pensam* que são mais sexy. O que não são.

Estudos mostram que o poder torna as pessoas mais propensas a pensarem em sexo, a serem sexualmente atraídas por aqueles ao seu redor e a demonstrar comportamento sexual desinibido.[5] Mas isso não significa que tais sentimentos sejam correspondidos pelas pessoas menos poderosas ao redor delas. Isso é um grande problema, porque o poder faz as pessoas serem mais propensas a tocar os outros, independentemente de elas quererem ser tocadas.[6]

TENDENCIOSIDADE   PRECONCEITO   BULLYING   ⚡   DISCRIMINAÇÃO   ASSÉDIO   [VIOLAÇÕES FÍSICAS]

Então, se você está em uma posição de autoridade, lembre-se de que cada promoção o coloca em um grupo de alto risco de ter problemas em torno do toque. O que quer que você diga ao seu pessoal sobre estar atento aos outros, vale em dobro para você. Tenha em mente que um abraço indesejado de um superior provavelmente levantará um problema muito maior do que um entre duas pessoas sem poder uma sobre a outra — e que é mais provável que isso aconteça.

PARA LÍDERES

Você pode ajudar a evitar as violações físicas criando e reforçando uma *cultura do consentimento*. As lições que as pessoas aprendem de violações relativamente menores podem evitar uma violação séria. Elabore regras que sejam claras, mas também respeite o fato de que o local de trabalho é um ambiente adulto, onde o bom senso é esperado.

COMUNIQUE EM EXCESSO A SUA CULTURA DE CONSENTIMENTO E CÓDIGO DE CONDUTA

Por uma série de razões, é tentador não falar sobre consentimento no trabalho. Um, pode parecer embaraçoso. Dois, não parece que seja necessário Não é óbvio? Não, não é óbvio. Sim, é embaraçoso. Superar o desconforto é uma das coisas que os líderes são pagos para fazer. Estabelecer uma cultura de consentimento para evitar "pequenas" violações pode ajudar a evitar uma forma maior/pior de as violações aparecerem.

TORNE SEGURO E FÁCIL RELATAR VIOLAÇÕES

Não importa quão bem articulada seja a sua cultura de consentimento, ela não evitará que as violações aconteçam. Você pode cercar cada superfície da sua empresa com a sua política de consentimento e algumas pessoas ainda tocarão as outras de uma forma horrível. Algumas pessoas só aprenderão o que significa consentimento quando errarem. Isso significa que, como líder, você deve fazer tudo o que estiver ao seu alcance para garantir que relatar toques inapropriados seja o mais seguro possível para as pessoas.

DÊ ÀS PESSOAS A CHANCE DE APRENDER, MAS NÃO MUITAS

Se houver várias reclamações de abraços indesejados — ou prolongados, ou muito apertados — e se o comportamento da pessoa não parece estar mudando apesar de um feedback claro, provavelmente é hora de pensar em despedi-la.

Não acredito que exista uma regra rígida que seja justa em todos os casos. Você e seus gerentes terão que investigar e tomar algumas decisões difíceis. Isso é o que os gerentes fazem. Eles criam sistemas que tornam seguro para as pessoas falarem a verdade ao poder. Em seguida, ouvem essa verdade e as "verdades conflitantes". Eles se informam dos fatos. Eles usam seu melhor julgamento para interpretá-los. Eles enfrentam pessoas que precisam ser enfrentadas. Eles falam para as pessoas o que se espera delas e ajudam a explicar como chegar lá. Se você tem bons funcionários que apresentam desempenho insatisfatório em uma área, você, como gerente, sabe que é sua responsabilidade ajudá-los a melhorar o desempenho deles.

Estabeleça um processo transparente para garantir justiça — para que aquele gerente não tome uma decisão unilateral. Assim como as decisões de promoção e contratação são melhor tomadas com uma pequena equipe do que com um indivíduo, o mesmo acontece aqui. Quando os gerentes estão em uma equipe que debate as decisões importantes, eles são forçados a pedir aos outros que questionem seus julgamentos.

Mesmo as pessoas bem-intencionadas cometem erros. Fale com os ofensores com compaixão, mas com firmeza. Comunique que compreende que os erros são inevitáveis e também que responsabilizará as pessoas pelos seus erros. Responsabilizar as pessoas não significa uma punição severa. Mas significa que deve haver uma compreensão compartilhada do erro e um compromisso claro de não repeti-lo. Se as pessoas cometerem um erro e forem advertidas, exija que demonstrem escuta ativa para que você saiba que entenderam. Peça-lhes para se desculparem sem ficar na defensiva. Ajude-as a perceber que a pessoa que compartilhou o desconforto com o toque estava oferecendo um feedback — que elas devem reconhecer isso como um presente. Mas também deixe-as saber que você estará prestando atenção.

E que, se o comportamento persistir, se elas continuarem sendo objeto de reclamações ou se retaliarem, serão demitidas. Porque o toque indesejado não é tão inocente quando acontece repetidamente: além de ser uma agressão sexual em potencial, pode ser um ato de bullying. As pessoas vão parar de fazer bullying apenas se souberem que haverá consequências reais.

Eis uma política que você pode colocar em prática:

Você não tem o direito, jamais, de tocar outra pessoa de qualquer forma. Você tem a responsabilidade de saber se a outra pessoa deseja ser tocada antes de tocá-la ou algo parecido.

Simples e direto, certo? Talvez, mas você terá muitas objeções. Aqui está um rápido "perguntas frequentes":

P: Você não acha que um mundo sem abraços será muito frio?
R: Eu não disse "sem abraços". Apenas disse para não abraçar pessoas que não querem ser abraçadas.
P: Mas como eu posso saber se a pessoa quer ser abraçada?
R: Tente perguntar. "Está tudo bem se eu lhe der um abraço?" Você pode gostar de abraços, mas a outra pessoa pode não gostar. Preste atenção à linguagem corporal do outro. Normalmente, não é difícil perceber. Se os braços da pessoa estiverem cruzados, se ela parecer desconfortável, recue.
P: Isso é muito complicado. Deveria haver uma regra de "sem abraços no trabalho" e tolerância zero com qualquer violação.
R: O comportamento humano raramente foi governado com sucesso por políticas absolutas simples, como uma regra de "não me toque". Às vezes, um abraço no trabalho é bem-vindo.

SEXO ARREPENDIDO NO LOCAL DE TRABALHO

O que acontece quando duas pessoas que trabalham juntas têm uma ligação genuinamente consensual e uma ou as duas se arrependem de manhã — ou após uma semana ou mês?

Aqui está um exemplo que foi ruim para todos os envolvidos. Pouco depois de começar a liderar uma grande equipe, ouvi uma porta bater violentamente em uma sala de conferências próxima. Violenta o suficiente para eu parar o que estava fazendo e ver o que estava acontecendo. Quando abri a porta que acabara de bater, vi uma sala cheia de pessoas desconfortáveis.

"Está tudo bem aqui?", perguntei.

"Ah, sim, tudo certo", todos concordaram, balançando a cabeça furiosamente.

"O que houve com a porta batendo? Não pareceu tudo certo." Reparei que Bernice, uma das poucas mulheres na sala, estava pálida.

"Ah, não foi grande coisa", várias pessoas falaram ao mesmo tempo.

"Bem, então o que foi a pequena coisa?", perguntei.

"Jimmy, ele está passando por um momento difícil."

"Alguma coisa que eu possa fazer para ajudar? Devo falar com ele?"

"Não, não, não, não, não, não. De verdade, não é nada demais."

Descobri que Jimmy e Bernice ficaram algumas vezes e, então, Bernice começou a namorar outra pessoa. O coração de Jimmy se despedaçou. "Bernice foi a primeira namorada de Jimmy", me contou uma pessoa da equipe mais tarde. "Ou esse tipo de namorada. De qualquer forma, ela foi a primeira." Após o término, Jimmy ficou magoado e furioso.

Se Bernice abrisse a boca em uma reunião, Jimmy era capaz de interrompê-la com um comentário sarcástico; e se ela insistisse, ele irrompia para fora da sala, muitas vezes em lágrimas. Entendi que Jimmy estava passando por tempos difíceis, mas seu comportamento foi imaturo e hostil. Muitos de seus companheiros de equipe não pensavam assim, no entanto. Seu ato de cachorrinho magoado ganhou a simpatia deles e eles o relevavam. Mas quando o desgosto se expressa em comportamento abusivo, a situação pode se tornar violenta. É um sinal de alerta.

Aceitei aquele trabalho para construir um negócio, não para ser conselheira de relacionamentos — ou pior, de términos. Mas se eu quisesse colocar a equipe de volta nos trilhos, teria que intervir.

O consenso na equipe era que Bernice tinha que sair — seja para outra empresa ou para uma repartição diferente da nossa. Eu tinha uma visão completamente diferente. Bernice também estava lidando com uma situação difícil; Jimmy estava se comportando de uma forma que interrompeu os esforços da equipe. Parecia a mim que Bernice estava no lado errado de duas tendências diferentes: simpatia e gênero. Tendência da simpatia: pobre Jimmy e seu coração partido.[7] Tendência de gênero: aquela vaca da Bernice, chutando um cara e pulando para outro. (Inverta a história e Jimmy seria um garanhão viril e Bernice, uma mulher incapaz de controlar suas emoções.)

Obviamente, o envolvimento foi imprudente para os dois e era melhor que não trabalhassem juntos. Mas quanto a quem deveria ir, não achei que Bernice, que estava se comportando profissionalmente após uma situação difícil, deveria ser penalizada. Se um deles trabalhasse para o outro, então o chefe era quem deveria encontrar uma nova equipe. Mas eles eram colegas.

Tive algumas conversas com Jimmy, compartilhei algumas histórias minhas de coração partido e as coisas que me ajudaram a melhorar. Perguntei se umas semanas extras de férias seriam úteis ou se havia algo mais que eu pudesse fazer para ajudar. Mas também disse a ele que se ele não conseguisse trabalhar junto de Bernice, ele teria que encontrar outra equipe. O comportamento dele era disruptivo, não o dela. Terminar um relacionamento no trabalho é especialmente difícil — para as duas pessoas envolvidas, para as pessoas em volta e para o(s) seu(s) gerente(s). Mas acontecerá. Então, vamos falar sobre como lidar com isso de uma forma que seja justa para todos e a menos perturbadora possível.

PESSOA PREJUDICADA E PESSOA QUE CAUSOU O PREJUÍZO

Meu conselho sobre encontros casuais com colegas é o mesmo sobre beber no escritório: não faça. Se você se apaixonar, é diferente. Provavelmente, vale arriscar o seu emprego pelo amor verdadeiro. Mas um caso com alguém que você verá dia após dia no trabalho oferece tantos problemas em potencial que é melhor evitar.

Lógico, isso acontece. Se você ficar com um colega e um ou os dois se arrependerem, primeiro deixe-me dizer que sinto muito. É uma situação difícil e dolorosa para se estar.

Mas você não é mais um adolescente. Você tem que agir como um adulto. Na história acima, o coração de Jimmy foi partido, mas ele estava se comportando de uma maneira calculada para deixar Bernice infeliz e para perturbar a equipe ao máximo. Isso não era bom.

Aqui estão algumas diretrizes:

- Se você é o gerente da pessoa com quem se envolveu sexual ou romanticamente, ou se está em uma posição significativamente mais elevada na empresa, você abusou do seu poder. Você é quem deve buscar um emprego diferente.
- Se a outra pessoa não quer mais se envolver e você a pressiona a reatar, está violando a regra do consentimento. Você é quem deve procurar um novo emprego.
- Se você não consegue conter as suas emoções e está atrapalhando a equipe, é você quem deve procurar um novo emprego.
- Se você se envolve regularmente com as pessoas no escritório, deve tomar os passos necessários para acabar com esse padrão destrutivo. Agora.

DEFENSOR

Ninguém quer estar no meio do envolvimento romântico de outra pessoa, especialmente no trabalho. Mas fingir que os problemas não estão acontecendo nunca ajuda a resolvê-los. Novamente, se você vir algo, diga algo. Se você notar uma pessoa tratando a outra de forma cruel ou desrespeitosa, diga algo. Se você ouvir companheiros fazendo comentários tendenciosos sobre uma ou as duas pessoas no romance, diga algo. Se a dinâmica é destrutiva, diga algo. Às vezes, surge um problema não entre as duas pessoas que tiveram um caso, mas no resto da equipe. Os outros homens agora tratam a mulher como se ela fosse uma "disputa justa". Eles formam uma espécie de "campo de competição" ao redor dela, como se estivessem lutando por "quem será o próximo da vez". Torna-se desconfortável para ela entrar no escritório. Desnecessário dizer que esse é um comportamento ruim. Só porque ela namorou um homem da equipe, isso não significa que está interessada em quaisquer outros. Se você reparar algo do gênero acontecendo, diga algo.

LÍDER

As pessoas passam a maior parte de suas horas acordadas no trabalho. Não é razoável adotar uma abordagem de tolerância zero para relacionamentos no trabalho. Mas por razões já discutidas, tais relacionamentos devem ser administrados. Você não pode ter um vale-tudo em seu escritório se quiser que essa m*rda funcione.

Aqui estão algumas sugestões simples:

1. *Estabeleça uma regra "Nada de sexo, intimidade física ou namoro em sua cadeia de comando."*

Você pode usar eufemismos como *sem confraternização* se desejar, mas tenha certeza de que as pessoas entendem o que você quer dizer. Em outras palavras, os chefes que têm sexo, intimidade sexual ou namoro com seus funcionários — ou com os funcionários dos funcionários — devem ser despedidos.

Quando as pessoas violam essa regra, o que inevitavelmente acontecerá, a pessoa de posição mais elevada é a que deve deixar o emprego, não a de posição mais baixa. Para ser justo e também evitar comportamentos indesejados de pessoas poderosas, a regra deve proteger os menos poderosos. Se os executivos não criarem penalidades para os líderes seniores que namoram os funcionários juniores, mas em vez disso empurrarem todas as penalidades para os subordinados, pelo menos algumas dessas pessoas poderosas continuarão tendo encontros sexuais com os menos poderosos.

Os líderes do alto escalão em uma empresa — os subordinados diretos do CEO e *seus* subordinados diretos — não devem namorar ou ter envolvimentos românticos ou físicos com *ninguém* na empresa. A teoria por trás dessa política é que, em um determinado nível sênior, uma pessoa tem tanta autoridade que investidas sexuais ou relacionamentos correm o risco de parecerem coercitivos e/ou abusivos. Isso é ruim para a pessoa coagida e também cria um risco financeiro desnecessário para a empresa e uma dinâmica disfuncional em uma equipe que pode dificultar a realização do trabalho.

2. *Considere uma regra explícita "Sem sexo ou intimidade física no local de trabalho."*

Você pode presumir que isso é senso comum e não requer uma regra. Afinal, quem transa no escritório ou na fábrica? Algumas pessoas, ao que parece. Tenho observado problemas de "sexo no escritório" várias vezes ao longo de minha carreira. Você pode querer tornar essa regra explícita e conhecida, especialmente se tiver muitos funcionários jovens.

3. *Não (piscadas, cutucadas) mine essas regras encorajando encontros tacitamente.*

Isso parece óbvio, certo? No entanto, vez ou outra tenho visto líderes encorajando seus funcionários a saírem juntos.

Eu mesma fiz isso, inadvertidamente. Tentando adotar uma atmosfera casual, transformei a sala de conferências em um "aconchego de equipe", com sofás e pufes, em vez de uma mesa e cadeiras. Uma manhã, fui a uma reunião de equipe e encontrei um sutiã e um par de cuecas nas almofadas de um sofá. Livrei-me dos sofás e pufes. Também disse a toda a equipe por que fiz isso.

Depois, trabalhei em outra empresa que tinha uma sala de conferências que parecia projetada para encontros: luzes baixas, muito tecido com sensação de privacidade, sem janelas e um recanto com algumas garrafas de uísque. Eu era como um disco quebrado, pedindo que a liderança mudasse aquela decoração. Eles não fizeram isso *até* ocorrer uma má conduta sexual lá.

4. *Perdoe erros, crie uma consequência para os padrões.*

Se uma pessoa de sua equipe se envolve com as pessoas do escritório com frequência, deve haver consequências reais para ela, incluindo, ser demitida.

RELAÇÕES DE ABUSO DE PODER NO LOCAL DE TRABALHO

Às vezes, as pessoas no trabalho se apaixonam. Elas podem morar juntas, se casarem, ter filhos ou os três. Como escrevi no início deste capítulo, meu marido e eu trabalhamos na mesma empresa antes e após nos casarmos. Isso não impactou as nossas equipes, empresa ou relacionamento. Trabalhamos em equipes diferentes e mais ou menos no mesmo nível hierárquico. Eu não tinha poder sobre ele; e ele não tinha poder sobre mim. Estava tudo bem.

No entanto, as coisas podem ir terrivelmente mal quando uma das pessoas no romance é o chefe da outra ou está em uma posição consideravelmente mais elevada na organização.

Meg era gerente de contratos em sua empresa. Ela começou a namorar o chefe do chefe do chefe dela. Conforme a relação ficava mais séria, eles resolveram ter um filho. Ela engravidou e todo mundo sabia quem era o pai. A empresa tinha o tipo de regra "sem namoro na sua cadeia de comando", descrita acima. Mas não determinava que a pessoa mais elevada era quem devesse sair. Quando a relação se tornou publicamente conhecida, a direção disse a Meg que ela deveria encontrar uma nova função. Ninguém na empresa sugeriu que o homem, que era mais sênior, deveria ter um cargo diferente. Para alguns, aquilo pareceu "natural". Ele era um executivo supervisionando um departamento especializado. Não era como se ele pudesse, de repente, se tornar um executivo em outra função da empresa com a qual não tinha experiência.

Mas o mesmo era verdade para ela. Ela também tinha uma especialidade naquela função que não funcionaria em outro departamento. Ela estava em uma situação mais vulnerável, se encontrando no início de sua carreira. Ela também tinha dado à luz a seu filho recentemente. Quando ela deixou o departamento e tentou um novo trabalho em uma função diferente na qual não tinha experiência, a combinação de um novo trabalho e um novo bebê foi difícil. Ela atendia às expectativas, ao passo que havia consistentemente excedido as expectativas antes. Ela sentiu que não estava fazendo seu melhor trabalho e se sentiu mal com isso. Então, seu filho teve alguns problemas de saúde que exigiam muito tempo fora do escritório.

Seu namorado, o pai do seu filho, a encorajou a se demitir. Da perspectiva dela, isso significava deixar muitas opções de ações na mesa.

Ela se juntou à empresa cedo e a ascensão da empresa foi meteórica, então ela estava perdendo muito dinheiro. Era muito dinheiro para ela, de qualquer maneira. Para ele, era uma mudança idiota. Ele ganhava centenas de milhões. Ela entendeu que ele daria suporte a ela e ao filho de ambos, para que pudesse se concentrar nos problemas de saúde do filho. Pouco depois de ela se demitir, no entanto, o executivo a deixou e à criança, recusando-se a pagar pensão alimentícia até ser processado por ela.

Isso não é um relacionamento fisicamente abusivo, mas um relacionamento no qual uma pessoa tem poder sobre a outra e abusa disso. Isso foi uma relação de abuso de poder. Ela foi empurrada para fora de um trabalho que amava para um no qual não foi treinada, e depois encorajada a deixar a empresa. Como resultado dessa relação, ela abandonou as opções de ações que teriam ajudado a criar seu filho. Seu parceiro não perdeu nada financeiramente. Quando as pessoas ouvem histórias como essas, muitas vezes dão de ombros e dizem: "Isso é ruim, mas é a forma como as coisas são." A maneira como a regra da "cadeia de comando" funcionou para Meg — que ela, como pessoa menos poderosa, tivesse que mudar de cargo — é uma forma de abuso tolerada na maioria das empresas, assim como em grande parte da sociedade. Mas certamente não tem que ser dessa forma. Se a regra fosse que *ele* tivesse que se demitir, provavelmente ele não teria começado a relação, em primeiro lugar.

Sim, perdê-lo seria ruim para a empresa. Mas mantê-lo também foi terrível para a cultura da empresa. Imagine na mensagem passada para todas as pessoas menos poderosas aqui: *Os líderes podem se comportar como quiserem, enquanto você é descartável.* Essa empresa gerou muitos relacionamentos abusivos e vários deles chegaram à imprensa de forma significativa, o que acabou causando mais danos a ela do que a saída dele teria causado. A Traição Institucional prejudica as vítimas a curto prazo e a instituição, no longo prazo, muitas vezes de forma intensa.

Se quisermos criar um ambiente de Trabalho Justo, temos que mudar o conceito do que acontece quando regras como essa são quebradas. Caso contrário, elas deixam de ter qualquer significado. O resultado é que os menos poderosos são prejudicados e os mais poderosos saem impunes até que as coisas se tornem tão ruins que a empresa seja forçada a mudar.

TENDENCIOSIDADE   PRECONCEITO   BULLYING   ⚡   DISCRIMINAÇÃO   ASSÉDIO | VIOLAÇÕES FÍSICAS |

A boa notícia é que há sinais de que as normas estão mudando em torno do trabalho, poder e sexo. O executivo que namorou Meg acabou deixando seu emprego depois que descobriram que ele havia namorado várias mulheres na empresa. Antes do #MeToo, isso seria inconcebível. A má notícia é que ele teve relações de abuso de poder com várias outras mulheres antes que isso acontecesse.

PESSOAS PREJUDICADAS

Contarei duas histórias pessoais. Estou dizendo isso por causa de toda a confusão sobre o que constitui um relacionamento abusivo. Só porque você é uma pessoa forte e independente, não significa que você não está em um relacionamento abusivo. E o corolário também é verdadeiro: só porque você está em um relacionamento abusivo, não significa que você não é uma pessoa forte e independente.

Certa vez, trabalhei com um homem a quem não considerava somente um chefe, mas um real mentor. Depois que saí, mantivemos contato. Encontrei algumas vezes a mulher com quem ele vivia; claramente, eles ainda estavam profundamente apaixonados após uma década de relacionamento. Quando ela morreu, ele ficou devastado. Ele me convidou para um passeio de barco. Conforme a tarde passava, de repente ele estendeu a mão para segurar a minha de uma forma que tornou inconfundível o que ele queria. Fiquei chocada por ele ter sido tão ousado, mas ainda mais pasma por me sentir atraída por ele.

Antes daquele momento, eu planejava voltar a trabalhar com ele depois de conquistar meu MBA. Assim que permiti que ele tocasse a minha mão, no entanto, soube que aquilo estava fora de cogitação. Aprendi da maneira mais difícil sobre os perigos de namorar seu chefe. Eu não cometeria *esse* erro novamente. Se dormíssemos juntos, eu não poderia voltar a trabalhar com ele, conforme planejado.

Esse foi o primeiro abuso no relacionamento. Ele não pretendia, mas também optou por não perceber o problema inerente à lógica da situação: Eu não podia aceitar o emprego que pretendia, um emprego que ele queria que eu aceitasse. Essa história revela uma dinâmica que ocorre vez após vez: uma dinâmica de poder ruim pode introduzir abuso em um relacionamento — mesmo quando há consentimento.

Não estou dizendo que um relacionamento entre duas pessoas no qual há um desequilíbrio de poder (idade, dinheiro, status etc.) é impossível. Mas só é saudável se ambas as partes — particularmente a que tem mais poder — reconhece a situação e toma medidas ativas para resolvê-la. Se você é o menos poderoso, o fardo não deveria recair sobre seus ombros.

Essa não foi a forma como a minha relação com este homem se desenrolou. Quando encontramos seus amigos mais famosos, ele não me apresentou. Eu ficava parada lá, como um animal de estimação do qual ele estava um pouco envergonhado e esperava que ninguém notasse.

Quando ele decidiu que queria comprar um apartamento onde pudéssemos viver juntos, não pediu minha opinião sobre onde viveríamos. Eu disse de um apartamento que olhamos: "Jamais poderia viver aqui." No dia seguinte, ele fez uma oferta pelo lugar. Ele não conseguiu o apartamento, então não chegamos a um impasse. Ele acabou comprando o apartamento de que mais gostei, que alegou ser para mim. Eu sabia que isso era besteira, mas não prestei atenção o suficiente aos sinais de alerta. Fui morar com ele.

Ele jamais se referiu ao apartamento como "nosso". Era dele. Eu apenas vivia lá. Às vezes, quando ele promovia jantares, me pedia para sumir. Uma vez, voltei para casa na hora combinada e ouvi que ainda haviam convidados lá. Sabendo que ele ficaria furioso se eu entrasse no apartamento onde eu supostamente vivia, esperei na escada do prédio que eles saíssem. Quando o confrontei, ele agiu como se eu estivesse sendo ridícula. Claro que eu poderia ter entrado. *Gaslighting.*

Tentando abordar meu sentimento de não pertencer ao lugar onde morava, disse a ele que queria que ele começasse a usar o pronome "nós" quando se tratasse de decisões importantes. Pensando que era inteligente, ele mandou escrever "nós" em diamantes e os colocou em uma corrente para mim. Não achei graça e disse que ele deveria me tratar como um senador — sem presentes acima de US$25. Ele comprou uma tela cara para mim. Eu a levei à galeria e pedi que devolvessem o dinheiro a ele. Brigamos e ele exclamou: "Não consigo controlar você!"

"Você não pode me controlar", contra-ataquei. Mas tão logo eu disse as palavras, percebi que ele estava, de fato, me controlando, de várias formas sutis e outras não tão sutis assim.

Eu sabia que teria que deixá-lo para reconquistar meu senso de dignidade e viver a vida que queria viver, mas os anos passaram. Por ele não ser fisicamente abusivo, eu minimizava continuamente as maneiras como ele usava repetidamente a sua riqueza e posição no mundo para me colocar em situações degradantes e prejudiciais.

Mesmo agora, não posso explicar totalmente por que fiquei tão presa. Mas posso identificar as coisas que me ajudaram a me libertar. A ajuda de fontes inesperadas me tirou de lá.

Um amigo me fez uma boa pergunta: "Você parece o tipo de mulher que consegue o que quer. Por que se sente tão impotente nessa situação?" Quando ele disse que eu era o tipo de mulher que conseguia o que queria, o fez com admiração real. Muitas vezes, as pessoas criticam as mulheres e elogiam os homens por conseguirem o que desejam. Isso foi importante: ele estava me lembrando de que eu tinha o direito de tentar obter o que queria. Acho que, por trás de tantos abusos, está a expectativa de que as mulheres "não deveriam" esperar conseguir o que querem ou precisam.

Consegui sair — com um pouco de ajuda. Um de meus chefes me fez uma pergunta perspicaz. Ele e eu estávamos pegando o trem de DC para a cidade de Nova York para uma reunião de negócios. Quando abri o jornal, li que o homem com quem namorava havia sido convidado por um membro do gabinete, provavelmente a mulher mais poderosa do mundo na época, para a festa de Natal na Casa Branca. Como qualquer um que descobre que a pessoa com quem namora está saindo com outra pessoa, senti um soco no estômago.

Meu chefe sabia da minha relação com aquele homem, então ele entendeu ao menos parte do motivo de eu estar chateada. Em vez de fingir que não havia nada de errado, como muitos em sua posição fariam, ele teve coragem suficiente para dizer que lamentava — e também para me fazer uma pergunta, parafraseando Sheryl Crow: "Se isso te faz feliz, então por que você está tão triste?" Essa foi uma excelente pergunta sobre aquele relacionamento e me moveu em direção à porta.

Alguns anos depois, no entanto, eu ainda não havia conseguido sair pela porta. Quando mencionei a um de meus funcionários que eu queria um cachorro, mas o homem com quem vivia jamais permitira, meu funcionário insistiu para que eu conseguisse o cachorro de qualquer jeito: o cachorro seria meu no escritório e ele o levaria para casa à noite. Aquela foi uma oferta extraordinariamente generosa e me senti um pouco envergonhada com isso, mas concordei. Naturalmente, assim que consegui o filhote, levei-o para casa após o trabalho. Essa foi uma grande parte da razão pela qual finalmente saí do apartamento e consegui meu próprio lugar. *Ainda assim*, a relação continuou, mesmo que não coabitássemos mais.

Após a falência da minha startup, encontrei um colega com quem trabalhei no início da minha carreira. Em nossa curta conversa, ele percebeu que eu estava passando por dificuldades. Não nos conhecíamos tão bem assim, mas ele me convidou para sair e comer um hambúrguer. Durante o jantar, ele sugeriu que talvez um novo emprego me ajudasse a recuperar o equilíbrio e me incentivou a fazer uma entrevista para um emprego em sua empresa. Me senti um pouco estranha — ele estava oferecendo ajuda e parecia um pouco como caridade. No entanto, me lembrei da sugestão de meu mentor sobre pedir ajuda e aceitei a oferta.

O processo de entrevista me levou a ligar para uma amiga da escola de negócios para pedir conselhos. Ela tinha algo melhor do que isso. Ela me convidou para uma entrevista para um ótimo emprego quase 5 mil quilômetros longe daquele homem. Não tenho certeza se seria capaz de me libertar sem tanta distância entre nós.

Sair de um relacionamento abusivo é difícil. Nem todo mundo tem um contato que possa oferecer um novo começo em um novo lugar: reconheço que fui tanto feliz quanto privilegiada. Mas meu ponto é este. Não esconda a sua situação dos outros; quanto mais amigos souberem o que está acontecendo, mais tentarão ajudá-lo, e pequenos passos levarão a passos maiores: um cachorro de escritório se traduz em um novo apartamento; um hambúrguer resulta em uma entrevista, o que leva a um telefonema, que leva a uma mudança muito maior. Aceite ajuda quando os outros oferecerem. Deixe que as pessoas que se importam com você o ajudem a *cair fora*!

A ousadia com que os poderosos abusam do poder sempre me surpreende, mas aprendi a lidar com isso. Mais tarde na minha carreira, após estar feliz com meu casamento e filhos, um mentor que era uma lenda no Vale do Silício se voluntariou para me ajudar em um projeto que analisava como a indústria da tecnologia estava evoluindo. Eu tinha acabado de começar um novo trabalho. Trazê-lo a bordo — um homem com uma das mentes mais estratégicas da indústria — aumentou a minha credibilidade enormemente.

Nos encontrávamos semana sim, semana não. Após vários meses se passarem, ele convidou a mim e a minha família para passar um fim de semana prolongado com ele e sua esposa na casa de praia deles. Então, dois dias antes de irmos, ele anunciou que estava se sentindo fisicamente atraído por mim. Por isso ele estava me ajudando. Alguns disseram que eu "deveria" ter sabido, mas isso é aquela besteira de culpar a vítima. Fui pega completamente desprevenida.

Eu não estava nem remotamente atraída por aquele homem. Mais ainda, eu amo meu marido e nada é mais importante para mim do que a minha família. Deixei isso claro para o meu mentor. Ele aceitou o que eu disse, mas insistiu que seria estranho se não fôssemos para o fim de semana — sua esposa já tinha comprado toda a comida.

Por um momento, tenho vergonha de dizer, vacilei. Não estava tão preocupada com a comida, mas o que eu diria a meu marido? Dizer ao cônjuge que você tem que cancelar os planos com outro casal porque recebeu uma "declaração" não é algo que qualquer pessoa goste de fazer. E também havia a minha reputação no trabalho. Como eu contaria aos meus colegas que a lenda do Vale do Silício com quem eu vinha me aconselhando estava subitamente fora do projeto? A credibilidade se transformaria em desprezo muito rapidamente. Meu mentor sabia de tudo isso e pensou que poderia me persuadir a fingir que nada havia acontecido para que pudesse desfrutar de um jogo de gato e rato comigo em sua casa de praia.

Mas nesse ponto eu podia imaginar muito claramente o que aconteceria se fôssemos para a casa de praia. Seria assustador, estranho e terrível, e eu me sentiria manchada por jogar esse jogo horrível. A experiência me ensinou que aquilo estava fora de questão.

Levei cerca de doze horas para reunir coragem e contar ao meu marido o que tinha acontecido. Eu não precisava ter sentido tanto pavor. A primeira coisa que ele fez foi me dar um abraço enorme e dizer: "Sinto muito. Isso é muito desapontador. Pensei que ele fosse uma exceção." O que era exatamente o que eu sentia. Eu acreditava que o meu mentor era uma exceção ao que parecia ser a regra dos executivos de tecnologia que abusavam do poder. Meu marido e eu inventamos uma desculpa esfarrapada para não passarmos o fim de semana na casa de praia. Eu nunca me encontrei com meu mentor novamente.

QUANDO VOCÊ É O ABUSADOR

Por mais difícil que seja reconhecer quando você está sendo abusado, pode ser ainda mais difícil reconhecer quando você está abusando de uma pessoa. Especialmente se você a ama. Pode não ser sua *intenção* abusar do seu poder — pode ser a lógica da situação, lógica da qual você pode não estar ciente porque o seu poder, a sua riqueza ou o seu privilégio o isolam de fatos que parecem óbvios para pessoas em circunstâncias diferentes. Mas a ignorância não é desculpa. É sua função estar ciente do impacto que tem sobre os outros, especialmente se você se preocupa com essas pessoas.

Por exemplo, Nina, uma amiga minha, pediu a Stanley, um executivo em sua empresa, para endossar sua promoção. Ele era um admirador do trabalho dela e concordou prontamente. Alguns dias depois, Stanley convidou Nina para um encontro. Ela não estava em sua cadeia de comando, então ele não estava violando nenhuma regra do RH, tecnicamente. Mas já que ele apoiou a promoção de Nina, tinha algum poder sobre ela. E ela, simplesmente, não estava interessada. Após declinar gentilmente, ela me chamou, preocupada que ele poderia tirar o apoio.

Eu conhecia Stanley razoavelmente bem. Duvido que jamais ocorreu a ele ter colocado Nina em uma situação difícil ao convidá-la para sair. Mas *deveria* ocorrer. Se ele era esperto o suficiente para se tornar executivo em uma grande empresa de tecnologia, tinha inteligência suficiente para entender essa dinâmica. Mas não entendeu, porque não pensou nas implicações de suas ações. Nessas situações, a ignorância, intencional ou não, esquecimento, falta de noção ou falta de jeito não são desculpas.[8] Se ele tivesse apenas um momento para pensar nisso — e todas as aberturas dessa natureza no local de trabalho merecem esse momento — perceberia que não era a hora de convidá-la para sair. Um amigo endinheirado meu, por outro lado, reconheceu explicitamente esse tipo de desequilíbrio de poder em seu acordo pré-nupcial: ele deu à noiva uma grande soma em dinheiro, sem compromisso. Ela poderia largá-lo e ficar com outro homem antes do casamento e manteria o dinheiro. Ele nunca quis que ela se sentisse controlada pela sua riqueza. Aqui estão algumas diretrizes para ajudar você a evitar se tornar o abusador.

1. Não se envolva romanticamente com pessoas que trabalham para você ou com quem ocupa cargos significantemente inferiores ao seu na organização. Não flerte com elas, não permita que flertem com você, não convide para sair, não as toque de uma forma sexual ou de flerte, de modo algum, jamais.
2. Se você começar a ter sentimentos românticos por alguém que trabalhe para você, pergunte-se o seguinte: você estaria disposto a desistir do seu emprego para perseguir esse relacionamento? Se sim, saia do emprego e convide a pessoa para sair. Se não, exercite a função executiva que o levou a este cargo em primeiro lugar para administrar seu próprio comportamento. Não anuncie seus sentimentos e, então, espere que a outra pessoa resolva a situação que você criou.
3. Se você quebrar as regras acima e acabar romanticamente envolvido com alguém que trabalha para você ou ocupa um cargo inferior, é hora de *você* encontrar um novo emprego. Não espere ou permita que essa pessoa sacrifique uma carreira por sua causa. A lógica muito comum, mas falha, de tais situações é que a pessoa inferior é aquela que muda de departamento ou desiste de seu emprego. Afinal, você tem o emprego "maior". Mas a carreira da pessoa é tão importante para ela quanto a sua é para você.
E a pessoa pode suportar *menos* um descarrilamento na carreira, sendo a menos graduada e com menos recursos.

LÍDERES

Quando você leu a descrição de cargo para a sua função, ela provavelmente não citava que deveria evitar relacionamentos românticos abusivos para não prejudicar a produtividade da equipe. No entanto, se você como líder não pensar em como evitar que isso aconteça, provavelmente acontecerá.

Aqui estão alguns passos preventivos que você pode dar e algumas sugestões para o que fazer quando a prevenção falhar.

1. Lidere pelo exemplo. Não se envolva romanticamente com pessoas da sua empresa.

2. Certifique-se de que todos entendam a regra da "proibição de sexo ou namoro dentro da cadeia de comando" descrita anteriormente.
3. Aplique a regra. Isso pode significar dispensar alguns gerentes que estão obtendo resultado. É doloroso, mas você tem que fazer isso se quiser ficar do lado da Coragem Institucional, e não da Traição Institucional. Enquanto escrevia este livro, no final de 2019, o conselho de diretores do McDonald's demitiu o CEO quando souberam que ele estava transando com uma funcionária apesar de, sob sua supervisão, o preço das ações da empresa terem dobrado.[9]
4. Os líderes devem revelar relacionamentos anteriores. Depois de ser alegado que o CEO do McDonald's não revelou relacionamentos que manteve com 3 outras funcionárias, além daquela que o levou à demissão, a empresa o processou para recuperar a indenização que havia pagado a ele.[10] Certa vez, um membro do conselho de uma empresa que chefiei recomendou que eu contratasse alguém sem revelar que ele costumava sair com ela. Então descobri isso de uma maneira estranha para todos. Eu gostaria que ele tivesse divulgado essa informação quando recomendou que eu a contratasse.
5. Não crie ambientes onde relacionamentos desiguais possam prosperar. Uma empresa de capital de risco no Vale do Silício costumava promover duas festas a cada temporada de férias: uma para as esposas e outra para as amantes. (Não haviam sócias mulheres ou gays.) Não se surpreenda quando sua cultura se tornar tóxica de uma forma pública prejudicial, caso faça coisas assim.
6. Eduque-se. Se você não está certo do que constitui um relacionamento abusivo, aqui está uma definição simples: uma pessoa tem poder sobre outra e o usa para controlá-la ou coagi-la a fazer coisas que não quer.

ABUSO SEXUAL NO LOCAL DE TRABALHO
TRAIÇÃO INSTITUCIONAL

Como revelou o #MeToo, o abuso sexual acontece no local de trabalho com uma frequência terrível. Uma em cada seis mulheres é vítima de estupro ou tentativa de estupro. Doze por cento dos abusos sexuais ocorrem enquanto a vítima está trabalhando.[11] Estupro no trabalho acontece o tempo todo. Certa vez, trabalhei em uma empresa onde uma investigação fraudulenta sobre um estupro no escritório me fez sair de lá. Desde aquela época, tenho pensado muito em como poderia ter sido uma defensora melhor e também como os líderes podem gerenciar esse tipo de evento horrível quando acontece sob sua supervisão. Conforme observado pela psicóloga Jennifer Freyd: "É crucial como respondemos às revelações de violência. Uma má resposta a uma revelação de violência sexual, muitas vezes, agrava o dano... Uma má resposta de uma instituição é uma Traição Institucional."[12] Freyd oferece várias ferramentas práticas para defensores e líderes serem ouvintes verdadeiramente úteis, para investigar os crimes de uma forma que seja justa para todos.[13]

A resposta de uma empresa para a qual trabalhei só pode ser caracterizada como Traição Institucional. Vários fatores contribuíram para esse resultado, mas me concentrarei em apenas dois: a forma como os mitos de estupro silenciam a todos nós e a ausência de uma cultura de consentimento.

Os Mitos de Estupro Silenciam a Todos Nós[14]

Um momento na investigação desse estupro, que aconteceu em uma festa no escritório, me ensinou muito sobre por que esse tipo de investigação tantas vezes sai dos trilhos. Fiquei desconfortável com a forma como ela se desenrolou. O homem acusado de estuprar a mulher me disse na cara que tinha transado com ela, mas que ela estava bêbada demais para lembrar claramente o que tinha acontecido. O advogado encarregado da investigação sabia disso. No entanto, não havia instruído a mulher que fez a investigação a falar comigo.

Quando levantei esse ponto com o advogado, ele deu a entender que eu "não deveria" ter falado com o homem em questão. *Gaslighting* jurídica. Então, o advogado informou os detalhes do caso. A mulher, descobriu-se, não se comportou da maneira que ele imaginava que uma vítima de estupro "deveria" se comportar. Ele disse: "Não consigo entender. Por que ela não lutou ou gritou?"

Eu não sabia, então, o quão comum é para as vítimas não resistirem quando estão sendo violadas sexualmente. Mas eu não precisava ser um especialista para não acreditar nesse mito de estupro de que as vítimas lutam contra o perpetrador, gritando como se estivessem em uma cena de filme.[15] Entendo *perfeitamente* por que ela não lutou nem gritou.

Quando eu ainda estava na faculdade, trabalhei em uma loja de roupas no verão. Eu estava subindo uma escada rolante longa e vazia, saindo da plataforma do metrô, quando de repente senti uma dor aguda na vagina e no ânus. Me virei para ver um velho olhando para mim. Ele se arrastou por trás de mim e enfiou os dedos pela minha saia e calcinha, penetrando meu corpo. Meu primeiro instinto foi balançar os pés para cima, chutá-lo no rosto e derrubá-lo daquela longa escada rolante. Eu tinha direito à legítima defesa.

Ou não?

Imaginei aquele velho rolando os degraus de metal abaixo, batendo a cabeça, ficando gravemente ferido e eu sendo acusada de agressão ou tentativa de homicídio. Então, não o chutei. Eu queria gritar, mas não sabia o que dizer. Se ele tivesse roubado minha carteira, eu saberia gritar, "pega ladrão!" Mas o que gritar agora? Eu não tinha as palavras. Apenas me virei e fugi, me odiando por fugir quando o que eu deveria fazer era revidar.

Jamais me *ocorreu* ir à polícia. Eu não tinha ideia de que penetração com os dedos é classificado como estupro em várias jurisdições, incluindo a que eu estava. Essa coisa horrível havia acontecido comigo e eu não sabia do que chamá-la. E que algo tão terrível *pudesse* acontecer, de um jeito tão rápido e inesperado, durante meu trajeto matinal foi igualmente perturbador. Quando cheguei ao trabalho, tremendo sem parar, contei a um colega sobre a minha experiência.

"Isso acontece no metrô", ele disse, encolhendo os ombros. "Acostume-se com isso." Como se eu fosse estúpida em pensar que merecia coisa melhor. De certa forma, sua rejeição do que aconteceu comigo, como se não fosse grande coisa, foi mais perturbador do que o que havia acontecido em primeiro lugar. Eu poderia ignorar o homem que enfiou a mão sob minha saia como um pervertido e entender o que aconteceu como uma aberração, mas o que isso significa quando um colega diz que é normal e parece não se importar?

Enterrei o incidente e a observação casual do meu colega de trabalho nos nichos mais sombrios de minha mente. No entanto, esse foi o incidente que mudou permanentemente meu uniforme de trabalho: é por isso que, até hoje, uso Levi's 501. A vez seguinte que um homem, desta vez um executivo sênior de tecnologia, não um passageiro do metrô, tentou me apalpar, não conseguiu nada, graças à costura inexpugnável da minha Levi's.

Eu não tinha falado sobre isso desde então e certamente não começaria a fazê-lo agora com o advogado sentado à mesa na minha frente. Então, não disse nada, não sabendo como lutar contra o meu silêncio sobre por que essa vítima de estupro teria permanecido em silêncio. Em retrospecto, realmente gostaria de ter falado. Talvez as coisas tivessem acontecido de forma diferente. Eu farei melhor da próxima vez. Como escreveu Maya Angelou: "Fiz então o que sabia fazer. Agora que sei melhor, faço melhor."[16]

FALTA DE UMA CULTURA DE CONSENTIMENTO

Em retrospecto, acredito que outro fator que me silenciou naquela conversa com o advogado foi que eu não queria confrontar a falta de uma cultura compartilhada de consentimento naquela empresa. Como revelou o #MeToo, muitos homens poderosos acreditam que têm o "direito" aos corpos das mulheres. Mas na época tive dificuldade em admitir para mim mesma que aquilo era verdade. É doloroso encarar que alguns homens farão um argumento consciente de que se eu estiver bêbada e desmaiada, por exemplo, eles têm o direito de fazer o que quiserem com o meu corpo, e então eu estava em negação sobre isso.

Eu tendia a atribuir a inépcia em tratar a agressão sexual a "mal-entendidos", em vez de a uma discordância moral fundamental.

Logo após aquela conversa com o advogado, ouvi outra conversa no corredor da empresa. Um jovem dizia a outro: "Bem, ela estava muito bêbada. O que ela esperava?"

Isso foi tão notório, que não pude ignorar. Entrei na conversa. "Se você faz sexo com uma pessoa que está bêbada demais para consentir, é estupro."

"Não, não é!", disse o primeiro. Seu colega assentiu em concordância.

"*É* estupro. Você não tem o direito de fazer o que quiser com o corpo de uma mulher só porque ela está bêbada. Não vou perder meu tempo discutindo com vocês dois", disparei de volta. "Vocês deveriam conhecer a lei, se não quiserem acabar na prisão. Perguntem a um advogado, se não acreditam em mim."

Isso me chocou. Fui conversar com Herbert, um executivo da empresa. Precisaríamos de um treinamento de consentimento na empresa? perguntei-me. Como esses jovens não sabiam o que era estupro? Herbert descartou isso imediatamente. Tentei voltar atrás e chegar a uma compreensão compartilhada do tipo de cultura que estávamos tentando construir na empresa. "Você não quer que este seja o tipo de lugar onde a mulher pode ficar tão bêbada quanto todos os homens e ainda estar segura?", perguntei. "Eu não acho que seja algo inalcançável: *Não transe com alguém que apagou depois de beber demais.*"

"O único problema é que ele fez isso no escritório", Herbert respondeu, furioso e defensivo. "Se ele a tivesse levado para casa ou feito no banheiro de um restaurante, estaria tudo bem."

Perdi o chão quanto ao nosso universo moral compartilhado. *Ninguém* acreditava que era errado forçar pessoas bêbadas demais para fazer sexo? Percebo agora que foi uma suposição ingênua, tornada possível apenas pela negação. Uma coisa era discutir sobre o quão bêbada a mulher estava, ou se o homem sabia que ela estava tão bêbada. Mas jamais me ocorreu que o homem ou qualquer outro realmente acreditasse que estava tudo bem em transar com uma mulher quando todos *concordavam* que desmaiou bêbada. Aturdida, fui para casa conversar com meu marido a respeito.

Ele ficou tão chocado e enojado quanto eu: "O que há de *errado* com esses caras? Eles não têm compaixão moral?" Por sorte, a lei em muitas jurisdições concorda comigo e meu marido sobre o certo e o errado. Estupro é ilegal, sexo com uma pessoa muito bêbada para consentir é estupro e, portanto, ilegal. Como sociedade, porém, o estabelecimento de uma moralidade compartilhada sobre o tema do estupro ainda está muito longe. De alguma forma, eu nunca tinha ficado cara a cara com isso antes.

Vale a pena perguntar por que eu estava tão inconsciente de que alguns homens pensavam que esse comportamento era perfeitamente normal. Desde então, tenho conversado com vários advogados especialistas em crimes sexuais. Eles ficaram surpresos por eu achar surpreendente essa atitude amoral sobre o estupro. Eles estavam bem cientes. Eu tinha me recusado por anos a perceber isso. Recusei-me a notar o que temia não poder consertar. Agora eu sei que estou bem servida para virar essa frase de ponta-cabeça. *Eu não posso consertar o que me recuso a notar.*

Agora que não posso evitar notar, a pergunta que me faço é, qual é a minha responsabilidade? Eu sabia que ensinar meus filhos a se comportarem com ética e obedecerem às leis *era* minha responsabilidade. Mas era minha responsabilidade corrigir as atitudes misóginas sobre o estupro, que eram tão comuns que as ouvi em conversas de corredor e discussões com executivos? Devia eu gastar mais energia para explicar à minha equipe o significado de consentimento? Eu deveria adicionar um treinamento de consentimento aos de gerenciamento e de vendas que eu era responsável por implantar?

Um gigantesco grunhido de *NÃO* retumbou em meu íntimo. Eu já tinha um trabalho grande. Assumir a responsabilidade adicional de desprogramar esses homens que acreditavam terem direito ao corpo das mulheres NÃO era parte de minha descrição de cargo. Mas eu devia tê-lo feito, de qualquer jeito, se pensasse que teria qualquer chance de sucesso. Havia outro problema: eu não tinha um aliado. Não havia nenhum outro executivo a quem eu pudesse pedir ajuda. Meu chefe me disse novamente que eu estava com a reputação de "estar um pouco obcecada com a coisa da mulher". Se houvesse, pelo menos, outra mulher sênior na empresa como minha parceira nessas questões, as coisas poderiam ter sido diferentes. Parte da razão por eu me sentir culpada ao sair foi que eu sabia que seria desencorajador para as mulheres mais jovens da empresa. Mas parte da razão pela qual eu não podia permanecer é que não havia muitas mulheres na empresa.

Estou fazendo parecer que fiz escolhas claras, mas não é assim que me sinto. Na época, eu estava muito confusa. Tentei manter o curso por um tempo. Muitas coisas erradas ocorreram na empresa; tantos aspectos da cultura na empresa, na indústria e em nossa sociedade criaram as condições para que esse crime ocorresse. A empresa tinha uma cultura "de fraternidade", em que a tendência e até o preconceito contra as mulheres são falados e qualquer tentativa de interromper essas atitudes é silenciada. Essas atitudes, quando não são corrigidas, levam à discriminação contra a mulher. Portanto, haviam poucas mulheres na empresa.

Parte da razão pela qual me contrataram foi para ajudar a limpar essa bagunça cultural. Dei-lhes crédito por quererem consertar o problema e queria ajudar. Mas descobri que eles consideravam que limpar tudo era meu trabalho, não deles. E mais, muitos deles não *queriam* uma mudança cultural. Então lutariam contra mim, em vez de agradecer pelo trabalho que eu fazia. Fiquei por mais alguns meses, com o sentimento de que devia isso às mulheres de lá. Mas, finalmente, percebi que os executivos nunca limpariam sua bagunça se pudessem atribuí-la a mim. Ao ficar, eu não estava protegendo as mulheres; eu era codependente dos homens que fomentavam a cultura misógina da empresa. Eu estava deixando eles se esconderem atrás das minhas saias metafóricas. *E* eu estava me colocando como culpada pela situação que eles criaram. Pedi demissão.

CORAGEM INSTITUCIONAL

Abaixo, ofereço sugestões sobre como prevenir e responder a violações físicas no local de trabalho. O objetivo é criar uma cultura de consentimento e garantir a disponibilidade de mecanismos confiáveis para denúncia e controle e equilíbrio para reforçar essa cultura. É possível reagir com Coragem Institucional, e não com Traição Institucional.[17]

PESSOAS PREJUDICADAS

CONTE A SUA HISTÓRIA, OUÇA A DOS OUTROS

O Movimento #MeToo nasceu com uma história e desencadeou outras milhões.[18] Começou quando uma garota de 13 anos falou à ativista e organizadora comunitária Tarana Burke sobre ter sido abusada sexualmente. Burke, ela mesma vítima de violência sexual, não foi capaz de responder à história da garota no momento. Mais tarde, Burke desejou ter a simplicidade de dizer, "eu também". Ela lançou a frase no MySpace, em 2006, para ajudar outras a encontrarem forças tanto para *contarem* suas histórias, quanto para *ouvirem* as histórias das outras. Graças à brilhante chamada de Burke e a resposta nas mídias sociais, inúmeras vítimas de violência sexual fizeram exatamente isso. Se você contar a sua história hoje, será mais provável que a ouçam com mais compaixão e solidariedade do que nunca antes. Isso também pode ajudar outras vítimas e futuras vítimas da pessoa que está causando o dano e abrir caminho para que outras pessoas contem suas histórias.

NÃO DEIXE A VERGONHA SILENCIÁ-LO

Quando fui apalpada no metrô, parte da razão pela qual não gritei foi que não ousei gritar as palavras que descreveriam com precisão o que ele estava fazendo comigo. As palavras "você está me penetrando com os dedos" não tropeçaram da minha língua; tampouco me senti confortável em gritar: "Tire seus dedos do meu ânus e vagina!" Ou mesmo "Por que você está levantando a minha saia!" De alguma forma, senti que descrever com precisão o que estava acontecendo comigo era vergonhoso para mim, mas não para ele.

Muitas vezes, a vergonha é usada como silenciador. Mas se não usarmos as palavras certas, não daremos a descrição correta e isso permitirá aos perpetradores continuar praticando seus crimes. Pesquisas mostram que quando as crianças sabem e usam as palavras corretas para descreverem suas genitálias, é menos provável que sejam vítimas de pedófilos.[19]

A resposta mais satisfatória ao ser apalpada que já ouvi veio da autora Deborah Copaken. Ela estava no ônibus e alguém agarrou sua bunda. O ônibus estava lotado e ela não podia dizer quem foi, então ela se abaixou, agarrou a mão do homem, puxou-a para longe de seu corpo e gritou: "De quem é essa mão?"

Imite o exemplo de Deb. Ela não teve vergonha!

Isso funciona tanto preventiva quanto reativamente. Se alguém pede para você fazer algo que o deixa desconfortável, diga exata e explicitamente o porquê. Aprendi isso acidentalmente quando estava em um trem de Moscou para São Petersburgo. Eu havia comprado quatro passagens para ter um compartimento só para mim e não ter que dormir com 3 estranhos. Um homem invadiu, de qualquer maneira. Quando ele foi ao banheiro, atirei suas coisas no corredor e tranquei a porta. Ele voltou esmurrando a porta e gritando comigo. Meu russo não era bom o suficiente para ser sutil, então eu disse: "Você é um homem grande, eu sou uma mulher pequena. Não é seguro para uma mulher pequena dormir com um homem grande e estranho." Ele se desculpou e encontrou outro assento.

Aprendi uma lição importante naquela noite. É importante ser explícito.

ENCONTRE O APOIO DE QUE VOCÊ PRECISA

Eu gostaria de poder dizer: confie nas pessoas que mais o amam. Mas, às vezes, as respostas das pessoas mais próximas a você podem ser dolorosas ou até mesmo traumatizantes.

Ainda assim, existem muitos lugares para buscar ajuda. Você não está sozinha, mesmo quando as pessoas mais próximas não podem lhe dar o apoio de que precisa. Você pode procurar um centro local de crise de estupro ou uma linha de apoio — eles podem ajudar a se conectar com recursos locais, incluindo terapia. Você pode falar online com profissionais do RAINN (Rape, Abuse & Incest National Network) ou ligar para a linha direta (800-565-HOPE/4673), 24 horas por dia, 7 dias na semana. A organização de Tarana Burke, o Movimento #MeToo, tem alguns ótimos recursos e ferramentas.[20] O Callisto Survivor's Guide também oferece informações e recursos a sobreviventes de abuso sexual, estupro e coerção sexual profissional, assim com o Option B (optionb.org), uma organização sem fins lucrativos que ajuda as pessoas a construírem resiliência emocional diante de eventos difíceis ou traumáticos.[21] Esses são apenas alguns dos recursos disponíveis.

Mas não cabe a mim, ou a qualquer outra pessoa, dizer o que você deve ou não fazer. Cabe a nós ouvir e oferecer ajuda e suporte da maneira que você precisar. Se as pessoas que está procurando não estão dando o que precisa, encontre alguém a quem recorrer.

DÊ UMA VOZ A SI PRÓPRIO

Muitas pessoas acham que contar suas histórias, seja por escrito, oralmente ou em um meio artístico, é extremamente útil na recuperação do trauma da agressão sexual. O livro de memórias da dramaturga Eve Ensler, *O Pedido de Desculpas* é um exemplo comovente disso.[22]

Você jamais saberá o que vai acontecer com a sua história. Mesmo que ela não viralize, se ajudá-lo a se curar, terá movido montanhas. Escrevi um livro de memórias de trezentas páginas para me ajudar a digerir e sair do relacionamento abusivo descrito anteriormente neste capítulo. O livro nunca viu a luz do dia e nem verá. Escrevi para mim. E escrevê-lo me ajudou a sair dessa. Isso foi o suficiente! Eu gosto de escrever, então aquilo funcionou para mim. Se você odeia escrever, encontre outra forma de expressão. Cante. Dance. Encene. Faça um vídeo. Conte a um amigo durante uma caminhada ou refeição. Experimente terapia. Junte-se a um grupo de apoio.

CONSIDERE REALIZAR UM EXAME MÉDICO

Se abusarem de você, vá a um hospital o mais rápido possível, para um exame de corpo de delito.[23] Você pode entrar em contato com o centro de atendimento de estupro local, para discutir o exame antes de ir. Muitas vezes, esses centros têm advogados que podem ir ao hospital com os sobreviventes. Ter um advogado pode ser importante, se a equipe médica ou a polícia estiverem enganando ou tratando mal o sobrevivente. Também acontece com muita frequência os funcionários duvidarem da vítima, respondendo de uma forma que parece fria ou insensível, ou mesmo mentindo ou desinformando a vítima. Então, algumas pessoas preferem que um advogado as acompanhe.

Após uma experiência tão traumática, seu primeiro instinto pode ser tomar um banho; tente lembrar que você pode estar lavando provas importantes. Mesmo que tome banho, vá ao hospital: ainda pode haver provas importantes a serem colhidas e você pode ter ferimentos que merecem atenção médica. Também é uma boa ideia anotar o que aconteceu e enviar por e-mail para si mesma ou um amigo de confiança. Seguir essas etapas não significa que você precisa denunciar o crime. Mas, se mais tarde decidir fazer isso, quanto mais evidências tiver, melhor.

CONSIDERE DENUNCIAR O CRIME À POLÍCIA

Os riscos negativos de relatar agressão sexual são muitos e bem documentados. Os sobreviventes de violência sexual, geralmente, descrevem as maneiras pelas quais denunciar o crime pode ser tão traumático quanto o próprio evento. Uma investigação pode ser demorada e invasiva. Os advogados do seu agressor usarão todas as suas ações ou omissões contra você. As chances de um veredicto de culpado são baixas. Mesmo que o seu agressor seja considerado culpado, você pode sentir que também foi punida pelo nosso sistema legal.

No entanto, vale a pena considerar a vantagem de ir às autoridades: os benefícios de denunciar são igualmente verdadeiros. Vou colocá-los aqui, mas deixe-me começar dizendo que você tem que decidir o que é melhor para *você*. Não há nada que "tenha" que fazer.

"O medo vem do foco nos custos de falar abertamente", observou a atriz e ativista Ashley Judd, e "a coragem vem do foco nos custos de se manter em silêncio".[24] Isso não significa que você é covarde se decidir que não é do seu melhor interesse reportar um abuso. Ashley Judd tem recursos que você pode não ter. Mas não é preciso ser uma atriz famosa para se perguntar: o custo do silêncio supera o de falar?

Buscar a justiça pode levar à conciliação. Há trinta anos, uma amiga minha foi estuprada na faculdade. Ela queria denunciar o crime, mas o psiquiatra da universidade a persuadiu a não fazê-lo. Dizer que esse psiquiatra tinha um conflito de interesses é um eufemismo. Até hoje, o fato de minha amiga não ter denunciado o crime a incomoda quase tanto quanto o próprio crime.

Há outras maneiras de conciliação. Em um artigo comovente, a colunista Michelle Alexander explicou como o pedido de desculpas de seu estuprador trouxe conciliação, ao passo que ir à polícia a teria traumatizado novamente e colocado em risco suas oportunidades como estudante na faculdade de direito de Stanford. Ela disse: "Anos depois, percebi que estava livre. Não sinto mais medo, raiva ou ressentimento pelo homem que me estuprou. Sem nem perceber, o perdoei. É difícil imaginar que eu sentiria o mesmo se ele não tivesse me mostrado nenhum cuidado ou preocupação ou se eu tivesse sido forçada a suportar uma nova onda de trauma em nosso sistema judicial, ou se tivesse sido forçada a dar à luz a uma criança que eu não escolhi." Ela explica por que não chamou a polícia: "Nunca imaginei que chamar a polícia pudesse ajudar a minha situação. Só tornaria as coisas piores. Imaginei promotores, tribunais e interrogatórios. Eu estava tentando sobreviver ao meu primeiro ano na faculdade de direito, preocupada com a possibilidade de ser reprovada, imaginando como sobreviveria à minha primeira rodada de exames. A última coisa que eu queria era me tornar um caso no tribunal."[25]

Nosso sistema jurídico está quase falido, principalmente para pessoas sem recursos financeiros e para quem não é branco. No entanto, quando as pessoas podem levar casos aos tribunais, elas apontam para suas deficiências e todos nos beneficiamos. Mas um desejo altruísta de reformar a maneira como o nosso sistema legal lida com a violência sexual não deve ser a *única* razão para você denunciar — coloque-se em primeiro lugar.

Os custos para as vítimas levarem esses casos ao tribunal são enormes. No final, você terá que decidir com base em um fator determinante, aquela coisa que importa mais do que qualquer outra. Lucia Evans descreve seu fator determinante eloquentemente quando explica a sua decisão de participar no caso contra Harvey Weinstein:

> Fiz esta lista com todas as razões pelas quais eu deveria ou não fazer isso. E todas as razões pelas quais eu não deveria fazê-lo — quer dizer, havia várias — medo pela minha segurança, minha família, minha reputação, minha carreira — tudo. Todas essas coisas seriam arruinadas. E então, no outro lado, apenas escrevi: *"Porque parece o certo."* Realmente, eu não tinha muito o que escrever do outro lado. Parecia que eu poderia, pelo menos, com sorte, colocar na prisão essa pessoa que havia agredido e assediado tantas outras. E, afinal, eu não poderia dizer não à chance de fazer isso. Esta é a coisa certa a fazer. Vou em frente.[26]

Evans enfrentou a tempestade, mas no final suas acusações foram retiradas. Sobre essa experiência enfurecedora, ela diz: "Também não quero que as pessoas sejam desencorajadas de dar um passo à frente e agir. Então, só espero que as pessoas — apesar de todas as coisas que eu disse sobre como é difícil, ainda decidam ir adiante, porque essa é, literalmente, a única esperança que temos."

Provavelmente, as decisões não serão tomadas a partir de uma simples lista de prós e contras. Mas, às vezes, pensar em tal lista pode ajudá-lo a encontrar o seu fator determinante. Ouça todos os argumentos que as pessoas lhe darão a favor e contra a participação em nosso sistema de justiça criminal falho que, às vezes, parece mais um sistema de injustiça criminal. Então, feche os olhos e decida o que parece certo para *você*.

DEFENSORES

INTERROMPA

Se você testemunhar um encontro sexual em que questiona a presença de real consentimento, chame a polícia e/ou interrompa, se a sua segurança física não estiver em risco.

Em *Eu Tenho um Nome*, Chanel Miller descreve como dois jovens suecos passavam de bicicleta enquanto ela estava inconsciente atrás de uma caçamba com seu agressor, Brock Turner, em cima dela. Quando os ciclistas perceberam o que estava acontecendo, interviram, gritando para ele parar. Após Turner fugir, eles primeiro checaram se Miller estava bem, depois o perseguiram. "Eles representam as testemunhas", escreve Miller, "os que fazem, que preferem agir e mudar a história... O que precisamos despertar nos outros é esse instinto. A capacidade de discernir, em um instante, o certo do errado. A clareza de mente de encarar, em vez de ignorar." Ela escreve como os suecos prenderam Turner ao chão e disseram: "O que diabos você está fazendo?", e como aquilo a inspirou a prestar queixa: "Os suecos introduziram esta nova voz em mim. Tive que me ensinar a falar como eles. Para um dia enfrentar meu agressor e dizer, 'o que diabos você está fazendo.'"[27]

OUÇA COM COMPAIXÃO, EM VEZ DE RAIVA OU MEDO

No mínimo, se você testemunhar ou ouvir sobre um encontro sexual sem consentimento, não negue, não minimize ou minta sobre ele. Não reflita nem reforce o *gaslighting* que torna tão difícil denunciar esse tipo de comportamento.

Aqui está um exemplo de como o assédio sexual, muitas vezes, funciona no local de trabalho e o dano adicional que as pessoas que falham como defensores podem causar.

Certa vez, mencionei em uma reunião que estava interessada em trabalhar em uma aquisição que estávamos considerando, na cidade de Nova York, porque eu já estava viajando da Califórnia para lá todos os finais de semana, por razões sociais. Um dos executivos presentes, Phil, era conhecido por reservar dois quartos extras de hotel, porque uma mulher nunca era o suficiente. Após a reunião, Phil me mandou um e-mail porque estava voando para Nova York naquele mesmo fim de semana: ele podia me dar uma carona em seu jato privado.

Declinei, dizendo que tinha que ficar em casa e trabalhar naquele fim de semana em particular. É sempre um risco rejeitar um homem poderoso com quem você trabalha, mas ir com ele em seu jatinho era mais arriscado ainda. E certamente ele não poderia se opor ao meu trabalho duro. É claro, se eu estava certa sobre as suas intenções, ele estava violando a regra de "não namorar na sua cadeia de comando". Mas vários dos principais executivos da companhia quebravam aquela regra. A empresa estava indo bem e os executivos estavam ficando incrivelmente ricos. Algo sobre ganhar tanto dinheiro faz com que a maioria (não todas, e as exceções são louváveis) das pessoas acredite ser excepcional e lhe dá a sensação de estar acima das regras.[28] E como, esmagadoramente, eram os homens se tornando os bilionários, aquilo enviava uma mensagem inconfundível: os homens valiam mais — *muito* mais. Eles podiam fazer o que quisessem.

Não muito após rejeitar a oferta de Phil, eu me vi em um evento social com ele. Foi o tipo de festa exclusiva resultante da prosperidade repentina que tomou conta do Vale do Silício. O anfitrião havia fretado uma aeronave 727 especialmente modificada para o treinamento de gravidade zero para astronautas, também conhecido como Cometa Vômito. O avião voava em uma parábola. Na descida, os passageiros experimentavam 30 segundos de ausência de peso. Depois de algum tempo, quando as pessoas se acostumaram com a sensação vertiginosa de flutuar no espaço, começamos a jogar: uma pessoa se enrodilhava como uma bola e as outras a jogavam pelo avião. Quando eu fui a bola, rindo e me divertindo, alguém tentou enterrar dois dedos no meu ânus e vagina. Por sorte, estava vestindo minha Levi's com costura inexpugnável. Mas eu estava abalada e quase certa de que fora Phil. Eu conhecia as outras pessoas muito bem e tinha certeza que nenhuma delas tentaria aquilo. Não havia nada de sedutor na agarrada — aquilo foi um gesto violento. Estava Phil tentando me punir por declinar da sua carona para Nova York? O que eu sabia — e achava profundamente deprimente

— era que, naquele ambiente, eu não podia fazer nada a respeito disso. Nós dois sabíamos disso.

Por um tempo, não disse nada a ninguém. Eu tinha opções de ações que ainda não haviam sido adquiridas. Se eu pudesse manter minha cabeça baixa por mais alguns anos, talvez pudesse comprar uma casa. Anos depois, quando saí da empresa, finalmente contei a uma amiga, antiga colega de trabalho.

"Por que você não me contou antes?", foi a primeira coisa que ela disse.

Líderes, defensores, amigos, tomem nota. Quando alguém lhes contar algo assim, *jamais* pergunte por que ela não lhe contou antes. Essa pergunta já foi feita e respondida milhares de vezes. Na grande maioria dos casos, as vítimas não dizem antes porque têm medo de que, se falarem o que aconteceu, serão punidas. Ouça o que aconteceu com compaixão, mesmo que seja difícil de ouvir, e mantenha a mente aberta.

Então, ela começou a me interrogar. "Você não pode dizer com certeza que foi ele."

"Não, não posso. Mas veja quem mais estava lá." Listei os nomes. Ambas conhecíamos todos bem. "Você realmente acha que foi algum deles?"

Ela emitiu um murmúrio evasivo.

"Qual é. Sério, eu realmente duvido que qualquer um desses homens faria uma coisa dessas. E nós sabemos que Phil *faria*."

"Isso não se sustentaria em um julgamento."

"Eu não estou em um julgamento. Estou apenas conversando com você."

"Além disso, como você sabe que não foi apenas um acidente?"

"Você já foi agarrada assim? É um gesto inequívoco. Esse tipo de apalpação não acontece acidentalmente."

"Você nunca poderá provar isso."

"Não, acho que não."

Por que ela estava me pedindo para provar? Eu falava com ela como amiga. Não pude evitar de pensar que ela estava me dizendo baixinho para manter minha boca calada, como se o verdadeiro perigo aqui fosse que os

TENDENCIOSIDADE   PRECONCEITO   BULLYING   ⚡ DISCRIMINAÇÃO   ASSÉDIO   [VIOLAÇÕES FÍSICAS]

rumores sobre *mim* pudessem começar a circular por aí, não que Phil continuasse atacando as mulheres na empresa.

"Tenha cuidado", ela avisou. "Há um contra-ataque chegando."

"Por que uma reação? Ele escapou impune! Não havia nada que eu pudesse fazer. O que ele está contra-atacando?"

Claramente, minha amiga não era uma defensora. De alguma forma, isso foi mais frustrante do que o que Phil havia feito. Eu sabia que Phil era um mulherengo babaca. Mas minha amiga?

Agora, relembrando essa conversa, especialmente após ter escrito este livro, posso interpretar melhor a reação inútil dela naquele dia. "Por que você não me disse antes?" é o tipo de comentário que pais ansiosos fazem a uma criança — repreendendo-a inconscientemente porque as más ações do mundo estão além de seu controle. É condenável e impróprio, mas enraizado no medo e no amor. Não queremos que as pessoas que amamos sejam magoadas e achamos que se elas fizerem as coisas certas, não vão se machucar.

Provavelmente, ela também tinha alguns sentimentos complicados que teve dificuldades em articular, sentimentos que eu compartilhava, mas também não queria expressar. Nós duas tínhamos adotado inconscientemente estratégias para ter sucesso no mundo cruel dos negócios dominado pelos homens, agindo mais como homens. Fingíamos que o gênero não importava, mas o que estávamos nos recusando a reconhecer eram todas as maneiras, irrelevantes ou significativas, pelas quais estávamos sendo tratadas como se estivéssemos lá para servir a qualquer capricho dos homens.

Minha amiga lutou para chegar ao topo da nossa indústria. Mas, como ambas sabemos muito bem, ainda é um mundo masculino e ela ainda tem medo de perder sua posição tão duramente conquistada. A mensagem subliminar que ela me mandou se resume a algo assim: *Não posso me dar ao luxo de reconhecer como nosso setor prejudica e desvaloriza as mulheres. Para apoiá-la — mesmo em uma conversa privada — eu teria que examinar as maneiras pelas quais sou cúmplice na perpetração desta cultura.* Tenho feito uma versão diferente da mesma coisa em minha startup, quando, na maioria das vezes, rejeitei as preocupações de Madeline (e então comprei seu silêncio), quando ela tentou me avisar que a empresa tinha uma cultura de discriminação e assédio.

Eu sei por que me calei naquele momento. O silêncio me trouxe algo real. Fiquei na empresa, adquiri minhas ações, que valiam dinheiro suficiente para comprar metade de uma casa; meu marido, que também ganhou na loteria de opções de ações, pagou a outra metade. Mas meu silêncio teve um custo para mim e as outras mulheres com quem trabalhei. Também para a empresa. O que também me incomoda, porque me orgulho de ajudar qualquer pessoa que confie em mim.

Além disso, agora que as ações foram adquiridas, meu marido e eu possuímos nossa casa e eu parei de trabalhar naquela empresa, por que minha amiga estava me aconselhando a ficar calada? É claro, sempre há mais dinheiro para se ganhar, mas, sério, o quão melhor você pode comer? Percebi que não havia riqueza suficiente no mundo que me liberasse para falar. Esse tipo de liberdade não é algo que o dinheiro pode comprar. Eu teria que encontrá-la dentro de mim.

Eis outro exemplo das consequências ocultas da injustiça no local de trabalho. Aqueles que imaginam por que é importante encarar esse tipo de comportamento devem querer tomar nota: uma executiva sênior de alto desempenho, que tem certeza de que foi penetrada com os dedos por um executivo em sua empresa e tem medo de que a denúncia possa arruinar sua carreira, provavelmente, não lhe dirá tudo e, provavelmente, pensará mais na estratégia de saída dela do que em seus resultados.

Essa é uma forma invisível e inequívoca de como o assédio sexual funciona, na maioria das vezes. Ninguém fala que esse comportamento inapropriado, por vezes criminoso, é extremamente difícil de provar. E assim continua e corrói uma organização de dentro para fora, alimentada por um ambiente de abuso que se sente nos ossos, mas não consegue trazer à luz. As vítimas acham que não adianta falar porque as pessoas que deveriam defendê-las aconselham o silêncio. Elas também sabem que, se falarem abertamente, a liderança está mais interessada em acordos silenciosos do que o reconhecimento público de mau comportamento na empresa. Assim, os perpetradores têm permissão para continuar fazendo novas vítimas, enquanto deveriam ser responsabilizados. Enquanto isso, as pessoas prejudicadas sofrem quietas, muitas vezes por um longo período, de diversas formas — emocionalmente, financeiramente, profissionalmente e fisicamente. Todos perdem com isso.

TENDENCIOSIDADE   PRECONCEITO   BULLYING   ⚡   DISCRIMINAÇÃO   ASSÉDIO | VIOLAÇÕES FÍSICAS |

LÍDERES

A cada 92 segundos, um norte-americano é abusado sexualmente.[29] Oito por cento dos estupros ocorrem quando a vítima está no trabalho.[30] O que significa que se você é um executivo, não é improvável que será obrigado a lidar com isso em algum momento.

Talvez você ache que é função do sistema judiciário criminal lidar com o abuso sexual. Mas o nosso sistema judicial não processa o estupro e a agressão sexual de forma eficaz. De acordo com Jess Ladd, fundadora do Callisto, um sistema de denúncia de agressão sexual em universidades, "Há 99% de chance de um estuprador se safar do seu crime. Praticamente não há impedimento à agressão sexual nos EUA".[31]

Se há incidentes de agressão sexual no seu local de trabalho, caberá a você agir. E é importante que faça isso direito. Poucas coisas destruirão o moral ou dividirão uma equipe mais rápido do que uma resposta desastrada a uma alegação de má conduta sexual. Além disso, não responder ao assédio sexual no local de trabalho pode ser uma violação ao Título VII da Lei dos Direitos Civis, de 1964.

Eduque-se

Os líderes estão bem servidos para aprenderem sobre agressão sexual — sobre como as vítimas reagem a isso e como os perpetradores tentam escapar da responsabilidade de seus atos. Para ter sucesso, os líderes devem fazer isso com a mesma determinação que dedicariam para enfrentar uma ameaça competitiva às vendas de seus produtos. Isso não significa simplesmente forçar seus funcionários a participarem de um treinamento que pode limitar a responsabilidade da empresa se o pior acontecer.

Significa trabalhar para entender o problema mais profundamente e aprender como os outros líderes ajudaram as vítimas a se recuperarem e fazer com que seja menos provável que a agressão sexual aconteça novamente em sua equipe.[32]

Ao relembrar a falsa investigação que observei sobre um estupro no escritório, culpo a mim e aos demais executivos por não estarmos preparados para lidar com uma situação tão séria e por não nos educarmos rapidamente diante do inesperado. Nem o advogado da empresa nem eu sabíamos muito sobre agressão sexual. O advogado imaginava que era como retratado nos filmes. Como resultado, ele não sabia como responder de uma forma que fosse justa para o suposto autor e que não traumatizasse ainda mais a suposta vítima. Eu sabia, por experiência própria, que não era para acreditar nos mitos de estupro, mas não sabia o suficiente para confrontar a ignorância do advogado.

A vítima reage, geralmente, com silêncio ou emoções abafadas. O acusado, muitas vezes, se envolve em um padrão de comportamento chamado DARVO, um acrônimo para "deny (negar), atacar, reverter a vítima e o agressor" (um termo famoso, cunhado por Jennifer Freyd e popularizado em *South Park*).[33] Como explica Ashley Judd, o DARVO ajudou Harvey Weinstein a escapar da predação sexual por anos. Isso não significa que todo mundo que pratica o DARVO é culpado. Mas é um lembrete para não tomar uma decisão sobre inocência ou culpa com base em suas expectativas da resposta emocional de uma pessoa.

Aprenda sobre má conduta sexual para que você saiba como reconhecê-la e confrontá-la quando, e se, ocorrer sob sua supervisão. Aqui está um vídeo e quatro livros que recomendo, para você começar:

- "Betrayal and Courage in the Age of #MeToo": Esse é o título de um painel apresentado por Jennifer Freyd em um simpósio sobre ciência comportamental na Stanford University.[34] Em apenas doze minutos, Freyd resume décadas de pesquisas sobre as maneiras pelas quais as organizações podem responder de forma mais eficaz a denúncias de violência sexual. Ela explica como lidar com denúncias de maneira direta, minuciosa e justa (uma abordagem que ela caracteriza como Coragem Institucional) pode ajudar a prevenir futuros incidentes, permitir que as vítimas se recuperem mais rapidamente e aumentar a confiança geral entre os funcionários e a liderança. Por outro lado, a Traição Institucional — culpar a vítima, varrer incidentes para debaixo do tapete e exibir outros comportamentos que podemos medir — traumatiza novamente as vítimas e prejudicará a reputação da sua empresa no longo prazo.[35]

- *Eu Tenho um Nome*, de Chanel Miller.[36] Esse livro de memórias o ajudará a entender não apenas como uma resposta compassiva à agressão sexual pode ajudar a curar as vítimas, mas também como forçá-las a reviverem suas agressões por meio de processos investigativos e legais pode ser tão ou mais traumático do que o próprio incidente.
- *Missoula: O estupro e o sistema judicial em uma cidade universitária*, de Jon Krakauer.[37] Krakauer usa a lente de um caso de estupro mal administrado na Universidade de Montana para examinar como os líderes e a sociedade falham em evitar e responder à violência sexual. Esse livro mostra o custo humano terrível que a Traição Institucional tem para as vítimas e a própria instituição. Embora situadas no meio acadêmico, muitas das conclusões de Krakauer se aplicam a outros locais de trabalho.
- *Not That Bad: Dispatches from Rape Culture* [Não Tão Ruim Assim: Histórias da Cultura do Estupro, em tradução livre], editado por Roxane Gay. Esse livro foca uma variedade de experiências diferentes de agressão sexual. Muitas pessoas têm dificuldade de rotular a agressão sexual que não se encaixa na narrativa típica de estupro.
- *Redefining Rape* [Redefinindo o Estupro, em tradução livre], de Estelle Freedman, é uma história de como nossa compreensão do que é o estupro evoluiu ao longo do tempo.

Também devemos estar cientes de como diferentes tendenciosidades colidem quando uma pessoa é apresentada a um caso de agressão sexual. Se houver tendenciosidade ou crença de gênero em mitos comuns de estupro, a pessoa pode ser mais cética do que o justificável em relação a uma denúncia de agressão sexual.[38] Quando as tendenciosidades raciais e de tamanho também estão presentes, a pessoa pode ser ainda mais indiferente.

Crie uma cultura de consentimento

Voltando ao trabalho onde ocorreu o estupro. Se todos naquele escritório entendessem o significado de consentimento, talvez o incidente não tivesse ocorrido. Se você começar definindo expectativas para apertos de mãos, abraços e afins, pode educar sobre consentimento sem parecer que está oferecendo educação sexual no trabalho. Mas se o namoro ou o envolvimento estão acontecendo entre os seus funcionários, não afunde sua cabeça na areia. Você estará bem munido para falar abertamente sobre consentimento sexual também.

Construa sistemas de denúncia confiáveis

O Ato Sarbanes-Oxley exige que as empresas de capital aberto mantenham um sistema para que os funcionários relatem assuntos que possam ter um impacto material para o comitê de auditoria do conselho de administração. A maioria das grandes empresas depende de um sistema de terceiros que fornece uma linha direta de denúncias anônimas para essa finalidade. No entanto, esses sistemas não são projetados tendo em mente a má conduta sexual. As principais instituições estão investindo em sistemas para melhorar seu acesso aos dados de má conduta sexual, o que as ajuda a administrar o risco de má conduta sexual não detectada no local de trabalho.

Um número de sistemas de denúncias emergiu nos últimos anos para atender a essa demanda de mercado. *I'm With Them*, um centro de recursos sem fins lucrativos sobre políticas de má conduta sexual e processos de denúncias, fornece uma análise útil das vantagens e desvantagens de diferentes sistemas.[39]

O que a maioria desses sistemas tem em comum é que eles permitem às pessoas denunciar os incidentes anonimamente.

O anonimato é importante porque oferece alguma proteção contra a forma como as vítimas de abusos sexuais são, com frequência, traumatizadas novamente quando denunciam o crime. Esses sistemas não punem ninguém automaticamente como resultado de uma acusação anônima. Eles apenas começam uma investigação. Eles também podem reunir as vítimas de uma mesma pessoa para que, se elas decidirem denunciar um crime, possam fazê-lo juntas. E podem permitir que a administração observe qualquer padrão de acusações contra uma pessoa. Um padrão de acusações não significa que uma pessoa será automaticamente demitida ou punida. Significa simplesmente que há mais para se investigar.

TENDENCIOSIDADE PRECONCEITO BULLYING ⚡ DISCRIMINAÇÃO ASSÉDIO | VIOLAÇÕES FÍSICAS |

Laurie Girand, presidente do I'm With Them, explica por que é tão importante estar apto a denunciar anonimamente: "Cada pessoa que faz uma alegação a qualquer autoridade presta contas a alguém. Muitos códigos de conduta afirmam que a falsificação de um relatório pode resultar em rescisão. As corporações não são tribunais. O emprego é um contrato, e muitos funcionários servem 'à vontade', até a empresa decidir que não precisa mais deles. Tanto o suposto perpetrador quanto o alvo têm direito a uma investigação justa, mas o alvo e os aliados assumem um risco maior na denúncia, razão pela qual devem ser anônimos."

Um sistema de denúncias que opera no princípio da segurança em números é, muitas vezes, a única maneira de fazer com que as pessoas denunciem. Em *Ela Disse*, Jodi Kantor e Megan Twohey descrevem como levou meses até que uma das muitas vítimas de Harvey Weinstein se dispusesse a entrar em ação. Finalmente, duas delas, a atriz Ashley Judd e a ex-assistente de Weinstein, Laura Madden, bravamente concordaram em falar. Enquanto elas se preparavam para ir para a imprensa, a *Variety* e o *The Hollywood Reporter* relataram que o *New York Times* estava prestes a expor Harvey Weinstein como um abusador sexual em série e de repente, com aquela notícia, a barragem se rompeu. "Por meses os repórteres perseguiram as mulheres", Kantor e Twohey escreveram sobre si mesmas, "ansiando em ouvi-las. Agora estavam indo para Jodi e Megan como um rio fluindo subitamente na direção oposta."[40]

Nem todo estuprador em série tem dois repórteres investigativos vencedores do Prêmio Pulitzer trabalhando durante meses para dar segurança à exposição das vítimas. Se você tem um infrator reincidente em seu local de trabalho, não gostaria de saber? É aí que os sistemas de denúncias anônimas podem ajudar a identificar e perseguir infratores reincidentes no local de trabalho.

Investigue minuciosamente. Não se esconda atrás de processos fictícios

Estávamos certos em ordenar uma investigação sobre o alegado estupro no escritório. Mas falhamos terrivelmente em não exigir que fosse mais completa. É doloroso o suficiente para as vítimas terem que contar novamente seu trauma, mesmo a um investigador sensível, mas quando a investigação é inconclusiva e uma farsa isso as traumatiza novamente.

SEJA TRANSPARENTE

Costuma-se dizer que o acobertamento é pior do que o crime. Isso é verdade, por vários motivos. Um, acobertamentos são profundamente injustos para as vítimas. Dois, eles perpetuam as condições subjacentes que permitiram que o crime acontecesse, tornando mais provável a ocorrência de mais violência sexual em seu local de trabalho. Três, frequentemente os acobertamentos causam mais problemas para uma organização do que responsabilizar os criminosos. É por isso que é importante não recorrer à arbitragem forçada, compensações e acordos de não divulgação para encobrir reclamações.

NÃO PASSE O LIXO ADIANTE

Com muita frequência, uma empresa despede uma pessoa por assédio sexual ou até mesmo agressão sexual no escritório e, em seguida, uma empresa concorrente contrata essa pessoa. Como as empresas podem evitar de "passar o lixo adiante" umas para as outras? Tornar público que você demitiu alguém por assédio sexual é legalmente perigoso. Empresas já foram processadas em milhões de dólares por fazerem isso. Mas se você demitir alguém, não divulgar a informação e a imprensa descobrir, você provavelmente se verá em um pesadelo de relações públicas. Qual é a saída dos líderes para esse dilema?

Tom Schievelbein, um CEO aposentado de várias corporações grandes, tinha uma solução prática. Quando havia evidências irrefutáveis de que ocorreu um assédio sexual ou abuso no escritório, ele mandava um e-mail interno explicando por que a pessoa não estava mais na empresa. Seus advogados tentaram dissuadi-lo de fazer isso, mas ele lembrou aos advogados que estava no comando; o trabalho deles era apontar os obstáculos e dizer a ele como contorná-los, mas não dizer para onde ir ou como chegar lá.

Mandar o e-mail para os funcionários era importante por duas razões. Um, mandava uma mensagem forte: que aquele tipo de comportamento teria consequências reais. Normalmente, muitas pessoas sabiam sobre o comportamento e era importante demonstrar que uma ação foi tomada.

Dois, isso ajudava com o problema de "passar o lixo adiante". Normalmente quando uma empresa contrata alguém, verificam referências. Uma vez que várias pessoas sabiam o que tinha acontecido, o motivo pelo qual alguém foi demitido viria à tona no processo de entrevista.

Se você está contratando alguém, seja rigoroso ao perguntar sobre um histórico de assédio sexual ao verificar as referências. E, obviamente, não diga apenas os nomes que os candidatos fornecem. Se for uma contratação sênior, não fale apenas com as pessoas no mesmo nível. Descubra o que os ex-funcionários da pessoa têm a dizer. Essa é uma boa prática para descobrir como as pessoas realmente são, qual é a reputação delas e como tratam as pessoas que supervisionam — e se há um histórico de assédio sexual ou má conduta.

Se você demitiu alguém e outra empresa fez uma verificação de referência, esforce-se para operar acima dos padrões morais exigidos por lei. A lei não exige divulgação do comportamento da pessoa e pode, de fato, punir a divulgação. No entanto, você pode fazer coisas para garantir que os predadores sexuais não sejam simplesmente contratados por outras empresas. Investigue divulgações éticas e legais de descobertas internas relacionadas à violência sexual.

NÃO DÊ PODER IRRESTRITO AOS GERENTES

O poder irrestrito não tem que ser absoluto para permitir abusos terríveis. Em 2017, o *New York Times* publicou uma história sobre um gerente da fábrica de automóveis da Ford que usava seu poder sobre quem ficava com os turnos para coagir uma mulher a transar com ele.[41] Quando ela recusou seus avanços, ele atribuiu a ela um turno que começava antes da abertura da creche do seu filho e, em seguida, ameaçou demiti-la se chegasse tarde.

Claramente, esse gerente merecia ser demitido e processado. Mas isso, em si, não resolveria o problema. O problema era sistêmico. Quando os gerentes têm poder irrestrito, alguns deles tendem a abusar disso. Além do mais, quando há apenas uma maneira de denunciar o abuso, é provável que ele retorne ao gerente, que pode punir a pessoa que denunciou. O controle e o equilíbrio tornam menos provável que ocorra violência sexual e mais provável que haja denúncia. Quanto mais provável ela for de ser denunciada, maior será a probabilidade de se detectar reincidentes, tornando a violência sexual ainda menos provável de acontecer. Esse é o tipo de círculo virtuoso que precisamos se queremos diminuir a violência sexual no local de trabalho.

COLETE DADOS

Se você quer saber se as pessoas na sua organização confiam em sua liderança para fazer a coisa certa caso denunciem assédio ou violência sexual no local de trabalho, conduza uma pesquisa anônima. As psicólogas Carly Smith e Jennifer Freyd desenvolveram tal pesquisa e permitem que as empresas a utilizem gratuitamente.[42]

Se você fizer a pesquisa e descobrir problemas em sua organização, precisará resolvê-los ou correrá o risco de fazer seus funcionários se sentirem mais céticos e desanimados. Conte com a sua equipe jurídica; consulte seus principais executivos. Se você puder pagar, contrate um consultor com experiência nesses assuntos.[43]

Não Delegue em Excesso o Trabalho de Inclusão e Equidade de Diversidade

Se você é o líder de uma equipe, não contrate uma pessoa sub-representada para fazer um trabalho diurno e também consertar a cultura de estupro em sua empresa. Aquela vice-presidente que você contratou para liderar as finanças? Não é trabalho dela evitar a violência sexual. O trabalho dela é liderar as finanças. É *seu* trabalho criar uma equipe diversificada, sistemas de gestão equitativos e uma cultura inclusiva.

Voltemos à empresa onde ocorreu o estupro. Fui contratada para desenvolver um negócio de bilhões de dólares. Quando cheguei, a empresa havia acabado de começar a se concentrar em criar um ambiente de trabalho melhor para as mulheres. Não foi dito, mas esperavam que eu resolvesse esse problema também, sem dar "grande importância" a ele. Havia um trabalho enorme a ser feito. Tudo se tornou muito mais sério quando um crime foi cometido no escritório, revelando uma profunda imoralidade sobre o estupro compartilhada amplamente pela empresa. Eu poderia ter feito melhor, mas era demais esperar isso de uma única pessoa. Ter uma equipe diversificada teria resolvido muitos problemas. Homens que fossem defensores, verdadeiros cúmplices em me ajudar a impulsionar a mudança, também seriam bem-vindos. Esperar que uma minoria fizesse todo o trabalho não era razoável e simplesmente não funcionaria.

FOLHA DE COLA

PROBLEMA	RESPOSTA
	CULTURA DO CONSENTIMENTO Se a outra pessoa não quer ser tocada, não toque. Se houver dúvidas, não foque.
VIOLAÇÕES FÍSICAS Toque + Poder, resultando em tudo, desde o abraço indesejado à violência	**SISTEMAS DE RELATOS CONFIÁVEIS** Torne seguro relatar anonimamente. Construa um processo investigativo justo.

PARTE TRÊS:
Justiça Sistêmica e Injustiça

> Tudo o que escrevi está minuciosamente conectado com o que vivi, se não experienciei pessoalmente... pois cada homem compartilha a responsabilidade e a culpa da sociedade a que pertence. Viver é guerrear contra trolls, com coração e alma. Escrever é julgar a si mesmo.
>
> — Henrik Johan Ibsen

Neste ponto do livro, desmontamos o motor da injustiça no local de trabalho e colocamos todas as peças na garagem.

Agora é hora de examinar como o motor funciona quando as partes operam juntas, como um sistema completo. Na vida diária, normalmente não vivenciamos essas atitudes e comportamentos de forma separada. Eles interoperam dinamicamente e essas dinâmicas criam injustiça sistêmica.

O que acontece quando tendenciosidades, crenças, bullying, assédio, discriminação e violações físicas não se limitam a um mau personagem ocasional? O que acontece quando eles são incorporados aos sistemas que governam o local de trabalho, distorcem nossas decisões de contratação, pagamento, promoção e demissão? O que acontece quando as pessoas que trabalham duro para *não* serem maus personagens prejudicam seus colegas sem saberem ou compreenderem como o sistema em que operam os beneficia e prejudica os outros? Quando isso acontece, um grande número de pessoas é consciente ou inconscientemente cúmplice.

Às vezes, esses sistemas são configurados de forma bastante consciente, como foram na África do Sul. Após a queda do Império Britânico, os líderes brancos do país criaram uma comissão para estudar o racismo institucionalizado em todo o mundo. A comissão elaborou um relatório de como reprimir a maioria da população negra no país: um conjunto de leis que ultrapassou 3 mil páginas e estabeleceu um estado de vigilância destinado a manter os negros sob controle total.[1]

É provável que o que ocorre em seu local de trabalho não seja tão conscientemente ruim quanto o apartheid. Mas não deixe que isso reforce a negação sobre a injustiça sistêmica na empresa. Os resultados importam mais do que as intenções. Os sistemas de contratação, pagamento, promoção e mentoria podem não ser *explicitamente* projetados para discriminar. Ainda assim, *discriminam*. Os sistemas de denúncias ineficazes que os líderes instituíram podem não ser explicitamente projetados para permitir que infratores reincidentes cometam violência sexual em seu local de trabalho. Isso pode não ser o que os líderes *querem* que aconteça. No entanto, se isso é o que *está* acontecendo e nós, independentemente da função que temos, nos recusamos a reconhecê-lo, então somos parte do problema, não da solução.

É por isso que temos que aprender a reconhecer as dinâmicas entre essas diferentes atitudes e comportamentos que levam à injustiça no local de trabalho. Essas dinâmicas não são "naturais" e "inevitáveis", mas acontecem o tempo todo. Se vamos interrompê-las, temos que reconhecê-las.

* * *

Em algum nível, o Trabalho Justo é muito simples. Trata-se de respeitar a individualidade das pessoas para que você possa colaborar e trabalhar com eficiência. Quem não quer isso? Se não fôssemos tão insensíveis à injustiça, ficaríamos chocados de já termos permitido que isso atrapalhasse o caminho para nos tornarmos quem queremos ser e fazer o que queremos. E ainda assim, permitimos. Todo. O. Maldito. Tempo.

```
                    COLABORAR
                        ▲
                        │
            TRABALHO    │
              JUSTO     │
                        │─────────▶ RESPEITAR A
          ◀─────────────│            INDIVIDUALIDADE
                        │
                        ▼
```

Para entender por que o Trabalho Justo é tão raro, vamos ver o que nos move para longe da colaboração e do respeito. Em parte, são as atitudes e comportamentos distintos já discutidos. Mas também são as dinâmicas *entre* eles.

```
      DEMANDA     ◀──────────▶    RESPEITO À
   CONFORMIDADE                   INDIVIDUALIDADE
```

A *Dinâmica de Conformidade* nos afasta do respeito à individualidade, geralmente oferecendo uma falsa racionalidade, civilidade e educação. Mas essa

COLABORAÇÃO
▲
│
│
│
│
▼
COERÇÃO

dinâmica exclui as pessoas sub-representadas de uma forma que não é nada racional e pode causar tanto ou mais danos a longo prazo quanto a violência absoluta. Os capítulos anteriores delinearam as atitudes e comportamentos que nos levam a exigir conformidade: tendenciosidade, preconceito e discriminação. Também delinearam o que podemos fazer para interromper cada um — interruptores e quantificadores de tendenciosidades e códigos de conduta. Os próximos capítulos ilustrarão a ladeira escorregadia em direção à conformidade, examinarão como ela mata a inovação e prejudica os indivíduos e fornecerão medidas de segurança para manter sua organização longe dela.

A *Dinâmica da Coerção* é o que nos afasta da colaboração. Não tem pretensão de ser educada — é brutal. Os capítulos anteriores delinearam as atitudes e comportamentos que levam à coerção — tendenciosidades, bullying, assédio, violações físicas. Eles também delinearam o que podemos fazer para otimizar a colaboração — interruptores de tendenciosidades, consequências ao bullying, controles e equilíbrio, mecanismos de denúncia confiáveis. Os próximos capítulos ilustrarão a ladeira escorregadia em direção à violência, examinarão como ela mata a colaboração e prejudica os indivíduos e sugerirão medidas de segurança para manter sua organização fora dela. Quando alguém diz algo tendencioso ou preconceituoso, tolerando a violência de forma implícita ou explícita, não está usando o equivalente moral ou legal desse ato violento. Ao mesmo tempo, devemos estar totalmente cientes do caminho já traçado que vai da tendenciosidade à violência. A ignorância não é desculpa; a inconsciência não é desculpa.

Entender e reconhecer essas dinâmicas, as diferenças entre elas e como elas operam juntas ou separadas é crucial para a nossa capacidade de interrompê-las antes de termos criado um sistema injusto. Reconhecê-las é essencial para entender como substituir sistemas injustos pelo Trabalho Justo.

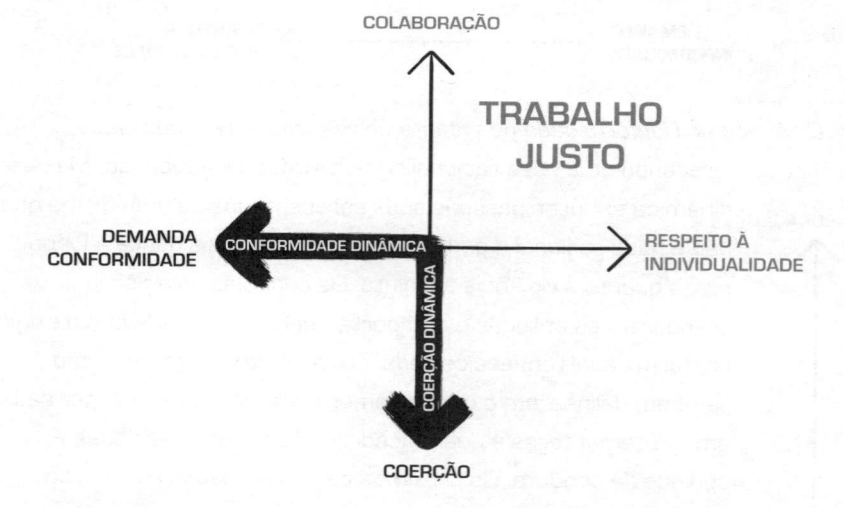

```
                    COLABORAÇÃO
                         ↑
                         |        TRABALHO
                         |         JUSTO
                         |
   DEMANDA    ←─CONFORMIDADE DINÂMICA──→  RESPEITO À
 CONFORMIDADE            |                INDIVIDUALIDADE
                         | COERÇÃO
                         | DINÂMICA
                         ↓
                     COERÇÃO
```

9

Duas Dinâmicas Ruins

A DINÂMICA DA CONFORMIDADE

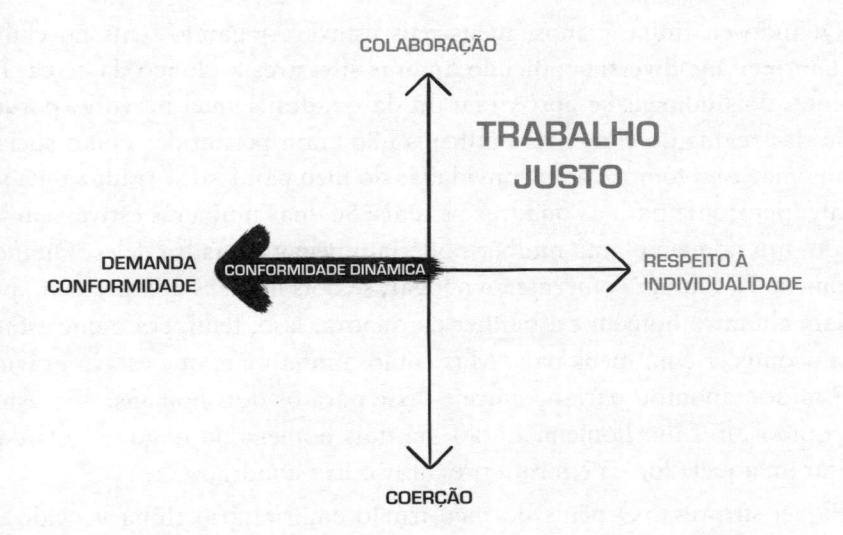

```
                    COLABORAÇÃO
                         ↑
                         |
                         |   TRABALHO
                         |   JUSTO
                         |
   DEMANDA    ←— CONFORMIDADE DINÂMICA —→  RESPEITO À
 CONFORMIDADE            |                 INDIVIDUALIDADE
                         |
                         |
                         ↓
                      COERÇÃO
```

A LADEIRA ESCORREGADIA EM DIREÇÃO AO ABUSO

A Dinâmica de Conformidade transmite implicitamente uma mensagem antiga: *Seja um de nós ou abra caminho para nós*. E para muitos funcionários sub-representados, é claro, estar em conformidade com esse "nós" não é desejável ou mesmo possível. Há muitas coisas sobre mim mesma que não quero mudar (meu gênero, por exemplo) e outras que eu não poderia mudar mesmo que quisesse, como a minha idade ou a textura do meu cabelo. E quando as pessoas são excluídas das oportunidades ou sujeitas a políticas injustas porque não podem ou não querem se conformar com uma norma arbitrária, isso as deixa vulneráveis ao abuso, tanto emocional quanto físico. A Dinâmica da Conformidade é o que alguns chamam de racismo "educado" ou sexismo "cavalheiresco". Isso é besteira. O fato de não ser abertamente violento não significa que não seja enormemente destrutivo. No entanto, muitas vezes as pessoas usam a ausência de violência explícita em seu comportamento para negar o dano que suas atitudes e comportamentos causam. "Eu não sou racista, não é como se eu fosse da KKK", ou "eu não sou sexista, jamais estupraria uma mulher".

Durante a infância, experimentei uma versão privilegiada da Dinâmica da Conformidade. Coisas muito piores acontecem às pessoas, mas o que aconteceu comigo, ainda assim, foi destrutivo e poderoso e isso explica claramente essa dinâmica.

Quando eu tinha 7 anos, meus pais estavam jogando tênis no clube, enquanto eu me divertia colhendo amoras silvestres ao longo da cerca. De repente, dois homens se aproximaram da quadra. Fiquei nervosa, porque sabia das regras do clube. As mulheres não eram permitidas como sócias; minha mãe e eu fomos como convidadas do meu pai. Isso se traduziu na seguinte hierarquia para as quadras de tênis: Se duas mulheres estivessem jogando, um homem e uma mulher poderiam pegar a quadra deles. Quando o homem e a mulher começassem a jogar, se dois homens aparecessem, poderiam chutar o homem e a mulher da quadra. Isso, temi, era o que estava para acontecer com meus pais. Mas então minha mãe, que estava grávida de 7 meses, apontou para o ventre e disse para os dois homens: "Eu estou esperando um filho homem. Então, há dois homens na quadra." Os dois aceitaram aquela lógica e foram procurar outra quadra.

Fiquei surpresa. O pênis do meu irmão embrionário tinha vencido de uma maneira que minha brilhante, criativa e forte mãe adulta não teria. Fiquei indignada com a óbvia injustiça daquilo. Na escola, nunca teríamos sido autorizadas a inventar regras tão ridículas para excluir crianças com quem não queríamos brincar. Eu teria minha boca lavada com sabão por dizer isso, mas isso era besteira.

Anos depois, eu leria uma passagem da *Canção de Salomão*, de Toni Morrison, que captou como me sentia sobre essas regras absurdas, que se aplicam a muito mais em nosso mundo do que na quadra de tênis: "Onde você consegue o direito de decidir nossas vidas? Eu lhe direi onde. Daquele pequeno intestino de porco que fica pendurado entre as suas pernas. Bem, deixe-me dizer uma coisa... você precisará de mais do que isso."[1] Só para constar, meu querido irmão *tem* mais do que isso. Mas essa era a hierarquia sexista que governava nossa existência.

Enquanto crescia, observei os homens ao meu redor presumirem que as coisas eram deles para serem pegas; as mulheres, no trabalho ou em casa, desempenhavam funções subservientes e/ou ornamentais. Quando consegui meu primeiro emprego de verão em um banco em Memphis, um executivo me disse: "Ora, eu não sabia que eles nos deixavam contratar garotas *bonitas*!" Eu tinha 18 anos e não tinha ideia do que era uma declaração "eu" ou como responder. Então, não disse nada. Mas decidi ali que não poderia fazer carreira na minha cidade natal.

Mas fiquei calada. Eu apenas me senti desanimada. Esse tipo de apagamento desgastou todas as mulheres, exceto as mais fortes. Nenhum dos executivos do banco era mulher. Quase nenhuma das mães de meus amigos trabalhava fora. Algumas, é claro, eram casadas e felizes, mas muitas delas eram questionadas, desvalorizadas e intimidadas pelos seus maridos e os amigos deles. Outras foram deixadas de lado por contrapartes mais jovens e decorativas e ficaram sem uma boa maneira de ganhar a vida. Às vezes, talvez a pior traição, as mães eram questionadas, desvalorizadas e intimidadas por suas filhas, que estavam focadas em ter sucesso no mundo dos homens e em adotar algumas de suas piores práticas.

É uma velha história — "A Mulher Destruída", de Simone de Beauvoir, ou como eu gosto de chamar, A Mulher Dominada.[2] Não importa o que eu tivesse que fazer, não me corromperia. Decidi então e ali, ao colher amoras aos 7 anos, que preferia enfrentar qualquer coisa do que ser expulsa da quadra por causa do meu gênero. Aquela decisão infantil foi o que me impediu de largar aquele primeiro emprego em finanças, onde eu estava lidando com ser roçada no elevador e apalpada no jantar. Eu estava preparada para continuar me esquivando de tais atos, em vez de voltar para casa em Memphis, onde teria que lidar com a dinâmica de "eu não sabia que eles nos deixavam contratar garotas bonitas". Eu sabia exatamente aonde *essa* forma de discriminação me levaria. Estava disposta a me arriscar diante do assédio, se isso significasse liberdade financeira.

A Dinâmica da Conformidade, obviamente, não é específica de gênero: ela funciona onde a tendenciosidade ou o preconceito impacta a tomada de decisões e leva à discriminação. Como mulher, fui uma de suas vítimas.

Mas, como pessoa branca, fui sua perpetradora. Muitas vezes contratei equipes em que todos eram brancos. Não é uma desculpa legítima dizer que eu não pretendia discriminar. Falhei em resistir ativamente ao padrão da exclusão. Ao não reconhecer o racismo que resultou da Dinâmica da Conformidade, reforcei-o. Ao não ser antirracista, fiz uma coisa racista: contratei equipes só de brancos. E também, às vezes, reforcei a Dinâmica da Conformidade que é o sexismo. Mais de uma vez contratei uma equipe só de homens. Como pude fazer algo assim? Negação. Tornar a Dinâmica da Conformidade inegavelmente evidente para que você não negue e cometa os mesmos erros que cometi é o trabalho do restante deste livro.

A DINÂMICA DA COERÇÃO

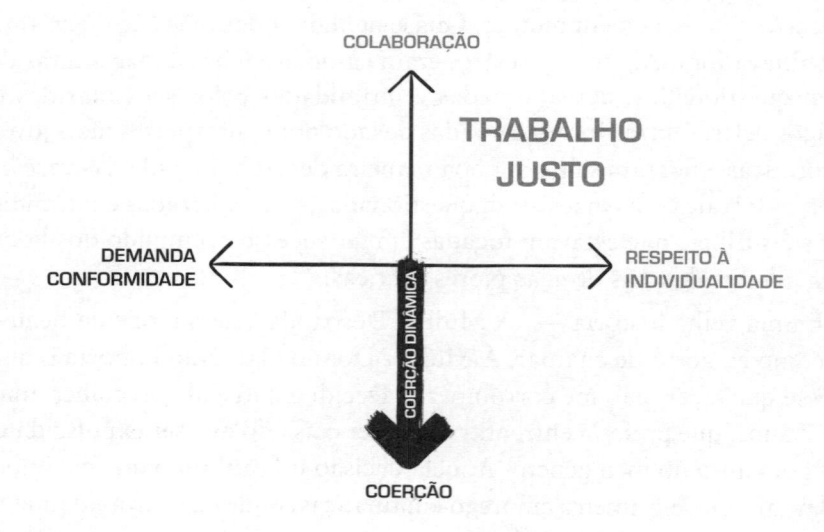

```
                    COLABORAÇÃO
                         ↑
                      TRABALHO
                       JUSTO
  DEMANDA        ←           →      RESPEITO À
CONFORMIDADE           |           INDIVIDUALIDADE
                  COERÇÃO
                  DINÂMICA
                       ↓
                    COERÇÃO
```

A LADEIRA ESCORREGADIA EM DIREÇÃO À VIOLÊNCIA

A Dinâmica da Coerção é um caminho igualmente antigo e bem usado, que leva da tendenciosidade ao bullying, do assédio à violência. Quando a tendenciosidade abre caminho para a violência — muitas vezes, em um piscar de olhos — não há nada de inocente sobre a tendenciosidade inconsciente. Chanel Miller foi com a irmã a uma festa da faculdade a dez minutos de sua casa e acordou no hospital, tendo sido violentada sexualmente atrás de uma caçamba de lixo por um homem que jamais conheceu. George Floyd comprou um maço de cigarros, o balconista ligou para a emergência alegando que Floyd usou uma nota falsa de US$20 e, 17 minutos depois, ele foi morto pela polícia.

Parte da razão pela qual essas histórias ressoam tão poderosamente não é porque sejam incomuns, mas porque esses encontros violentos acontecem com muita frequência. A violência ocorre no local de trabalho, como vimos na história do Capítulo 8. Mesmo quando acontece em outro local, essas experiências vêm para trabalhar conosco. Devemos reconhecê-las.

Minha experiência vivida com a Dinâmica da Coerção também foi privilegiada. Raramente tive que temer por minha segurança física. Mas aqui está uma história que esclarece por que é vital reconhecê-la, não negá-la.

Fui a uma festa de fim de ano alguns meses após assumir um novo emprego. Os funcionários da empresa eram predominantemente homens (mais de 70%), então, só de atravessar a porta, fiquei um pouco intimidada. Fui saudada por mulheres, a maioria nua, dançando em jaulas. Como fiz muitas vezes em minha carreira, tentei ignorar o que acontecia ao meu redor. Mulheres dançando em jaulas? Péssimo senso de humor, pensei. Tentei ignorar o quão desconfortável me sentia.

Olhei em volta, procurando um rosto familiar. Um colega, Simon, vinha em minha direção. Ele me estendeu uma cerveja. De início, fiquei feliz em vê-lo. Então, Simon arruinou tudo ao perguntar: "Você sabe qual é a chamada de acasalamento de uma garota do Sul?"

Eu disse que não queria saber, mas Simon falou assim mesmo: "Pessoal, estou muito *bêbada*."

Não me senti fisicamente ameaçada pela piada de estupro de Simon, por assim dizer, mas essa breve troca disparou todos os meus sensores. O contexto da festa importava — predominantemente homens e uma cultura que tornou possível a alguém pensar que estava tudo bem contratar mulheres para dançar em jaulas como "entretenimento". Pelo menos, Simon sinalizou que não era um defensor. Ele me deixou saber — e não de uma forma legal — que não seria sábio da minha parte baixar a guarda naquela noite.

Se vivêssemos em um mundo onde a Dinâmica da Coerção não criasse um caminho bem trilhado da tendenciosidade à violência sexual, seu comportamento teria sido "apenas" bullying. Um evento discreto. Mas, dado o mundo em que vivíamos, ele estava refletindo e reforçando a cultura do estupro. Seu comportamento era misógino.

AMBAS AS DINÂMICAS SÃO AUTORREFORÇADAS

Vamos voltar àquele primeiro emprego em finanças, na antiga União Soviética. Tanto a Dinâmica da Conformidade quanto a da Coerção atuaram aqui, reforçando uma à outra. E um círculo vicioso também atuava aqui. A forma como fui tratada reforça as tendenciosidades de outras pessoas que não estavam necessariamente conscientes ou participando do que estava acontecendo comigo.

Uma década após eu sair da empresa, encontrei-me com um colega daquela época, Steve. Durante o jantar, ele e eu demos boas risadas sobre o quão estressante aquele período havia sido: as 80 a 100 horas de trabalho nos fins de semana, a pressão constante. Histórias de guerra.

"Você sempre parecia estar com os cabelos em chamas", ele lembrou, rindo. "Eu estava meio preocupado com você. Esse tipo de horas são difíceis para todos, especialmente para as mulheres."

Ele estava brincando?! As *horas* foram difíceis para mim? Evidentemente ele pensou, *Ah, mulheres não aguentam essas longas horas, por isso Kim parecia estressada.* Quando estava claro que não eram as longas horas que me estressavam.

Steve não recebia menos por causa do seu gênero; seu chefe não era um ex-namorado agressor; seus seios não foram apalpados por um dos principais executivos da empresa; eu estava razoavelmente certa de que Fred não esfregou seu pênis ereto contra Steve no elevador. *Por* isso Steve estava menos estressado do que eu. Não porque ele era um homem, mas porque não estava lidando com o tipo de m*rda que lidei. Não posso culpá-lo por não saber o que estava acontecendo comigo, porque nunca contei. Mal admiti para mim mesma. Não estou contando a história para culpar Steve. Estou contando para mostrar como a discriminação e o assédio reforçam a tendenciosidade mesmo naqueles que não são discriminados ou assediados. Ser maltratada teve um impacto no meu comportamento, e meu comportamento reforçou a tendenciosidade de Steve, embora ele não soubesse o que realmente estava acontecendo.

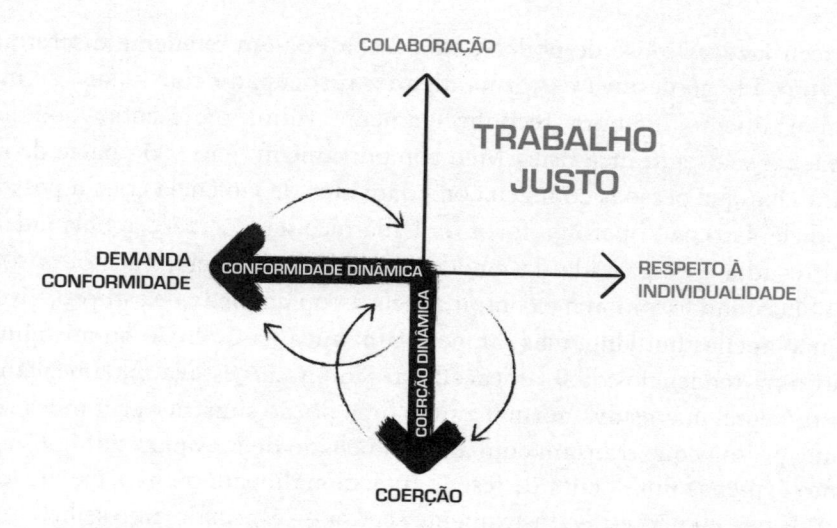

```
                    COLABORAÇÃO
                         ↑
                    TRABALHO
                     JUSTO
    DEMANDA    ←  CONFORMIDADE DINÂMICA  →   RESPEITO À
 CONFORMIDADE                                INDIVIDUALIDADE
                    COERÇÃO DINÂMICA
                         ↓
                     COERÇÃO
```

É surpreendentemente difícil interromper essa tendenciosidade. Mesmo anos depois, em uma conversa amigável, eu ainda não conseguia reunir energia para explicar a ele o quão injusta era sua tendenciosidade sobre mulheres e estresse. Por quê? Fred morreu; Steve foi ao seu funeral. Steve amava Fred — o que era compreensível, já que Steve conseguiu a mentoria sem ser roçado. Parecia fácil deixar tudo para lá. É assim que funciona o ciclo de autorreforço da injustiça no local de trabalho.

Gostaria de voltar e ajudar minha eu mais jovem a falar e ao Steve mais jovem a ouvir — e talvez até mesmo perceber por si mesmo um pouco do que estava acontecendo. Espero que este livro ajude os jovens Kims e Steves por aí a fazerem isso uns pelos outros e quebrar esses círculos viciosos. Quero ajudá-los a aprender e a respeitar a individualidade uns dos outros, para que possam fazer um Trabalho Justo, em vez de serem sugados por essas dinâmicas negativas.

INCIDENTES DISCRETOS VS. INJUSTIÇA DINÂMICA

É importante entender a diferença entre um incidente discreto de bullying e o bullying que é parte de uma dinâmica que contribui para a injustiça sistêmica. O primeiro é ruim, mas muito menos ameaçador que o segundo. Quando disse ao meu colega Russ, durante a gravação do podcast, que ele "nasceu fazendo pose de poder", ele passou por um incidente discreto de bullying. Ele não estava de forma alguma preocupado com o fato de meu comportamento, embora reconhecidamente ruim, representar qualquer ameaça à sua segurança física Meu comportamento não fazia parte de um padrão em que pessoas como eu cometiam atos de violência contra pessoas como ele. Isso não operou a favor da Dinâmica da Coerção, aquela ladeira escorregadia e desgastada da tendenciosidade à violência, não foi misógino.[3] Mas quando Simon me contou aquela estúpida piada de estupro, vivenciei não apenas bullying, mas também Dinâmica da Coerção ou misoginia. Senti uma tendenciosidade ameaçadora. Simon não estava me ameaçando abertamente, mas estava normalizando uma noção sinistra e criminosa — a de que pessoas que transam com alguém bêbado demais para dar consentimento é apenas uma "falta de festa". Intencionalmente ou não, ele me lembrou de que eu não estava fisicamente segura — especialmente se bebesse.

Deixe-me dar outro exemplo de bullying que é um incidente discreto para uma pessoa, mas funciona como Dinâmica da Coerção para outra. Quando eu estava na escola primária, uma de minhas professoras nos contou que qualquer uma de nós que não fosse batizada iria para o inferno. Para mim, isso foi doloroso, uma vez que a minha religião, a Ciência Cristã, não tem batismo. Eu não acreditava que iria para o inferno, mas ainda assim fiquei chateada. Vivenciei bullying da minha professora. As judias de minha sala, no entanto, vivenciaram algo muito pior do que bullying. Alguns de seus avós sobreviveram ao Holocausto. Para elas, a violência inerente à Dinâmica da Coerção entrou imediatamente em jogo de uma forma traumática, que não aconteceu comigo. Eu experimentei o bullying. Elas, o antissemitismo. Existe uma grande diferença.

Se quisermos criar o tipo de mundo justo no qual queremos viver, devemos ficar cientes da dinâmica que pode nos levar da tendenciosidade à discriminação ou à violência. Mesmo que nunca tenhamos cometido um ato de violência e pensemos em nós mesmos como o tipo de pessoa que jamais o faria, precisamos estar dispostos a perceber como nossas palavras podem refletir e reforçar padrões de violência. Tenho certeza de que minha professora de Estudos Bíblicos não pensou em si como uma pessoa que participaria de um genocídio; conheço Simon, o cara que me contou a piada estúpida do "pessoal, estou muito bêbada", bem o suficiente para ter certeza de que ele não se vê como uma pessoa que estupraria uma mulher ou toleraria o estupro. No entanto, ambos precisavam estar dispostos a reconhecer a maneira como suas palavras refletiam a horrível dinâmica do nosso mundo se quisessem mostrar aos outros que são o tipo de pessoa que imaginavam ser.

DINÂMICAS DE GÊNERO: SEXISMO VS. MISOGINIA

O sexismo descreve a Dinâmica da Conformidade no que diz respeito ao gênero. O sexismo é insidioso e também, confusamente, não é uma atitude ou comportamento discreto, mas sim uma dinâmica entre tendenciosidade, preconceito e discriminação que deixa as mulheres vulneráveis a abusos. A misoginia descreve a Dinâmica da Coerção no que se refere ao gênero. A misoginia é aquela dinâmica usada entre tendenciosidade, bullying, assédio e violações físicas que coage as mulheres a representar papéis que, de outra forma, não escolheriam ou até mesmo as tornam vítimas de violência.

A filósofa moral Kate Manne explica desta forma: "O sexismo é livresco; a misoginia, combativa. O sexismo é uma teoria; a misoginia empunha um porrete."[4] Em outras palavras, sexismo é um conceito que molda preconceitos sobre gênero que justificam a discriminação, enquanto a misoginia usa o bullying, o assédio e a violência para dominar, coagir. O sexismo é intelectualizado, enquanto a misoginia é mais emocional, física. O sexismo dicotomiza artificialmente o que é "masculino" e "feminino" e degrada o "feminino". A misoginia almeja ser dominante e se enfurece, muitas vezes violentamente, quando não é.

Por que analisar a diferença entre sexismo e misoginia ou entre a Dinâmica da Conformidade e da Coerção? A razão é que a diferença aponta quais estratégias são mais eficazes para combatê-los.

Se você está lidando com a misoginia na ausência de sexismo, não precisa perder tempo discutindo as crenças da pessoa, porque ela não as tem. Você pode focar criar consequências para o bullying como forma de evitar o assédio e a violência. Quando você entende a misoginia, entende por que é tão importante enfrentar o bullying, os comentários de "pessoal, estou muito bêbada". Essas "pequenas" coisas refletem e reforçam a cultura do estupro e quando você conhece a dinâmica em jogo, sabe também que o silêncio sobre essas pequenas coisas abre caminho para outras muito piores que estão por vir.

Se você está lidando com o sexismo na ausência de misoginia, pode se concentrar em criar um limite claro para que uma pessoa não possa impor suas crenças sexistas aos outros. Se a relação com essa pessoa é importante o suficiente para justificar o esforço, tenha uma conversa que a convide a considerar essas crenças sob um ponto de vista diferente. É improvável que as consequências mudem o pensamento de uma pessoa. Lógica e argumento talvez o façam.

É útil ter palavras que descrevam a dinâmica, bem como até onde elas levam, para que possamos diferenciar um comportamento diferenciado de uma dinâmica perigosa. Ter palavras diferentes para dinâmicas diferentes é útil para diagnosticar o problema e encontrar uma solução. Também é útil ter uma imagem em nossas mentes de como o sistema de injustiça no local de trabalho funciona como um todo — seus problemas diversos e as dinâmicas entre eles.

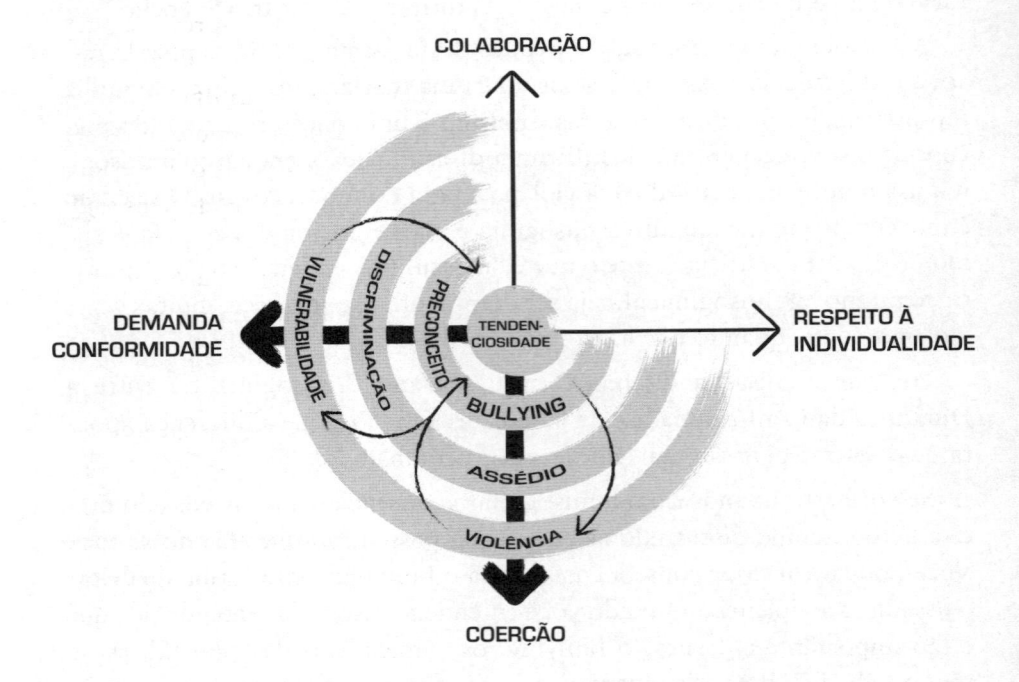

NEGAÇÃO

Essa é uma imagem muito deprimente e é tentador ignorá-la, negá-la, recusar-se a olhar para ela. Quando as coisas podem e dão errado rapidamente, de uma forma que é uma dinâmica familiar demais, é um imperativo moral para *todos* nos tornarmos conscientes e interromper nossas tendenciosidades: nenhum de nós pode se dar ao luxo de negar o perigo da dinâmica em jogo.

Infelizmente, a negação é uma resposta muito comum. Por exemplo, funcionários negros de várias empresas no Vale do Silício que conheço reclamam há anos que a segurança checa seus crachás com muito mais frequência do que os de colegas brancos. Isso é, sem dúvida, tendenciosidade racial ou preconceito por parte dos seguranças. Isso também reflete uma dinâmica de racismo. Eu sou branca; trabalho com tecnologia há décadas; nenhum guarda jamais checou meu crachá, em qualquer lugar, a qualquer momento. E não tenho medo de sofrer violência policial quando for parada por avançar o sinal vermelho.

Quando Cary, uma funcionária negra de uma empresa de tecnologia, reclamou sobre ter o crachá verificado no refeitório da empresa, a liderança, em sua maioria branca, deu de ombros como se fosse uma forma de tendenciosidade inconsciente sobre a qual eles não podiam fazer muito. Mesmo que os seguranças não soubessem da tendenciosidade que os fez parar Cary e outros funcionários negros, mas não os brancos, o que estava acontecendo era mais do que uma incidência discreta de "tendenciosidade inconsciente". Dada a dinâmica da tendenciosidade à violência e ao racismo, que prevalece para os negros em nossa sociedade, o que estava acontecendo era mais do que um incidente discreto de tendenciosidade ou preconceito.

Os executivos deveriam eliminar o racismo no local de trabalho. No entanto, eles negavam que aquilo era racismo. Sua negação era difícil de entender, dado que Cary levantou esse incidente na sequência ao assassinato de George Floyd, quando a sua liderança estava se gabando de ser antirracista. Cary tentou explicar por que ser parada pelos guardas quando seus colegas brancos não o eram não a fazia se sentir segura. Ela mencionou Breonna Taylor, a paramédica negra que foi baleada pela polícia em sua própria casa.

"Não sei quem é Breonna Taylor", disse o executivo branco. Se ele tivesse seguido sua admissão de ignorância com um "por favor, me diga", teria sinalizado disposição para ouvir e aprender. Mas ele afirmou isso com uma finalidade agressiva — como se a sua ignorância significasse que não importava quem Breonna Taylor era e o dispensasse de descobrir.

O que tornou sua resposta mais incompreensível foi que o nome de Breonna Taylor estava, literalmente, em todos os noticiários. E que Cary havia enviado um e-mail à equipe executiva no dia anterior, mencionando Breonna Taylor e lembrando os executivos quem ela era. A nota de Cary explicava que os choques com a violência fora do escritório a tinham desgastado e deixado emocionalmente ferida. Ela havia ficado profundamente abalada com um encontro com um policial extremamente agressivo em seu trajeto para casa recentemente. Ela ficou com raiva, sentindo-se cerceada, preocupada não apenas consigo mesma, mas com sua família também — como seu irmão lidaria com uma situação daquelas? E, mais preocupante ainda, como o policial lidaria? Era impossível para ela não trazer essas experiências para o trabalho.

Mas os executivos brancos não tiveram empatia, recusando-se a reconhecer que o incidente da verificação do crachá no refeitório tivesse algo a ver com racismo; na verdade, quando confrontados com o fato, cada um deles, de uma maneira diferente, disse coisas que reforçavam a tendenciosidade de que "ela é uma mulher negra zangada".

A resposta do executivo branco foi um exemplo clássico de negação, se não de ignorância estratégica. Ele não sabia quem era Breonna Taylor porque não queria considerar a possibilidade de que o que ele descartou como tendenciosidade inconsciente do dia a dia no refeitório da empresa estava, de alguma forma, relacionado a assassinatos por policiais. Mas, uma vez que *estava* relacionado, e que as pessoas ao redor dos Estados Unidos e do mundo estavam protestando justamente contra esse tipo de racismo sistêmico, a implicação de que sua ignorância lhe concedia algum tipo de imunidade em se envolver com a questão era indesculpável.

Tiffani Lee, sócia da firma de advogados Holland & Knight, que lidera os esforços de inclusão e diversidade em todo o escritório, descreveu um passo que a empresa deu para evitar que esse tipo de negação se instale. Eles descobriram que enfrentar o problema do racismo, na verdade, exigia menos esforço do que fingir que não está acontecendo.

Na sequência do assassinato de George Floyd, a firma realizou um evento público na prefeitura via Zoom com mais de 1300 pessoas que trabalhavam lá. Várias pessoas contaram histórias sobre experiências pessoais vivenciadas com a brutalidade policial. Um paralegal negro, que recentemente havia chegado à firma, falou sobre ter visto um de seus parentes ser assassinado pela polícia e o trauma resultante sofrido por sua família. Sediar tal evento foi vital para interromper a tendência dos funcionários brancos de se distanciarem da realidade da violência policial. Essa violência não estava acontecendo com "outras" pessoas "por aí". Estava acontecendo com seus próprios colegas, em sua própria comunidade.

Vemos a negação afetando as questões de gênero da mesma maneira incisiva que faz com a raça. O roteirista Scott Rosenberg tinha isso a dizer sobre a predação sexual de Harvey Weinstein por décadas: "Sejamos perfeitamente claros sobre uma coisa: todo mundo sabia."[5] Algumas pessoas corajosas se manifestaram e foram punidas ou foram pagas e silenciadas por um acordo de não divulgação. E, por muitos anos, o comportamento de Weinstein se perpetuou. Ele foi um agente ruim, mas todo o sistema — legal, corporativo, social — permitiu-lhe ser assim. Todo mundo sabia, mas quase ninguém disse: "Ei, tem algo errado aqui."

O colunista do *New York Times* David Leonhardt chama esse tipo de resposta de conspiração de inação. Ele escreveu: "Todo grande caso tem algo em comum... as pessoas sabiam. Mesmo que não soubessem dos detalhes... elas sabiam que algo estava errado."[6] As pessoas sabem, mas não *sabem*, ou negam ou, por qualquer razão, o conhecimento não se traduz em ação.

Leonhardt escreveu: "As mudanças não podem ser apenas sobre políticas e organizações. Elas precisam ser pessoais também. Aposto que você fica com raiva quando pensa sobre os abusos cometidos por Weinstein, O'Reilly, Trump... sobre o longo sofrimento que eles infligiram a outros seres humanos. Eu, certamente, fico. Da próxima vez que eu perceber que algo não parece certo, vou me lembrar dessa raiva."[7] A raiva pode romper a negação e nos incitar à ação.

É fácil condenar e difícil entender como as coisas podem ter ficado tão ruins na Weinstein Company. Mas, mesmo que não fosse tão ruim, pergunte a si mesmo que tipo de injustiça está acontecendo no lugar onde você trabalha. Se vamos mudar o sistema, temos que olhar para dentro — e continuar olhando, mesmo quando não nos orgulhamos do que vemos. Especialmente quando não nos orgulhamos do que vemos. Parte de por que a injustiça sistêmica é tão difícil de reconhecer é que é tão perturbador que nós *realmente* não queremos notar a dinâmica — mesmo quando sabemos intelectualmente o quão ruins as coisas ficarão se não intervirmos *antes* de as coisas irem para o pior lugar possível.

Os horrores que cada uma dessas dinâmicas pode gerar são tão profundamente terríveis e perturbadores que nos recusamos a notar, porque é doloroso. Vamos voltar à história que iniciou este livro. Nenhum de nós queria enfrentar os burocratas soviéticos que eram nossos parceiros de negócios e estavam traficando bailarinas do Bolshoi. Então, não os enfrentamos. Fingimos que era uma piada, apenas uma "conversa de vestiário". Embora, se pressionados, todos teríamos admitido que provavelmente não era apenas fanfarronice; os funcionários soviéticos tinham o poder de coagir e quase certamente o usavam. Uma conspiração de inação. Fui cúmplice do meu silêncio.

SUPERANDO A NEGAÇÃO

Como escreveu Ibram X. Kendi em *Como Ser Antirracista*: "A negação é a pulsação do racismo, atravessando ideologias, raças e nações. Está pulsando dentro de nós."[8] A negação também é a pulsação da misoginia, do antissemitismo, da homofobia e de muitas outras dinâmicas que levam à injustiça. Precisamos aprender a reconhecer essas dinâmicas para combatê-las.

Para superar a negação, para desmantelar o sistema de racismo, temos que praticar o que Kendi chama de antirracismo.[9] O antirracismo é uma rejeição passiva de comportamentos racistas extremos, como cruzes queimadas, em vez de um esforço proativo para procurar e erradicar comportamentos racistas mais cotidianos, como não sentar ao lado de um negro em um local público ou votar em leis que afetam negativa e desproporcionalmente os negros, latinos e indígenas.[10]

Para nos libertar de nossa negação para que possamos nos concentrar no Trabalho Justo, não é suficiente querer ser justo, ter a intenção de ser justo. Devemos tomar medidas contra a injustiça. Temos que estar aptos a reconhecer as diferentes formas pelas quais a injustiça sistêmica se manifesta.

Para ajudar, o próximo capítulo descreverá três das formas mais comuns, nomeando-as. Como disse Kimberlé Crenshaw, quando nomeamos um problema, podemos resolvê-lo.[11]

10
Reconhecendo Diferentes Sistemas de Injustiça

Essas dinâmicas se combinam de maneiras variadas para criar três sistemas diferentes de injustiça no local de trabalho. Se soubermos como chamá-los, será mais fácil identificá-los e desmontá-los.

```
                    COLABORAÇÃO
                         ▲
                         │      TRABALHO
                    ?    │       JUSTO
                         │
   DEMANDA               │              RESPEITO À
 CONFORMIDADE  ◄─────────┼─────────►  INDIVIDUALIDADE
                         │
                    ?    │    ?
                         │
                         ▼
                     COERÇÃO
```

Às vezes, a Dinâmica da Conformidade ocorre sem a Dinâmica da Coerção. Chamarei isso de Exclusão Indiferente. Em outras vezes, ocorre o oposto. Chamarei isso de Vergonha Hipócrita. E, às vezes, você tem ambos ao mesmo tempo. Chamarei isso de Ineficiência Brutal.

SISTEMA UM: INEFICIÊNCIA BRUTAL

A Ineficiência Brutal é o que você tem quando a Dinâmica da Conformidade e da Coerção acontecem ao mesmo tempo e se reforçam mutuamente. Às vezes, vem de um líder maldoso, mas muitas vezes surge de sistemas de gestão que não conseguem responsabilizar as pessoas por mau comportamento ou até mesmo o *recompensam*. Dinâmica de poder, competição, sistemas de gestão mal projetados e políticas de escritório podem criar injustiça sistêmica de maneiras ser sutis e insidiosas no início, mas com o tempo se tornam corrosivas e, muitas vezes, criminosas.

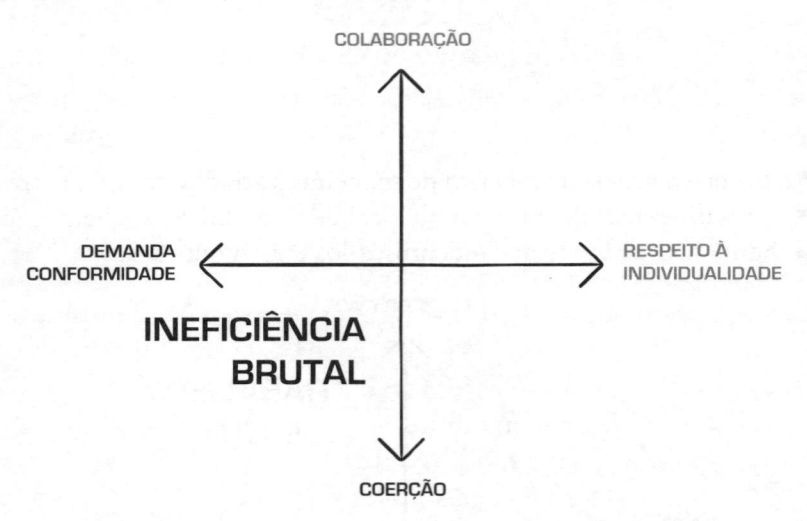

```
                    COLABORAÇÃO
                        ↑
                        |
  DEMANDA     ←         |         →    RESPEITO À
  CONFORMIDADE          |              INDIVIDUALIDADE
              INEFICIÊNCIA
                BRUTAL
                        |
                        ↓
                    COERÇÃO
```

Às vezes, os líderes projetam intencionalmente um sistema que exclui parte da população. Normalmente, no entanto, eles configuram sistemas de gestão com a intenção de tornar mais simples decidir quem contratar, demitir e promover. Eles pretendem criar meritocracias eficientes. Mas o que eles estão realmente fazendo é criar o que a jornalista Kara Swisher chama de "espelhocracia*" — um local de trabalho que recompensa somente aqueles que se parecem com seu líder.[1]

E, realmente, quem liga para as intenções do líder? Nos negócios, o que importa são os resultados, não as intenções. Wall Street não perdoaria de forma alguma um CEO que dissesse: "Bem, eu pretendia melhorar a lu-

---

* Mirror-tocracy, no original. "Mirror", de espelho, e "tocracy" de cracia. (N. do T.)

cratividade. Simplesmente não consigo entender por que estamos perdendo dinheiro. Portanto, não vamos medir a lucratividade. Estou cego para a lucratividade. Deve ser um problema de pipeline sobre o qual não posso fazer nada, então vamos ver outras coisas aqui." Os investidores jamais diriam a tal CEO: "Bem, você é um bom rapaz, com boas intenções, então vamos comprar suas ações mesmo que os resultados sejam terríveis." Não. Haveria uma mudança para responsabilizar o CEO e encontrar alguém mais capaz de fazer o trabalho. Devemos exigir os mesmos bons resultados de líderes que criam sistemas de gestão. Se os sistemas refletem e reforçam a injustiça em nossa sociedade, eles precisam ser mudados. Se um líder não consegue descobrir como mudar os sistemas, ele deve sair. Mas os líderes não podem mudá-los sozinhos. Todos precisamos desempenhar um papel.

Aqui está uma história sobre processos de negócios que criaram uma injustiça sistêmica e um líder que se recusou a assumir a responsabilidade por eles, ou que nem sequer reparou no que acontecia debaixo de seu nariz. Isso mostra como um sistema ruim pode refletir e reforçar uma dinâmica ruim, como uma dinâmica pode criar condições para outra e como é difícil (mas não impossível) mudar as coisas uma vez que a injustiça se enraizou. É sombrio, muito mais do que a realidade. Ninguém nessa história se comporta bem, o que felizmente não é o caso na vida real. Vi essas dinâmicas ocorrendo em quase todas as empresas que trabalhei, embora geralmente havia *algum* calor humano para redimir a situação. Muitas vezes, a humanidade das pessoas mascara os problemas do sistema. Então, escrevi uma história na qual ninguém tem nenhuma humanidade de fato. Escrevi desta forma para expor a dinâmica da injustiça sistêmica, não porque eu seja tão pessimista sobre a natureza humana quanto esta história.

Tom, Dick, Harry e Mary

Tom, Dick e Harry são vice-presidentes seniores que se reportam a Adam, o presidente de uma empresa de softwares. Adam odeia conflitos, então os três trabalham duro para aparentar ser uma equipe feliz e unida. No entanto, Tom, Dick e Harry querem a mesma coisa — suceder Adam. Uma vez que apenas um deles conseguirá o cargo, eles têm todos os incentivos para enfraquecer um ao outro. Adam, que odeia conflitos, criou involuntariamente uma espécie de tanque de tubarões. A batalha sempre vem à tona no fim do ano, quando os bônus e promoções são entregues.

Há um orçamento de bônus, controlado por Adam, alocado entre as três equipes dos vice-presidentes. Se a equipe de Tom consegue os maiores bônus, então as de Dick e Harry ficam com os menores. Além disso, neste ano, Adam decidiu que apenas três pessoas serão promovidas para as fileiras de vice-presidente. Outro jogo de soma zero. Assim, se dois funcionários de Dick forem promovidos, somente um de Tom ou Harry o será. O pessoal que trabalha para Tom, Dick e Harry está observando de perto. Ninguém quer ficar preso trabalhando para o chefe que não consegue entregar um bom dia de pagamento.

Adam não compreende esse jogo porque nunca o jogou. Ele crê estar "acima de políticas" e que todos também deveriam estar. Seu pai fundou a empresa e não havia dúvidas de que, um dia, Adam estaria no comando. Ele fez sua carreira em uma espécie de bolha. Ele não toleraria que Tom, Dick e Harry lutassem abertamente. Não assumindo nenhuma responsabilidade pela dinâmica de poder inerente às regras do jogo que criou, Adam diz que seus três vice-presidentes seniores são adultos e devem ser capazes de resolver seus problemas de forma independente. Como resultado, as tensões vão para o subsolo e há muitas manobras nos bastidores.

Tom percebe que a melhor forma de atacar Dick e Harry é desacreditar as pessoas que trabalham para eles e que os alvos mais fáceis são as mulheres das equipes rivais. Ele vai até as mulheres que trabalham para Dick e Harry com especial ferocidade. (Todos os subordinados a Tom, Dick ou Harry são brancos — ninguém jamais perguntou por quê.)

Tom está "apenas" jogando para vencer. Ele não é sexista, mas se as mulheres das equipes rivais são vulneráveis, ele as atacará para conseguir o melhor pagamento para a sua equipe. A estratégia funciona. A equipe de Tom consegue a melhor parte dos bônus e promoções. Algumas das melhores pessoas, incluindo mulheres, das equipes de Dick e Harry, vão para a equipe de Tom. Eles não sabem das manobras nos bastidores. Apenas percebem que o pessoal de Tom tende a se sair melhor.

Dick faz o jogo de Tom. Mas Harry não é político; ele ainda pensa que Tom e Dick são seus amigos. Para consternação de Harry, várias das melhores pessoas de sua equipe desertaram para as de Tom e Dick. Mesmo que todos esses desertores gostem de Harry, eles têm seus bônus e promoções a considerar. Harry ganhou a reputação de ser um líder fraco, incapaz de lutar por seu povo; à medida que mais pessoas desertam, seus resultados sofrem ainda mais e, em pouco tempo, ele é forçado a deixar a empresa.

Bônus e promoções refletem menos as contribuições de uma pessoa do que o poder de um chefe de atacar as contribuições de pessoas de outras equipes. E, geralmente, é mais fácil atacar as contribuições de pessoas sub-representadas. Então, estas pessoas na equipe, em geral, obtêm avaliações mais baixas e são promovidas mais lentamente. Nunca tendo que jogar esse jogo sozinho, Adam realmente acredita que seu processo é meritocrático.

Enquanto isso, Tom está começando a se sentir um garanhão. Todas as mulheres querem trabalhar com ele. Ele pensa que isso ocorre porque elas devem achá-lo atraente. Jamais lhe ocorreu que é porque ele luta duro e consegue as melhores classificações para seus funcionários. Ele começa a ir aos escritórios delas, fechar a porta e fazer perguntas intensamente pessoais. Ou massagear seus ombros. Ele pergunta se a mulher quer tomar um drinque com ele. Certa vez, alguns drinques noite a dentro, ele agarrou Anika, uma mulher de sua equipe, e beijou-a à força. Anika falou com Denise, vice-presidente do RH, que sabia que ela seria demitida se levasse aquilo a Adam. Denise garantiu a Anika que teria uma "conversa severa" com Tom. Ela conversou e Tom tratou aquilo tudo como uma grande piada.

Sabendo como Adam odeia conflito, nenhuma mulher reclamou com ele. Elas estão chateadas, porque os homens da empresa tendem a ser promovidos mais rápido, recebem bônus maiores e não têm que aturar o comportamento predatório e assustador de Tom. Ninguém sabe melhor do que Denise, do RH. Por fim, ela decide que tem que contar a Adam. Mas, para se proteger, ela não acusa nenhum homem específico da empresa. Ela sabe que se escolher lutar com Tom, Adam ficará do lado dele. Em vez disso, ela simplesmente aponta que as mulheres com o melhor desempenho deixam a empresa constantemente. O mesmo ocorre com funcionários negros e latinos, mas uma injustiça de cada vez, decide Denise. Não ocorre a ela que teria muito mais influência se ampliasse sua perspectiva. Ela não pode resolver efetivamente o problema da injustiça de gênero sem considerar a diversidade, a equidade e a inclusão em grande escala.

Adam percebe que ela está certa e imagina por que jamais reparou nisso. É importante para ele que a sua empresa seja conhecida por ter um bom ambiente de trabalho para mulheres. Mas ele não tem ideia de como resolver o que, agora, ele pensa ser um "problema das mulheres". Jamais lhe ocorreu que não é um problema de mulher, mas de injustiça sistêmica, que ele mesmo criou. Quando ele começou a buscar um substituto para Harry, falou a seus recrutadores para se concentrar em encontrar uma mulher. Ele achava que contratar uma mulher resolveria o problema das mulheres.

Mary chegou, com um currículo impressionante e aumento de receita em todas as empresas para as quais trabalhou. Ela presume que Adam a contratou por isso. Ninguém mencionou que Adam espera que ela resolva o "problema das mulheres".

Mary se revela uma jogadora de jogos corporativos muito mais perspicaz do que Harry. Ela percebe o jogo de promoção que Tom e Dick jogam e está determinada a vencer. E vence. A maior parte dos bônus e promoções vai para a sua equipe. Não necessariamente porque eles fizeram o melhor trabalho, mas porque ela é muito mais eficaz em descobrir quem são as pessoas vulneráveis nas outras equipes e eliminá-las.

É certo que um número desproporcional de pessoas nas equipes de Tom e Dick são sub-representadas. Mas Mary mal repara. Assim como Tom e Dick, ela está focada na vitória, não em raça ou gênero. Como resultado, a maioria dos melhores funcionários de Tom e Dick vai trabalhar com Mary. Ela entrega bônus e promoções. Muitas daquelas mulheres contam a Mary sobre o comportamento de Tom. Ela sabe que terá que ser estratégica sobre como usar isso. Tal qual Denise, ela sabe que ir a Adam causará problemas.

Enquanto isso, Adam está confuso. Por que Mary não apoia mais as mulheres mais jovens das equipes de Tom e Dick? Ele não parece perceber com que ferocidade ela força as mulheres da própria equipe. Nem nunca se incomodou quando Tom e Dick atacaram as mulheres nos times uns dos outros. Mas quando Mary fez a mesma coisa, pelas mesmas razões, ele se perguntou: "Por que as mulheres se odeiam?" Ciente da injustiça, ele responsabiliza a misoginia internalizada pelo comportamento dela, mas nunca diretamente.

Tom e Dick percebem que Mary é uma ameaça e se unem contra ela. Eles brincam que sentem falta de ter alguém fraco como Harry para fazer o que quiserem. Eles querem que Mary se vá. A época da promoção chega novamente. Adam decidiu criar uma quarta posição de vice-presidente sênior. Se Tom, Dick ou Mary puderem manobrar alguém de seu pessoal para esse novo cargo, terão um aliado valioso na equipe administrativa superior. A disputa por posições se torna mais dura do que nunca.

Há mais um problema no jogo para Mary. Adam, através de milhares de comentários casuais, deixou claro que acha que uma mulher em sua reunião de equipe é mais do que suficiente. Ele não quer lidar mais com "brigas de mulheres". Tom e Dick, unidos em sua antipatia por Mary, deixam Adam nervoso, sutilmente lembrando-o da razão não mencionada pela qual contratou Mary: para resolver o "problema de mulheres", que ficou pior ainda. Isso, é claro, nunca foi parte da descrição de cargo dela. Mas eles sabem que foi parte da ideia de Adam.

É aí que as coisas ficam diabólicas: Tom e Dick percebem que se conseguirem levar Anika, a mulher da equipe de Tom que ele beijou, ao cargo de nova vice-presidente sênior, poderia significar o fim de Mary — afinal, Adam só quer uma mulher na equipe sênior de administração.

Enquanto isso, Mary sabe perfeitamente que Adam não quer mais uma mulher em sua equipe. Se Anika for promovida, provavelmente Mary será demitida. As opções de ações que Mary recebeu quando foi contratada valem US$2 milhões, mas estão apenas investidas parcialmente. Isso significa que ser demitida lhe custará US$1 milhão. Não surpreendentemente, ela começa a questionar a competência de Anika ferozmente, sabendo que se aquela mulher conseguir o cargo, poderá perder o emprego. Quer dizer, Adam tornará sua vida tão difícil que ela terá que sair. Ou talvez ele simplesmente a demita. Então há muito em jogo para Mary. Ela começa a jogar duro para Arnold, de sua equipe, ser o promovido. Tom e Dick estão unidos, e bastante desagradáveis em sua oposição à promoção de Arnold. Desnecessário dizer que nunca ocorre a Adam acusá-los de "misandria internalizada".

No entanto, Adam também considera a oposição de Mary a Anika como uma confirmação de sua misoginia internalizada. Ele conclui que Mary "não apoia as outras mulheres". No que diz respeito a Adam, Mary falou em resolver o "problema das mulheres". Ele não reconhece para si mesmo ou para qualquer outro que nunca discutiu o "problema das mulheres" com Mary. Além disso, Mary se tornou um para-raios para o tipo de conflito que Adam acha muito desagradável. Tanto Tom quanto Dick a odeiam, e Adam está cansado de ouvir isso. Ele começa a se questionar por que a contratou. Como ele não percebeu o quanto ela é desagradável e agressiva? Tom e Dick sabem que Adam já ouviu o suficiente sobre o quanto eles odeiam Mary, então pedem a Anika que diga coisas ruins sobre ela para Adam.

"Mas eu gosto dela", objeta Anika.

"Bem, ela não gosta de você", eles contam. "Ela está lutando contra a sua promoção com unhas e dentes."

"Sério? Por que ela faria isso?"

"Pergunte a Adam", eles a disseram.

Eles também decidem descobrir até onde podem levar as coisas com a própria Mary. Eles começam a fazer comentários abertamente sexuais quando estão com ela. Quando ela consegue uma grande conta, eles a acusam de dormir com o cliente. Tom abaixa as calças, senta na copiadora e deixa uma fotocópia da sua bunda e saco para Mary.

Finalmente farta, Mary conta a Adam sobre a fotocópia. Ela conta a ele sobre o beijo de Tom e Anika. Esta é a última coisa com a qual Adam quer ter que lidar. E mais, ele está farto de Mary. Ele a acha agressiva, na melhor das hipóteses, e ultimamente ela parece ainda mais mal-humorada do que o normal. Então, ele decide tornar a vida dela mais fácil. Ele a despede e lhe dá um pacote de indenização decente, pensando que a paz voltará para sua vida. Ele rejeita a promoção de Anika e promove Arnold. E acaba ficando sem mulheres na equipe.

Mas a vida não fica mais pacata. Anika se demite. Mary e ela fundam uma empresa que compete com a de Adam. Elas criam um sistema de promoção transparente e justo. Sua cultura é conhecida por ser uma zona livre de besteiras. Muitos dos funcionários mais talentosos da empresa de Adam se demitem para se juntar à de Mary. Mais da metade das mulheres da empresa de Adam saem. Sete anos depois, a empresa de Mary é sua maior concorrente.

Adam não podia ou notaria que Tom, Dick, Harry e Mary estavam somente jogando de acordo com as regras do jogo que ele criou. É injusto que Mary não possa ganhar nesse sistema. Mas a resposta é muito mais profunda do que simplesmente ajudar uma mulher a vencer nele. Mesmo que Adam pudesse eliminar essa discriminação inconsciente de seu sistema, ainda seria ruim. Seria ineficaz mesmo que todos na empresa fossem homens brancos, que estudaram em Harvard e remassem juntos. O próprio sistema é falho. Esse não é um ambiente que encoraje os gerentes seniores a trabalharem juntos na mesma direção. As intenções de Adam podem ter sido boas. Talvez ele tenha pagado muito dinheiro a um consultor para ajudar a configurar esse sistema. Mas em vez de alocar os bônus e promoções aos executivos que fazem o melhor trabalho, seu sistema recompensa os que trabalham na base da intimidação. Isso encoraja a coerção, e não a colaboração.

* * *

Por isso eu chamo de "Ineficiência Brutal". Nessa história, a Dinâmica da Conformidade foi criada e reforçada pela forma como os bônus e promoções eram decididos. A Dinâmica da Coerção foi criada e reforçada porque não havia controle e equilíbrio que responsabilizassem o CEO e este odiava tanto o conflito que se recusava a responsabilizar Tom. Foi injusto não permitir que Mary jogasse com as regras do sistema. Mas a maior injustiça era o sistema em si, que estava quebrado e criou uma situação horrível para todos. Foi pior para Mary e todas as pessoas sub-representadas da empresa. Mas aquele era um lugar bem sombrio para todos.

COMO SUBSTITUIR A INEFICIÊNCIA BRUTAL PELO TRABALHO JUSTO

Se a sua organização se caracteriza pela Ineficiência Brutal, aqui está uma lista de coisas que você precisa começar a fazer:

MUDE DE EXIGIR CONFORMIDADE PARA RESPEITAR A INDIVIDUALIDADE

- ☐ Interromper a tendenciosidade é a norma
- ☐ Código de conduta é bem compreendido
- ☐ Quantificadores de tendenciosidades são construídos em processos de negócios de rotina

MUDE DA COERÇÃO PARA A COLABORAÇÃO

- ☐ Há consequências para o bullying
- ☐ Os controles e o equilíbrio estão estruturados
- ☐ Mecanismos de denúncia confiáveis estão definidos
- ☐ A cultura do consentimento é compreendida

SISTEMA DOIS: VERGONHA HIPÓCRITA

As ferramentas do mestre jamais desmontarão a sua casa.

— Audre Lorde

"Por que este homem está vivo?" Dmitri disse, cheio de raiva. "Diga-me, ele pode continuar contaminando a terra?"

— Fyodor Dostoyevsky, *Os Irmãos Karamazov*

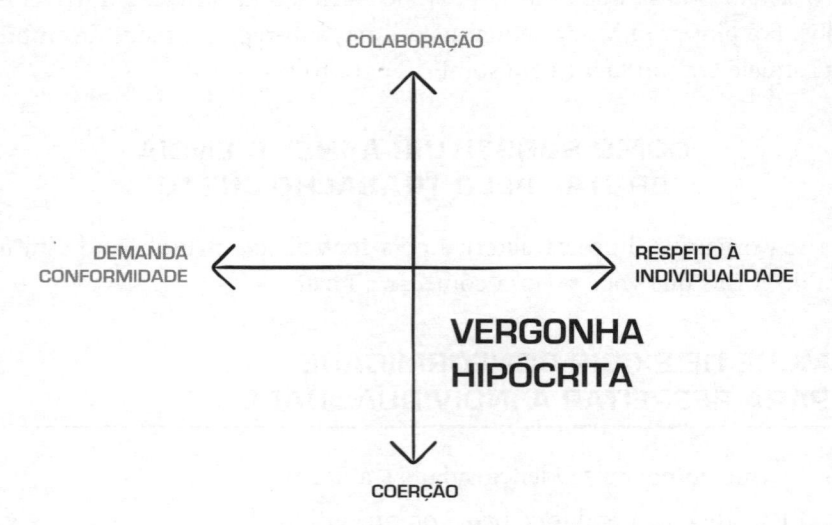

```
                    COLABORAÇÃO
                         ↑
                         |
  DEMANDA     ←──────────┼──────────→   RESPEITO À
  CONFORMIDADE           |              INDIVIDUALIDADE
                    VERGONHA
                    HIPÓCRITA
                         |
                         ↓
                     COERÇÃO
```

Podemos — na verdade, devemos — responsabilizar as pessoas por atitudes e comportamentos injustos, mas não devemos tentar *coagi-las* a imitar nossas próprias crenças e ideias, por mais tentador que seja, embora possamos achar seus preconceitos abomináveis. O problema é triplo. Primeiro, não funciona. Sim, é possível intimidar as pessoas para que escondam suas crenças preconceituosas, mas isso não muda o que elas pensam; apenas torna mais provável que apareçam de maneiras destrutivas e insidiosas. Segundo, essas táticas de bullying violam todos os *princípios* da colaboração, mesmo quando empregados em nome da moralidade. Elas nos colocam em um sistema injusto, que chamarei de Vergonha Hipócrita. O que nos leva ao terceiro problema. O sistema é instável. Não temos que respeitar preconceitos que exigem conformidade: na verdade, temos que desafiá-los. Mas quando desrespeitamos as *pessoas* que os mantêm, com o tempo passamos a exigir conformidade — ironicamente em nome do respeito à individualidade! Deslizamos da Vergonha Hipócrita para a Ineficiência Brutal.

No entanto, usamos a vergonha frequentemente para tentar coagir uma pessoa ou grupo a respeitar outra pessoa ou grupo. Em um podcast sobre responsabilidade e vergonha, em julho de 2020, a autora Brené Brown alertou contra esse tipo de coerção:

> A vergonha não é uma ferramenta de justiça social efetiva. É uma ferramenta de opressão. Uma ferramenta da supremacia branca. Humilhação, menosprezo, essas são ferramentas de injustiça. Não servem à justiça. Primeiro, a vergonha corrói a crença de que podemos ser melhores e fazer melhor. E é muito mais provável que seja a causa de comportamentos perigosos e destrutivos do que a cura. A vergonha, em si, é inerentemente desumanizante. Volto à frase de Audre Lorde, "As ferramentas do mestre jamais desmontarão a sua casa"... Vergonha gera vergonha e violência.[2]

A Vergonha Hipócrita exemplifica uma mentalidade decididamente fixa que permite a condenação, mas não o crescimento ou a redenção. As pessoas envergonhadas são estimuladas/galvanizadas a se defenderem, em vez de examinarem sua própria lógica falha ou comportamento destrutivo. O mesmo vale para o outro lado: as pessoas que usam a vergonha raramente percebem sua própria lógica falha ou táticas coercitivas.

Às vezes, a vergonha vem de cima para baixo — um ultimato dado por um chefe ou gerente. Outras vezes, vem de baixo para cima, como no Twitter, Slack ou na intranet dos funcionários. De qualquer forma, torna impossível a verdadeira colaboração no trabalho. A psicóloga Lisa Schievelbein explica: "A vergonha é problemática tanto na experiência dolorosa no momento quanto em seus efeitos em cascata sobre a motivação e o comportamento interpessoal. Pesquisas revelaram uma propensão para processar a raiva alimentada pela vergonha de maneiras não construtivas, como agressão direta e indireta, ressentimento, irritabilidade, culpar os outros e expressões indiretas de hostilidade."[3]

A vergonha é popular porque é relativamente fácil — muito mais do que uma respeitosa troca de ideias — e poderosa. Um esforço mínimo — uma frase violenta em um fórum público, uma depreciação fulminante lançada ao mundo com o apertar de um botão — tem um impacto potencial enorme. Não é à toa que se espalhou pelas redes sociais como uma erva daninha invasora.

Mas é vital entender a diferença entre *se sentir* e *ser envergonhado*. Quando somos responsabilizados por algo que fizemos ou dissemos que prejudica outras pessoas, muitas vezes nos *sentimos* envergonhados, mesmo que a pessoa que apontou o problema não esteja nos envergonhando, mas sim nos dando um feedback valioso. Quando nos sentimos envergonhados, tendemos a recuar na negação ou partir para o ataque — talvez, ambos. Em vez disso, devemos aprender a superar nossos sentimentos de vergonha e chegar a um ponto em que reconhecemos o que fizemos de errado. Em seu podcast, Brown ressalta a importância de ser capaz de fazer essa distinção crítica:

> Há uma grande diferença entre ser envergonhado por ser racista e se sentir envergonhado por isso. É meu trabalho regular minhas emoções, superar a vergonha de uma forma produtiva, sem ficar na defensiva, sem duplicá-la, sem racionalizar, sem exigir ser ensinado, exigir absolvição ou consolo de quem me responsabiliza, que muitas vezes é negro ou não branco. Sou responsável por essa regulação emocional.[4]

Aqueles de nós que estão empenhados em erradicar a vergonha devem estar igualmente comprometidos com a investigação genuína: para responsabilizar a nós mesmos e aos outros com respeito e coragem; para ouvir melhor e falar com responsabilidade e regular nossos sentimentos de vergonha; e fazer com que essas trocas pareçam estimulantes e inspiradoras, em vez de punitivas e humilhantes. Só então nos libertaremos da negação para nos tornarmos as pessoas que queremos ser e criar o tipo de ambiente de trabalho no qual construiremos nossas carreiras mais criativas e produtivas.

VERGONHA DE BAIXO PARA CIMA: A MULTIDÃO QUE CONDENA

Como escreveu Bryan Stevenson: "Cada um de nós é maior do que a pior coisa que já fizemos."[5] Nenhum de nós quer que a pior coisa que já fizemos nos defina para sempre, viralize; nenhum de nós quer ser confundido com outra pessoa em nosso pior momento e se tornar um alvo. Mas isso não é uma condenação de todas as mídias sociais. Apesar dos excessos, os vídeos e as mídias sociais têm sido uma tremenda força para a justiça, mais do que para a injustiça, para o Black Lives Matter e o #MeToo.

Quando os incidentes explodem nas redes sociais, como invariavelmente farão, para o bem ou para o mal, é necessário que os líderes liderem, em vez de seguir cegamente a multidão online; e devemos aprender a usar essas novas ferramentas para responsabilizar as pessoas, mas não para, precipitadamente, julgar ou usar a vergonha como arma.

Antes de pensarmos como se parece uma multidão condenadora quando se trata de confrontar questões de justiça e injustiça, consideremos algo sobre o qual a maioria das pessoas não tem sentimentos tão fortes: a etiqueta ao andar de bicicleta.

Eu trabalhei numa empresa onde o "campus" era um monte de prédios espalhados ao redor de uma cidade da Califórnia. O escritório do meu chefe ficava a pouco mais de 1,5 quilômetro do meu — 6 minutos de bicicleta ou 23 de caminhada. Não havia estacionamento, então dirigir não era uma opção. Para tornar a locomoção mais fácil, a empresa tinha uma série de bicicletas para os funcionários compartilharem. Muitas vezes, eu tinha apenas 5 minutos entre as reuniões para ir de um prédio a outro, então dependia muito das bikes. Para minha sorte, o escritório do meu chefe ficava nos limites do campus, onde nunca havia bicicletas. Se eu seguisse o protocolo da bicicleta e a deixasse do lado de fora do prédio, outra pessoa a pegaria e eu ficaria sem. Então, comecei a levá-la para as reuniões para garantir que pudesse chegar a tempo para a próxima.

Sem que eu soubesse, um de meus colegas também ficou frustrado com a falta de bicicletas naquele prédio. Um dia, quando me viu levando a bike para uma sala de conferências, ele postou uma descrição da minha violação da etiqueta da bicicleta em um e-mail que foi enviado a vários milhares de pessoas e perguntou que tipo de pessoa horrível e egoísta faria tal coisa.

Muitas pessoas caíram em cima. Eu não tinha tempo para acompanhar os muitos fóruns da intranet dessa empresa, então não tinha ideia de que tinha me tornado uma idiota acumuladora de bicicletas com quem todos estavam chateados. No dia seguinte, quando fiz a mesma coisa, ele tirou uma foto minha e a postou com a legenda "a coisa Nada legal". Mais comentários. Mais ultraje moral. Mais vergonha. A empresa era bem grande, então levou um tempo até alguém associar meu nome à foto, mas por fim aconteceu e recebi um telefonema de um amigo me alertando sobre o escândalo. Meu colega tinha um ponto legítimo — afinal, ele trabalhava naquele prédio e estava compreensivelmente irritado porque raramente havia uma bicicleta lá quando ele precisava. No entanto, como ele me envergonhou deliberadamente, inicialmente fui incapaz de reconhecer seu ponto de vista. Quem era esse idiota, me seguindo, tirando fotos, violando a minha privacidade e lançando acusações morais sobre mim em uma intranet pública? Fiquei tão agitada que se tornou impossível reconhecer para mim mesma ou qualquer outra pessoa que, de alguma forma, contribuí para o problema. Se esse idiota tinha tempo livre o suficiente para tirar fotos minhas disfarçadamente enquanto eu pedalava furiosamente entre as reuniões, ele deveria ser demitido. Eu não consegui nem chegar à pergunta legítima sobre o comportamento dele. Por que ele simplesmente não me abordou diretamente? Se ele só apontasse que eu estava tornando as coisas difíceis para ele, eu teria dito algo como "Desculpe-me. Não posso me atrasar para a minha próxima reunião, mas não farei isso de novo. Vou parar de depender do sistema comunitário de bicicletas e trazer a minha própria bike para o trabalho amanhã."

Por sorte, quando fiquei sabendo o que estava acontecendo, o RH já havia retirado a postagem e dito em particular ao autor que envergonhar um colega publicamente não era a maneira de lidar com essas situações. Eles também me alertaram do ocorrido e expressaram compaixão pela forma dura como fui tratada. E, talvez o mais importante, comprometeram-se a resolver o problema das bikes. Enquanto isso, pediram para eu parar de levar bicicletas para as reuniões, o que eu fiz. Mas se ninguém tivesse intervindo e eu tivesse enfrentado essa arrogância moral com meu próprio contra-ataque, quem sabe quantos amigos e estranhos adicionais teriam sido puxados para a nossa briga. Que perda de tempo e energia.

Também tive a sorte de não ser tão difícil abandonar o rótulo de acumuladora de bicicletas. Esse não é o tipo de rótulo que cola. Mas e se eu tivesse sido envergonhada não por acumular bicicletas, mas por misoginia internalizada, racismo ou homofobia?

Muitas vezes, nossas intenções ao envergonhar são boas: estamos tentando defender um indivíduo vulnerável ou um grupo de pessoas que está sendo desrespeitado. Ou talvez nós mesmos nos sentimos envergonhados, por isso é bom desabafar. Ou estamos fartos de um sistema quebrado, que não está funcionando para nós, então atacamos uma pessoa em vez de tentarmos consertar o sistema — como fez o cara que me envergonhou por causa do meu comportamento com a bike. Ou talvez as pessoas que envergonhamos são mais poderosas do que nós, então presumimos que elas merecem ou podem aceitar isso, de alguma forma. Esquecemos que devemos a decência humana comum a todos, independentemente de quão poderosa ou impotente a pessoa seja.

Por todas essas razões, acabamos recorrendo à vergonha em vez de tentar descobrir o que podemos fazer para resolver o problema. Fazer a mesma coisa ruim que foi feita a você apenas alimenta um ciclo de injustiça. Na maioria das vezes, a vergonha não consegue transformar sua própria situação; às vezes, a vergonha faz com que você mude de papel, de oprimido para opressor. Você ainda está em um lugar ruim ou se tornou uma pessoa ruim — ou ambos. A Vergonha Hipócrita é a injustiça em nome da justiça, é a vingança e não o reparo e, finalmente — na medida em que sabemos, em algum nível, que ela não vai funcionar — é um ato de desespero.

A vergonha se torna ainda mais perigosa quando um grupo de pessoas a compartilha. Dado o quão viciante é a pressa de envergonhar os outros e como as mídias sociais tendem a facilitar esse tipo de comunicação, as multidões condenadoras não são apenas onipresentes online, mas cada vez mais comuns nos locais de trabalho de hoje.

Outra coisa que torna a Vergonha Hipócrita mais provável é quando não há somente uma maioria, mas uma supremacia. Quando a vasta maioria das pessoas compartilha um ponto de vista, é provável que desprezem a voz dissidente de uma forma que envergonhe aqueles que discordam.

Não importa de que lado de um problema a multidão condenadora esteja, envergonhar invariavelmente é contraproducente tanto a nível prático quanto moral. Essas multidões, geralmente, derivam seu tom de superioridade moral da noção de que estão defendendo algum tipo de direito ou derrubando um sistema que é injusto para alguns, mas não para outros.

Essa noção de proteger os direitos individuais coloca a multidão condenadora nesse quadrante: coercitiva, mas sem exigir conformidade.

TÉCNICAS QUE FUNCIONAM MELHOR DO QUE ENVERGONHAR PARA ENFRENTAR A INJUSTIÇA NO TRABALHO

COLABORAR, NÃO COAGIR

Em seu livro *Active Listening* [*Escuta Ativa*, em tradução livre], o psicólogo Carl Rogers propõe uma abordagem para o desacordo que ajuda a nos afastar de comportamentos coercitivos, como a própria Vergonha Hipócrita, e aponta para uma resolução produtiva e colaborativa.[6] O objetivo é confirmar que ambas as pessoas se entendam. Em vez de debates prós/contras, vencedores/perdedores, os argumentos rogerianos exigem que ambos os lados sejam capazes de articular a perspectiva um do outro e também de identificar os pontos em seu próprio argumento que podem ser corrigidos ou ajustados. Para clarear o seu pensamento, você ouve a outra pessoa e debate consigo mesmo. As estudiosas de retórica Sonja Foss e Cindy Griffin desenvolveram uma estratégia similar chamada de Argumento Convidativo.[7] Em *Empatia Assertiva*, sugiro trocar os papéis quando o debate no trabalho se torna muito intenso. Essa é uma boa forma de garantir que os egos não se apeguem a ideias, de ter certeza de que estamos ouvindo e respeitando uns aos outros.

Lembrando da conversa que tive com meu colega sobre ser uma mãe trabalhadora, descrita no Capítulo 2. Não precisamos, necessariamente, concordar sobre "o que é melhor para as crianças" para trabalharmos bem juntos; mas tivemos que falar bastante sobre o assunto, com respeito suficiente um pelo outro como indivíduos, para que pudéssemos chegar a um modus operandi. Eu não respeito a crença preconceituosa de que mães de crianças pequenas devem ficar em casa; mas de forma mais ampla, eu o respeito como ser humano. Foi possível trabalhar com ele, conversar com ele, insistir que respeitasse minhas escolhas e eu respeitar as dele.

FIQUE EM PÉ DE IGUALDADE

Uma das razões pelas quais envergonhamos os outros é que sentimos que enfrentamos dinâmicas de poder injustas. Molly Ivins apontou que a sátira, que ela definiu como "sujeitar as pessoas ao desprezo ou ao ridículo público", é a "arma dos impotentes contra os poderosos".[8]

Não quero roubar a arma contra o poderoso de um impotente. Se você quiser me satirizar, me ridicularizar em público, tentarei aprender o que puder com a sua crítica. No entanto, não tenho certeza de que isso vai funcionar tão bem com o seu chefe como funcionou comigo. Não estou dizendo para não responsabilizar o seu chefe. Estou dizendo que, provavelmente, você tem ferramentas mais eficazes do que a vergonha à sua disposição. Se você é um comediante ou jornalista, a sátira pode funcionar com você. Mas se você usa essa abordagem com o seu chefe, pode criar um inimigo desnecessário. Talvez a pessoa se tornará sua inimiga não importa o que você diga. Mas talvez, apenas talvez, essa pessoa esteja na verdade tentando ser um aliado, ainda que ineficientemente. Poucas coisas tornarão um potencial aliado em um inimigo mais rápido do que envergonhá-lo. Quando você aborda pessoas em posições de autoridade como seres humanos, fica mais fácil responsabilizá-las sem envergonhá-las *ou* temê-las. Tenho observado durante a minha carreira que as pessoas capazes de tratar seus chefes e outros executivos "acima" delas como iguais são as mais capazes de desafiá-los efetivamente. Elas não hesitam em oferecer críticas quando merecem. Elas não escondem suas opiniões. Elas não puxam o saco — e não tratam as pessoas que têm autoridade como tiranos a serem derrubados. Na vasta maioria dos casos, essa abordagem cria confiança. Você corre um risco — às vezes, você terá problemas quando confrontar uma figura de autoridade. Mas em minha experiência, vale a pena o risco.

No entanto, se você se sente vulnerável, é difícil ficar em pé de igualdade. Talvez você não se sinta confortável interrompendo tendenciosidades e pode passar por maus bocados tentando criar consequências para as pessoas que o intimidam. Mesmo se houver um sistema de controles e equilíbrio ou de denúncias, você pode relutar em recorrer a eles por medo das consequências. O que você pode fazer para assumir uma postura mais ativa, de modo a enfrentar a injustiça de uma forma mais eficaz do que descartar os outros como seres humanos inúteis e sem valor?

Maria Konnikova, psicóloga e autora de *The Biggest Bluff* [*O Grande Blefe*, em tradução livre], explica o que ela aprendeu sobre assumir uma postura ativa na vida e no trabalho, jogando pôquer. Ela aprendeu a agir como se tivesse uma mão forte, mesmo quando não tinha.

> Há um falso senso de segurança na passividade. Você acha que não pode se meter em muitos problemas — mas na verdade, qualquer decisão passiva leva a uma lenta, porém estável, perda de fichas. E as chances são, se estou escolhendo esse método na mesa, existem questões mais profundas em jogo. Quem sabe quantas fichas proverbiais uma passividade padrão me custou ao longo da minha vida? Quantas vezes me afastei de situações por causa da demonstração de força de outra pessoa, quando eu realmente não deveria? Quantas vezes fiquei passiva diante de uma situação, por fim deixando que ela levasse a melhor, em vez de assumir ativamente o controle e mudar as coisas? Ficar para trás só parece uma solução fácil... não é uma realização agradável, mas é importante. Agora [que reparei isso], talvez eu possa começar a trabalhar nisso.[9]

Descubra como praticar ignorando a dinâmica do poder para que você possa tratar os outros como iguais em um nível humano. Os jogos são úteis porque o feedback é mais imediato e menos confuso. Você pode tentar o xadrez ou melhorar suas técnicas. Ou apenas praticar uma abordagem diferente com um grupo seguro. Uma mulher com quem trabalhei ofereceu um jantar com espaguete em que todos contaram uma história sobre algo desagradável que seu chefe havia dito a eles. Então, todos praticaram o que eles "deviam ter dito". As histórias eram ultrajantes e, muitas vezes, as diferentes abordagens que as pessoas sugeriam eram tanto engraçadas quanto encorajadoras.

NÃO CAIA NA PILHA

Se você reparar uma multidão online se formando em um canal do Slack ou na intranet dos funcionários no trabalho, não caia na pilha. Confira com os alvos para ter a perspectiva deles, mesmo que o que eles tenham feito pareça bem ruim. Um lindo exemplo desse tipo de intervenção está em *Rising Out of Hatred* [*Libertando-se do Ódio*, em tradução livre] um livro sobre como Derek Black deixou o nacionalismo branco, como descrito no Capítulo 2.[10]

Quando você vê um vídeo de alguém fazendo algo vergonhoso que é amplamente compartilhado no Twitter, tente parar e pensar sobre um momento em que você fez algo do qual mais tarde se envergonhou. Tente usar isso como uma oportunidade de aprender como você pode se sair melhor, em vez de uma oportunidade de dizer, *veja que horrível essa pessoa é! Dou graças a Deus por não ser tão ruim assim.*

VERGONHA DE CIMA PARA BAIXO: TOLERÂNCIA ZERO

O poder de uma multidão condenadora é de baixo para cima. Ele se encontra mais em seu tamanho do que no status de seus membros. Líderes fracos temem esse tipo de multidão e procuram evitar a sua ira a todo custo; líderes fortes buscam aprender com isso e são mais capazes de guiá-la a um resultado mais produtivo.

Uma forma pela qual os líderes procuram evitar provocar a multidão é adotando uma política de tolerância zero na empresa — ou seja, "uma falha e você está fora" — em um lance de cima para baixo para eliminar comportamentos indesejados. Admitidamente, essa abordagem é tentadora. Permite ao líder sinalizar uma oposição forte e virtuosa às atitudes problemáticas e ao mau comportamento. Também promete eliminar a ambiguidades e evitar o tempo, a energia e os custos de um devido processo. Infelizmente, isso não funciona e é injusto.

A tolerância zero procura evitar o problema. Um melhor objetivo seria *consertar o problema*. O que significa primeiro reconhecer que isso pode ser um processo difícil e confuso — aquele que envolve tolerar erros e aprender a distinguir entre aqueles que podem ser corrigidos suavemente e aqueles que merecem consequências. Também significa conduzir um devido processo que proteja as pessoas prejudicadas sem ser injusto com os acusados.

Sim, seu trabalho como líder é assumir uma postura firme contra a injustiça no local de trabalho. Seu trabalho *não* é envergonhar as pessoas que não têm tanto poder quanto você para fazê-lo parecer bem. Esse comportamento é conhecido como sinalização de virtude e é apenas outra forma de bullying. Em vez disso, é sua responsabilidade criar um ambiente de trabalho *genuinamente* respeitoso, no qual todos possam cometer erros, ser responsabilizados por eles e aprender de uma forma mais eficaz de colaborar com seus colegas de equipe. Combater o preconceito e o bullying com mais agressões não alcançará esse objetivo.

Além disso, qualquer promessa de uma política de eliminar a ambiguidade é falsa. Muitos líderes acreditam que a tolerância zero lhes permitirá evitar confrontar situações ou fazer julgamentos complicados. Mas confrontar tais situações e julgamentos é parte integrante da criação de um ambiente de trabalho respeitoso. Às vezes, como líder, você tomará a decisão errada; idealmente, você terá a oportunidade de aprender com isso e crescer como líder. *Estenda essa mesma oportunidade para o pessoal da sua equipe.*

Em resumo, a tolerância zero traz consigo várias consequências não intencionais. Não protege os vulneráveis nem convence as pessoas que causam danos a mudar seu comportamento.

Se uma empresa considera alguns comportamentos como ofensas, é função do líder garantir que todos saibam quais são. Mas não importa o quão clara seja a linha, um processo justo é necessário para descobrir de que lado da linha um incidente específico cai. Essas situações são voláteis e complicadas e é fácil para a emoção assumir o controle do julgamento racional. Lembre-se: desacelerar e olhar para todas as ambiguidades e complexidades não é o mesmo que ficar do lado do alegado transgressor, não importa o quão veementemente a multidão esteja exigindo a cabeça de alguém.

Conheci uma organização em que um funcionário neuroatípico tuitou: "Eu gosto muito mais de mulheres trans do que de mulheres reais." Sem entender as implicações do que estava dizendo, ele escreveu algo que insultou tanto as mulheres cisgênero quanto as trans. Alguns líderes da empresa pediram sua demissão, em nome da tolerância zero. Felizmente, o líder da organização os convenceu de que a educação estava em ordem neste caso.

Muitas empresas começaram a demitir pessoas cujas postagens nas redes sociais eram massivamente condenadas, ao passo que as pessoas culpam as plataformas das redes sociais por fazerem com que sejam demitidas. Mas o Twitter não demitiu essas pessoas. Foram seus chefes. Muitas vezes, até mesmo as pessoas que geraram a vergonha ficam horrorizadas ao saberem que o alvo foi demitido; elas queriam que o comportamento mudasse, mas não queriam necessariamente que a pessoa fosse demitida.

Então, se você é o chefe, pense quais coisas fariam você demitir alguém quando ditas em público. Torne evidente essa política, parte do seu código de conduta. Então, quando a pessoa disser ou fizer coisas que explodem nas redes sociais e que são horríveis de maneiras que não são necessariamente abordadas em seu código de conduta, faça dois tipos de perguntas: *Isso está explodindo na internet porque esta pessoa é horrível? Ou porque o que ela fez é ruim mas, ainda assim, acontece o tempo todo no privado?* Se é uma coisa que é "ruim, mas acontece o tempo todo", significa que você tem outros funcionários que, provavelmente, estão fazendo a mesma coisa. Talvez até você faça. A coisa certa a se fazer nesses casos não é apontar o dedo para o funcionário e dizer, "você é péssimo e não merece mais trabalhar conosco", mas, "esse comportamento é péssimo; mesmo assim, muitos de nós nos engajamos nele e precisamos parar. Vamos aprender com isso e mudar". Pergunte-se: demitir essa pessoa (tolerância zero) é a melhor forma de acabar com esse comportamento? Ou simplesmente assustará a sua equipe e gerará ressentimento e medo? Ou seria esta uma oportunidade de educar a todos e provar que você se preocupa mais em criar um local de trabalho mais justo do que em evitar um problema de relações públicas? Não demita pessoas simplesmente por temer que as multidões das mídias sociais irão atrás de você se não o fizer. Mostre alguma liderança.

Eu entendo o fascínio da tolerância zero. Eu mesma sucumbi à tentação de suas respostas fáceis e vi líderes que admiro caírem na mesma armadilha.

Estava fazendo o coaching de um CEO, Andrew, que queria erradicar a cultura "brogrammer*" em sua empresa. Ele estava especialmente preocupado com sua equipe de engenheiros, composta por 90% de homens e com uma cultura hiperagressiva. Seus funcionários gostavam de dizer que as coisas simplesmente eram assim. Mas não era assim para as poucas mulheres da equipe; quando elas jogavam da maneira como os homens faziam, eram descartadas como "agressivas" ou "irritantes" — especialmente pelos homens mais hostis. E quando uma mulher *não* era superagressiva, era informado nas avaliações de desempenho que eram "legais demais" ou não tinham "presença executiva" e é por isso que não eram promovidas. Desnecessário dizer que as mulheres da equipe se sentiam presas em um duplo dilema.

Muitas mulheres reclamaram com Andrew sobre a cultura da empresa e ele conversou a respeito com os homens da equipe. Mas, conforme o tempo

---

* Gíria para o estereótipo masculino do programador. (N. do T.)

passava e nada mudava, ele começou a se irritar e, finalmente, perdeu a cabeça em uma reunião com seus principais gerentes. Nos moldes de uma indignação hipócrita, ele bateu com o punho na mesa. "Não tolerarei este tipo de comportamento!", ele gritou. Se ele continuasse ouvindo as mesmas reclamações, alertou, as consequências seriam rápidas e graves.

Fiquei feliz por ele se importar tanto, mas senti uma dor familiar na boca do estômago. Quando me tornei CEO pela primeira vez, fiz a mesma coisa. Tentei punir as pessoas por atitudes e comportamentos sexistas e aquilo simplesmente não funcionou. Era como tentar adestrar um cachorro esfregando seu nariz no cocô. Com medo e envergonhado, é provável que o cachorro faça cocô atrás do sofá da próxima vez, onde ainda vai feder, mas seria mais difícil de encontrar. É muito melhor deixar os infratores (geralmente mais espertos do que um cachorro) conscientes da tendenciosidade e explicar por que é um problema sem envergonhá-los, dando-lhes a oportunidade de se autocorrigirem.

O ponto principal é que os líderes devem ser capazes de articular uma abordagem baseada em princípios e considerar as violações caso a caso, em vez de simplesmente criar regras absurdas e aplicá-las sem qualquer vontade de olhar para os detalhes de uma situação particular.

Às vezes, a Vergonha Hipócrita do chefe vem de um lugar diferente e mais defensivo. Por exemplo, Rick certa vez falou para uma de suas funcionárias que estava esquentando o almoço no micro-ondas do trabalho: "Você vai realmente comer tudo isso?" Quando ela ficou visivelmente zangada, ele falou, "não seja tão sensível!". Ele a estava envergonhando pelo próprio erro.

Aquela não foi a primeira vez que ele fez esse tipo de bullying com ela e tentou fazê-la se sentir envergonhada por estar zangada. Na verdade, ele tinha a reputação de insultar gratuitamente. Recentemente, ela o confrontou com várias de suas colegas. A resposta dele foi: "Vocês se ofendem facilmente. Toda a sua geração simplesmente não sabe aceitar uma piada." Então, desta vez, ela foi para o chefe dele.

O chefe de Rick explicou a ele: "Você não melhora a dinâmica na sua equipe dizendo às pessoas como elas devem se sentir ou culpando-as pela forma como se sentem. Ou você se preocupa em descobrir como trabalhar bem com a sua equipe ou não. Do contrário, você não será eficaz aqui e será demitido."

O QUE FUNCIONA MELHOR PARA OS LÍDERES DO QUE A TOLERÂNCIA ZERO?

CRIE UMA CULTURA DE COLABORAÇÃO: ENSINE AS PESSOAS A "CONVIDAR", NÃO A "CONVOCAR"

Mesmo que você esteja com vergonha, use o momento para aprender o que puder com o feedback mal-apresentado. Quando a crítica é dirigida a você como líder, não critique as críticas; aprenda com elas. Se as pessoas da sua equipe estão envergonhando umas às outras, é importante ensinar-lhes uma maneira melhor de se comunicar.

O Reverendo Dr. Jamie Washington, consultor de diversidade, oferece excelentes conselhos em sua palestra "Woke Olympics: Navigating a Culture of Social Justice Arrogance in the Context of Higher Education".[11] Ele explica a diferença entre "convocar" e "convidar". Ele oferece sugestões de como educadores e líderes podem evitar a Vergonha Hipócrita de destruir a cultura em suas salas de aulas ou equipes. Ele descreve o papel dos líderes em criar um ambiente de aprendizado: convidar as pessoas a considerarem as experiências e pensamentos uns dos outros, em vez de ficarem presas em um círculo vicioso de "condenar, converter e convencer".[12]

Convidar toma muito mais tempo do que envergonhar os outros ou lançar um insulto. Admitidamente, ter uma conversa difícil não vai produzir a adrenalina imediata que condenar outra pessoa geralmente proporciona. É um trabalho duro. Mas, ao contrário da vergonha, esse trabalho cria um ambiente mais justo. E compensa mais que o investimento.

Isso é especialmente importante em uma época de trabalho remoto e ferramentas de comunicação que nos permitem transmitir julgamentos mais severos por trás da segurança de uma tela. Mas é seu trabalho como líder minimizar o impacto da arrogância moral.

PERMITA-SE SER RESPONSABILIZADO

Quando você é responsabilizado por ter feito algo errado, é natural sentir vergonha. Lembre-se: isso não significa que você *está sendo* envergonhado. Significa que você se *sente* envergonhado. Há uma grande diferença.

Mas mesmo quando a multidão condenadora o envergonha, trate isso como um feedback: talvez haja um problema subjacente que você deva resolver. Mesmo que a pessoa ou multidão não tenha feito um bom trabalho em responsabilizá-lo, ouça de qualquer maneira — e tente entender a necessidade humana por trás do ataque. Você pode aprender com feedbacks, mesmo que rudes, bem como com as críticas entregues de forma humana.

Às vezes, seu trabalho como líder é servir como para-raios emocional da equipe. Outras, você se verá funcionando como uma tela de projeção para os problemas de autoridade não resolvidos de todos. Isso é muito desconfortável. Mas é parte do seu trabalho. Mas *também* pode ter havido momentos em que ouviu com cortesia e atenção o que você ou a empresa estão fazendo de errado e isso o fez se sentir péssimo. Por isso, você pode contra-atacar instintivamente. Você tem poder para tal. É provável que se livre no curto prazo, mas não ceda à tentação. Saiba esperar por esses momentos e coloque o poder de lado para poder aprender e terá mais sucesso a longo prazo.

Tente não deixar a vergonha tomar conta de seu cérebro. Dito isso, às vezes você vai falhar. A vergonha ativa o seu cérebro reptiliano de "lutar ou fugir" e desliga seu córtex pré-frontal. É mais fácil falar do que fazer isso. Mas lembre-se: quando você é um líder, é seu trabalho permitir que os outros o responsabilizem tanto quanto o é responsabilizá-los.

NÃO CRITIQUE A CRÍTICA

Talvez você se sinta, e não esteja sendo, envergonhado. Talvez você tenha sido envergonhado. De qualquer maneira, algumas críticas estão sendo dirigidas a você. Se você é o chefe, não é o seu momento de criticar as críticas. É seu momento de ouvir, de ficar curioso, de tentar entender o que está sendo dito sem ficar na defensiva.

CEDA O SEU PODER

Mesmo que você tenha feito todas as coisas certas — criou normas para interromper as tendenciosidades e consequências para o bullying, estabeleceu controles e equilíbrio, e ativou sistemas de denúncia anônimos — a sua equipe ainda pode temer retaliação se lhe derem um feedback sobre algo injusto que você tenha feito. Quando for este o caso, é mais provável que eles voltem a envergonhá-lo. Isso pode ser especialmente doloroso quando você faz de tudo para ajudar as pessoas a se sentirem seguras. O que mais se pode fazer para ganhar confiança?? Você fez todo esse trabalho e *ainda* está sendo atacado de uma forma que está dificultando a realização do trabalho! É tentador usar seu poder para esmagar a multidão.

Brené Brown chama isso de "blindagem". Aqui estão os passos improdutivos que muitos líderes dão quando se sentem ou estão sendo envergonhados:

- *Eu não sou suficiente.*
- *Eles usarão isso contra mim.*
- *Não serei honesto sobre isso, de jeito nenhum.*
- *Que se lasquem.*
- *Na verdade, este problema é deles, eles são...*
- *De fato, sou melhor do que eles!*

Ela explica que o caminho de "eu não sou suficiente" para "eu sou melhor que" é incrivelmente curto — na verdade, sentir-se superior é exatamente a mesma posição imóvel da dor e da vergonha.[13]

Se você é um líder, use a sua função executiva para migrar da vergonha para algo mais produtivo. Assuma a responsabilidade e aja para consertar as coisas. Não peça a pessoas menos poderosas do que você para fazê-lo se sentir melhor.

ADMINISTRE A COMUNICAÇÃO ONLINE

Considerando o quão viciante é a adrenalina de envergonhar os outros e a frequência com que os meios de comunicação públicos online desempenham um papel importante em despertar a multidão, os líderes podem querer proibir comentários anônimos. Quando a guerra começa, diga às pessoas quando a comunicação delas é contraproducente. Não é fácil, pois você será acusado de censura. Mas seu trabalho como líder é conseguir que essa p*rra seja feita de forma rápida e justa. A Vergonha Hipócrita entre os membros da equipe atrapalha isso.

TEMOS QUE TOLERAR A INTOLERÂNCIA? NÃO

Mas temos que combatê-la de uma forma que não crie um grupo interno e outro externo, agravando assim o problema que estamos tentando corrigir. A pedra de toque é sempre colaborar. A intolerância fragmenta a equipe. Como curar essa fragmentação? Combater o preconceito criando um tipo de preconceito não é efetivo, nem prático ou moral.

O psicólogo Gordon Allport adverte sobre a armadilha de envergonhar e essencializar em seu livro *The Nature of Prejudice* [*A Natureza do Preconceito*, em tradução livre], de 1958: "Um estudante de Massachusetts, um apóstolo confesso da tolerância — assim ele pensava — escreveu, 'A questão dos negros jamais será resolvida até que aqueles sulistas brancos burros tenham algo em seus crânios de marfim'. Os valores positivos do estudante eram idealistas. Mas, ironicamente, sua 'tolerância' militante trouxe uma condenação preconceituosa de uma parte da população que ele percebeu como uma ameaça ao seu valor de tolerância."[14]

O racismo no Sul era real e tinha que ser enfrentado. Mas ao essencializar todos os sulistas, o estudante de Massachusetts personificou o racismo, localizou-o em outro lugar, fora de si mesmo, fora de sua região. Envergonhar outra pessoa é, muitas vezes, uma forma de negar os nossos próprios problemas. O estudante se refere à "questão dos negros", quando deveria ter usado a palavra "racismo". O *racismo* era o problema, não as pessoas negras. Ao essencializar os sulistas, ele falhou em reparar no seu próprio racismo. Também falhou em apoiar os sulistas de ambas as raças que lutavam pela justiça racial.

Muitos de nós cometem o mesmo erro do estudante de Massachusetts — não apenas sobre o racismo, mas sobre todas as formas de intolerância. Atacar os homens e a masculinidade não ajuda a causa feminista; apenas reforça outro tipo de preconceito danoso. E afirmar que a intolerância religiosa é um grande problema na Irlanda, em Israel ou na Índia e rotular todos os cidadãos de um país como fanáticos prejudica os defensores da liberdade religiosa naquele país e torna o preconceito religioso mais difícil de se reconhecer em casa.

Às vezes, quando os brancos se engajam no antirracismo, eles inconscientemente o enquadram como uma "superioridade" que reflete as atitudes subjacentes da cultura da supremacia branca.[15] Quando a multidão condenadora adota uma noção Orwelliana de pensamento e discurso "puros" e quando a punição para algo errado se torna muito draconiana, começamos a deslizar rapidamente em direção à Ineficiência Brutal.[16]

É importante ser capaz de distinguir entre os agentes realmente ruins e as pessoas que cometeram um erro com o qual podem aprender. Quando é permitido às pessoas admitir que cometeram um erro, elas não precisam proteger os verdadeiros agentes ruins para proteger seus próprios erros em potencial. Mas se a punição por ter dito ou feito a coisa errada for muito severa, a pessoa não admitirá que estragou tudo e terá medo de reconhecer um comportamento muito pior nos outros, por medo de ser colocada na mesma categoria. Sim, é importante entender a dinâmica que leva da tendenciosidade à violência. Mas não, não podemos tratar todos que fizeram uma coisa tendenciosa da mesma forma que tratamos uma pessoa que comete violência.

COMO SE TORNAR MENOS HIPÓCRITA E SEGUIR EM DIREÇÃO AO TRABALHO JUSTO

Se o seu local de trabalho é caracterizado pela Vergonha Hipócrita, a boa notícia é que você já faz parte da lista de verificação do Trabalho Justo. Você luta contra uma dinâmica ruim, mas não duas. A má notícia é que, se não continuar trabalhando na lista de verificação, não só coisas ruins acontecerão, mas o bom trabalho que já fez provavelmente será desfeito. A Vergonha Hipócrita é instável, assim como o bullying rapidamente leva à discriminação e ao abuso.

RESPEITO À INDIVIDUALIDADE: VOCÊ FEZ UM BOM PROGRESSO (MAS SE PERMITIR QUE A VERGONHA SIGA SEU CURSO, ELE SERÁ CORROMPIDO)

- ☑ Interromper a tendenciosidade é a norma
- ☑ O código de conduta é bem compreendido
- ☑ Quantificadores de tendenciosidades são bem construídos em processos de negócios de rotina

PASSANDO DA COERÇÃO PARA A COLABORAÇÃO: VOCÊ TEM TRABALHO A FAZER

- ☐ Há consequências para o bullying
- ☐ Os controles e o equilíbrio estão estruturados
- ☐ Mecanismos de denúncia estão definidos
- ☐ A cultura do consentimento é compreendida

Você pode pensar que não precisa criar consequências para o bullying porque não contrata "esse tipo de pessoa". O problema é, você está se enganando. *Todos* temos a capacidade de fazer bullying porque funciona. Quando não há consequências, estará garantindo que isso ocorra mais vezes, e não menos. Você pode pensar que contratou bons líderes nos quais pode "confiar". Mas o poder corrompe e, às vezes, corrompe o melhor de nós. Você pode pensar que não precisa de mecanismos de denúncia confiáveis, porque "esse tipo de coisa" não aconteceria em sua organização. Elas acontecem *em todos os lugares* e não há como reconhecer que "tipo" de pessoa intimida, assedia e comete violência. Por isso agressores reincidentes escapam impunes de seus crimes por *anos*. Você pode pensar que uma cultura de consentimento é senso comum e não precisa ser explícita. O #MeToo demonstrou que precisamos de regras explícitas sobre consentimento e que precisamos reforçá-las, no escritório e em qualquer lugar. A frequência da violência policial nos lembra que precisamos de regras mais fortes de engajamento, para responsabilizar a polícia por violar essas regras.

Certifique-se de que suas interrupções de tendenciosidades não se tornem uma arma. Lembre-se de que as pessoas devem mostrar compaixão umas pelas outras ao apontar as tendenciosidades. Sempre que uma interrupção de tendenciosidade assume a forma de ataque à moralidade de outra pessoa, é uma bigorna sendo usada para tirar um parafuso: é a ferramenta errada para o trabalho e causará danos. Se isso acontecer, convide o bastião da moralidade a considerar se a tática é eficaz ou justa. Faça isso em privado — e não pare por aí. Demonstre que há consequências para o bullying. Em vez de tentar afirmar seu poder com tolerância zero, limite-o com controles e equilíbrio. Isso evitará desde abusar da autoridade a ferir as pessoas com menos poder; também garantirá que nenhum líder isolado possa implementar o tipo de tolerância zero que cria a intolerância em nome da tolerância. E, por fim, ative sistemas de denúncia confiáveis, para que as pessoas que sofrem com violência e trauma registrem uma reclamação e saibam que ela será investigada com justiça e não será um segundo trauma. Garanta que todos entendam a cultura do consentimento e que suas normas sejam respeitadas.

Ir em direção ao Trabalho Justo requer liderança, mas os líderes não podem fazê-lo sozinhos. Se você é uma pessoa prejudicada ou um defensor, certifique-se de que entendeu as opções para fazer a sua voz ser ouvida. Mesmo que seus líderes não tenham seguido algum ou todos os conselhos deste livro, *você* pode. Reveja as coisas que pode fazer para interromper a tendenciosidade. Crie consequências para o bullying e, também, um sistema de controles e equilíbrio ao procurar saídas e faça uso delas, se possível. Mesmo sem bons controles e equilíbrio ou um sistema de denúncias confiável, você ainda tem opções: procurar outro emprego, falar com o RH, tomar ações legais ou contar a sua história. A sua voz e suas ações importam. Sem elas, é muito fácil para os outros recuarem na negação.

EXCLUSÃO INDIFERENTE

A Exclusão Indiferente é de longe a manifestação de injustiça mais comum no local de trabalho. É a menos dramática e a mais fácil de definir. É especialmente fácil ignorar as pessoas que causam danos. As coisas são amistosas, agradáveis e civilizadas — ao menos se você estiver do lado de dentro ou mesmo próximo disso. Todos brincam uns com os outros; eles falam sobre esportes e TV e fingem interesse quando Bob se gaba de como sua filha de 7 anos é boa no xadrez. Existe uma generosa política de licença parental. Mas somente 1 em cada 11 vice-presidentes seniores é mulher, e todas são brancas. Ninguém quer pensar muito sobre por que é assim. Eles presumem que é porque as mulheres não querem o trabalho. Eles não se perguntam por que todas são brancas. Um líder com quem trabalhei chama isso de "falsa harmonia". Outro, de "gerência de country club".

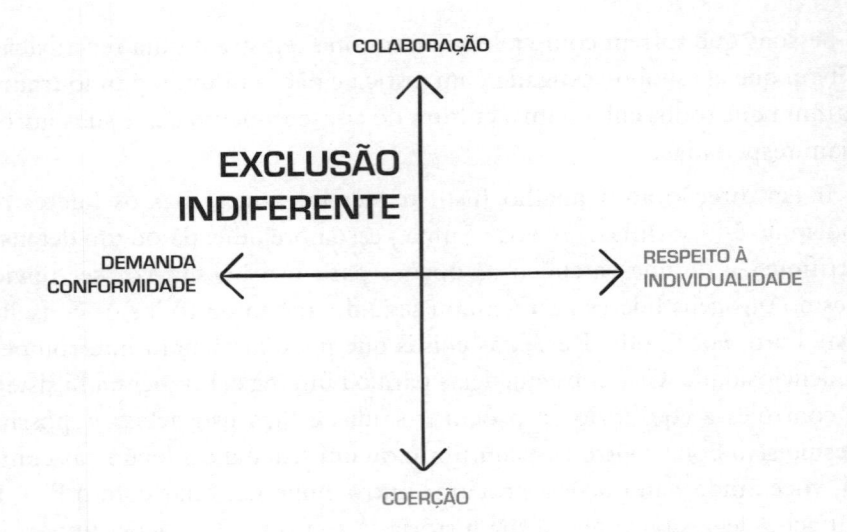

```
                    COLABORAÇÃO
                         ↑
                         |
              EXCLUSÃO
              INDIFERENTE
   DEMANDA    ←──────────┼──────────→   RESPEITO À
 CONFORMIDADE            |              INDIVIDUALIDADE
                         |
                         ↓
                     COERÇÃO
```

Também é difícil para a pessoa prejudicada identificar quando acontece a Exclusão Indiferente. A Ineficiência Brutal se nota rapidamente. Você sabe que está errado, porque está sendo prejudicado de maneiras bastante óbvias. A Vergonha Hipócrita o esbofeteia na cara. Mas a Exclusão Indiferente opera nas sombras. Quando você tenta denunciá-la, geralmente a resposta é apenas "não há nada para ver aqui". Era disso que eu estava fugindo quando o executivo do banco disse: "Eu não sabia que eles nos deixavam contratar mulheres bonitas." Aqui está uma história sobre como isso se manifesta.

A Ascensão de Sally

Eu trabalhava em uma empresa que chamarei de Empresa de Tecnologia de Rápido Crescimento X. Sally, a única mulher sênior na equipe de produção, descobriu que um de seus colegas tinha recebido uma concessão de ações em um valor muito maior do que o dela. Isso foi muito difícil de engolir, mas ela tentou manter o foco em ser positiva, fazer um ótimo trabalho e ser promovida.

Com o tempo, no entanto, ela não foi promovida, apesar de muitas contribuições impressionantes e, com isso, achava cada vez mais difícil se manter motivada. Ela me mostrou seu mais recente relatório de performance. Bob, seu chefe, escreveu que ela era "agressiva" e "não suficientemente técnica", o que, no Vale do Silício, é o código para "ser de convivência difícil" e não ser bom em seu trabalho. Minha antena de injustiça de gênero se ativou. Por qualquer medida objetiva, ela era bem menos agressiva do que o homem que foi promovido antes dela recentemente. E não estava claro a partir de seu desempenho, formação educacional ou experiência de trabalho por que os homens que foram promovidos antes dela eram mais "técnicos" do que ela.

Então, Sally descobriu que Ned seria promovido antes dela. Ned tinha feito menos pela empresa do que Sally. Quando Sally perguntou por que não havia sido promovida e Ned sim, Bob novamente tocou no problema de ser "agressiva", uma vez que não podia usar os resultados como explicação para a sua decisão. Para Sally, a razão do seu chefe ter promovido Ned parecia tão obviamente injusta, que ela se perguntava se havia deixado algo passar. Quando eu lhe disse que não era ela, mas sim uma tendenciosidade de gênero real, ela ficou visivelmente aliviada. Ela poderia parar de se culpar.

Em minha reunião seguinte com Bob, mencionei um executivo da empresa que havia sido promovido recentemente. Mencionei o quão agressivo aquele cara podia ser. "Eu sei", Bob disse. "Ele é um verdadeiro cuzão. Mas ele precisa ser, para o trabalho ser feito."

Fiz a armadilha e Bob caiu direitinho.

"E Sally?", perguntei. "Você disse que ela não seria promovida porque era muito agressiva. Ela não tem que ser tão agressiva quanto ele para o trabalho ser feito? Você não está colocando-a em um tipo de beco sem saída?"

"Ela só precisa trabalhar em sua presença executiva."

"Na minha experiência, isso é o código para 'ela precisa ser um homem'. E ela não é. Mas é muito boa no trabalho."

"Eu sei que ela é adorada pela equipe. É como uma galinha mãe..." Levantei minha mão. "Bob, pare agora!"

"O quê?" ele perguntou, com uma confusão inocente. Mas senti um vislumbre de autoconsciência por trás dessa fachada.

"Pense no que acabou de dizer. Você jamais se referiria a um homem que é amado por sua equipe como uma galinha mãe a não ser que estivesse querendo insultá-lo." Bob abriu a boca, mas eu sabia o que ele diria, então eu disse por ele. "E você também não se referiria a ele como um galo pai."

"Ah, vamos, Kim, não seja supersensível!" Agora ele estava me intimidando um pouco, tentando jogar um estereótipo de gênero no meu caminho, na esperança de que eu recuasse. Eu não recuaria, em parte porque um dos meus trabalhos era ajudar os executivos a fazerem um trabalho melhor e promover mulheres seniores. Eles me pagavam para colocá-los diante desses problemas, e foi o que fiz.

"Você tem dois problemas aqui", eu disse, "um, é que você não repara em suas próprias tendenciosidades — inconsistências e padrões duplos. Isso está fazendo com que você distorça sua tomada de decisão. Dois, é que se você continuar falando desse jeito, chamando as mulheres de mães galinhas, supersensitivas ou agressivas, não vai apenas promover as pessoas erradas, mas incitará raiva contra si mesmo."

"Olha, eu promovi todos que tenho permissão para promover", Bob disse, agora na defensiva. "Se eu tivesse promovido Sally antes de Ned, ele teria enlouquecido."

"E se ela tivesse enlouquecido, você a teria censurado por ser histérica, sem presença executiva, agressiva ou alguma outra besteira. No entanto, você está recompensando Ned pelo mau comportamento dele."

"Ele teria se demitido. Sally, não."

"Como você sabe?"

"Ela é muito leal."

"E você a punirá pela lealdade dela?! E promoverá alguém que não trouxe tanto resultado quanto ela e não provou sua lealdade só porque teria enlouquecido se você não o promovesse? Isso não está meio confuso?"

Bob suspirou. "Olha, eu a promoverei se você conseguir que o CEO me dê permissão. Eu já perguntei e ele me desautorizou. Ele não quer muitas promoções nesse ano. Vá falar com ele."

O CEO conhecia o trabalho de Sally e concordava que ela devia ter sido promovida. Mesmo antes de eu falar, ele já havia chamado de besteira o feedback de "muito agressiva" de Sally. Antes disso, Kieran Snyder havia escrito um artigo na *Fortune* sobre como homens e mulheres com alto desempenho são descritos nas avaliações de desempenho; os mesmos atributos são usados para justificar a punição às mulheres e recompensar os homens. Esse artigo atingiu o nervo da empresa — um e-mail sobre o tema gerou mais de cem conversas. O CEO me disse que depois de ler o artigo, olhou as avaliações de desempenho recentes e não viu uma única instância em que um homem foi chamado de "muito agressivo", enquanto as mulheres frequentemente eram. O CEO mencionou o mesmo executivo superagressivo de quem falei com Bob. "A coisa toda é muito óbvia. É ridícula", ele disse.

Ele entendeu. Senti-me gratificada.

"Então, o que você vai fazer?", perguntei.

Seus ombros caíram um pouco quando ele me disse que seu primeiro impulso era ordenar a Bob que promovesse Sally. Mas isso iria contra sua filosofia de gerenciamento. Ele não podia dizer ao seu pessoal quem promover ou não.

Concordei por completo com essa filosofia. "Não, você não pode dizer a Bob como administrar a equipe dele. Mas e se você desse a ele mais uma vaga de promoção a vice-presidente?"

"Se eu der isso a Bob, ele ainda não a dará a Sally. Ele já decidiu que Trey é o próximo. E se dermos mais uma vaga para Bob, todos os outros vão exigir o mesmo e teremos muitos vice-presidentes."

Aquele foi um dos momentos mais frustrantes de minha carreira. Aqui estava um CEO que se preocupava em criar um ambiente de trabalho mais igualitário. Mas dizer a Bob quem promover iria contra a filosofia de gerenciamento que ambos compartilhávamos. Dizer às pessoas o que fazer não funcionava. Um comitê de promoção poderia ajudar, mas uma vez que todos os líderes seniores de produto e engenharia eram homens, isso apenas reforçaria a tendenciosidade. Eu ainda não sabia recomendar detonadores ou quantificadores de tendenciosidades para ele. Na verdade, foi esse momento que me levou a ter ideias como as descritas no Capítulo 6, de modo que da próxima vez que eu fosse aconselhar um CEO nessa situação, saberia o que recomendar.

Sally acabou se demitindo sem nem sequer procurar outro emprego antes. Foi uma decisão torturante. Ela queria ficar pelo bem das mulheres que trabalhavam para ela e ao seu redor. Mas parecia inútil. As mulheres progrediam até um determinado nível naquela empresa e, em seguida, suas carreiras estagnavam. Ficar em uma situação que a tornaria amarga ou cética não ajudaria ninguém — a Sally ou qualquer outra mulher na empresa. Sair ao menos sinalizaria às colegas de Sally que não teriam que aturar uma cultura que trata as mulheres injustamente. Eu disse a ela que estava tomando a melhor decisão. Trabalhei com outra executiva sênior de tecnologia que passou trinta anos batalhando com o mesmo tipo de besteira em sua empresa. Jamais esquecerei a dura amargura que, às vezes, se transformava em depressão.

Foi uma pena. Sally não queria sair. O CEO tentou convencê-la a ficar. Assim como sua equipe, que adorava tê-la como chefe. Foi frustrante para todos e confuso para muitos dos líderes da empresa. Eles acreditavam que tinham uma meritocracia, negando veementemente a ideia de que a tendenciosidade estava prejudicando suas decisões de promoção. Eles não conseguiam entender por que não foram capazes de reter uma grande líder como Sally.

Como pretendido, as mulheres que Sally queria defender receberam a mensagem. Muitas delas, desencorajadas pelos maus tratos dispensados a Sally, começaram imediatamente a procurar novos empregos. Vários anos depois, eu acabaria recebendo ligações de pessoas seniores que haviam deixado a empresa. Perder Sally, eles me disseram, não apenas prejudicou a capacidade da empresa de manter os principais funcionários, mas também de recrutar os melhores candidatos para suas vagas. Alguns meses depois, uma empresa de tecnologia em rápido crescimento ofereceu a Sally um emprego no nível de vice-presidente. Várias pessoas, tanto homens quanto mulheres, que adoravam trabalhar com ela a seguiram para essa nova empresa. Ela se saiu bem e, rapidamente, se tornou diretora de produtos. A empresa se tornou uma das mais bem-sucedidas no Vale do Silício. As chances são altas de que você tenha usado o produto deles esta semana, se não nas últimas horas. E Ned? Ele teve uma carreira perfeitamente respeitável, mas nada comparado à ascensão meteórica de Sally.

Sally riu por último. Alguns podem dizer que ela é a prova de que o sistema funciona. A Empresa A não a valorizou adequadamente, então ela escolheu e encontrou emprego na Empresa B. Mas para cada história de sucesso como a de Sally, há inúmeras mulheres nos EUA corporativo cujas carreiras estagnaram após serem rotuladas como "agressivas", "não técnicas o suficiente", ou com "falta de presença executiva". Incontáveis mulheres foram direcionadas para cargos de menor prestígio, enquanto os homens foram rapidamente encaminhados para os centros de lucros bem remunerados.

Para mim, o sucesso astronômico de Sally é o reflexo de como o nosso sistema é falho e disfuncional. Em um ambiente saudável, as empresas deveriam ter sistemas melhores funcionando para reter executivos como Sally, em vez de deixá-los sair pela porta porque não descobriram como tratar as pessoas sub-representadas de forma justa.

O PROBLEMA DAS SUPERMAIORIAS

A Exclusão Indiferente ocorre quando pessoas representadas em supermaiorias permitem que tendenciosidades e/ou preconceitos inconscientes impactem tanto as interações do dia a dia quanto as decisões importantes — contratação, promoção, avaliações de desempenho e afins. Por valorizarem a colaboração, muitas vezes colocam grades de proteção para evitar o bullying. O assédio teria consequências imediatas neste tipo de ambiente. Mas as pessoas da supermaioria negam, veementemente, que a discriminação esteja acontecendo.

As pessoas representadas em supermaiorias podem muito bem se considerar inclusivas e colaborativas. Eles não *pretendem* degradar, silenciar ou discriminar pessoas sub-representadas. É mais parecido com o que acontece quando um grupo de caminhantes passa por um caminhante solitário em uma trilha estreita. O grupo não se propõe a empurrar aquele caminhante para o lado da trilha, mas de alguma forma, a menos que o grupo esteja se comunicando bem e tomando medidas ativas para ser atencioso, as chances são boas de que o caminhante solitário acabe esbarrando em um galho de carvalho venenoso enquanto o grupo passa, conversando e rindo, acenando de uma forma amigável, sem saber que empurraram alguém para o lado.

COMO SE TORNAR MENOS ALHEIO

Se a sua organização se caracteriza pela Exclusão Indiferente, você já faz parte do caminho para o Trabalho Justo, mas a sua lista de verificação é muito diferente da lista dos que lutam contra a Vergonha Hipócrita. Você tem que se concentrar em fazer as coisas necessárias para criar uma cultura na qual todos respeitem a individualidade.

Se você é o líder, a falha aqui pode ser especialmente desanimadora. Você trabalhou muito para evitar os piores tipos de coisas que acontecem. Faz isso porque se importa. Você não se vê como tendencioso ou preconceituoso. É difícil para você imaginar que a sua organização é discriminatória. Esse é o problema. Você se preocupa com boas intenções, não com perguntas difíceis. Está olhando para a organização que gostaria de ter, não aquela que tem. Você precisa de ajuda para entender o que realmente está acontecendo ao seu redor. É hora de investir em seus quantificadores e interruptores de tendenciosidades. Certifique-se de que o código de conduta da sua empresa seja abrangente e aplicado de forma consistente. Essas ações podem não resolver todos os problemas, mas permitirão que você comece a traçar seu próprio curso.

RESPEITE A INDIVIDUALIDADE: VOCÊ TEM TRABALHO A FAZER

- ☐ Interromper a tendenciosidade é a norma
- ☐ O código de conduta é bem compreendido
- ☐ Quantificadores de tendenciosidades são bem construídos em processos de negócios de rotina

COLABORAR, NÃO COAGIR: VOCÊ FEZ ALGUM PROGRESSO

- ☑ Há consequências para o bullying
- ☑ Os controles e equilíbrio estão estruturados
- ☑ Mecanismos de denúncias definidos
- ☑ A cultura do consentimento é compreendida

11

TRABALHO JUSTO
Um Momento para o Otimismo

É inspirador pensar sobre quantas vezes, ao longo da história, sonhos impossíveis se tornaram a realidade esperada. Mudanças monumentais na história surgiram, repetidamente, dos esforços de milhões que lutam contra um sistema opressor comum. Muitos não podiam imaginar que a escravidão, algum dia, seria abolida após centenas de anos de instituição. No entanto, isso aconteceu, graças à abolicionistas como Frederick Douglass, Harriet Tubman e milhares de escravos dispostos a arriscar suas vidas na Estrada de Ferro Subterrânea. Alguns defensores e líderes brancos também ajudaram ao longo do caminho.

Uma década atrás, parecia impossível para os gays ganharem o direito de expressar seu amor e compromisso por meio do casamento. Muitos dos que defendiam o casamento gay achavam que era um tiro no escuro, mas insistiram mesmo assim. Veja os resultados: o que parecia impossível há alguns anos, hoje se tornou lugar comum.

Os ativistas do #BlackLivesMatter, LGBTQIA e do #MeToo revelaram a dinâmica da injustiça e os sistemas que a reforçam. Esses sistemas estão presentes aqui e agora e prejudicam a *todos* nós. Como escreveu o Dr. Martin Luther King Jr. em sua "Carta de uma prisão em Birmingham", de 1963: "A injustiça em qualquer lugar é uma ameaça à justiça em todos os lugares. Estamos presos em uma rede inescapável de reciprocidade, amarrados em uma única vestimenta do destino. Qualquer coisa que afete um diretamente, afeta a todos indiretamente."[1]

Quando aprendemos a reconhecer como as dinâmicas de tendenciosidade, preconceito, bullying, discriminação, assédio e violações físicas operam de formas similares com pessoas diferentes, podemos nos unir para interrompê-las e tornar o local de trabalho — e, na verdade, o mundo — mais justo. Essa compreensão crescente de nossa interconexão é motivo para otimismo. Em junho de 2020, West Dakota e Merrie Cherry, duas drag queens do Brooklyn, abordaram uma realidade dolorosa: como as travestis negras são desproporcionalmente vítimas de violência policial, participar de manifestações contra homicídios cometidos pela polícia era especialmente perigoso para elas. Elas discutiram como poderiam se sentir mais seguras em um protesto silencioso, como o organizado pela NAACP em 1917, quando 10 mil pessoas vestidas de branco desceram a Quinta Avenida em Nova York para exigir o fim da violência contra pessoas negras. As duas drag queens decidiram organizar um protesto silencioso. Duas semanas depois, 15 mil pessoas de branco se concentraram no Brooklyn para afirmar que as vidas negras trans importam. Os organizadores ficaram surpresos. Eles eram parte de uma minoria muito pequena. Por que tantas pessoas apareceram? Conforme um entrevistado explicou: "Se um cair, todos caímos — e eu não vou a lugar nenhum."[2]

Essa ampla consciência e unidade podem levar a mudanças fundamentais. No entanto, a mudança não acontecerá sem um esforço consciente e proativo—tanto externo quanto interno. Se vamos alcançar o Trabalho Justo, temos que reformar os sistemas que criamos que reforçam a injustiça. E teremos que olhar para dentro. Quando tentamos culpar as "outras pessoas" por nossas próprias deficiências, quando percebemos a injustiça nos outros, mas não em nós mesmos, estamos recuando para a negação em vez de tomar as medidas adequadas para criar justiça.

Também não devemos recuar na negação sobre a verdade incômoda de que muitas pessoas ainda estão comprometidas em preservar um status quo injusto e estão trabalhando energicamente para impor suas crenças preconceituosas aos outros. Ignorei o fato de que muitas pessoas acreditam que o estupro é moralmente aceitável até que fui forçada a enfrentar essa noção doentia no trabalho. Gostaria de imaginar que ninguém *realmente* acredita que as pessoas brancas são superiores às demais. Mas um dos reconhecimentos mais dolorosos de 2016 a 2020 foi até que ponto as atitudes que muitos de nós rejeitamos como tendenciosidades inconscientes revelaram ser preconceitos inconscientes que estavam sendo usados para justificar políticas discriminatórias. Como fizeram ao longo da história, líderes inescrupulosos estavam dispostos a se aproveitar desses preconceitos para ganhar poder explorando o medo das pessoas. Hoje não é diferente. Se vamos combater a injustiça, temos que tomar uma posição contra tais manipulações cínicas e desafiar a tendenciosidade, o preconceito, o bullying, o assédio, a discriminação e as violações físicas onde quer que as encontremos.

Ao mesmo tempo, devemos sempre lembrar em nossa luta pela justiça de que a forma como tratamos as pessoas — mesmo aquelas cujos preconceitos nós rejeitamos — *não deve contrariar nossos próprios valores*. Tentar coagir os outros a pensar como nós não funcionará e nos corromperá. O mesmo ocorre ao fingir que todos concordamos quando não concordamos. Recusar-se a se envolver com pessoas das quais discordamos pode evitar pequenas discussões de curto prazo, mas levará a batalhas cataclísmicas ou diferenças irreconciliáveis, se esperarmos muito.

REDEFININDO O QUE É POSSÍVEL

O Trabalho Justo requer uma mudança transformacional; e esta requer que todos apostem nela. Apenas um acordo em toda a organização de que as coisas estão ruins e provavelmente vão piorar criará as condições para um compromisso compartilhado de torná-las melhores. É necessário que toda a comunidade se reúna para construir um novo local de trabalho. Não pode ser grupo contra grupo, o baixo escalão contra a administração.

Cuidado com as suas metáforas aqui. Gosto de pensar nisso como a construção de um celeiro, uma tarefa colaborativa empreendida para o bem comum. Evite a terminologia de guerra ou "líderes fortes". É tentador pensar em grandes mudanças como revoluções. Mas as revoluções, muitas vezes, devoram aos seus e criam um mundo no qual os oprimidos se tornam opressores. Quem quer isso?

O objetivo é eliminar a opressão.

Apesar do sistema da Ineficácia Brutal ser forte, quando você olha para as atitudes e comportamentos que causam a injustiça no local de trabalho e responde a cada uma da forma que interrompe mais eficazmente a dinâmica de poder, substitui um círculo vicioso por um círculo virtuoso de Trabalho Justo, que é ainda mais forte.

Se você é um líder neste momento da história, tem a oportunidade real de criar o tipo de local de trabalho onde as pessoas amam o que fazem e colaboram umas com as outras. Mas você deve perceber que se as pessoas na sua equipe ou empresa sofreram por anos em um ambiente injusto, pequenas mudanças, não importa o quão bem-intencionadas, serão inadequadas. Se coisas terríveis aconteceram, o instinto de esconder a consciência delas é profundo: não ceda a isso. Encoraje as pessoas a contarem suas histórias. Somente quando você sabe os detalhes, mesmo que sejam dolorosos, pode entender as dimensões do problema.

Depois de começar, inevitavelmente fará algumas coisas erradas e outras certas. Não deixe que as erradas parem o seu progresso. As chaves para o sucesso aqui são *compaixão* por todos (inclusive a si próprio), *franqueza* total sobre os problemas conforme os percebe e *ação*. As coisas precisam ser mudadas e você pode ser parte dessa mudança. É verdade que as atitudes e comportamentos que causam injustiça são gerenciados, e não resolvidos — é por isso que você é um gerente. Mas seus esforços para transformar seu local de trabalho têm uma recompensa enorme, tanto moral quanto prática: o Trabalho Justo. Quando projetamos nossos sistemas organizacionais para fazer um apelo ao que temos de melhor em nossa natureza, não há nada que não possamos realizar.

A única forma de criar um ambiente justo é com a participação ativa de todos. Os líderes não podem fazer isso sozinhos, mas se eles estabelecerem adequadamente as bases descritas acima, a gratidão e o entusiasmo que tais ações inspiram podem ser contagiantes. À medida que os medos, ressentimentos e ansiedades diminuem, as equipes têm muito mais energia intelectual e emocional para fazerem o que for preciso para o Trabalho Justo.

AMOR E ALEGRIA

Em um discurso de formatura da classe de Wellesley em 2018, Tracy K. Smith, a 22ª poetista laureada dos Estados Unidos, ofereceu um belo lembrete de que, para alcançar nossos ideais, precisamos levar amor e energia ao trabalho.

> Tendemos a evitar essa palavra [amor] quando falamos de política, demografia e estratégia, empregando em seu lugar um termo como "tolerância". Mas a tolerância é escassa. Tolerância significa que vou

abrir espaço para você ao meu lado em algum tipo de ônibus nacional imaginário, e então deslizar de volta para que você não pegue muito daquilo que nunca parei de pensar ser meu... A tolerância não requer mudança cognitiva.

Mas o Amor é uma mudança radical. O amor me diz que as suas necessidades são mais importantes para mim do que as minhas próprias; de que eu só posso verdadeiramente honrar e me proteger honrando e protegendo você... O amor me garante que dar a você o que você precisa é uma forma de ministrar a mim mesmo, ao Nós que você e eu fazemos juntos...

Para abraçar o Amor, devo superar o medo, a fixação em minha própria reivindicação de poder ou autoridade.[3]

Podemos antecipar a tarefas que temos que fazer para criar locais de trabalho mais justos com entusiasmo, em vez do medo profundo que muitas pessoas trazem para essa função. E podemos vivenciar esse amor e alegria de pequenas maneiras, mesmo com pessoas que mal conhecemos. Em um podcast que gravei recentemente com Tiffani Lee, uma sócia do escritório de advocacia Holland & Knight que lidera os esforços de diversidade e inclusão em toda a empresa, conversamos sobre o quanto amamos nossos pais, e também como não podemos ter a mesma abordagem que eles para falar sobre racismo.

Ela mencionou que seu pai sempre lhe disse que há três coisas que as pessoas não devem falar no trabalho: raça, religião e política. Agora, era seu trabalho falar sobre essas coisas no trabalho. Descrevi como meu pai me aconselhou: "Você não é racista. Não admita que nada do que você fez foi racista!" Mas eu não poderia viver de acordo com a minha própria filosofia de Empatia Assertiva se não pudesse admitir quando disse ou fiz algo racista. Eu não poderia fazer o certo se me recusasse a perceber o que estava fazendo de errado.

Então, Tiffani e eu decidimos ter uma conversa radicalmente sincera sobre raça. E sabe o que mais? O mundo não caiu sobre os nossos ombros. Na verdade, tivemos um ótimo debate. Rimos muito. Foi uma conversa *alegre*. Não estou afirmando que mudamos o mundo ou acabamos com o racismo com o nosso podcast. Mas se todos tivéssemos mais conversas como aquela, poderíamos dar um pequeno passo como indivíduos e um salto gigante como humanidade.

TRABALHO JUSTO: A APARÊNCIA E SENSAÇÃO

Você já trabalhou em um lugar onde tudo parecia mais ou menos certo? Onde o seu chefe era justo, seus colegas eram respeitosos e a atmosfera era propícia para dar o melhor de si? Onde não haviam tendenciosidades, preconceitos, bullying, discriminação, assédio, violações físicas ou, pelo menos, havia muito pouco? Como foi essa experiência? Mesmo que você nunca tenha experimentado, sonhe um pouco. Como *seria*? Certa vez, tive um emprego Nesta Empresa, onde vivenciei um Trabalho Justo. Deixe-me finalizar com essa história — e as lições que aprendi com ela.

O TRABALHO JUSTO TEM MAIS SUCESSO — E É MAIS DIVERTIDO

Em um ambiente onde me senti segura, confortável e em pé de igualdade com meus colegas, fui capaz de fazer um dos melhores trabalhos da minha vida. Dei tudo de mim para aquele trabalho. Minha equipe e eu cumprimos minha promessa de "desafiar a lei dos grandes números". Aumentamos nossa receita dez vezes, ao mesmo tempo em que reduzimos os custos. Construímos um negócio extremamente lucrativo e de rápido crescimento. E nos divertimos muito fazendo isso, construindo relacionamentos que duraram anos. Adorei o meu trabalho e a minha equipe; fizemos muito juntos.

A JUSTIÇA É INTENCIONAL

O ambiente de trabalho Nesta Empresa não era acidental.[4] Esta Empresa otimizou seu projeto organizacional para maximizar a eficácia e inovação. Esse projeto rendeu dois grandes benefícios: resultados de negócios ininterruptos *e* justiça. Havia dois princípios fundamentais: colaboração e respeito à individualidade.

COLABORAR, NÃO COAGIR

Os líderes Desta Empresa acreditavam que, na economia moderna, a gestão de comando e controle simplesmente não funciona tão bem. A burocracia é ineficiente e mata a inovação. O insight deles foi que a liderança "de cima para baixo", na qual as abelhas operárias aprendem o que fazer e como pensar, sufoca a produtividade e a criatividade. Como resultado, logo de início, Esta Empresa experimentou se livrar completamente dos gerentes. Isso foi um desastre; é necessário ter alguma hierarquia. Mas ela não precisa ser uma hierarquia de *dominação*. Esta Empresa construiu algo que *funcionou*: uma hierarquia *colaborativa*. Ainda havia um organograma com um CEO, vice-presidentes, diretores, gerentes e afins. Mas neste modelo, os líderes de todos os níveis estavam sujeitos a controles e equilíbrio reais que foram incorporados aos sistemas de gestão da empresa, aos processos e ao projeto organizacional.

A ideia era privar os gerentes de fontes tradicionais de poder, como contratação, promoção e decisões salariais. Essa autoridade foi concedida, em vez disso, às equipes, que eram mais propensas a tomar decisões melhores. Nenhum líder da empresa, mesmo o CEO, poderia contratar as pessoas sem colocá-las em um processo de contratação ou promovê-las sem colocá-las em um processo de promoção. Os gerentes não podiam, simplesmente, pagar bônus ou decidir salários unilateralmente.

COLABORAÇÃO ↑↓ COERÇÃO

Ninguém podia coagir os funcionários a fazer algo que eles não quisessem. Jamais esquecerei uma discussão entre um dos três principais líderes da empresa e um grupo de engenheiros trabalhando em um projeto. O executivo propôs uma abordagem. A equipe tinha uma ideia diferente. O executivo não conseguiu convencê-los, então ele sugeriu que três ou quatro das centenas de engenheiros trabalhando no projeto fizessem uma pequena prova de conceito para a sua ideia. A equipe contestou. "Se esta fosse uma empresa comum, obrigaria todos vocês a fazerem do meu jeito!" exclamou o executivo. "Eu só quero experimentar essa ideia." A equipe explicou novamente por que a ideia do executivo não funcionaria e por que seria perturbador ter até três ou quatro pessoas empenhadas nisso.

Ele se permitiu ser derrotado. E a equipe provou que tinha razão. O produto deles foi um grande sucesso.

Esse tipo de comportamento requer um alto nível de confiança de ambos os lados. É isso o que um bom sistema faz: permite que a confiança prospere. Em geral, os processos desta empresa são otimizados para a colaboração e desestimulam a coerção. Quando as avaliações de desempenho aconteceram, os gerentes foram avaliados por seus funcionários e vice-versa. Quando alguém se comportava mal Naquela Empresa, o que acontecia, normalmente recebia um feedback rápido e claro de seus companheiros e gerentes. E quando a pessoa que se comportava mal era o gerente? Mesmo antes de o chefe dele descobrir e corrigir esse comportamento, os membros da equipe abandonariam o gerente. Esta Empresa tornou fácil para os funcionários trocar de equipes sem a aprovação de seus gerentes. Ter um valentão como chefe era um imposto idiota que esta empresa achava que ninguém deveria pagar.

O propósito da hierarquia de gestão era duplo: um, para garantir a responsabilidade; dois, para fornecer um serviço de coaching e mentoria para ajudar os funcionários a crescer. Os gerentes eram responsabilizados, mas não recebiam muito "controle" para fazer as coisas. Eles tiveram que confiar na construção de relacionamentos reais com cada um de seus funcionários e em inspirar ou persuadir as pessoas a fazerem as coisas.[5] Dizer às pessoas o que fazer não funcionava Nesta Empresa. Na verdade, usar a autoridade gerencial para coagir os outros sem permitir que eles os desafiem era uma das poucas maneiras pelas quais você poderia ser demitido. Em vez disso, esperava-se que todos nessa empresa trabalhassem colaborativamente e as ideias surgissem de todas as direções.

Se a velocidade é o superpoder do guepardo, a colaboração é o da humanidade. Quando trabalhamos juntos, usamos nossa capacidade total para fazermos mais coletivamente do que jamais sonharíamos em realizar como indivíduos. E quando uma pessoa busca dominar os outros, podemos sucumbir a qualquer tipo de horror. Para a colaboração ter sucesso, portanto, devemos projetar organizações que combatam proativamente comportamentos coercitivos, como bullying, assédio e decisões arbitrárias, orientados pelo ego e ignorando os fatos.[6]

RESPEITE A INDIVIDUALIDADE, NÃO EXIJA CONFORMIDADE

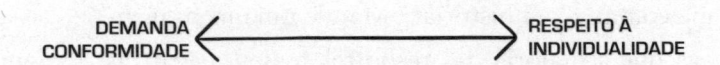

DEMANDA CONFORMIDADE ⟵⟶ RESPEITO À INDIVIDUALIDADE

Os líderes Nesta Empresa também acreditavam que equipes diversificadas eram mais inovadoras. Portanto, era importante respeitar a individualidade de *todos* os funcionários. O CEO exortava os funcionários: "Desafie-me! Se eu estiver errado, quero saber." Não era suficiente para o CEO respeitar a individualidade dos funcionários; os funcionários tinham que respeitar a individualidade uns dos outros também. Isso não significava deixar as pessoas falarem o que quisessem sobre qualquer coisa. Não significava dar o mesmo peso à ignorância de uma pessoa e à experiência de outra. Também não significava que era preciso permitir debates e discussões intermináveis. Significava, porém, realmente ouvir a todos, sem tendenciosidades ou preconceitos. Significava permanecer aberto a diferentes pontos de vista, bem como a maneiras diferentes e inesperadas de ser.

Uma das pessoas mais notórias na empresa costumava usar grandes orelhas de coelho. Ninguém se opôs a isso. E ninguém descartou as habilidades dessa pessoa por causa da sua escolha incomum de chapéu. Na maioria das empresas, o funcionário com orelhas de coelho teria sido ignorado ou zoado porque nossos cérebros muitas vezes censuram ou dispensam o inesperado automaticamente. Mas Esta Empresa foi disciplinada para garantir que diferentes pontos de vista fossem ouvidos e não permitir que cargos ou escolhas de vestuário fossem o filtro para o que foi ou não ouvido. Esta Empresa fez mais do que tolerar as diferenças entre as pessoas. Em vez disso, tomou medidas para criar uma cultura que não fosse apenas aberta a divergências e debates, mas que realmente fizesse da discordância um *dever*.

Aqueles primeiros dias Nesta Empresa me mostraram que quando as pessoas se sentem encorajadas a se dedicar ao trabalho — quando sentem confiança de que serão ouvidas, em vez de silenciadas, quando falarem — elas fazem um trabalho melhor e o fazem juntas. A produtividade aumenta, a inovação floresce e as coisas são muito mais justas. Todo mundo fica mais feliz. Isso se torna um círculo virtuoso.

Reconheço que minha própria experiência foi bastante utópica. Eu me perguntava quantas outras pessoas haviam experimentado o Trabalho Justo e tuitei impulsivamente: "Você já teve um emprego onde quase não havia injustiça no local de trabalho — um mínimo de tendenciosidades, nenhum preconceito, bullying, discriminação, assédio ou violência sexual? Se sim, você vai me contar a sua história?? Mande uma mensagem!"

Esperava que a maioria das respostas fossem negativas. E algumas foram: "Você quer dizer que alguém trabalhou exclusivamente para e com robôs?" ou "Não. O VERDADEIRO unicórnio no mundo das startups, rsrs." Mas 53% das respostas — mais da metade! — foram afirmativas e as minhas conversas por telefone com vários desses estranhos me convenceu de que não estou sozinha. Eis algumas das coisas que eles me contaram:

"Eu acho que trabalho aí, estou muito feliz em meu local de trabalho."

"Isso se aplica à minha experiência com meu primeiro empregador de dez anos, nada menos do que um consultor corporativo. A chave era o critério de contratação: inteligência e simpatia. Essa era uma cultura que realmente valorizava a gentileza."

"Tenho um agora... Confiam em mim — isso é o centro de tudo, eu acho. Ser confiável é muito motivador."

"Eu tenho uma história. Foi em Michigan que, dado o atual ciclo de notícias, pode parecer difícil de acreditar, mas tinha de tudo — funcionários transgêneros, promoções durante a gravidez. Foi meu melhor trabalho em tecnologia e muitos de nós ainda somos amigos."

"Eu tive uma experiência dessas. Eles são classificados como o lugar #1 do Canadá para se trabalhar. Aprendi muito sobre como um ambiente de trabalho pode ser e o que é possível. Experimentação acima da perfeição. Curiosidade acima de suposições. Bondade acima do ego."

UM PROCESSO, NÃO UM DESTINO

Aqui está a principal coisa a se lembrar sobre o Trabalho Justo. É um processo, não um destino. Não há ponto de parada natural. *Você tem que continuar se esforçando para alcançá-lo* — mensalmente, semanalmente, até a cada dia e hora. Pense no seu local de trabalho como se estivesse no topo de uma colina íngreme. Você tem uma vista espetacular, mas tem que escalar aquela colina todos os dias para desfrutar dela. Ou pense nele como um prédio. Se você contratar bons engenheiros e trabalhadores, usar materiais de qualidade e construir uma fundação forte, sua construção vai durar mais do que se você não fizer isso. Mas mesmo um prédio bem construído pode ficar rapidamente inabitável se você não limpá-lo e mantê-lo. Essas não são tarefas únicas, mas responsabilidades essenciais que permanecem no centro de sua missão todos os dias. E mesmo um prédio bonito e bem conservado é um lugar péssimo para se estar se todos nele estiverem se comportando como idiotas.

Viver é mudar. Se você não revisar e apoiar as salvaguardas em vigor para garantir que a coerção e a conformidade não afetem a maneira como as pessoas trabalham juntas, então a injustiça no local de trabalho e a ineficiência que a acompanha assumirão o controle da sua cultura. Os aspectos da natureza humana dos quais menos nos orgulhamos sempre estarão nos afastando dos esforços de colaboração e nos impulsionando em direção ao instinto de coagir; distanciando-nos do respeito à individualidade e nos aproximando da exigência de conformidade.[7] A atenção diária é necessária para resistir a essas forças e manter a justiça no seu local de trabalho.

Quando comecei este projeto, pensei que tinha descoberto tudo e que estava compartilhando o que aprendi com outras pessoas. Eu pensei que estava escrevendo para ajudar outras pessoas — especialmente jovens mulheres no início de suas carreiras. Mas, na verdade, eu estava me libertando. O processo de escrever este livro foi necessário para que eu deixasse de lado a bola e a corrente da negação que vinha arrastando atrás de mim durante toda a minha vida. Jogá-las fora foi um alívio sem igual. As recompensas por enfrentar meu próprio silêncio e contar minhas histórias foram enormes. Eliminar meus próprios medos foi ótimo; se minhas histórias podem ajudá-lo a eliminar os seus, vou me sentir melhor ainda.

É SIMPLES, MESMO SE NÃO FOR FÁCIL

Quando os problemas parecerem intransponíveis, volte a estas duas ideias centrais: Primeiro, respeite seus colegas pelo que eles são. Não exija que eles se conformem a alguma ideia preconcebida que você possa ter de quem eles "deveriam" ser. Segundo, colabore com seus colegas. Não tente dominá-los ou coagi-los.

Em outras palavras, Apenas Trabalhe!

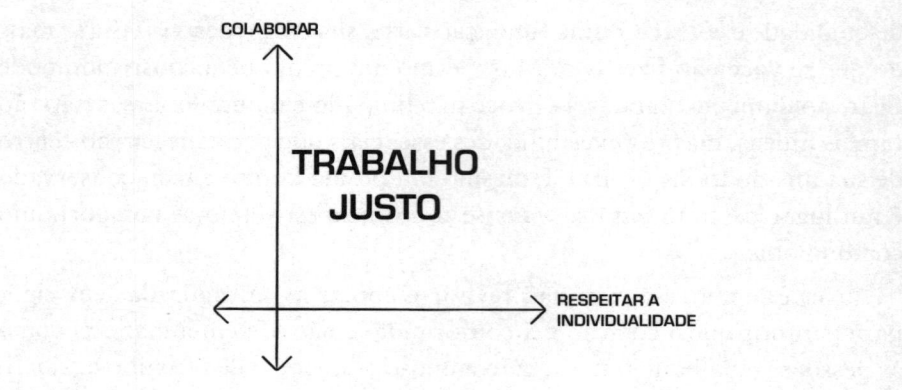

```
           COLABORAR
               ↑
               |
               |
            TRABALHO
              JUSTO
               |                RESPEITAR A
    ←——————————+——————————→    INDIVIDUALIDADE
               |
               |
               ↓
```

Agradecimentos

Escrever um livro é um ato de colaboração, não um empreendimento solitário. O fato de só um nome estar na capa deste livro reflete um mito que esconde a realidade. Muitas pessoas colaboraram na escrita deste livro e em seu lançamento para o mundo.

Meu processo não é linear, para dizer o mínimo, e isso pode ser frustrante — às vezes irritante, segundo me disseram — para meus colaboradores. Sou profundamente grata a eles por permanecerem comigo ao longo de centenas de milhares de palavras escritas e excluídas, e especialmente por grandes mudanças feitas após o último minuto.

Primeiro, minha família. Meu pai ganhou o prêmio de ter lido mais vezes este livro — ele leu *seis* rascunhos diferentes. Seu entusiasmo me manteve no rumo quando eu pensava que deveria desistir. Ele me deu muito em que pensar sobre cada versão, além de ter feito um copidesque detalhado. Conforme avançamos às edições finais de copidesque, meu pai vinha lutando contra um câncer e o cansaço extremo de seus tratamentos. Mesmo assim, ele nota mais erros do que ninguém. Palavras não podem expressar minha admiração e gratidão. Minha mãe, meu irmão, minha irmã, meu marido e seu tio Jim Ottaway, todos leram este livro e seus comentários e pensamentos o tornaram incomparavelmente melhor. Eu nunca teria conseguido escrever este livro sem a nossa amada babá, Rosy Garcia. E quando nos separamos dela por causa da quarentena, meu marido interveio heroicamente para tentar ocupar o seu lugar e também administrar a escola de casa — apesar de todos sentirmos muito a falta de Rosy e termos nos emocionado quando ela pôde retornar. Meus filhos ajudaram de muitas maneiras. A própria existência deles foi inspiração para tornar o mundo mais justo. Eles contribuíram com seu bom senso, suportaram minhas ausências e níveis de estresse notáveis e tiveram muitos pensamentos positivos sobre se o subtítulo deveria ser "faça isso", "fazendo essa m*rda" ou "não aceite essa m*rda, faça essa m*rda".

Agradecimentos

Tim Bartlett, o editor (também conhecido como o chefe) deste livro, voou para a Califórnia e empoleirou-se no patamar entre duas salas para me ajudar a começar a criar ordem no caos do meu primeiro rascunho de merda. E então, ele o editou várias vezes pacientemente enquanto eu escrevia e soltava um rascunho após o outro. Estava cada vez melhor e posso prometer a ele que se eu pudesse pensar de uma forma mais eficiente, o faria, mas parece que só sei trabalhar desta forma. Obrigado, Tim, por me aturar! E um agradecimento enorme aos companheiros do St. Martin's Press que trabalharam com Tim e comigo para trazerem este livro à vida. Após ler uma primeira versão dele, Alice Pfeifer me mandou uma das notas mais encorajadoras que já recebi, justamente quando mais precisava. Ela manteve Tim e eu no caminho certo e garantiu que chegássemos ao fim mais ou menos a tempo. Jennifer Fernandez, Jennifer Simington e Alan Bradshaw deram a este livro o copidesque atencioso de que ele tanto precisava — duas vezes! Literalmente, eles melhoraram cada sentença. O entusiasmo de Laura Clark por este projeto e a orientação sobre como alcançar cada um de seus diferentes públicos sempre me levaram a esclarecer meu pensamento e a me divertir fazendo isso. O senso de humor e sabedoria de Gabi Gantz mantêm a publicidade real — e manter as besteiras fora das relações públicas é, de fato, um presente raro e revigorante. A direção, a organização e a faísca de Danielle Prielipp tornam o marketing divertido. Ellis Levine fez da revisão legal um prazer. E uma profunda gratidão ao meu agente, Howard Yoon, que me ajudou a refinar a ideia deste livro quando ele ainda era muito rudimentar e que não teve medo de mergulhar em um primeiro rascunho realmente horrível e me dizer no que valia a pena pensar mais e o que valia descartar. Estendo meus profundos agradecimentos à equipe de Radical Candor: Brandi Neal, Nick Ditmore, Jason Rosoff, Amy Sandler e Nora Wilcox. Cada um deles leu este livro e me deu insights valiosos. Eles também me deram o melhor presente de todos: tempo. Eles fizeram todo o trabalho de gestão da empresa, então eu poderia apenas escrever. Os coaches do Candor também leram e comentaram vários rascunhos deste livro, tornando-o cada vez melhor. Agradecimentos enormes a Melissa Andrada, Becca Barish, Aaron Dimmock, Joe Dunn, Bina Martin, Farrah Mitra, Mike Pugh e Stephanie Usry.

Eu penso em imagens, mas não sou designer e não consigo desenhar nada, então a colaboração é essencial. Nick Ditmore foi minha companhia constante ao longo deste livro. Ele desenhou e redesenhou cada gráfico neste livro centenas de vezes e cada iteração me ajudou a esclarecer meu pensamento.

Eu não queria ser limitada pela minha experiência vivida aqui. Várias pessoas ofereceram seus conhecimentos e experiências de vida para ampliar minha perspectiva. Primeiro Laura Eldridge, uma escritora e ativista da saúde feminina, começou a falar comigo sobre este projeto em novembro de 2017. Ela me indicava leituras a cada semana. Quando comecei a escrever, era lamentavelmente ignorante a respeito da maioria dos escritores que acabaram por influenciar este livro. Ela lia o que eu escrevia todas as semanas. Quando joguei fora um rascunho de 80 mil palavras e comecei de novo, ela não pareceu nem um pouco alarmada. Ela apenas continuou lendo e nós conversávamos todas as sextas, até a última versão.

Quando comecei a escrever, a chefe do programa de bem-estar da The Second City, Becca Barish, me ofereceu um pouco de Empatia Assertiva: "A forma como a sua geração se sente sobre a palavra 'garota' é como a minha geração se sente sobre os pronomes. Você não pode escrever este livro sem levar em consideração a orientação sexual e a identidade de gênero." Ela estava certa e é difícil não sentir vergonha do que ela me disse. Mas a vergonha não é uma emoção produtiva. Becca, assim como Chris Bartlett, o diretor-executivo no William Way LGBT Community Center, leram este livro para serem meus destruidores de tendenciosidades heteronormativas.

A fundadora da Chairman Mom, Sarah Lacy, também me ofereceu um pouco de Empatia Assertiva: eu estava muito presa à minha perspectiva como mulher branca. Mas ela não ofereceu só crítica; também ofereceu ajuda. Ela fez uma edição completa do livro. E, sabendo que compartilha do privilégio branco, também me apresentou à Dr. A. Breeze Harper, cofundadora do Critical Diversity Solutions.

Breeze se tornou minha detonadora extraordinária de tendenciosidades, além de uma de minhas pessoas favoritas. Durante um ano, Breeze leu e releu os rascunhos que mandei para ela, me mandou artigos e livros para ler e foi infinitamente generosa e divertida de se trabalhar com, enquanto me ajudava a enfrentar os problemas que introduzi em meu manuscrito. Breeze foi tão útil que me inspirou a procurar também outros detonadores de tendenciosidades. Para este livro, tive insights valiosos de Heather Caruso, decana assistente de Equidade, Diversidade e Inclusão na Anderson School of Management da UCLA, da Dra. Jennifer Gomez, professora de psicologia da Wayne State University, da Dra. Allyson Hobbs, professora de história da Stanford University, de Annie Jean-Baptiste, chefe de inclusão de produto no Google, e Danae Sterental, fundadora do HereWe e palestrante na Stanford University para cursos incluindo Equidade em Design. Sou profundamente grata a cada um deles!

Um dos objetivos mais importantes deste livro é dar conselhos práticos a líderes. Escrevi primeiramente sobre minha própria experiência, sobre coisas que fiz em meu trabalho e coisas que gostaria de ter feito. Mas será que outros líderes achariam útil o conselho que estou dando? Eles colocariam qualquer sugestão dessas em prática? Eu queria ter certeza de que estava mantendo isso real. Então, procurei dois dos líderes operacionais mais brilhantes que conheço. Shona Brown, ex-vice-presidente sênior de Operações de Negócios no Google, e Jared Smith, cofundador da Qualtrics, foram incrivelmente generosos com seu tempo. Shona lia conforme eu escrevia, dando-me conselhos a cada poucas semanas ao longo dos últimos três anos. E Jared devorou o último rascunho do livro; passamos uma hora por capítulo revisando seus comentários e tendo conversas animadas.

Por eu ter escrito e reescrito *Trabalho Justo* várias vezes, foi inestimável trazer novos editores para lê-lo fresco. O historiador da Naval Postgraduate School, Dr. Zach Shore, me ajudou a trabalhar algumas das primeiras ideias deste livro, andando e falando. Ele também leu uma versão inicial e foi capaz de eliminar muita confusão e oferecer uma maneira mais limpa de pensar sobre sua estrutura, bem como suavizar a linguagem de alguns remendos difíceis. Will Dana, ex-diretor administrativo da *Rolling Stone*, forneceu uma visão inestimável enquanto editava duas versões diferentes do manuscrito. Ele me pressionou muito como escritora e aprendi muito com ele. Também foi infinitamente paciente comigo em ligações que, invariavelmente, aconteciam nas salas de espera de aeroportos.

Então, quando entramos em quarentena, Alice Traux, ex-editora do *New Yorker* e que foi inestimável em *Empatia Assertiva*, pegou a mim e ao manuscrito em mãos. Quando falei com ela sobre este projeto no início, foi Alice que sinalizou minha própria negação. E conforme lia, ela prestou atenção à cada palavra em cada frase, ao mesmo tempo que me cutucava (sempre com grande gentileza) em relação a várias revelações importantes sobre mim. Pensei que tinha entendido minha negação, mas Alice me ajudou a reconhecer que eu tinha muito mais a fazer. *Trabalho Justo* é um livro muito melhor e eu sou uma pessoa muito mais feliz graças a Alice.

Conforme Alice e eu editávamos, a Dra. Lisa Schievelbein, fundadora e diretora-executiva do Center for Institutional Courage, leu atenta às minhas citações. Lisa não apenas tem um olho aguçado para a estrutura e os detalhes do texto, mas seu conhecimento da pesquisa psicológica é enciclopédico. Raramente vi alguém que soubesse como fazer essa m*rda dar certo com mais prazer do que Lisa.

Muitas outras pessoas leram e editaram este livro: Aileen Lee, Allison Kluger, Ann Poletti, Anne Libera, April Underwood, Barbara Chai, Beth Ann Kaminkow, Bethany Crystal, Caroline Reitz, Christine Howard, Christa Quarles, Clea Sarnquist, Dambisa Moyo, Dan Pink, Darren Walker, Deborah Gruenfeld, Diane Chaleff, Elizabeth Kim, Ellen Konar, Ellen Ray, Emily Procter, Esther Dyson, Evan Cohen, Françoise Brougher, Frank Yeary, Heather Caruso, Jane Penner, Jason Li, Jim Collier, Joanna Strober, John Maeda, Jorge Arteaga, Joshua Cohen, Julia Austin, Hope Blackley, Kamini Ramani, Kelly Leonard, Lauren Yeary, Leyla Seka, Lisa Krupicka, Meghan Olivia Warner, Mekka Okereke, Michael Schrage, Moira Paz, Moises Naim, Natalie Ray, Olga Narvskaia, Peter Reinhardt, Ruchi Sanghvi, Russ Laraway, Ryan Smith, Sanjay Khare, Steve Diamond, Sarah Kunst, Scott O'Neil, Sheryl Sandberg, Sukhinder Singh Cassidy, Susan Fowler, Tamar Nisbett e Tiffani Lee foram generosos com seu tempo e radicalmente francos em seus elogios e críticas. Sou muito grata a cada um deles!

Obrigada às pessoas que conheci no Twitter e que compartilharam suas histórias de Trabalho Justo comigo: Indu Khosla, Joshua Lewis, Miche Priest, Alexandria Procter, "RunningDin", Andrew Prasatya, Sunder Sarangan, Pierre Babineu, Jen Ross, Brandon Belvin, Maulik, Mika Bludell, Betty Carroll e Tuli Skaist.

Como eu poderia incorporar comentários de tantas pessoas? Para isso foi feito o Google Documents. Pode parecer bobagem mencionar as pessoas que criaram a ferramenta que usei para escrever este livro. Mas quero agradecer especialmente a Alan Warren e Jude Flannery. Quando Alan, Jude e eu trabalhamos juntos na Juice Software, conversamos muito sobre colaboração e chat centrado em documentos. Não administramos para tornar essa ideia uma realidade na Juice, mas então o Google nos contratou e fez acontecer lá. Embora ambos tenham saído, a equipe do Google Docs continua aprimorando o produto. Essa é uma pequena lição sobre o milagre que é a colaboração humana. A centelha de uma ideia se acende e explode apenas para ser reacendida em um contexto diferente, e então outra pessoa carrega a tocha adiante.

Enquanto estamos no tópico da infraestrutura, meu marido Andy também merece mais crédito. Ele teve a ideia de montar uma *she shed* no quintal. Escrever um livro sobre injustiça de gênero no próprio quarto não é o ideal. Muito obrigado a Mike Turkington e Alex Cordrey por construírem um quarto próprio para mim, tão necessário para uma escritora.

São quase 2 mil palavras de agradecimentos e sei que esqueci de pessoas de quem gosto. Para quem quer que seja, culpe meu cérebro defeituoso, mas saiba que eu as amo e agradeço.

Notas

INTRODUÇÃO

1. Para obter uma das explicações mais acessíveis sobre o que significa privilégio, assista a este vídeo de 2 minutos: https://twitter.com/bbcbitesize/status/1290969898517254145?s=19. O livro de Claudia Rankine *Só Nós: Uma Conversa Americana* (Editora Todavia, 2021) tem uma verificação de fatos sobre a origem da frase "privilégio branco", que geralmente é atribuída a Peggy McIntosh. Para uma discussão completa sobre o uso do termo antes de McIntosh, ver Jacob Bennett, "White Privilege: A History of the Concept" (tese de mestrado, Georgia State University, 2012), https://Scholarworks.gsu.edu/history_theses/54. P. McIntosh, *White Privilege and Male Privilege: A Personal Account of Coming to See Correspondences Through Work in Women's Studies* (Wellesley, MA: Wellesley College, Center for Research on Women, 1988).

2. Quando conto a história na primeira pessoa, estou descrevendo algo que aconteceu comigo. Quando conto na terceira pessoa, ou é uma combinação de coisas que vi em primeira mão, contadas de maneira abstrata para maior clareza e eficiência, ou é uma história que alguém que conheço me contou. Exceto quando uso o primeiro e último nome, todos os nomes neste livro foram modificados. Não nomeio as pessoas porque quero me concentrar no que podemos aprender do ocorrido e como podemos aplicar as lições para criar locais de trabalho mais justos em qualquer lugar. Além disso, escolhi nomes comuns nos EUA e que não refletem a diversidade cultural de nosso país ou do mundo. Isso porque quando escolho um conjunto diferente de nomes, levo os outros a começarem a adivinhar quem era quem e a ler as coisas erradas em certas histórias. Pensei em fazer todos os nomes consistentemente em russo ou de Botsuana, mas essas escolhas seriam uma distração para os leitores norte-americanos.

3. Por Kate Abramson, "O termo 'gaslighting' vem do filme *À Meia Luz*, no qual Gregory tenta deliberadamente fazer sua esposa Paula perder a memória ao manipular a ela, seus amigos e seu ambiente físico". K. Abramson, "Turning up the lights on gaslighting", *Philosophical Perspectives* 28 (2014): 1–30.

4. K. Manne, *Down Girl: The Logic of Misogyny* (Oxford: Oxford University Press, 2018).

5. Para aqueles que não estiveram na minha situação e mesmo para aqueles que estiveram, minha resposta pode parecer inexplicável. No entanto, reprimir a consciência do que está acontecendo é uma resposta psicológica comum ao ser traído por alguém em quem você

confia. A psicóloga Jennifer Freyd escreve magnificamente sobre isso em seu livro *Betrayal Blindness*.

6. "Frot" é uma abreviação de "frotteurismo": esfregar o pênis contra uma pessoa que não consentiu. Eu pensei que o que aconteceu foi incomum, chocante. Mas é comum o bastante para ter uma palavra para tal. Também conhecido como esfregada de Princeton, geralmente se refere a dois homens, não a um homem e uma mulher.

7. Uma análise excelente pode ser encontrada em Elsa Barkley Brown, "What has happened here: The politics of difference in women's history and feminist politics", *Feminist Studies* 18(2) (Summer 1992): 295–312.

8. Quando uma pessoa é sub-representada em mais de uma dimensão, isso é chamado interseccionalidade, que é a forma de entender como diferentes aspectos da identidade social e política de uma pessoa podem se combinar para criar modos únicos de discriminação. Visa ampliar a agenda das primeiras ondas do feminismo, que em grande parte se concentram nas experiências de mulheres brancas na classe média. K. C. Williams, "Mapping the margins: Intersectionality, identity politics, and violence against women of color", em *The Public Nature of Private Violence*, ed. M. A. Fineman e R. Mykitiuk (Abingdon, UK: Routledge, 1994), 93–118. Para entender a interseccionalidade, assista à conversa TED de Kimberlé Crenshaw sobre a interconexão de raça e gênero (e muitos outros eixos de identidade e opressão): https://www.ted.com/talks/kimberle_crenshaw_the_urgency_of_intersectionality?language=en.

9. A autora Annie Jean-Baptiste descreve doze dimensões ao longo das quais as pessoas tendem a ser super ou sub-representadas: idade, raça, capacidade, cultura, status socioeconômico, religião, geografia, orientação sexual, gênero, educação, etnicidade e linguagem. *Building for Everyone* (Hoboken, NJ: Wiley, 2020).

10. "Delivering through diversity", janeiro de 2018, https://www.mckinsey.com/~/media/mckinsey/business%20functions/organization/our%20insights/delivering%20through%20diversity/delivering-through-diversity_full-report.ashx.

11. A. Swanson, "The industries where personal connections matter the most in getting a job", *Washington Post*, 20 de março de 2015, https://www.washingtonpost.com/news/wonk/wp/2015/03/20/the-industries-where-personal-connections-matter-the-most-in-getting-a-job/.

12. D. Rock e H. Grant, "Why diverse teams are smarter", *Harvard Business Review*, 4 de novembro de 2016, https://hbr.org/2016/11/why-diverse-teams-are-smarter.

13. "Diversity wins: How inclusion matters", maio 2020, https://www.mckinsey.com/featured-insights/diversity-and-inclusion/diversity-wins-how-inclusion-matters.

14. K. Holmes, *Mismatch: How Inclusion Shapes Design (Simplicity: Design, Technology, Business, Life)* (Cambridge, MA: MIT Press, 2018). Adotei os 3 princípios do design inclusivo descritos pela autora Kat Holmes para este livro: (1) *Reconheça a exclusão*.

Novas oportunidades que são fáceis ou automáticas para mim podem ser impossíveis para os outros. Só quando reconheço a maneira como meu privilégio prejudica os outros é que posso abandoná-lo. Eu não quero ser como aqueles idiotas que nasceram na terceira base e pensam que atingiram um triplo. (2) *Aprenda com todos*. Busquei as perspectivas de uma ampla gama de pessoas para ter certeza de que este livro seja útil para o maior número possível delas. (3) *Resolva para um, estenda para muitos*. As atitudes e comportamentos que me prejudicaram no local de trabalho por ser mulher estão relacionadas, mas não são idênticas, àqueles que causaram injustiças de forma mais ampla.

15. Para uma análise mais profunda sobre como as mulheres negras muitas vezes são privadas de sua raiva, veja *Eloquent Rage: A Black Feminist Discovers Her Superpower*, de Brittney Cooper.

16. "Mulheres no local de trabalho", Relatório online de Lean In, 2020, https://womenintheworkplace.com/.

17. L. Buchanan, Q. Bui e J. K. Patel, "Black Lives Matter may be the largest movement in U.S. history", *New York Times*, 3 de julho de 2020, https://www.nytimes.com/interactive/2020/07/03/us/george-floyd-protests-crowd-size.html.

18. Como disse Kimberlé Crenshaw em sua conversa TED, "onde o problema não tem nome, você não pode vê-lo e, quando você não vê um problema, praticamente não pode resolvê-lo". https://www.ted.com/talks/kimberle_crenshaw_the_urgency_of_intersectionality/transcript?language=en#t-521044.

PARTE UM: AS CAUSAS RAIZ DA INJUSTIÇA NO LOCAL DE TRABALHO

1. O filósofo John Rawls define justiça como equidade básica. J. Rawls, *Justiça como Equidade: Uma Reformulação*. (Martins Fontes, 2003).

2. Para uma exploração rica das tendências, ver Jennifer Eberhardt, *Biased: Uncovering the Hidden Prejudice That Shapes What We See, Think, and Do* (Nova York: Penguin Books, 2019).

3. O vencedor do Prêmio Nobel em psicologia, Daniel Kahneman, chama isso de Pensamento Rápido de parte de nossas mentes. D. Kahneman, *Rápido e Devagar: Duas Formas de Pensar* (Objetiva, 2012).

4. O psicólogo Gordon Allport descreve o preconceito como uma "atitude de favor ou desfavor... relacionada a uma crença generalizada (e, portanto, errônea)... O sistema de crenças tem um jeito de se esgueirar para justificar a atitude mais permanente. O processo é de racionalização da acomodação de crenças a atitudes". G. W. Allport, *The Nature of Prejudice* (Nova York: Doubleday, 1958).

5. "Qual a diferença entre conflito e bullying?", PACER, recuperado em 31 de maio de 2020, https://www.pacer.org/bullying/resources/questions-answered/conflict-vs-bullying.asp.

1: PAPÉIS E RESPONSABILIDADES

1. J. Freyd e P. Birrell, *Blind to Betrayal: Why We Fool Ourselves We Aren't Being Fooled* (Hoboken, NJ: Wiley, 2013).
2. M. Gomez, "Waitress discusses taking down man who groped her: 'We deal with a lot'", *New York Times*, 22 de julho de 2018, https://www.nytimes.com/2018/07/22/us/savannah-waitress-video.html.

2: PARA PESSOAS PREJUDICADAS

1. C. Rankine, *Cidadã: Uma Lírica Americana* (Londres: Penguin Books, 2015).
2. N. St. Fleur, "No mundo dos gestos globais, o bater de punhos permanece sozinho", NPR, 19 de julho de 2014, https://www.npr.org/sections/goatsandsoda/2014/07/19/331809186/n-the-world-of-global-gestures-the-fist-bump-stands-alone.
3. Pesquisa pelo United Nations Development Programme indica a prevalência global de tendência de gênero: 91% dos homens e 86% das mulheres exibem uma ou mais tendências claras contra a igualdade de gênero em áreas como política, economia, educação, violência contra parceiro íntimo e direitos reprodutivos das mulheres. Human Development Reports, recuperado em 31 de maio de 2020, http://hdr.undp.org/en/GSNI.
4. J. C. Williams e M. Multhaup, "For women and minorities to get ahead, managers must assign work fairly", *Harvard Business Review*, 4 de maio de 2018, https://hbr.org/2018/03/for-women-and-minorities-to-get-ahead-managers-must-assign-work-fairly.
5. V. Jordan e A. Gordon-Reed, *Vernon Can Read! A Memoir* (Nova York: PublicAffairs, 2009).
6. R. Solnit, *Os Homens Explicam Tudo Para Mim* (Cultrix, 2017).
7. Rankine, *Cidadã*.
8. Sempre, "Always #LikeAGirl", YouTube, 26 de junho de 2014, https://www.youtube.com/watch?v=XjJQBjWYDTs; e Disney Austrália e Nova Zelândia, "Planes clip—Disney—Head start clip", YouTube, 30 de julho de 2013, https://www.youtube.com/watch?v=KM11r8MWYS8.
9. Fazer a pergunta geralmente levará a um embaraçoso "Ah, sim, é claro". É um pouco arriscado porque pode levar a uma resposta "Ah, mas as mulheres são muito melhores tomando notas". Agora você está fora da tendência e entrando no território do preconceito e deve usar uma declaração "ser/isso" e não uma "eu", por exemplo, "é a vez de outra pessoa" (ler a próxima seção). Ou a pessoa pode dizer algo intimidador (ler a seção subsequente), a partir do qual você deve fazer uma declaração "você" mais dominante: "Você anota".
10. E. Crockett, "The amazing tool that women in the White House used to fight gender bias", *Vox*, 14 de setembro de 2016, https://www.vox.com/2016/9/14/12914370/White-house-obama-women-gender-bias-amplification.

11. J. Mayden (@jasonmayden), #curbsideministries (Instagram hashtag), https://www.instagram.com/explore/tags/curbsideministries/?hl=en.

12. J. Mayden (@jasonmayden), "Are you an accomplice or an ally?" (Instagram video), 14 de setembro de 2019, https://www.instagram.com/jasonmayden/tv/B2Z9zIQHwlV/?hl=nb.

13. D. J. Travis, J. Thorpe-Moscon e C. McCluney, "Report: Emotional tax: How black women and men pay more at work and how leaders can take action", Catalyst, 11 de outubro de 2016, https://www.catalyst.org/research/emotional-tax-how-black-women-and-men-pay-more-at-work-and-how-leaders-can-take-action/.

14. Elaine Blair, Revisão de *Good and Mad*, de Rebecca Traister e *Rage Becomes Her*, de Soraya Chemaly, *New York Times*, 27 de setembro de 2018, https://www.nytimes.com/2018/09/27/books/review/rebecca-traister-good-and-mad-soraya-chemaly-rage-becomes-her.html.

15. E. Saslow, *Rising Out of Hatred: The Awakening of a Former White Nationalist* (Nova York: Knopf Doubleday, 2018).

16. Aspen Institute, *The Legacy of Justice Scalia with Justice Ruth Bader Ginsburg*, YouTube, 4 de agosto de 2017, https://www.youtube.com/watch?v=auYGdE28KIQ.

17. L. R. Goldberg, "The structure of phenotypic personality traits", *American Psychologist* 48(1) (1993): 26–34.

18. C. A. Murray e o Institute of Economic Affairs, *The Emerging British Underclass* (Londres: Institute of Economic Affairs, 1990).

19. G. Barbot de Villeneuve e R. L. Lawrence, *The Story of the Beauty and the Beast: The Original Classic French Fairytale* (Reino Unido: CreateSpace Independent Publishing Platform, 2014).

20. J. Mangold *et al.*, *Walk the Line* (filme) (Beverly Hills, CA: 20th Century Fox Home Entertainment, 2006).

21. Não leia este livro: J. B. Peterson, *12 Regras Para a Vida: Um Antídoto Para o Caos*. Embora alguns dos conselhos sejam bons, você pode obtê-los em outro lugar sem se engasgar com a misoginia. Por exemplo, "Para se manter ereto com os ombros para trás", temos Amy Cuddy. Para "Compare-se com quem você era ontem, não com quem outra pessoa é hoje", tem *Mindset: A Nova Psicologia do Sucesso*, de Carol Dweck. Para reflexões sobre os perigos de diferentes sistemas totalitários, como o fascismo e o comunismo, há *Hitler and Stalin*, de Alan Bullock.

22. Para entender o que significa a objetificação, leia Martha Nussbaum e Rae Langton. Nussbaum identifica sete manifestações comuns de objetificação: tratar as pessoas como ferramentas para propósito próprio; (2) tratar as pessoas como se elas não tivessem autonomia ou direitos; (3) tratar as pessoas como se elas não tivessem agência; (4) tratar as pessoas como se elas fossem intercambiáveis com outras semelhantes ou com ferramentas; (5) não respeitar os limites da pessoa (por exemplo, tocar a barriga de uma mulher

grávida ou o cabelo de uma pessoa de raça diferente); (6) tratar as pessoas como se elas pudessem ser possuídas, compradas ou vendidas; (7) tratar as pessoas como se elas não tivessem sentimentos ou que isso não importasse. Langton adiciona mais 3: (8) tratar as pessoas como se fossem nada mais do que uma parte do corpo; (9) focar exclusivamente como a pessoa se parece; (10) tratar as pessoas como se elas não pudessem ou devessem falar. Minhas interações na escola de negócios foi majoritariamente 8 e 9. Folha de cola: E. Papadak, "Feminist perspectives on objectification", em *Stanford Encyclopedia of Philosophy Archive*, ed. Edward N. Zalta, Edição de verão de 2020, https://plato.stanford.edu/archives/sum2020/entries/feminism-objectification/. Para uma leitura mais profunda: M. C. Nussbaum, "Objectification", *Philosophy & Public Affairs* 24(4) (1995): 249–91; e R. Langton, *Sexual Solipsism: Philosophical Essays on Pornography and Objectification* (Oxford: Oxford University Press, 2013).

23. TED Talk, "Your body language may shape who you are", Amy Cuddy, YouTube, 1 de outubro de 2012, https://www.youtube.com/watch?v=Ks-_Mh1QhMc. Há muita controvérsia em torno desta conversa: K. Elsesser, "Power posing is back: Amy Cuddy successfully refutes criticism", *Forbes*, 4 de abril de 2018, https://www.forbes.com/sites/kimelsesser/2018/04/03/power-posing-is-back-amy-cuddy-successfully-refutes-criticism/#17741a703b8e.

24. "Qual a diferença entre conflito e bullying?", recuperado em 31 de maio de 2020, PACER, https://www.pacer.org/bullying/resources/questions-answered/conflict-vs-bullying.asp.

25. L. West, *Shrill* (Nova York: Hachette Books, 2017).

26. B. Brown, *Daring Greatly: How the Courage to Be Vulnerable Transforms the Way We Live, Love, Parent, and Lead* (Nova York: Gotham Books, 2012).

27. A. Wigglesworth, "Community organizer who trains police on bias injured by rubber bullet during protest", *Los Angeles Times*, 6 de junho de 2020, https://www.latimes.com/california/story/2020-06-06/community-organizer-shot-by-rubber-bullet-during-protest.

28. Para os termos psicológicos formais para estas racionalizações: J. M. Grohol, "15 common defense mechanisms", Psych Central, 3 de junho de 2019, https://psychcentral.com/lib/15-common-defense-mechanisms/.

29. Negação.

30. Compartimentalização.

31. K. Manne, *Down Girl: The Logic of Misogyny* (Oxford: Oxford University Press, 2018).

32. Minimização.

33. Compartimentalização.

34. Intelectualização.

35. Intelectualização.

36. Liderança de Gestão para o Amanhã, "Authenticity: Who You Are Is Non-Negotiable", Caroline Wanga, YouTube, 29 de abril de 2020, https://www.youtube.com/watch?v=HAIiqOG4KBU.
37. T. Morrison, "A humanist view", 30 de maio de 1975, https://www.mackenzian.com/wp-content/uploads/2014/07/Transcript_PortlandState_TMorrison.pdf.
38. Uma explicação clara, divertida e dolorosa de como isso funciona está em H. Gadsby (dir.), *Nanette*, Netflix, 2018, https://www.netflix.com/title/80233611.
39. De uma conversa com Anne Libera, autora de *Funnier* (Evanston, IL: Northwestern University Press, a ser publicado).
40. West, *Shrill*.
41. TEDx Talks, "I've lived as a man & a woman—here's what I learned, | Paula Stone Williams | TEDxMileHigh", YouTube, 19 de dezembro de 2017, https://www.youtube.com/watch?v=lrYx7HaUlMY.

3: PARA OBSERVADORES

1. Eis como Buber explicou isso (M. Buber e W. Kaufmann, *I and Thou* [Nova York: Charles Scribner's Sons, 1970]): Quando eu confronto um ser humano com o meu Você e falo a ele a palavra básica Eu-Você, então ele não é nada entre as coisas, nem consiste em coisas. Ele não é mais Ele ou Ela, limitado por outros Eles e Elas, um ponto na grade mundial de espaço e tempo, nem uma condição que pode ser experimentada e descrita, um feixe solto de qualidades nomeadas. Sem vizinhos e uniforme, ele é Você e preenche o firmamento. Não como se não houvesse nada além dele; mas tudo o mais vive em *sua* luz. Assim como uma melodia não é composta de tons, nem verso de palavras, em estátua de versos — é preciso puxar e rasgar para transformar uma unidade em uma multiplicidade — assim é como o ser humano a quem eu te digo. Posso abstrair dele a graciosidade; Eu tenho que fazer isso de novo e de novo; mas imediatamente ele não é mais Você.
2. "Bystander Resources", Hollaback!, recuperado em 3 de junho de 2020, https://www.ihollaback.org/bystander-resources/.
3. O termo "arrogância moral" foi cunhado pelos filósofos Brandon Warmke e Justin Tosi. S. B. Kaufman, "Are you a moral grandstander?", *Scientific American*, 28 de outubro de 2019, https://blogs.scientificamerican.com/beautiful-minds/are-you-a-moral-grandstander/.
4. J. Haidt e T. Rose-Stockwell, "The dark psychology of social networks", dezembro de 2019, *Atlantic*, https://amp.theatlantic.com/amp/article/600763/.
5. B. Resnick, "Moral grandstanding is making an argument just to boost your status. It's everywhere", *Vox*, 27 de novembro de 2019, https://www.vox.com/science-and-health/2019/11/27/20983814/moral-grandstanding-psychology.
6. B. M. Tappin e R. T. McKay, "The illusion of moral superiority", *Social Psychological and Personality Science* 8(6) (2017): 623-31.

7. D. Fosha, *The Transforming Power of Affect: A Model for Accelerated Change* (Nova York: Basic Books, 2000).
8. T. Morris, "(Un)learning Hollywood's civil rights movement: A scholar's critique", *Journal of African American Studies* 22(4) (2018): 407-19.
9. T. Cole, "The white-savior industrial complex", *Atlantic*, 11 de janeiro de 2013, https://www.theatlantic.com/international/archive/2012/03/the-White-savior-industrial-complex/254843/.
10. K. Swisher, "Yes, Uber board member David Bonderman said women talk too much at an all-hands meeting about sexism at Uber", *Vox*, 13 de junho de 2017, https://www.vox.com/2017/6/13/15795612/uber-board-member-david-bonderman-women-talk-too-much-sexism.
11. M. Isaac, *Super Pumped: The Battle for Uber* (Nova York: W. W. Norton, 2019).
12. K. Schwab, "John Maeda's new design problem: Tech's utter lack of diversity", 19 de agosto de 2016, *Fast Company*, https://www.fastcompany.com/3062981/john-maedas-next-design-problem-the-tech-industrys-utter-lack-of-diversity.

4: PARA PESSOAS QUE PREJUDICAM

1. D. Kahneman, *Rápido e Devagar: Duas Formas de Pensar* (Objetiva, 2012).
2. Se você é um homem que trabalha em uma organização predominantemente masculina ou se é branco em uma organização predominantemente branca e sua equipe está lendo este livro junta, esteja ciente da possibilidade de que um grande número de pessoas possa estar pedindo a um pequeno número de pessoas que lhes façam este favor e que isso pode começar a parecer opressor. Você também pode perguntar a um homem de sua equipe, alguém que tenha mais probabilidade de perceber tendência de gênero do que você, ou a uma pessoa branca da equipe, alguém que tenha mais probabilidade de perceber preconceito racial do que você. A mesma razão se aplica a outros tipos de tendências.
3. Nas palavras de Dweck: "Acreditando que as suas qualidades estão gravadas na pedra — a *mentalidade fixa* — cria uma urgência para se provar cada vez mais. Se você tem apenas uma certa quantidade de inteligência, uma certa personalidade, um certo caráter moral... simplesmente não seria bom parecer ou sentir-se deficiente nessas características mais básicas." C. S. Dweck, *Mindset: A Nova Psicologia do Sucesso* (Objetiva, 2017).
4. M. B. Eddy, *Science and Health: With Key to the Scriptures* (Boston: Christian Science Publishing Society, para os Curadores sob o testamento de Mary Baker G. Eddy, 1930).
5. S. Malovany-Chevallier, C. Borde e S. de Beauvoir, *The Second Sex* (Nova York: Knopf Doubleday, 2012).
6. Kahneman, *Rápido e Devagar: Duas Formas de Pensar*.
7. Ibid.

8. Há dois problemas importantes a serem considerados ao dicotomizar e degradar o sexismo. Um é que degrada as mulheres. Outro é que, muitas vezes, exclui as mulheres negras, indígenas e de outras cores. "Historiadoras negras se abstiveram de uma análise de gênero ao longo das linhas da dicotomia homem/mulher tão prevalente entre as feministas brancas": Evelyn Brooks Higginbotham, "African-American Women's History and the Metalanguage of Race", *Signs* 17(2) (Winter 1992): 251–74.
9. S. Iñiguez, *In an Ideal Business: How the Ideas of 10 Female Philosophers Bring Value into the Workplace* (Berlim: Springer Nature, 2020).
10. G. Stulp, A. P. Buunk, T. V. Pollet, D. Nettle e S. Verhulst, "Are human mating preferences with respect to height reflected in actual pairings?", *PLoS One* 8(1) (2013).
11. T. Rose, *The End of Average: How We Succeed in a World That Values Sameness* (Nova York: HarperCollins, 2016).
12. K. Elsesser, "Power posing is back: Amy Cuddy successfully refutes criticism", *Forbes*, 4 de abril de 2018, https://www.forbes.com/sites/kimelsesser/2018/04/03/power-posing-is-back-amy-cuddy-successfully-refutes-criticism/#17741a703b8e.
13. A. Flower Horne, "How 'good intent' undermines diversity and inclusion", *The Bias*, 21 de setembro de 2017, https://thebias.com/2017/09/26/how-good-intent-undermines-diversity-and-inclusion/.
14. R. Ewing, "'That's crazy': Why you might want to rethink that word in your vocabulary", Penn Medicine News, 27 de setembro de 2018, https://www.pennmedicine.org/news/news-blog/2018/september/that-crazy-why-you-might-want-to-rethink-that-word-in-your-vocabulary.
15. Lá vamos nós com "o problema do banheiro" de novo: J. Halberstam, *Female Masculinity* (Durham, NC: Duke University Press, 1998).
16. L. West, *Shrill* (Nova York: Hachette Books, 2017).
17. B. Mulligan, "Everything I hate about Justin Caldbeck's statement", Medium, 8 de setembro de 2017, https://medium.com/@mulligan/everything-i-hate-about-justin-caldbecks-statement-11b6c9cea07e.
18. R. J. DiAngelo, *White Fragility: Why It's So Hard for White People to Talk About Racism* (Boston: Beacon Press, 2018).

5: PARA LÍDERES

1. B. Walsh, S. Jamison e C. Walsh, *The Score Takes Care of Itself: My Philosophy of Leadership* (Nova York: Penguin, 2009).
2. C. Steele, *Whistling Vivaldi and Other Clues to How Stereotypes Affect Us* (Nova York: W. W. Norton, 2010).
3. F. Fontana, "The reasons women don't get the feedback they need", *Wall Street Journal*, 12 de outubro de 2019, https://www.wsj.com/articles/the-reasons-women-dont-get-the-

feedback-they-need-11570872601; e S. Correll e C. Simard, "Research: Vague feedback is holding women back", *Harvard Business Review*, 29 de abril de 2016, https://hbr.org/2016/04/research-vague-feedback-is-holding-women-back?mod=article_inline.

4. S. Levin, "Sexual harassment training may have reverse effect, research suggests", *Guardian*, 2 de maio de 2016, https://www.theguardian.com/us-news/2016/may/02/sexual-harassment-training-failing-women.

5. M. M. Duguid e M. C. Thomas-Hunt, "Condoning stereotyping? How awareness of stereotyping prevalence impacts expression of stereotypes", *Journal of Applied Psychology* 100(2) (2015): 343.

6. D. Kahneman, *Rápido e Devagar: Duas Formas de Pensar* (Objetiva, 2012).

7. J. Mayden (@jasonmayden), #curbsideministries (Instagram hashtag), https://www.instagram.com/explore/tags/curbsideministries/?hl=en.

8. Apesar de suas raízes nas técnicas de Viola Spolin, em 2020 a Second City, junto com centenas de outras instituições de teatro e artes, teve um acerto de contas com seu próprio racismo sistêmico e tendências após a publicação de cartas abertas de seus alunos BIPOC (sigla em inglês para negros, indígenas e pessoas não brancas), latinos/as e APIMEDA (sigla em inglês para asiáticos, das ilhas do Pacífico, Oriente Médio e sul asiáticos nascidos nos EUA). Os líderes da Second City responderam, "Estamos preparados para derrubar tudo e começar de novo", e organizaram as prefeituras para coletar feedback antes de fazerem uma reformulação em sua cultura e empresa. No momento em que este livro foi escrito, a Second City se comprometeu a fazer mudanças fundamentais em toda a organização. Quando a injustiça sistêmica se faz presente, como em quase todos os lugares, o sistema precisa ser revisado. Mais no Capítulo 11.

9. Workplace Bullying Institute, *2017 Workplace Bullying Institute U.S. Workplace Bullying Survey*, 2017, https://workplacebullying.org/download/2017-wbi/?wpdmdl=2024&refresh=622f9ce71b46a1647287527.

10. B. Sutton, "How to survive a jerk at work", *Wall Street Journal*, 10 de agosto de 2017, https://www.wsj.com/articles/how-to-survive-a-jerk-at-work-1502373529.

11. R. O'Donnell, "How Atlassian got rid of the 'brilliant jerk': A Q&A with Bek Chee, global head of talent", HR Dive, 24 de julho de 2019, https://www.hrdive.com/news/how-atlassian-got-rid-of-the-brilliant-jerk-a-qa-with-bek-chee-global/559168/.

12. Kahneman, *Rápido e Devagar: Duas Formas de Pensar*.

13. R. I. Sutton, *The No Asshole Rule: Building a Civilized Workplace and Surviving One That Isn't* (Nova York: Grand Central Publishing, 2007).

14. S. Cooper, "Comedian Sarah Cooper on how her Trump parodies came to be", *In Style*, 10 de julho de 2020, https://www.instyle.com/news/sarah-cooper-essay-trump-impressions.

15. A. W. Woolley, C. F. Chabris, A. Pentland, N. Hashmi e T. W. Malone, "Evidence for a collective intelligence factor in the performance of human groups", *Science* 330 (6004) (2010): 686–88.

16. C. Duhigg, *Mais Rápido e Melhor: Os Segredos da Produtividade na Vida e nos Negócios* (Objetiva, 2016).
17. C. Ingraham, "Rich guys are most likely to have no idea what they're talking about, study suggests", *Washington Post*, 26 de abril de 2019, https://www.washingtonpost.com/business/2019/04/26/rich-guys-are-most-likely-have-no-idea-what-theyre-talking-about-study-finds/?arc404=true.
18. J. Jerrim, P. Parker e N. Shure, "Bullshitters. Who are they and what do we know about their lives?", ISA Institute of Labor Economics, abril de 2019, https://www.iza.org/publications/dp/12282/bullshitters-who-are-they-and-what-do-we-know-about-their-lives.
19. Woolley *et al.*, "Evidence for a collective intelligence factor", 686–88; C. Duhigg, "What Google learned from its quest to build the perfect team", *New York Times*, 25 de fevereiro de 2016, https://www.nytimes.com/2016/02/28/magazine/what-google-learned-from-its-quest-to-build-the-perfect-team.html; e Duhigg, *Smarter Faster Better*.
20. Há várias ferramentas e, sem dúvida, outras foram desenvolvidas após a publicação deste livro. Algumas estão em www.gong.io e www.macro.io/.
21. R. Umoh, "Why Jeff Bezos makes Amazon execs read 6-page memos at the start of each meeting", CNBC, 23 de abril de 2018, https://www.cnbc.com/2018/04/23/what-jeff-bezos-learned-from-requiring-6-page-memos-at-amazon.html.
22. K. Scott, *Empatia Assertiva: Como Ser Um Líder Incisivo Sem Perder a Humanidade* (Rio de Janeiro: Alta Books, 2021).

PARTE DOIS: CAUTELA — DESEQUILÍBRIO DE PODER

1. J. Dalberg, Lord Acton, *Acton-Creighton Correspondence*, 1887, Online Library of Liberty, https://oll.libertyfund.org/titles/acton-acton-creighton-correspondence.
2. D. Keltner, D. H. Gruenfeld e C. Anderson, "Power, approach, and inhibition", *Psychological Review* 110(2) (2003).
3. C. M. Pearson, L. M. Andersson e C. L. Porath, "Workplace incivility", em *Counterproductive Work Behavior: Investigations of Actors and Targets*, ed. S. Fox e P. E. Spector (Washington, D.C.: American Psychological Association, 2005), 177–200.
4. D. Keltner, *O Paradoxo do Poder: Como Ganhamos e Perdemos Influência* (Temas e Debates, 2016).
5. M. Naim, *O Fim do Poder: Como os Novos e Múltiplos Poderes Estão Mudando o Mundo e Abalando os Modelos Tradicionais na Política, nos Negócios, na Igreja e na Mídia* (LeYa, 2019).

6: O PAPEL DO LÍDER NA PREVENÇÃO DA DISCRIMINAÇÃO E DO ASSÉDIO

1. Este livro não vai entrar em detalhes sobre definições jurídicas. Recomendo o site do Equal Employment Opportunity Commission (EEOC) para informações detalhadas. As leis são bem pensadas e claras, mesmo que nem sempre sejam cumpridas. A definição legal de discriminação baseada no sexo pode ser encontrada aqui: "Sex-Based Discrimination", U.S. Equal Employment Opportunity Commission, recuperado em 31 de maio de 2020, https://www.eeoc.gov/sex-based-discrimination.

2. Muitas pessoas não sabem que uma comunicação ouvida pode constituir assédio. Em outras palavras, se duas pessoas gostam de contar piadas sujas uma à outra no trabalho e uma terceira não consegue deixar de ouvi-las, isso pode ser considerado assédio à terceira pessoa. A definição legal de assédio pode ser encontrada aqui: "Harassment", U.S. Equal Employment Opportunity Commission, recuperado em 31 de maio de 2020, https:/www.eeoc.gov/harassment.

3. Lembre-se, a Coragem Institucional é um compromisso da liderança em liderar com integridade ao abordar as deficiências da instituição. Líderes corajosos rejeitam a tentação de otimizar os interesses financeiros de curto prazo da instituição; em vez disso, eles priorizam o respeito e o tratamento justo daqueles que dependem da instituição, especialmente os mais vulneráveis e, ao fazê-lo, investem no sucesso de longo prazo da instituição. J. J. Freyd e L. Schievelbein, "What is Institutional Courage", Center for Institutional Courage, 5 de maio 2020, https://www.institutionalcourage.org/.

4. J. M. Gómez e J. J. Freyd, "Institutional betrayal makes violence more toxic", *Register-Guard*, 22 de agosto de 2014, https://www.registerguard.com/article/20140822/OPINION/308229834.

5. Eu uso os termos "sub-representado" e "super representado" em vez de "minoria" e "maioria" ao longo deste livro. O uso comum para o que quero dizer é "minoria", mas essa palavra é imprecisa na maioria dos casos. Por exemplo, as mulheres não são uma minoria estatística. No entanto, no local de trabalho, tendemos a pensar nas mulheres como minoria. Assim, as mulheres são uma maioria sub-representada no local de trabalho. Os homens brancos são 30% da população norte-americana, mas a maioria em muitos locais de trabalho. Portanto, os homens brancos são uma minoria super-representada em setores como tecnologia, finanças e na liderança de empresas em uma ampla gama de setores. Os conservadores estão sub-representados na academia. Uma alternativa comumente usada na literatura acadêmica é a palavra "minorizado". I. E. Smith, "Minority vs. minoritized", *Odyssey*, 17 de outubro de 2019, https://www.theodysseyonline.com/minority-vs-minoritize. A autora Annie Jean-Baptiste descreve 12 dimensões ao longo das quais as pessoas tendem a ser super ou sub-representadas: idade, raça, capacidade, cultura, status socioeconômico, religião, geografia, orientação sexual, gênero, educação, etnicidade e linguagem. Minhas experiências de sub-representação giram em torno do gênero, mas tentei ampliar o quadro deste livro para além de minhas experiências vividas.

6. B. Sutton, "Teams as a double-edged sword", Bob Sutton Work Matters, 15 de outubro 2006, https://bobsutton.typepad.com/my_weblog/2006/10/teams_as_a_doub.html.

7. Muitos, especialmente aqueles cansados de trabalhar em equipes ruins, apontaram que equipes disfuncionais tomam decisões piores do que equipes de alto funcionamento. É verdade que indivíduos de alto funcionamento tomam melhores decisões do que equipes ruins. Mas se o indivíduo de alto funcionamento é o chefe da equipe, é trabalho desta pessoa construir uma equipe de alto funcionamento. Então, uma equipe de baixo funcionamento é culpa do chefe. Talvez o chefe, neste caso, fosse um colaborador individual de alto funcionamento, mas é um chefe de baixo funcionamento. A solução *não é* dar mais poder a esta pessoa. A solução é retornar essa pessoa para uma função de contribuidor individual.

8. L. Miranda, *Hamilton: An American Musical* (Nova York: Atlantic Records, 2015), MP3.

9. Para uma revisão fantástica da literatura acadêmica que mostra isso repetidamente, leia a seção "The preference for and prevalence of social homogeneity", em D. H. Gruenfeld e L. Z. Tiedens, "Organizational preferences and their consequences", em *Handbook of Social Psychology*, ed. S. T. Fiske, D. T. Gilbert e G. Lindzey (Hoboken, NJ: John Wiley & Sons, 2010), 1252–87.

10. S. Beilock, "How diverse teams produce better outcomes", *Forbes*, 4 de abril de 2019, https://www.forbes.com/sites/sianbeilock/2019/04/04/how-diversity-leads-to-better-outcomes/; D. Rock e H. Grant, "Why diverse teams are smarter", *Harvard Business Review*, 4 de novembro de 2016, https://hbr.org/2016/11/why-diverse-teams-are-smarter; e E. Larson, "New research: Diversity + inclusion = better decision making at work", *Forbes*, 21 de setembro de 2017, https://www.forbes.com/sites/eriklarson/2017/09/21/new-research-diversity-inclusion-better-decision-making-at-work/#7520fff14cbf.

11. "The state of Black women in corporate America, 2020", Relatório online de Lean in, https://leanin.org/research/state-of-black-women-in-corporate-america/section-1-representation.

12. D. Davis, "One of the only 4 Black Fortune 500 CEOs just stepped down—here are the 3 that remain", *Business Insider*, 21 de julho de 2020, https://www.businessinsider.com/there-are-four-black-fortune-500-ceos-here-they-are-2020-2.

13. W. Kaufman, "How one college is closing the computer science gender gap", NPR, 1 de maio de 2013, https://www.npr.org/sections/alltechconsidered/2013/05/01/178810710/How-One-College-Is-Closing-The-Tech-Gender-Gap.

14. Para uma perspectiva macro (nível empresarial/industrial): S. L. Brown, K. M. Eisenhardt, e S. I. Brown, *Competing on the Edge: Strategy as Structured Chaos* (Cambridge, MA: Harvard Business School Press, 1998). Para uma perspectiva micro (nível de equipe): R. Sutton e H. Rao, *Scaling Up Excellence: Getting to More Without Settling for Less* (Nova York: Crown Business, 2014); D. Walsh, "Three ways to lead more effective teams", Insights by Stanford Business, 13 de setembro de 2018, https://www.gsb.stanford.edu/

insights/three-ways-lead-more-effective-teams; A. Reynolds e D. Lewis, "The two traits of the best problem-solving teams", *Harvard Business Review*, 2 de abril de 2018, https://hbr.org/2018/04/the-two-traits-of-the-best-problem-solving-teams; D. Walsh, "What climbing expeditions tell us about teamwork", Insights by Stanford Business, 29 de maio de 2019, https://www.gsb.stanford.edu/insights/what-climbing-expeditions-tell-us-about-teamwork; L. L. Thompson, *Making the Team: A Guide for Managers* (Upper Saddle River, NJ: Pearson Prentice Hall, 2004); e J. R. Hackman, *Groups That Work (and Those That Don't): Creating Conditions for Effective Teamwork* (Hoboken, NJ: Wiley, 1990).

15. M. James, "Culture fit vs. culture add: Why one term actually hurts diversity", *OV Blog*, 9 de maio de 2018, https://openviewpartners.com/blog/culture-fit-vs-culture-add.

16. Canvas website, https://gocanvas.io/hire-better. A OpenTable incorporou o recurso "Candidate De-Identification" para remover qualquer tendência implícita, mascarando as informações do perfil do candidato.

17. S. K. Johnson, D. R. Hekman e E. T. Chan, "If there's only one woman in your candidate pool, there's statistically no chance she'll be hired", *Harvard Business Review*, 26 de abril de 2016, https://hbr.org/2016/04/if-theres-only-one-woman-in-your-candidate-pool-theres-statistically-no-chance-shell-be-hired.

18. Quando as mulheres não têm campeãs entre a liderança sênior, é menos provável que busquem uma carreira de CEO. V. Fuhrmans, "Where are all the women CEOs?", *Wall Street Journal*, 6 de fevereiro de 2020, https://www.wsj.com/articles/why-so-few-ceos-are-women-you-can-have-a-seat-at-the-table-and-not-be-a-player-11581003276.

19. Os dados sugerem que ela não está sozinha. Um estudo do Boston Consulting Group mostrou que quando há mais mulheres no topo, mais mulheres jovens buscam a promoção. F. Taplett, R. Premo, M. Nekrasova e M. Becker, "Closing the gender gap in sales leadership", Boston Consulting Group, 21 de novembro de 2019, https://www.bcg.com/publications/2019/closing-gender-gap-in-sales-leadership.aspx.

20. E. Larson, "3 best practices for high performance decision-making teams", *Forbes*, 23 de março de 2017, https://www.forbes.com/sites/eriklarson/2017/03/23/3-best-practices-for-high-performance-decision-making-teams.

21. S. Umoja Noble, *Algorithms of Oppression: How Search Engines Reinforce Racism* (Nova York: New York University Press, 2018); R. Benjamin, *Race After Technology: Abolitionist Tools for the New Jim Code* (Hoboken, NJ: Wiley, 2019); e C. O'Neil, *Weapons of Math Destruction: How Big Data Increases Inequality and Threatens Democracy* (Nova York: Crown, 2016).

22. C. Goldin e C. Rouse, "Orchestrating impartiality: The impact of 'blind' auditions on female musicians", *American Economic Review* 90(4) (2000): 715–41.

23. Não tenho certeza se concordo com a recomendação do autor aqui para encerrar as audições às cegas, mas ele faz pontos que valem a pena considerar: A. Tommasini, "To

make orchestras more diverse, end blind auditions", *New York Times*, 16 de julho de 2020, https://www.nytimes.com/2020/07/16/arts/music/blind-auditions-orchestras-race.html.

24. D. Kahneman, *Thinking, Rápido e Devagar: Duas Formas de Pensar* (Objetiva, 2012), 232.
25. James, "Culture fit vs. culture add".
26. M. Lewis, *The Undoing Project: A Friendship That Changed the World* (Londres: Penguin Books, 2017).
27. D. Speight, "Pattern recognition is the new insider trading", *Medium*, 4 de maio de 2017, https://medium.com/village-capital/pattern-recognition-is-the-new-insider-trading-f051f49a00df.
28. D. Alba, "It'd be crazy if VC firms didn't fix their gender problem", *Wired*, 21 de maio de 2015, https://www.wired.com/2015/05/ellen-pao-trial/.
29. B. Miller *et al.*, *O Homem que Mudou o Jogo* (filme) (Culver City, CA: Sony Pictures Home Entertainment, 2012).
30. C. Rankine, *Só Nós: Uma Conversa Americana* (Editora Todavia, 2021).
31. Bridgewater, "How the economic machine works", https://www.bridgewater.com/research-and-insights/how-the-economic-machine-works.
32. Veja *Just Giving: Why Philanthropy Is Failing Democracy and How It Can Do Better*, por Rob Reich e *Winners Take All* por Anand Giridharadas.
33. J. M. Grohol, "How do you use your limited time & brain cycles?", *Psych Central*, 8 de julho de 2018, https://psychcentral.com/blog/how-do-you-use-your-limited-time-brain-cycles/.
34. Não estou escolhendo este exemplo aleatoriamente. Eu trabalhava em uma das principais startups do Vale do Silício e um funcionário foi despejado de seu apartamento e estava tentando morar em seu carro porque não conseguiu encontrar um apartamento que pudesse pagar. Meu marido, que trabalhava em uma das empresas de tecnologia mais admiradas do mundo, tinha um funcionário que morava em um caminhão no estacionamento da empresa.
35. L. Stahl, "Leading by example to close the gender pay gap", *60 Minutes*, 15 de abril de 2018, https://www.cbsnews.com/news/salesforce-ceo-marc-benioff-leading-by-example-to-close-the-gender-pay-gap/.
36. P. Revoir, "John Humphrys and Jon Sopel slammed by bosses for joking about the gender pay gap", *The Sun*, 11 de janeiro de 2018, https://www.thesun.co.uk/tvandshowbiz/5322720/bbc-gender-pay-gap-jokes-john-humphrys-jon-sopel/.
37. "Timeline: How the BBC gender pay story has unfolded", BBC News, 29 de junho de 2018, https://www.bbc.com/news/entertainment-arts-42833551.
38. "BBC gender pay gap report 2019", BBC, recuperado em 9 de junho de 2020, http://downloads.bbc.co.uk/aboutthebbc/reports/reports/gender-pay-gap-2019.pdf.

39. K. Swisher, "Here I am to talk gender exclusion", pscp.tv, https://www.pscp.tv/w/1OdKrWeDwwvGX.

40. American Association of University Women, "The simple truth about the gender pay gap", atualização no outono de 2019, https://www.aauw.org/app/uploads/2020/02/Simple-Truth-Update-2019_v2-002.pdf.

41. National Partnership for Women and Families, "Quantifying America's gender wage gap by race/ethnicity", Fact Sheet, março de 2020, https://www.nationalpartnership.org/our-work/resources/economic-justice/fair-pay/quantifying-americas-gender-wage-gap.pdf.

42. National Women's Law Center, "Wage gap costs Black women a staggering $946,120 over a 40-year career, NWLC new analysis shows", press release, 22 de agosto de 2019, https://nwlc.org/press-release/the-wage-gap-costs-black-women-a-staggering-946120-over-a-40-year-career-nwlc-new-analysis-shows/.

43. M. DiTrolio, "Today, Black Women's Equal Pay Day, illustrates just how much Black women are undervalued and underpaid", *Marie Claire*, 13 de agosto de 2020, https://www.marieclaire.com/career-advice/a33588879/black-women-equal-pay-day-statistics/.

44. Safi Bahcall, *Loonshots* (Nova York: St. Martin's Press, 2019), 222.

45. T. Tarr, "By the numbers: What pay inequality looks like for women in tech", *Forbes*, 4 de abril de 2018, https://www.forbes.com/sites/tanyatarr/2018/04/04/by-the-numbers-what-pay-inequality-looks-like-for-women-in-tech/#75a3511960b1.

46. Gender Bias Learning Project, recuperado em 9 de junho de 2020, https://genderbiasbingo.com/about-us/#.XuAVg_IpDs1.

47. J. W. Wieland, "Responsibility for strategic ignorance", *Synthese* 194(11) (2017): 4477–97; A. Bailey, "Phi 363: Race, gender, and the epistemologies of ignorance", 2014, Illinois State University, https://cdn.ymaws.com/www.apaonline.org/resource/resmgr/Inclusiveness_Syllabi/epistemologiesofignorance_ba.pdf; S. Sullivan e N. Tuana, *Race and Epistemologies of Ignorance* (Albany: State University of New York Press, 2007); e L. McGoey, *The Unknowers: How Strategic Ignorance Rules the World* (Londres: Zed Books, 2019).

48. K. Abramson, "Turning up the lights on gaslighting", *Philosophical Perspectives* 28 (2014): 1–30.

49. A pesquisa apoia essas observações anedóticas. Muito mais ganhos são obtidos quando duas ou mais mulheres estão no conselho ou níveis sênior: M. Torchia, A. Calabrò e M. Huse, "Women directors on corporate boards: From tokenism to critical mass", *Journal of Business Ethics* 102 (2011): 299–317.

50. J. Huang *et al.*, McKinsey & Company, "Women in the Workplace 2019", 15 de outubro de 2019, https://www.mckinsey.com/featured-insights/gender-equality/women-in-the-workplace-2019.

51. A. C. Edmondson, *The Fearless Organization: Creating Psychological Safety in the Workplace for Learning, Innovation, and Growth* (Hoboken, NJ: Wiley, 2018).

52. M. Twohey e J. Kantor, *She Said: Breaking the Sexual Harassment Story That Helped Ignite a Movement* (Nova York: Penguin, 2019).

53. S. Fowler, "I wrote the Uber memo. This is how to end sexual harassment", *New York Times*, 12 de abril de 2018, https://www.nytimes.com/2018/04/12/opinion/metoo-susan-fowler-forced-arbitration.html.

54. L. Guerin, "I'm not getting hired because I filed a lawsuit against myprevious employer; is this retaliation?", Employment Law Firms, https://www.employmentlawfirms.com/resources/im-not-getting-hired-because-i-filed-a-lawsuit-against-m.

55. S. Cooney, "Microsoft won't make women settle sexual harassment cases privately anymore. Here's why that matters", *Time*, 19 de dezembro de 2017, recuperado em 9 de junho de 2020, https://time.com/5071726/microsoft-sexual-harassment-forced-arbitration/.

56. D. Wakabayashi, "Uber eliminates forced arbitration for sexual misconduct claims", *New York Times*, 15 de maio de 2018, https://www.nytimes.com/2018/05/15/technology/uber-sex-misconduct.html; M. D. Dickey, "Google ends forced arbitration for employees", *TechCrunch*, 21 de fevereiro de 2019, https://techcrunch.com/2019/02/21/google-ends-forced-arbitration-for-employees/; e K. Wagner, "Facebook followed Uber and Google and is ending forced arbitration for sexual harassment cases", *Vox*, 9 de novembro de 2018, https://www.vox.com/2018/11/9/18081520/facebook-forced-arbitration-change-sexual-harassment-uber-google.

57. Fowler, "I wrote the Uber memo".

58. D. Moyo, *Tiger by the Tail* (Londres: Little, Brown Book Group, forthcoming, 2021).

59. F. Brougher, "The Pinterest paradox: Cupcakes and toxicity", Digital Diplomacy, 11 de agosto de 2020, https://medium.com/@francoise_93266/the-pinterest-paradox-cupcakes-and-toxicity-57ed6bd76960.

7: PARA PESSOAS PREJUDICADAS E DEFENSORES

1. C. Cooper, "For women leaders, likability and success hardly go hand-in-hand", *Harvard Business Review*, 30 de abril de 2013, https://hbr.org/2013/04/for-women-leaders-likability-a; P. Agarwal, "Not very likeable: Here is how bias is affecting women leaders", *Forbes*, 23 de outubro de 2018, https://www.forbes.com/sites/pragyaagarwaleurope/2018/10/23/not-very-likeable-here-is-how-bias-is-affecting-women-leaders/#284fb888295f; e M. Cooper, "For women leaders, body language matters", Clayman Institute for Gender Research, 15 de novembro de 2010, https://gender.stanford.edu/news-publications/gender-news/women-leaders-body-language-matters.

2. O. Solon e S. Levin, "Top Silicon Valley investor resigns as allegation of sexual assault emerges", *Guardian*, 3 de julho de 2017, https://www.theguardian.com/technology/2017/jul/03/silicon-valley-dave-mcclure-resigns-sexual-assault.

3. F. Brougher, "The Pinterest paradox: Cupcakes and toxicity", Digital Diplomacy, 11 de agosto de 2020, https://medium.com/@francoise_93266/the-pinterest-paradox-cupcakes-and-toxicity-57ed6bd76960.
4. K. Schwab, "Discrimination charges at Pinterest reveal a hidden Silicon Valley hiring problem", Fast Company, https://www.fastcompany.com/90523292/discrimination-charges-at-pinterest-reveal-a-hidden-silicon-valley-hiring-problem.
5. Sim, isso aconteceu no Dia dos Namorados na vida real. Você não pode inventar essas coisas.
6. K. Manne, em post no Twitter, 13 de agosto de 2020, https://twitter.com/kate_manne/status/1293917612733353985.
7. Lean In circles, recuperado em 21 de junho de 2020, https://leanin.org/circles; e Meetup, "Women's Social", recuperado em 21 de junho de 2020, https://www.meetup.com/topics/women/.
8. "Computer Science at Colgate University", recuperado em 21 de junho de 2020, https://www.collegefactual.com/colleges/colgate-university/academic-life/academic-majors/computer-information-sciences/computer-science/computer-science/. Aqui está como os números mudaram ao longo do tempo: 2013 (um ano antes de Lauren fundar a WiCS): 1 mulher especializada, 14 homens especializados; 2016 (um ano após a formação de Lauren): 11 mulheres especializadas, 20 homens especializados. E a tendência de cerca de 30% de concentradores femininos continua: 2017: 9 mulheres especializadas, 24 homens especializados; 2018: 16 mulheres especializadas, 31 homens especializados.
9. L. Respers France, "How Jessica Chastain got Octavia Spencer five times the pay", CNN, 26 de janeiro de 2018, https://www.cnn.com/2018/01/26/entertainment/octavia-spencer-jessica-chastain-pay/index.html.
10. J. Bennett, "I'll share my salary information if you share yours", *New York Times*, 9 de janeiro de 2020, https://www.nytimes.com/2020/01/09/style/women-salary-transparency.html.
11. Há muito mais a se dizer sobre isso. Aconselho a ler todo o tópico no Twitter, que pode ser encontrado aqui: Twitter, https://twitter.com/mekkaokereke/status/1027552459873378304?lang=en ou pesquisando no Google por "mekka okereke difficulty anchor twitter".
12. C. Thompson, *Coders: The Making of a New Tribe and the Remaking of the World* (Nova York: Penguin, 2020).
13. Lembra das estratégias para o silêncio no Capítulo 3? Este gráfico ilustra a maneira de raciocinar por meio deles.
14. American Civil Liberties Union, recuperado em 21 de junho de 2020, https://www.aclu.org/know-your-rights/; MALDEF (Mexican American Legal Defense and Educational Fund), recuperado em 21 de junho de 2020, https://www.maldef.org/; NAACP Legal

Defense and Educational Fund, recuperado em 21 de junho de 2020, https://www.naacpldf.org/about-us; National Center for Lesbian Rights, recuperado em 21 de junho de 2020, http://www.nclrights.org/forms/national-lgbt-legal-aid-forum/; National Immigration Law Center, recuperado em 21 de junho de 2020, https://www.nilc.org/; e NWLC Time's Up Legal Defense Fund, recuperado em 21 de junho de 2020, https://nwlc.org/times-up-legal-defense-fund/.

15. A maioria dos principais escritórios de advocacia assume trabalho não remunerado ou pro bono. Muitos advogados aposentados assumem casos pro bono. Pesquise termos como "assistência jurídica perto de mim" ou "advogados pro bono" no Google para obter direções.
16. Pennebaker, J. W. "Writing about emotional experiences as a therapeutic process". *Psychological Science* 8(3) (1997): 162–66.
17. S. Fowler, "I wrote the Uber memo. This is how to end sexual harassment", *New York Times*, 12 de abril de 2018, https://www.nytimes.com/2018/04/12/opinion/metoo-susan-fowler-forced-arbitration.html.
18. J. J. Freyd e L. J. Schievelbein, "The Call to Courage", Center for Institutional Courage, 5 de maio de 2020, https://www.institutionalcourage.org/the-call-to-courage.
19. B. Brown, *Rising Strong* (Nova York: Spiegel & Grau, 2015).
20. TED Talk, "The Power of Vulnerability | Brené Brown", YouTube, junho de 2010, https://www.ted.com/talks/brene_brown_the_power_of_vulnerability#t-535103.

8: TOQUE

1. T. Willoughby, M. Good, P. J. Adachi, C. Hamza e R. Tavernier, "Examining the link between adolescent brain development and risk taking from a social-developmental perspective", repr., *Brain and Cognition* 89 (2014): 70–78.
2. S. Lacy, "The bear's lair: The untold story of gender discrimination inside UC Berkeley's IT department", *Pando*, 23 de fevereiro de 2018, https://pandodaily.com/2018/02/23/bears-lair-untold-story-systemic-gender-discrimination-inside-uc-berkeleys-it-department/.
3. Girl Scouts, "Reminder: She doesn't owe anyone a hug. Not even at the holidays", recuperado em 21 de junho de 2020, https://www.girlscouts.org/en/raising-girls/happy-and-healthy/happy/what-is-consent.html.
4. Você pode estar se perguntando por que sinto tão fortemente que é errado recusar-se a se encontrar com um gênero, mas não é tão importante apertar a mão de um gênero. Na verdade, acredito que se ele não apertasse a mão das mulheres, só seria justo se ele também não apertasse as mãos dos homens. Mas, neste caso, o princípio do "não toque se a pessoa não quer ser tocada" parece mais saliente. Eu estava iniciando o toque, então era meu trabalho recuar de uma maneira que o deixasse confortável. Além disso, recusar-se a encontrar-se um a um prejudica mais as pessoas que você não está encontrando do que

recusar-se a apertar a sua mão. No entanto, se estivéssemos no palco e ele se recusasse a apertar a minha mão, mas apertasse a dos homens, isso teria sido problemático, embora não tão nojento quanto ter minha mão babada.

5. J. A. Bargh, P. Raymond, J. B. Pryor e F. Strack, "Attractiveness of the underling: An automatic power → sex association and its consequences for sexual harassment and aggression", *Journal of Personality and Social Psychology* 68(5) (1995): 768–81.

6. D. Keltner, D. H. Gruenfeld e C. Anderson, "Power, approach, and inhibition", *Psychological Review* 110(2) (2003).

7. R. F. Baumeister e S. R. Wotman, *Breaking Hearts: The Two Sides of Unrequited Love* (Nova York: Guilford Press, 1994).

8. L. Loofbourow, "The myth of the male bumbler", *The Week*, 15 de novembro de 2017, https://theweek.com/articles/737056/myth-male-bumbler.

9. D. Yaffe-Bellany, "McDonald's fires C.E.O. Steve Easterbrook after relationship with employee", *New York Times*, 3 de novembro de 2019, https://www.nytimes.com/2019/11/03/business/mcdonalds-ceo-fired-steve-easterbrook.html; e H. Haddon, "McDonald's fires CEO Steve Easterbrook over relationship with employee", *Wall Street Journal*, 4 de novembro de 2019, https://www.wsj.com/articles/mcdonalds-fires-ceo-steve-easterbrook-over-relationship-with-employee-11572816660.

10. D. Enrich e R. Abrams, "McDonald's sues former C.E.O., accusing him of lying and fraud", *New York Times*, 10 de agosto de 2020, https://www.nytimes.com/2020/08/10/business/mcdonalds-ceo-steve-easterbrook.html.

11. Consegui essa estatística aqui: RAINN, "Scope of the problem: Statistics", https://www.rainn.org/statistics/scope-problem/. RAINN cita o Departamento de Justiça, o Programa do Escritório de Justiça e o Escritório de Estatísticas de Justiça, "Female victims of sexual violence, 1994–2010", 2013.

12. J. J. Freyd, "Be a good listener", University of Oregon, recuperado em 21 de junho de 2020, https://dynamic.uoregon.edu/jjf/disclosure/goodlistener.html.

13. J. J. Freyd, "Complete meeting guide: How to talk about sexual harassment", Lean In, recuperado em 21 de junho de 2020, https://leanin.org/meeting-guides/how-to-talk-about-sexual-harassment.

14. Para um relato marcante de como as mulheres que são abusadas sexualmente são silenciadas de forma brutal e sutil por todos ao seu redor, incluindo as instituições das quais fazem parte e até mesmo as pessoas que mais as amam, leia *Notes on a Silencing* por Lacy Crawford.

15. M. R. Burt, "Cultural myths and supports for rape", *Journal of Personality and Social Psychology* 38(2) (1980): 217–30.

16. M. Angelou, "I did then what I knew how to do. Now that I know better, I do better", Good Reads, recuperado em 21 de junho de 2020, https://www.goodreads.com/quotes/9821-i-did-then-what-i-knew-how-to-do-now.

17. J. J. Freyd e L. J. Schievelbein, "The Call to Courage", Center for Institutional Courage, 5 de maio de 2020, https://www.institutionalcourage.org/the-call-to-courage.

18. "MeToo Movement: The inception", Me Too, recuperado em 21 de junho de 2020, https://metoomvmt.org.

19. J. Sanders, "8 reasons NOT to call your child's genitals 'pet' names", *HuffPost*, 9 de janeiro de 2017, https://www.huffpost.com/entry/8-reasons-not-to-call-your-childs-genitals-pet-names_b_58743186e4b0eb9e49bfbec3?guccounter=1.

20. MeToo, recuperado em 22 de junho de 2020, https://metoomvmt.org/resources/.

21. "The Callisto survivor's guide", recuperado em 22 de junho de 2020, Callisto, https://mycallisto.org/assets/docs/survivors-guide.pdf; e "Option B: Surviving abuse and sexual assault", Opção B, recuperado em 22 de junho de 2020, https://optionb.org/category/abuse-and-sexual-assault.

22. E. Ensler, *The Apology* (Nova York: Bloomsbury, 2019).

23. Você pode ler mais sobre o que isso significa, como se preparar e o que evitar antes de fazer o exame aqui: "RAINN: What is a sexual assault forensic exam?", recuperado em 22 de junho de 2020, RAINN, https://www.rainn.org/articles/rape-kit.

24. Ted Talk, "#MeToo with Ashley Judd, Ronan Farrow, and Tarana Burke | Adam Grant", YouTube, abril 2018, https://www.ted.com/talks/worklife_with_adam_grant_metoo_with_ashley_judd_ronan_farrow_and_tarana_burke?language=en.

25. M. Alexander, "My rapist apologized", *New York Times*, 23 de maio de 2019, https://www.nytimes.com/2019/05/23/opinion/abortion-legislation-rape.html.

26. L. Garrison, produtor, "The Harvey Weinstein case, part 1" (áudio, podcast), *New York Times*, 9 de janeiro de 2020, https://www.nytimes.com/2020/01/09/podcasts/the-daily/harvey-weinstein-trial.html?showTranscript=1.

27. C. Miller, *Know My Name* (Nova York: Penguin, 2019).

28. M. Lipton, *Mean Men: The Perversion of America's Self-Made Man* (Estados Unidos: Voussoir Press, 2017).

29. "Victims of sexual violence: Statistics", RAINN, recuperado em 22 de junho de 2020, https://www.rainn.org/statistics/victims-sexual-violence.

30. R. E. Morgan e B. A. Oudekerk, "Criminal victimization, 2018", Departamento de Justiça dos Estados Unidos, setembro de 2019, https://www.bjs.gov/content/pub/pdf/cv18.pdf.

31. Ted Talk, "The Reporting System That Sexual Assault Survivors Want | Jessica Ladd", YouTube, fevereiro de 2016, https://www.ted.com/talks/jessica_ladd_the_reporting_system_that_sexual_assault_survivors_want#t-124098.

32. J. J. Freyd e A. M. Smidt, "So you want to address sexual harassment and assault in your organization? *Training* is not enough; *education* is necessary", *Journal of Trauma & Dissociation* 20(5) 2019: 489–94.

33. J. J. Freyd, "What is DARVO?", Universidade de Oregon, recuperado em 22 de junho de 2020, https://dynamic.uoregon.edu/jjf/defineDARVO.html; e T. Parker e M. Stone, directors, *It's Called DARVO* (arquivo de vídeo), 2019, https://southpark.cc.com/clips/gfwbrf/its-called-darvo.

34. Simpósio CASBS, *Betrayal and Courage in the Age of #MeToo* (arquivo de vídeo), 2019, https://www.youtube.com/watch?v=dRxyVMzyTG0.

35. C. P. Smith e J. J. Freyd, "Institutional Betrayal Questionnaire (IBQ)" e "Institutional Betrayal and Support Questionnaire (IBSQ)", Universidade de Oregon, recuperado em 22 de junho de 2020, https://dynamic.uoregon.edu/jjf/institutionalbetrayal/ibq.html#ibsq.

36. Miller, *Eu Tenho Um Nome*.

37. J. Krakauer, *Missoula: Rape and the Justice System in a College Town* (Nova York: Knopf Doubleday, 2015).

38. M. R. Burt, "Cultural myths and supports for rape", *Journal of Personality and Social Psychology* 38(2) (1980): 217–30.

39. L. Girand, "Ten competing sexual misconduct reporting 'solutions': Who benefits?", I'm With Them, 2019, https://www.imwiththem.org/perspectives/ten-competing-sexual-misconduct-reporting-solutions-who-benefits.html.

40. M. Twohey e J. Kantor, *Ela Disse: Os Bastidores da Reportagem que Impulsionou o #MeeToo* (Companhia das Letras, 2019).

41. S. Chira e C. Einhorn, "How tough is it to change a culture of harassment? Ask women at Ford", *New York Times*, 19 de dezembro de 2017, https://www.nytimes.com/interactive/2017/12/19/us/ford-chicago-sexual-harassment.html.

42. Smith e Freyd, "Institutional Betrayal Questionnaire".

43. Muitos grandes consultores trabalham na prevenção da violência sexual. A equipe que conheço e admiro enormemente é a do Center for Institutional Courage: Freyd e Schievelbein, "Call to Courage".

PARTE TRÊS: JUSTIÇA SISTÊMICA E INJUSTIÇA

1. T. Noah, *Nascido do Crime: Histórias de Minha Infância na África do Sul* (Verus, 2020).

9: DUAS DINÂMICAS RUINS

1. T. Morrison, *Song of Solomon* (Nova York: Knopf Doubleday, 2007).

2. S. de Beauvoir, *The Woman Destroyed* (Nova York: Pantheon, 1987).

3. Também não foi um exemplo de "misandria", a palavra que descreve o oposto teórico da misoginia, porque Russ não estava, na realidade, em uma ladeira escorregadia de minhas noções preconceituosas de homens em relação à violência física. Essa dinâmica é teoricamente possível — uma imaginação fictícia de como poderia ser pode ser encontrada no romance de Naomi Alderman *O Poder*. Claro, os homens são estuprados por outros homens e também por mulheres no mundo real; por exemplo, em prisões onde as guardas mulheres têm poder suficiente sobre os prisioneiros para coagi-los a transar (ver C. Friedersdorf, "The understudied female sexual predator", *Atlantic*, 28 de novembro de 2016, https://www.theatlantic.com/science/archive/2016/11/the-understudied-female-sexual-predator/503492/). É tão ruim quando uma mulher força um homem a fazer sexo quanto quando um homem força uma mulher. Mas 90% das vítimas adultas de estupro são mulheres (ver Departamento de Justiça, Programas do Escritório de Justiça, Escritório de Estatísticas da Justiça, "Sexual Assault of Young Children as Reported to Law Enforcement", 2000, https://www.rainn.org/statistics/victims-sexual-violence). Quando uma mulher é estuprada, é um trauma tanto individual quanto coletivo, parte de uma dinâmica que acontece com frequência. O estupro e a violência doméstica não fazem parte de uma dinâmica que informa a maneira como a maioria dos homens navegam pelo mundo, porque isso não acontece com eles com tanta frequência como acontece com as mulheres.

4. K. Manne, *Down Girl: The Logic of Misogyny* (Oxford: Oxford University Press, 2018).

5. M. Fleming, "'Beautiful Girls' scribe Scott Rosenberg on a complicated legacy with Harvey Weinstein", *Deadline*, 16 de outubro de 2017, https://deadline.com/2017/10/scott-rosenberg-harvey-weinstein-miramax-beautiful-girls-guilt-over-sexual-assault-allegations-1202189525/.

6. D. Leonhardt, "The conspiracy of inaction on sexual abuse and harassment", *New York Times*, 5 de novembro de 2017, https://www.nytimes.com/2017/11/05/opinion/sexual-harassment-weinstein-horace-mann.html.

7. Ibid.

8. I. X. Kendi, *Como Ser Antirracista* (Alta Cult, 2020).

9. Ibid.

10. L. King, "Black history as antiracist and non-racist", em *But I Don't See Color* (Rotterdam: SensePublishers, 2016), 63–79; J. Olsson, "Detour spotting for white antiracists", 1997, Racial Equity Tools, https://www.racialequitytools.org/resourcefiles/olson.pdf; e G. Hodson, "Being antiracist, not non-racist", *Psychology Today*, 20 de janeiro de 2016, https://www.psychologytoday.com/us/blog/without-prejudice/201601/being-anti-racist-not-non-racist.

11. Ted Talk, "The urgency of intersectionality | Kimberlé Crenshaw", TEDWomen2016, https://www.ted.com/talks/kimberle_crenshaw_the_urgency_of_intersectionality?language=en.

10: RECONHECENDO DIFERENTES SISTEMAS DE INJUSTIÇA

1. K. Swisher, "Hitting the glass ceiling, suddenly, at Pinterest", *New York Times*, 14 de agosto de 2020, https://www.nytimes.com/2020/08/14/opinion/pinterest-discrimination-women.html.
2. B. Brown, "Brené on shame and accountability", Unlocking Us podcast, https://brenebrown.com/podcast/brene-on-shame-and-accountability/.
3. L. J. Schievelbein, "The relationship of shame-proneness to depression, self-compassion, and childhood maltreatment in a residential treatment population" (diss. de PhD, PGSP-Stanford PsyD Consortium, 2017, ProQuest Dissertations Publishing, publicação n°. 102'46945); e J. P. Tangney e R. L. Dearing, *Shame and Guilt* (Nova York: Guilford Press, 2002).
4. Brown, "Brené on shame and accountability".
5. B. Stevenson, *Just Mercy: A Story of Justice and Redemption* (Nova York: Spiegel & Grau, 2014), 290.
6. C. Rogers e R. E. Farson, *Active Listening* (Chicago: Industrial Relations Center, Universidade de Chicago, 1957).
7. S. Foss e C. Griffin, "Beyond persuasion: A proposal for an invitational rhetoric", *Communication Monographs* 62(1) (1995): 2–18, https://doi.org/10.1080/03637759509376345.
8. Ibid., 179.
9. Entrevista com Stephen Dubner em seu podcast: https://freakonomics.com/podcast/konnikova-biggest-bluff/.
10. E. Saslow, *Rising Out of Hatred: The Awakening of a Former White Nationalist* (Nova York: Knopf Doubleday, 2018).
11. NCORE Webinar Series, "Woke Olympics: Navigating a Culture of Social Justice Arrogance in the Context of Higher Education", YouTube, 26 de setembro de 2019, https://www.youtube.com/watch?v=0B_qPHYJsDY.
12. Você pode assistir aqui: Ibid.
13. Brown, "Brené on shame and accountability".
14. G. W. Allport, *The Nature of Prejudice*, ed. de aniversário de 25 anos (Nova York: Doubleday, 1958), 26.
15. M. W. Hughey, "The (dis)similarities of White racial identities: The conceptual framework of 'hegemonic Whiteness'", *Ethnic and Racial Studies* 33(8) (2010): 1289–309.
16. Allport, *The Nature of Prejudice*, 57.

11: TRABALHO JUSTO

1. M. L. King, Jr., *Letter from Birmingham Jail* (São Francisco: Harper San Francisco, 1994).
2. A. Patil, "How a march for Black trans lives became a huge event", *New York Times*, 15 de Junho de 2020, https://www.nytimes.com/2020/06/15/nyregion/brooklyn-black-trans-parade.html.
3. T. K. Smith, Wellesley's 140th Commencement Address, 1º de junho de 2018, https://www.wellesley.edu/events/commencement/archives/2018/commencementaddress.
4. E não era apenas para todos, nem a justiça durou para sempre. Mas, por um breve e brilhante momento, tive um vislumbre de como poderia ser, e parece que vale a pena compartilhar esse vislumbre.
5. Há muito mais a dizer sobre como isso funcionou e o que também fez com que parasse de funcionar. Eu escrevi mais no Capítulo 6 sobre o que, especificamente, os líderes podem fazer para criar ambientes de Trabalho Justo. Acredito que duas coisas fizeram com que ele parasse de funcionar. Uma era a estrutura de remuneração de capital. Acontece que o patrimônio foi distribuído de forma desigual. E o patrimônio desta empresa acabou sendo mais valioso do que qualquer um esperava. Então, o sistema de pagamentos fez com que as pessoas otimizassem seus pagamentos, em vez do seu trabalho colaborativo. Além disso, alguns executivos foram, simplesmente, corrompidos pelas enormes somas de dinheiro que estavam ganhando e começaram a se comportar como se acreditassem ter o direito de abusar dos outros. Segundo foi que Esta Empresa otimizou mais para prevenir a coerção e não se concentrou tanto quanto o necessário em se tornar proativa na prevenção da discriminação inconsciente.
6. Ponto de clarificação para os leitores que são engenheiros. Quando falo sobre coerção, quero dizer na definição do dicionário: a prática de obrigar outra parte a agir de forma involuntária por meio de ameaças ou força. A coerção pode envolver infligir dor/lesão física ou dano psicológico para aumentar a credibilidade de uma ameaça. Não quero dizer isso no sentido da palavra usada pelo C/C++ ou outras linguagens de programação, nas quais a "coerção" se refere a uma técnica usada para alterar a interpretação de tipo de uma variável. Por exemplo, o compilador tratará de um caractere como um inteiro. Não há problema em coagir o compilador a fazer o que você quer. Não é certo coagir outro ser humano.
7. D. H. Gruenfeld e L. Z. Tiedens, "Organizational preferences and their consequences", em *Handbook of Social Psychology*, ed. S. T. Fiske, D. T. Gilbert, e G. Lindzey (Hoboken, NJ: John Wiley & Sons, 2010), 1252–87.

Índice

Símbolos
5 Ds, 86

A
abuso sexual
  acobertamento, 299
  aprenda sobre, 294
  DARVO
    padrão de comportamento, 295
  investigação justa, 298
  mito de estupro, 279
  padrão de acusações, 297
  poder irrestrito, 300
  sistema de denúncias, 298
agir em legítima defesa, 26
ambiente de trabalho
  colaborativo e respeitador
    criar, 28
  justo e equitativo, 125
amplitude de controle, 204
aprimore seu argumento, 47
argumento convidativo, 336
armadilha de envergonhar, 346
arrogância moral, 87
  minimizar o impacto, 343

aumento de poder, 162
autoperdão, 27
autoridade no organograma, 170
avaliação das ações, 99

B
barra de navegação, 30
bingo de tendenciosidade de gênero, 139
boas intenções, 115
bullying
  consequências
    níveis, 148
  e conflito
    diferença, 56
  típico comportamento, 152

C
cadeia de comando, 269
calibração de classificações
  processo, 209
candidato da diversidade, 178
casos
  alfinete, 32
  cabelo curto, 35
  Derek, 34
cidadania corporativa, 183
cinco grandes
  teste de personalidade, 48

código de conduta, 140
  como escrever, 141
  consequências por violar, 144
  sistema justo, 145
  czar dos comentários, 141
  primeiro projeto
    Empatia Assertiva, 142
combater a tendenciosidade, 68
como não se desculpar, 120
compartilhar informações, 235
compartimentação intencional, 205
comportamento
  corrigir, 28
  discriminatório, 130
  "heroico", 86
    arrogância moral, 86
    cavaleiro em armadura brilhante, 89
    hipócrita oportunista, 89
    o incrível Hulk, 88
  intimidador, 148
compromisso
  compartilhado, 132
confiar nos seus instintos, 62
confrontar a injustiça, 67
consentimento, 143

consequências
  criar, 28
  negativas
    criar, 56
  ocultas, 293
coragem institucional, 166
correção factual, 40
crenças
  essencializantes, 108
criação dos filhos, 49
cuidar do dano causado, 101
cultive apoiadores, 70
cultura
  de consentimento, 247
  de festas, 251
curiosidade desajeitada, 71
curso online
  Lean In Foundation, 139
custo de não falar, 67

D

dar voz aos mais calados, 155
declarações
  com "eu", 40
  com "ser/isso", 46
defender-se com segurança, 29
defensividade, 101
defensor, 27, 77
  tipo O, 99
denunciar comportamentos de maneira confiável, 161
desafiar
  o bullying, 82
  o preconceito, 80
descrição de cargo
  abordagem, 178

deslealdade institucional, 166
destruidoras de tendenciosidades, 97
dinâmica
  da coerção, 310
  de conformidade, 307
  de poder injustas, 337
discriminação ou assédio
  construa solidariedade, 232
  conte sua história, 244
  custos e benefícios, 240
  documente o fato, 230
  exemplo, 230
  medidas judiciais, 242
  opções de saída, 236
  relatar ao RH, 241

E

efeito espectador, 91
eliminando a tendenciosidade
  adicionar à cultura, 187
  avalie as habilidades, 186
  seja explícito, 187
empatia ruinosa, 65
  himpatia ruinosa, 66
encontrar um terreno comum, 47
entrevista de saída, 242
equipes
  de contratação, 181
  homogêneas, 11
erro de atribuição fundamental, 110
escolher suas batalhas, 27
esforço
  colaborativo, 153
  consciente, 97

esgotamento
  como evitar, 104
estereótipos negativos, 128
estrategistas de DEI, 98
etiqueta ao andar de bicicleta, 333
exclusão inconsciente, 16
exemplo de negação, 318

F

falsa coerência, 108
falso senso de segurança, 338
  decisão passiva, 338
feedback, 68, 97
  pedir, 97
  postural, 55
  tendencioso, 68
ficar em pé de igualdade, 337
foque o impacto, 114

H

hábitos de fala, 117
hierarquia
  colaborativa, 363
  de dominação, 163
higiene de gestão, 216

I

incidentes prejudiciais, 25
indicadores
  de liderança, 126
  de resultado, 174
influência educacional, 132
injustiça
  codificar, 26
  no local de trabalho, 74
  reconhecer, 26
  sistêmica, 303

inteligência coletiva, 153
intenção
 de intimidar, 31
 do ofensor, 36
interpretar caso a caso, 140
interseccionalidade, 10
intervenção proativa, 137
isso realmente aconteceu aqui
 iniciativa, 137

J
jogos de improviso, 138
justiça básica no trabalho, 21
 problemas
  bullying, 22
  preconceito, 22
  tendenciosidade, 21
 respostas, 22

L
lágrimas das mulheres brancas, 121
lenga-lenga idiota, 152
 eliminar, 154
liberar a autoexpressão, 138
lições óbvias, 152
liderança consciente, 137
liderar pelo exemplo, 172
limite estabelecido, 47
luta contra a injustiça
 sucesso, 227

M
MAPUAN
 melhor alternativa para um acordo negociado, 237
mecanismos que responsabilizem, 161
medir
 disparidades salariais, 197
 resultados, 184
medo de retaliação, 67
mentalidade
 de crescimento, 99
 fixa, 100
moralidade compartilhada, 281
mostrar solidariedade, 27

N
não caia na pilha, 338
não critique as críticas, 344
necessidade humana
 entenda, 344

O
oferecer outra perspectiva, 47

P
padrões de pensamento, 131
palavras "vermelhas", 116
papéis
 liderança, 28
 pessoa prejudicada, 26
 quem causa o dano, 28
para-raios emocional, 344
peça ajuda, 235
 âncora para as dificuldades, 236
 tipos, 235
pedido de desculpas efetivo
 etapas, 119
permanecer em silêncio
racionalizações, 64
poder
 controle e equilíbrio, 170
 de contratar, 181
 e privilégio, 33
 impacto sobre os outros, 275
 posicional, 56
polícia da palavra, 116
preconceito
 consciente, 32
 inconsciente, 32
pressão sobre a vítima, 26
privilégio
 mordaça de ouro, 227
problemas de desempenho
 como resolver, 140
processo do cérebro
 sistema 1, pensamento rápido, 108
 sistema 2, pensamento lento, 108

Q
quando despedir uma pessoa, 157
 sugestões, 157
quantificar as tendenciosidades, 173
questionar nossas tendenciosidades, 22

R
reclamações
 tratar de maneira justa, 145
registro contemporâneo, 232
regras de engajamento, 144

relacionamentos no trabalho
   como tratar, 266
reputação em risco, 67
respeitar a individualidade, 118
resposta de conspiração, 319
risco da retaliação, 85

S

seja parte da solução, 95
senso de controle, 26
sentimentos extremos, 87
ser mais atencioso, 28
serviços
   antitendenciosidade, 98
ser vulnerável à confiança, 61
silêncio e raiva
   estratégias para se libertar, 70
   relação entre, 69
sim e exclua
   exercício, 138
sinalização de virtude, 339
síndrome do elogio racista, 63
sintomas desagradáveis
   ausência, 28
sistemas
   de denúncias, 304
   de injustiça
      espelhocracia, 322
      tipos, 321
         exclusão indiferente, 349
         ineficiência brutal, 322

vergonha hipócrita, 330
status ilegítimo, 56
sua perspectiva
   convidar o outro a entender, 40
suporte emocional, 232
suposições
   de função erradas, 36
   de "tarefas", 37
   sobre expertise, 37
   sobre gênero, 38
   sobre inteligência/habilidades, 37

T

teatro da improvisação, 138
tempo de transmissão, 156
temporada de beisebol, 71
tendenciosidade
   compartilhada, 182
   de confirmação, 110
   de "desempenho/potencial", 203
   inconsciente
      treinamento, 131
   interromper, 131
      como fazer, 135
      objetivos, 132
   no local de trabalho, 36
testar habilidades, 177
toque
   álcool no trabalho, 248
   limites, 251
trabalho doméstico de escritório, 37
trabalho justo
   acordos de não divulgação, 217

arbitragem forçada, 217
chaves para o sucesso, 360
   ação, 360
   compaixão por todos, 360
   franqueza total, 360
coaching e mentoria, 210
decisões de contratação, 176
entrevistas de saída, 216
gestão de desempenho, 202
lista de verificação, 347
projeto organizacional, 220
remuneração, 193
retenção, 193
segurança psicológica, 215
traição institucional, 245
treinamento de feedback corporativo, 44

V

valor de tolerância, 346
verdades conflitantes, 261
violência policial, 319
vocabulário
   compartilhado, 133

Z

zona de perigo, 255

Projetos corporativos e edições personalizadas dentro da sua estratégia de negócio. Já pensou nisso?

Coordenação de Eventos
Viviane Paiva
viviane@altabooks.com.br

Contato Comercial
vendas.corporativas@altabooks.com.br

A Alta Books tem criado experiências incríveis no meio corporativo. Com a crescente implementação da educação corporativa nas empresas, o livro entra como uma importante fonte de conhecimento. Com atendimento personalizado, conseguimos identificar as principais necessidades, e criar uma seleção de livros que podem ser utilizados de diversas maneiras, como por exemplo, para fortalecer relacionamento com suas equipes/ seus clientes. Você já utilizou o livro para alguma ação estratégica na sua empresa?

Entre em contato com nosso time para entender melhor as possibilidades de personalização e incentivo ao desenvolvimento pessoal e profissional.

PUBLIQUE SEU LIVRO

Publique seu livro com a Alta Books. Para mais informações envie um e-mail para: autoria@altabooks.com.br

/altabooks   /alta-books   /altabooks   /altabooks

CONHEÇA OUTROS LIVROS DA ALTA BOOKS

Todas as imagens são meramente ilustrativas.

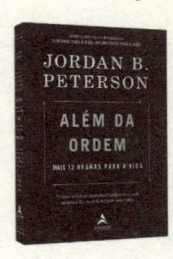

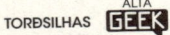

Este livro foi impresso nas oficinas gráficas da Editora Vozes Ltda.,
Rua Frei Luís, 100 – Petrópolis, RJ.